广 雅

广 大 而 精 微

兴亡

中国两千年
治理得失

沈刚 著

GUANGXI NORMAL UNIVERSITY PRESS

广西师范大学出版社

·桂林·

兴亡：中国两千年治理得失
XINGWANG ZHONGGUO LIANGQIAN NIAN ZHILI DESHI

图书在版编目（CIP）数据

兴亡：中国两千年治理得失 / 沈刚著. --桂林：
广西师范大学出版社，2022.6（2022.11 重印）
ISBN 978-7-5598-4994-6

Ⅰ. ①兴… Ⅱ. ①沈… Ⅲ. ①国家－行政管理－
研究－中国－古代 Ⅳ. ①D691.2

中国版本图书馆 CIP 数据核字（2022）第 076193 号

广西师范大学出版社出版发行

（广西桂林市五里店路 9 号　邮政编码：541004）
（网址：http://www.bbtpress.com）

出版人：黄轩庄

全国新华书店经销

广西广大印务有限责任公司印刷

（桂林市临桂区秧塘工业园西城大道北侧广西师范大学出版社
集团有限公司创意产业园内　邮政编码：541199）

开本：880 mm ×1 240 mm　1/32

印张：17.125　　字数：400 千

2022 年 6 月第 1 版　　2022 年 11 月第 4 次印刷

定价：88.00 元

如发现印装质量问题，影响阅读，请与出版社发行部门联系调换。

目 录

帝制时期的运营和治理

系统背后的力量

历史学家汤因比在《历史研究》开篇中提出，近几个世纪以来自给自足的现代民族国家的发展，促使历史学家选择国家作为研究历史的一般范围。但是在欧洲没有一个民族或者民族国家，能够说明它自己的问题。即使相对隔离的大不列颠，也不可能是一个孤立的"可以自行说明问题的历史研究范围"。发生作用的种种力量，并不是来自一个国家，而是来自更宽广的所在。[1]所以，汤因比主张以文明而不是以国家作为历史研究的单位。不过，对于古代中国而言，文明和国家的单位可能大致是重合的。以黄河、长江为母亲河的农耕族群不断开拓，并与周边游牧、渔猎等族群碰撞和融合，这种中华文明发展的过程和超大规模国家政权的演变是一致的。所谓天下大势分久必合、合久必分，其实是指中华文明

1　汤因比著，曹未风等译：《历史研究》上册，上海：上海人民出版社，1959 年第 1 版，第 1 至 4 页。

闭环内政治权力的治乱兴亡。

自从秦政权统一天下，中国古代国家政权进入了两千余年的帝制治理周期。其中经历了多个王朝的更替和转换，既有大一统盛世的文治武功，又有大分裂血腥的至暗时刻，但是，以天命传授为合法性来源的皇权系统始终未变，只不过更换了不同的帝王家族。一部二十四史，已经勾勒出历史发展的基本脉络。在古代通讯、交通都较为落后的情况下，维持巨型帝制国家政权循环运营，这是人类历史上独一无二的事件。

无论是中华文明闭环中皇权系统动态的持续性，还是系统持续过程中的动荡、溃败和重建，除了环境中相对独立的地理特征等诸多因素，其他背后发生作用的力量，可能还包括统治国家理论的号召能力，统治国家策略的控制能力，以及国家政权组织的保障能力，国家政权资源的动员能力等。我们不妨把每位统治者、每个朝代和每个历史阶段，乃至帝制时期整体的国家治理体系，都视为一段段可被研究的系统模型，以微观、具象的角度入手，从运营系统大环境、价值观、方法论、组织和资源等多个维度进行观察，如果期望保持国家的长治久安，就必须保持这几者关系的平衡，反之，若是其中某一部分或某些部分存在缺陷，或发生重大负面的变化，系统一定会出现障碍或崩盘。

国家政权的大环境，除了气候、地理和灾害等自然界的挑战，主要表现为外部和内部的各种条件。包括境外对立政权等外部状态，以及政治、经济和文化等内部因素，这些都反映了绝大多数人群的利益需求，是当时社会主要矛盾的体现。《孟子》的"天时地利人和"之说，充分揭示了自然气候、地理风貌和民众心理等各种环境因素的影响。

价值观即官方的统治理论，来源于宗教、学术流派等思想积淀，表现为统治者主导的主流意识形态。影响世界历史进程的佛教、基督教和伊斯兰教等信仰，对于相当多个国家的治理体系产生过决定性的影响，中国历史上的儒家、法家和道家等思想，是王朝演变合法性来源的重要精神力量。

方法论即政权的统治策略，是运营系统中决定性的因素，可细分为多种局部的分策略，分别对应于不同时期、区域和人群的阶段性需求。包括内部对豪族、士人和平民等各种社会力量的策略，外部对地方割据政权、少数民族政权和其他境外政权等化外力量的策略等，具体表现形式为国家的公共产品，即对内或对外的各种制度、法律和政策。

组织指统治集团组织体制的保障，涵盖团队和机构两大方面。宗室、外戚和宦官等宫廷亲属力量，以及功臣、武将和文官士大夫等朝廷官僚力量之间的一致性、可控性，从中央到各地军政机构的完整性、有效性，这些都是皇权系统正常运营的必要前提。最高统治者作为组织的决策者，其性格、行为和习惯，深刻影响着团队和整个国家的文化。

资源指国家人力、财力和其他物力资源的动员水平。王朝政权武装的组织能力、财政的控制能力和战略物资的掌握能力，这些动态的资源体现了系统的综合实力。强大的组织可以动员充足的人力、财力和物力资源，强大的资源也可以促成更加完备的组织体制。

在国家治理五个维度的模型中，方法论及相关制度、法律和政策的制定，源于大环境、价值观、组织和资源的合力，而不是仅仅受制于某一方面的因素。一旦正确的策略确立，组织体制保障即成为运营系统的主导性力量。统治国家的价值理论和方法策略实现统一，不仅可以带来组织的完善、资源的累积，甚至可以突破大环境的瓶颈，推动整个治理体系的良性成长和正向发展。

古代中国治理体系的成型

中国古代国家治理体系，自西周建立分封制而初具规模，即周天子将王室宗亲或重要功臣派往封地建国，以血缘及亲密关系为纽带，形成诸侯拱卫王室、共治天下的统治策略。上古夏商周三代统治者都以天命自居，而且周人将君主的德行作为天命转移的依据，确立嫡长子继承的宗法体系作为分封制存续的法源，制定礼乐形式作为伦理政治秩序的规范，被后世称为儒家价值观的最初实践。后历经春秋、战国五百余年演变，西陲的秦国改行法家策略一统天下，秦王嬴政自称始皇帝，在统治范围内全面推行郡县制，发展君主专制、对地方直接管理的中央集权统治策略，及至清政权覆亡、民国建立，延续了两千余年之久。

郡县制和分封制的统治策略有着很大的不同。分封制是天子通过各诸侯国而统治天下，诸侯在其领地又进行次一级的分封，天子是天下盟主。分封制可比喻为各地诸侯开了加盟店，而郡县制完全是皇帝直营，从中央到地方的官僚集团完全听命于皇帝。这种中央集权、君主专制统治国家的方法论，在漫长的政治实践中曲折前进、逐步完善，并在特定的历史环境下发展出某些特殊形式。

欧亚大陆东部的较为封闭的地理单元，是中国古代大环境外部条件的主要形态。东方和南方面临大海，西南、西北分别为高原和大漠阻隔，东北森林连接着极寒之地。中国历代统治者都是天下国家的思维，所谓"溥天之下，莫非王土；率土之滨，莫非王臣"(《诗经·小雅》),但天下真正的范围,主要限于以黄河、长江流域为中心,以汉民族为主体的农耕族群区域,以及北方少数民族的游牧、渔猎族群区域,南方少数民族的高原和山地族群区域等。至少在大航海时代之前,世界上其他文明治理体系,对于帝制中国的运营系统,没有产生实质性的影响。

汉武帝时期,经过董仲舒改造的儒家学说,被列为官方的意识形态。儒家王道的价值观和法家霸道的方法论,成为国家治理体系最本质的特征。西汉政权设计察举制度推荐人才,将儒生士人引入组织体制。最高统治者及成为组织体制主体的文官士大夫势力,通过自上而下各级行政司法合一的机构,采用严密户籍控制的编户齐民制度,征发兵役和徭役,征收赋税,从而进行人力、财力和物力资源的动员。价值观、方法论、组织体制和资源动员首次高度统一,国家政权运营系统模型获得了稳定。

帝制治理时期的五个阶段

进入帝制时期两千年以来,国家治理体系的发展大致经历了五个阶段。即秦汉第一帝国阶段,魏晋南北朝大分裂阶段,隋唐第二帝国阶段,五代辽宋金对立阶段,以及元明清第三帝国阶段。

秦汉帝国时期是治理体系创制的阶段。秦改分封制为郡县制,仅十五年而亡国,除了接班人选择出现意外,秦政权未能形成凝聚士人民众的共同价值,没有建立忠诚、高效的组织体制,对国家人力、财力资源过度动员,都是值得探讨的重要因素。汉高祖刘邦一度采取郡国并行的妥协策略,至其孙汉景帝时期实行削藩策略，汉武帝时期颁布推恩令，最终完成了向郡县制的过渡。汉武帝将儒家价值、儒生引入运营系统，创立内朝、刺史等控制机构，但儒家天命转移之说，却意外成为王莽篡汉的动能。汉光武帝刘秀完成了儒生和文法吏势力融合，确立组织体制士大夫政治的特征，但部分名士、党人及文官势力，片面以价值的维护者自居，和作为皇权延伸的宦官势力发生严重冲突，最终成为东汉政权崩溃的原因之一。

魏晋南北朝大分裂时期，是国家治理体系重构的阶段。其中三国、两晋和南朝，是秦汉运营系统的继承和延续，而主要由北方少数民族建立的十六国和北朝，则孕育了隋唐帝国的诞生。魏晋统治者以重建大一统秩序为己任，通过九品中正制保证士族的地位，但士族内心却不认可得位不正的皇权，进而怀疑儒家价值，脱儒入玄。至东晋时代，演变为与君主共治的士族专政统治策略。南朝各代虽然重振了君主专制权威，但武人一再上演暴力夺权大戏，不可能形成价值观和方法论平衡的运营系统。北方少数民族以武力重建天命皇权，反而没有历史的包袱。北魏政权的系列制度改革和汉化政策，以及西魏政权关中本位、府兵制的价值和策略，奠定了重建大一统的资源动员能力，促使了隋唐帝国的出世。

隋唐帝国时期是帝制治理体系调整的阶段。隋文帝确立三省六部制的中央政权组织体制，启动科举考试取士的创新，但缺乏宏大的立国价值，其后隋炀帝过度进行资源动员，重演秦政权二世而亡的大戏。唐太宗混合胡汉，超越秦汉，构建起帝制时期最为开放的世界性帝国系统，但并未产生中央集权多民族国家的治理体系。唐代的宗教、思想领域过于自由，削弱了儒家价值的主导地位，中央集权相关制度过于粗略，影响了运营系统持久的稳定性。"安史之乱"之后，唐政权展开了以削藩、资源动员方式改革为重点的系统调整，至唐宪宗时期取得了相当的成果。韩愈等士大夫提出把儒家道统论作为国家唯一的价值。在系统修复的过程中，最高统治者对于组织体制内部各种势力的平衡最终失控，唐政权失去了治理多民族国家的能力。

五代辽宋金对立阶段，是帝制治理体系的完善阶段。其中两宋是隋唐运营系统的延续，辽金则开启了元明清帝国的大门。宋太祖崇文抑武、重用平民士大夫，通过多种权力制衡的制度设计，一定程度弥补了依靠最高统治者个人能力管理的系统缺陷，后形成君主与士大夫共治天下统治策略的特殊形式，堪称帝制时期治理体系中最为良性的模式。两宋时代是重现儒学价值的黄金岁月，南宋理宗时期，程朱理学定于一尊。但是，两宋政权的军事资源的控制和动员能力，明显落后于北方的少数民族政权，终为外来的武力所摧毁。而东北地区契丹族所建的辽政权，在五代后晋时期取得汉地幽云十六州，即发明出一个政权内部存在两种运营系统的模式，即对于汉民族和契丹等少数民族采用两种不同的统治理论和策略，并形成了不同的组织体制和资源动员方式，为元明清时期多民族国家的治理提供了参考方向。

元明清帝国时期为帝制治理体系固化的阶段。元代扩大了多民族大一统国家的空间，在漠北、汉地、西藏和西南诸地，实施因俗而治的不同的统治策略和组织体制，但是，元政权注重扩张和敛财，两种统治制度相互冲突，运营系统未能形成明确的价值。元代采取蒙古、色目、汉人和南人分等级的民族歧视政策，其高度压迫的手段，因为执行过程中的混乱，反而被明太祖认为元亡失之于宽。明太祖大规模屠杀功臣，废除丞相制度，将君主专制发展为君主独大的特殊形式，设立锦衣卫特务制度，明成祖时又设立由宦官主持的东厂，对大臣、民众进行严密的控制和监视。明太祖任意删改《孟子》"民为贵，社稷次之，君为轻"的内容，规定科举考试应用八股文格式，公开廷杖、羞辱大臣，实际上剥夺了士大夫对儒家价值的解释权。

清政权继承了元明两代的高度压迫和专制，康熙帝、乾隆帝等充当君师合一的最高统治者角色，又设立南书房、军机处等内廷机构，似分别置满汉大臣于奴才和秘书的角色，出现了君主一人独裁的统治策略特殊形式。清代构建以满治国、兼以多元的运营系统，即在中央及地方各级政权中，满洲子弟处在主导的地位，八旗军力除拱卫京师之外，分别驻守国内要镇或边疆重地，设立驻防将军管理或监视各地方、各民族。清政权在汉地、满洲及内外蒙古、青海、西藏和新疆等少数民族边地，分别施以不同的理论、策略、组织体制和资源动员方式。

如果没有发生鸦片战争，中国两千年农业文明的国家治理体系，可能将继续和发展下去。尽管运营系统可能爆发周期性的危机，以致发生王朝衰亡、朝代更迭，但只要新的王朝建立，统治者对于失衡的关系进行调整和恢复，运营系统将会得到重新的启动和延续，在新的条件下实现匹配和平衡，从而进入下一轮的反复和循环，形成以儒家思想为核心价值，中央集权、君主专制及郡县制为统治策略的独特闭环。

改朝换代的三种类型

帝制时期五个历史阶段，共产生了九大相对统一的王朝、十大号称大一统治理的政权，即秦朝、汉朝、西晋、隋朝、唐朝、北宋、元朝、明朝和清朝，其中超过四百年的汉朝又分为西汉和东汉，虽然均为刘氏一脉，实际上是彼此有所联系的不同政权，以及五十余个偏安王朝、割据势力等。中国帝制时期运营系统的中断、重启，即王朝政权的倾覆和重建，无外乎三种类型。

第一种类型是体制外的大规模农民起义。民变暴动的领袖，或者是地方上的军人大族，在大范围的动乱和战争中，逐步剪灭天下群雄建立新朝。秦始皇第一次统一中国后，至少有七次大型起义直接或间接造成了王朝的毁灭。即秦末陈胜、吴广率先发动的起义，两汉之间新莽时期的绿林、赤眉军起义，东汉末年张角黄巾起义，隋朝末年瓦岗军率先发动的起义，唐朝末年王仙芝、黄巢流民起义，元朝末年红巾军起义和明朝末年李自成、张献忠饥民起义等。分别建立了汉朝、明朝的开国皇帝刘邦和朱元璋，本身就是农民起义运动中的重要领袖。重建汉朝的刘秀，是参加起义的汉室皇族成员，开创了大唐的李渊、李世民父子，是加入起义阵营的隋朝将军。这种结束乱局统一天下的过程，基本上依靠一场又一场残酷的战争去完成，民众的死亡人数甚至可能达到当时人口的三分之二。

在君主专制、中央集权的治理体系中，统治集团和被统治的民众，一定时期内存在着尖锐的矛盾。大多数的情况下，君主专制的统治策略出现暴政，对于人力、物力资源的过度动员，以及组织体制内部出现冲突、斗争，加之天灾、饥荒等大环境的因素等，都是起义爆发的重要原因。

第二种类型是组织体制内部权臣的篡位。中央集权、君主专制时代的篡位者，往往是控制了中央政权的大臣，拥有军事资源的将领，或者是皇太后、皇后或皇妃家族中的外戚势力。终结西汉政权建立新朝的王莽，终结东汉政权建立魏朝的曹丕，从曹魏王朝手中夺取政权，历经三代建立晋朝的司马炎，又从东晋王朝手中夺取政权，杀死司马氏后人建立南朝宋政权的刘裕，以及有样学样的齐、梁、陈等政权的萧道成、萧衍和陈霸先诸帝，代北周建隋统一中国的隋文帝杨坚，代后周建宋开创新局的宋太祖赵匡胤，等等。这些帝制时期的篡位者，大多虚托上古尧舜相传之禅让故事，包装自己以非伦理、非合法程序手段取得帝位的事实。

相比较全国性的战争动乱，这种王朝品牌转换的社会成本较低，往往暴露了运营系统内部的弊端。比如儒家君臣秩序的核心价值不彰，组织体制的机构设置存在缺陷，最高统治者年幼或者无能，以致君权旁落，无法驾驭组织体制内的各种政治势力等。宋朝之后儒家学说深入人心，中央集权、君主专制统治策略的相关制衡制度逐步完善。对于君主专制的统治策略产生显著的正向作用，权臣篡位的事例几乎绝迹。

第三种类型为边地少数民族进入中原，推翻汉族或其他少数民族政权，后以儒家理念重建国家的运营系统。北方族群征服黄河中下游的中央区域，以天下国家正统自居，是历史上常见的规律性现象。作为中华民族主体的汉民族，即是融合了众多不同来源的族群而形成。周王朝、秦王朝的先人来自西北地区的部落，隋唐帝国的皇室至少拥有部分的鲜卑族血统。魏晋南北朝时期，中原、巴蜀等地十六国政权绝大部分为少数民族所建，其中氐族苻氏所建的前秦一度统一北方。鲜卑族所建的北魏政权再度统一北方。和宋王朝并存的契丹族辽国，取辽而代的女真族金国，以及后来统一了全国的元和清等，这些少数民族建立的政权，不仅丰富了古代中国的内涵和外延，还创造出在一个国家政权内部，存在不同的统治策略、组织体制和资源动员方式的多民族国家运营系统。

"中国"从最初的地理概念，即镐京、洛邑附近的周王室中心地带，秦汉时代的中原地区，逐步发展至民族和文化的概念。东晋、南宋政权离开中原建都江南，仍自认为代表着中国的正统，而北方少数民族政权入主中原汉地后，接受儒家文化的价值和礼仪，其统治地区都被认为是中国。

皇帝制度与王朝运营五个时期

皇帝制度是帝制治理统治策略的决定性因素。这是一种以血缘、家族和世袭为基础的运营系统，最高统治者始终处在组织体制金字塔最顶部的位置。自公元前221年秦始皇称帝始，至公元1912年清宣统帝退位，共计有四百余人即位称帝，尚不包括边疆少数民族政权的单于、可汗等领袖。对于国家治理体系的制度建设，部分统治者进行自觉的探索，做出了超越时代的历史性贡献。有些统治者在施政过程中，出现严重的失误，有些统治者肆意妄为，导致王朝统治的动荡，甚至发生崩盘的局面。

每个朝代运营系统的创立时期，开国君主大多是王朝统治策略基本制度的建立者。秦始皇嬴政直接将郡县制推广至原关东六国，汉高祖刘邦采取折中的郡国并行制，隋文帝开启科举考试取士制度、明太祖朱元璋废除丞相制度、直接统辖六部，帝制时期每次治理体系的变革，取决于皇帝本人的乾纲独断。而且，中国历代王朝都有祖先崇拜的传统，王朝创立者的思维和言行，乃至对于某些个案的处理，往往成为后世子孙遵循的祖制。汉光武帝刘秀酷爱儒家经典，唐太宗李世民强调皇帝的君德，宋太祖赵匡胤要求不杀士大夫及上书言事之人，这些相当程度上影响了一个王朝的基调。

守成君主负有王朝永续发展的使命，故而帝制时期历朝接班人的培养和选择，是皇帝制度重要的组成部分。立嫡或者立贤，是严格遵循宗法制度的顺序，还是依照最高统治者个人的好恶，围绕着帝位继承的斗争，不仅充满了阴谋和血腥，还影响了国家的生死。

一般在新的朝代成立四五十年左右，或第二代、第三代皇帝在位期间，王朝容易遭遇瓶颈期，如果统治者不能处理好内外各种矛盾，臣民无法建立起对于价值、新生政权和皇帝个人三合一的忠诚，国家将面临再次瓦解的危机。秦朝、隋朝二世而亡，西晋政权迅速崩溃，都是因为王朝遭遇了难以逾越的障碍。反之，西汉、东汉时期分别形成汉文帝主导的"文景之治"及"明章之治"、唐太宗开创"贞观之治"、宋太宗赵光义确定文治传统、明成祖朱棣去世后出现"仁宣之治"、清圣祖康熙帝开启"康乾盛世"，这些都是通过了瓶颈期的例子。

开创期、瓶颈期之后，国家治理进入发展期。开国君主奠定的制度、法律和政策，越来越难以适应客观大环境的改变。随着最高统治者采取改革或保守的处理方式，王朝的命运各有不同。其中不乏颇具作为又有争议的君主，汉武帝对于匈奴展开大规模作战，晚年下颁反思穷兵黩武政策的罪己诏；唐玄宗李隆基创造空前的开元盛世，晚年酿成长达八年的"安史之乱"；乾隆帝弘历完成了清代最终的统一，晚年顽固拒绝任何工业文明治理体系的信息；等等。

随后部分王朝经历了一段中兴期，计有西汉宣帝时期"孝宣中兴"，唐朝宪宗时期"元和中兴"，武宗、宣宗时期的"会昌中兴"和"大中之治"，宋室南迁后"高宗中兴"和"孝宗中兴"，明代后期"万历中兴"，以及清代慈禧太后实际主政时"同光中兴"等。最终，王朝走向了崩溃期。

以最高统治者作为切入点

本书从帝制时期五个历史阶段里，根据时间线索，选择四十余位最高统治者进行观察和研究，以九大相对处于统一朝代的皇帝为主，包括部分具有代表意义的位处分裂时期的王朝君主，涵盖运营系统创立、瓶颈、发展、中兴与崩溃各个时期。考虑到历史叙述的完整性和连续性，其他的帝王们略有带到。本书既从当时的大环境出发，剖析这些统治者的解决方案，对于国家发展、社会需求的作用；更从历史进步的角度，解读每个时期运营系统的价值、策略、组织和资源等方面，对于不同历史阶段治理体系模型成熟的贡献。不仅探讨这些帝王、朝代具体的治理得失，而且阐述了帝制时期国家治理体系的来龙去脉，透视两千余年中国政治变迁的概貌。

作者研究和思考的方向，聚焦于最高统治者对于运营系统环境、价值、策略、组织和资源五者平衡关系的把握。关注治理体系不断成熟的五个阶段进程中，产生了哪些良性或有效的运营形式，哪些统治者发挥了决定性的作用。帝制治理时期多次发生改朝换代，王朝运营系统从创立、瓶颈、发展、中兴至崩溃，它们与五大维度之间存在什么关系？在儒道法各种思潮及佛教等外来信仰之间，统治者为什么始终将儒学作为国家的统治思想？在国家统治策略相关内外政策的执行中，统治者怎样处理与豪族、士人和平民等社会力量的关系？怎样处理和地方割据政权、少数民族政权、其他境外政权等化外力量的关系？这些都是本书想要探讨的问题。此外，下述更为细分的疑惑也是本书期以探讨的。

作为组织体制的中心，最高统治者对于宗室、外戚和宦官等宫廷亲属力量，以及功臣、武将和文官等朝廷官僚力量，采取了既利用又限制的态度，这些复杂的关系经历了怎样的演变？其中，文官士大夫势力为什么会成为组织体制的主体？皇权与士大夫坚持的儒家价值解释权经历了怎样的磨合？最高统治者不断地通过组织机构加强对中央政权外朝和地方政权的控制，这些工作取得了什么样的效果？运营系统编户齐民的资源动员方式，在每个不同的朝代呈现了哪些不同的形态，这和北方游牧民族兵民合一的制度，分别代表了哪些不同的意义？

物换星移，时光飞逝。回望两千年，研读众多统治者治理国家的成败得失，我们大致可以从品牌主体运营系统的视角，理解历代兴亡内在的逻辑意义。通过对不同时期帝王的分析和比较，发现帝制时期最为优质的统治者理政样本。这些从中国传统文化中总结出来的基本规律，以及从历史实践中发掘出来的特殊案例，不但能使我们的阅读变得更有趣味，或许也能给从事企业或政府管理工作的朋友们，带来一些借鉴和启示。

本书大部分的写作方式，是以每一节叙述一位帝王为主，但也有一节叙述连续两位帝王以上的，或以一位帝王引出一个朝代，主要看材料和观点交代的需要。中国的帝王多有谥号、庙号和年号，明清两代基本上一位帝王拥有一个年号，写作中按照史学惯例，除了直呼其名，一般以谥号或庙号代称，明清的帝王同时称其年号，完全是我个人的写作习惯和一家之言。

第 一 章

秦汉帝国时期是治理体系创制的阶段。秦始皇将君主专制、中央集权和郡县制的法家方法论，推广至被武力征服的地区。历经秦亡汉兴，黄老的道家思想一度居于统治地位，至汉武帝时期，始与经过董仲舒改造的儒家价值观结合。汉武帝以察举等制度，将儒生引入运营系统，儒家的天命转移之说，却意外成为外戚王莽篡汉的动能。汉光武帝完成了儒生和文法吏势力融合，确立组织体制士大夫政治的特征，但部分名士、党人及文官势力，以价值的维护者自居，和作为皇权延伸的宦官势力发生严重冲突，最终成为东汉政权崩溃的原因之一。

第 一 章

创制：
秦汉第一帝国

秦汉第一帝国，即秦朝、西汉和东汉，是中国帝制治理体系形成的时期，是以中央集权、君主专制和郡县制为统治策略的运营系统，创制、发展而成型的阶段。许倬云先生说，秦汉应该是一个连续体，而不必当作三个朝代来看待。[1] 从帝制治理的延续、发展而言，确实如此。但是，历史学家高屋建瓴、如椽大笔的重墨，抵不过真实历史场景散发出的沉重和残酷气息。从秦始皇到汉武帝，帝国的运营系统经历了八十余年终于初具形态，其间引发的动乱和战争，哀鸿遍野，血流成河：秦国征伐东方六国的战争、秦末各地反秦战争和楚汉战争、汉高祖刘邦削除异姓诸王的战争，以及汉景帝刘启平定"七国之乱"的战争，等等。

秦始皇嬴政统一天下，首创皇帝制度，以商鞅的法家理念治国。他确立了中央集权、郡县制等统治策略，通过编户齐民施行严密的控制，横征暴敛、徭役深重，无休止地动员、压榨社会人力物力

1　许倬云：《许倬云说历史：大国霸业的兴废》，上海：上海文化出版社，2012年版，第16页。

资源。而以中下级军官及文法吏势力构成的地方组织体制，不足以压制民间力量的反抗，给绵延五百多年的秦王室带来了亡国灭族之祸。秦政权迅速崩溃，存在着系统内部不匹配、不平衡等深刻原因。

汉高祖刘邦推翻了秦政权，重建中央集权的皇帝制度。无论是分封制、郡县制并存，还是非刘不王、非功不侯的组织体制原则，都是他审视大环境后采用实用主义操作手法的一部分。刘邦推出贯穿着黄老无为而治理念的阶段性政策，此模式在汉文帝刘恒、景帝刘启时期发扬光大，成就了"文景之治"的一代治世。

秦汉帝国时代，在位超过五十年的汉武帝刘彻，放弃了黄老道家学说，将儒家以天命论为代表的伦理思想，作为大一统国家官方的意识形态。对于法家的中央集权统治策略，做出种种历史性的制度完善。汉政权在长安建太学，设立五经博士点，通过察举、征辟等形式，将民间儒生大量引入组织体制。他还颁布推恩令，进一步削弱诸侯王国的地位，设置监察地方的刺史制度，强调直接治理，在中央创立具有决策性质的内朝，以巩固最高统治者绝对专制的权威。汉武帝穷兵黩武、滥施民力，和秦始皇类似，严重消耗了国家的人力财力资源，晚年选择下罪己诏，重回与民休息的汉政权传统政策。经历秦始皇创制、汉武帝定型，儒家的价值观和法家方法论互为表里，成为帝制国家治理体系最本质的特征。汉宣帝刘询形象地将这种儒表法里的治理方式，称为"以霸王道杂之"（《汉书·元帝纪》）。

以儒家天命转移之说夺取政权的王莽，推出井田制及公共资源国有化等激进的阶段性政策，符合儒家经典中社会改造理想的教义，但他却违背了当时环境的基本需求，十五年身死国灭为天下笑。同为儒生的光武帝刘秀复辟汉室，大力提倡儒家重廉耻、尚名节的精神品格，儒生和文法吏势力相互融合，士大夫政治成为帝制治理体系核心的组织体制保障。刘秀将儒家仁爱、宽恕的精神，和法家君主绝对专制的权威高度结合，至少保证了东汉政权一个世纪以上的稳定。刘秀被称为帝制治理时期完美帝王的典范。

秦始皇：开创还是毁灭

秦始皇嬴政是中国帝制治理体系的首创者，被明代学者李贽称为千古一帝。但是，他并不是君主专制、郡县制等中央集权统治策略的发明者。秦始皇只是将秦国时代已经存在的统治策略，覆盖到了被征服的天下诸地。嬴政是皇帝制度的主要制定者，但他并没有开创一代王业，他只是五百余年秦王室的第三十四位继承人。他自称始皇帝，规定他的儿孙为二世三世以至万世，但秦帝国在他死后三年就灰飞烟灭了。严格地说，嬴政也并不是统一天下的最早规划者，在他亲政以前，秦国丞相吕不韦已着手统一后的治国构建。《吕氏春秋》中有非常明确的记载。秦始皇嬴政以武力征服原六国之地，但他从秦国输出的运营系统，却存在着致命的缺陷。不仅缺乏可以凝聚人心的核心价值，组织体制也无法适应资源动员的烈度和广度。他没有能安排合适的接班人，最终导致秦政权在实现了历史性的扩张后，迅速倒塌了。

秦制源于商鞅

秦国原为地处西部边陲的附庸小邦，和游牧部落杂居共处。秦开国君主秦非子因为周孝王养马而获封秦地。公元前770年，周平王东迁洛邑，秦襄公勤王护驾有功，始获称设诸侯国的资格。秦国虽继承了西周王室的龙兴地区，却没有经历西周极盛时礼教价值的沐化，甚至未确立嫡长子继承制，常被关东诸侯视作蛮夷之地、虎狼之国。秦人尚武、刚烈和功利，注重利益和效率，秦国历经穆公、孝公、惠文王和昭襄王等多位有为君主前赴后继，至公元前247年嬴政继位时，秦已经是战国七雄中军事实力最强大的国家。

毛泽东的七律诗《读〈封建论〉呈郭老》云"百代都行秦政法"，是指秦孝公时期商鞅变法后实施的统治策略、组织体制及资源动员方式。商鞅是法家始祖人物李悝的崇拜者。《商君书》比较全面地总结了商鞅等法家人物的治国理念。和儒家、道家学说关注人及自然等形而上命题不同，法家思想多是关于政治学、管理学的思考，是为统治者提供统治术的方法论。

商鞅在秦国执政二十余年，先后两次推行变法，其变法贯穿着君主权力至上，以及对被统治民众实行严苛管理的法家思维。其思想影响深远，全面体现在秦国后来的各项治理措施上。即在政治上推行中央集权、直辖各县政策，基层推行什伍组织和治安联保政策，相互监督和连坐；在经济上推行废除井田制政策，允许土地自由买卖，但农民不得擅自离开土地，并招揽关东诸国农民前来垦地种植；在社会上推行奖励耕战的政策，即为国征战者以军功授予爵位，勤力耕桑者可免除徭役，宗室无军功不能列为贵族，平民凭军功可进入统治集团行列，反之避战或者不务正业，将受到严厉的刑罚；在思想上推行排斥一切主张非农战学说的政策，焚烧民间《诗经》《尚书》等藏书等。

商鞅在秦国实施君主专制、中央集权的统治策略和组织体制，通过实施有效户籍控制的编户齐民制度，以及平民进入组织体制的激励创新，极大地强化了国家的资源动员能力。整个社会被改造成巨大的农业生产和军事作战机器。《汉书·食货志》记载董仲舒夸张地评估，"一岁屯戍，一岁力役，三十倍于古；田租口赋，盐铁之利，二十倍于古"。数百万之众的国家，一次可动员六十万军队征战，源源不断向前线运送军需物资。

嬴政的领导力

公元前259年，嬴政出生于赵国首都邯郸。其父异人作为人质常住赵国，得好友大商人吕不韦转赠的姬妾而生有嬴政。嬴政曾祖父昭襄王一度自称西帝，统治国家达五十六年，他重用范雎、白起等人，歼灭赵、楚等有生军事力量，奠定对六国的决胜之局。嬴政祖父孝文王守丧一年即位，仅三天去世，他在受封安国君、后为太子期间，吕不韦通过运作其宠妃华阳夫人，说服他将本不受待见的异人立为继承人。嬴政13岁时，父亲庄襄王异人去世，嬴政继承王位，尊丞相吕不韦为仲父主持朝局。

吕不韦灭东周，推进统一事业，养客三千编《吕氏春秋》，探索和法家不尽相同的治国价值，但他和成为太后的赵姬私通，之后又引诱嫪毐成为赵姬的男宠，以至于成为嬴政心中侵犯君权的权臣。

观察君主专制、中央集权的历朝运营系统，皇帝年幼，由太后或权臣代行君权的情况并不少见，而皇帝成年后从权臣手中夺回最高权力，更是一种表现君主天纵英明的常态。公元前238年，22岁的嬴政行加冠礼后，一举粉碎了嫪毐集团的武装叛乱，亲手摔死太后和嫪毐所生的两个私生子，将太后赵姬软禁在雍城的贡阳宫。嬴政罢免吕不韦的相国职务，令其迁至河南及蜀地居住，不久一封书简迫其饮鸩自尽。

《史记·秦始皇本纪》记载，"秦王为人，蜂准，长目，挚鸟膺，豺声，少恩而虎狼心。居约易出人下，得志亦轻食人"。嬴政被描绘成具有先天的生理缺陷，或可推断其自卑又残忍的病态心理。其实，嬴政9岁从赵国来到咸阳宫中，虽然缺乏父母的关爱，但从小目睹复杂的社会环境和宫廷斗争，至少拥有洞察世故、识人之明的帝王基本素质。他采取果断措施，坚决清除了行使君权的障碍，随后又三次放低姿态收回成命，这说明嬴政具备了最高统治者的领导力。

嬴政第一次收回成命有关太后赵姬的安置。多位持不同意见的批评者被他杀害，但齐人茅焦继续诤谏，认为秦国以统一天下为目标，而君王流放自己母亲，严重影响国家的形象。嬴政终于改变主意，将太后接回咸阳甘泉宫，并允许部分受嫪毐、吕不韦事件牵连的被放逐者归来，这起到了一定的团结内部的作用。

第二次收回成命有关逐客令的颁布。韩国水利专家郑国帮助秦国建造大型水渠，之后被揭露其真实身份为韩国间谍，嬴政下令驱逐所有六国在秦人士。担任客卿的楚国人李斯为此奋笔写下著名的《谏逐客书》，力数穆公用百里奚等五人、孝公用商鞅、惠文王用张仪及昭襄王用范雎的往事，说明驱逐人才只能自我虚弱而帮助敌国。嬴政拍案采纳，将本为吕不韦门客的李斯引为自己的主要助手。李斯和韩非同为儒学大师荀子的学生，最终都痴迷于功利的法家治国之道。韩国贵族出身的韩非是法家思想的集大成者，他从人性本恶出发，主张结合法术势，即国家法律、帝王心术和政权势力来统治国家，所著《孤愤》《五蠹》等文章深为嬴政激赏。嬴政为求得韩非，不惜发动对韩国的战争。韩非来到秦国后，李斯等人嫉妒韩非的才华而向嬴政屡进谗言，致使韩非被关入大狱。李斯又派人给韩非送去了毒药，逼其自杀身亡。

赢政第三次收回成命的事件，发生在秦军向六国发动大规模统一战争的过程中。在尉缭等兵家策划下，秦政权一面使用外交手段破坏六国之合纵，以重金收买敌国要员为秦所用，一面展开了势如破竹的征战。公元前226年，秦军歼灭燕军主力后，转向南方的楚国，老将王翦以为伐之至少需六十万大军，而青年将领李信以为二十万足矣，赢政遂命李信挂帅，王翦回老家频阳称病不出。公元前225年灭魏后，李信、蒙恬率二十万大军伐楚先胜而后败。赢政亲往频阳向老将军致歉，恳请王翦重掌帅印。公元前224年，王翦率六十万大军击破楚军，杀大将项燕，次年终于灭亡楚国。公元前222年，赢政给予李信重新证明自己的机会。李信在王翦之子王贲麾下，北上歼灭燕赵残余势力。公元前221年，王贲、李信大军南下，齐国不战而降。

为秦始皇暴君名声辩解者认为，赢政知人善任统一中国，也无诸如昭襄王杀害白起等屠戮功臣的行为，作为帝王的个人私德没有特别不堪。

将秦制扩大到天下

必须指出的是，在关于是实施分封制还是郡县制统治策略的著名辩论发生前，秦政权在征讨六国战争时，已经在占领地依秦制设置了郡县。经历了春秋战国五百余年残酷的战争，人性之恶被充分地发掘，不可能重回西周之初伦理礼乐的德治社会。欧洲历史上封建国家也曾长期纷争不已，直至1648年各方签下《威斯特伐利亚和约》，始奠定以契约方式建构现代民族国家的方向。

当时秦政权面临的大环境在于经历了多年的诸侯国统治，六国民众心理上无法迅速认同自己为秦人的身份。拿破仑席卷欧洲时自兼意大利国王，又封其兄长为西班牙国王，未尝没有尊重历史形成的政治单位的考虑。两千多年前的生产力水平，数百万平方公里的巨型国家，若实施中央集权、郡县制直接治理的策略，首先必须创造出凝聚全民特别是知识分子的价值信仰模型，而法家权术显然不能构成世界观意义上的思想力量。但是，嬴政及主张郡县制的李斯等人，迷信于法家统治策略的路径，除了确立集三皇五帝于一身的皇帝尊号，在中央设立三公九卿的官僚机构，基本上将天下作为秦国的放大版进行治理。有理由推测，如果秦始皇在一定程度上分封宗室，至少儿孙不会为胡亥悉数所害，在后来发生的各地反秦大起义中，这些皇族或可成为秦帝室的屏障。

公元前221年，秦政权一统天下后，立即推出了统一货币、统一度量衡、统一车轨和统一文字等公共政策。以今天的视角而言，这些强制性的标准化产品，对于华夏民族的融合具有重要的意义。但是，对于当时共同精神家园尚未建成的原六国民众，无疑是一种对心理积淀的剥夺。秦始皇自认为是全天下的主人，针对核心地带以外的土地，他继续开动战争机器进行大规模的征伐。公元前219年，秦始皇命屠睢、赵佗率五十万大军进攻岭南百越之地，公元前215年，又命蒙恬率军三十万北上攻打匈奴。在占领的今两广及内蒙古等边地设置郡县，强征数十万移民南下或北迁，和军队一起垦荒留驻。

秦始皇下令，建造连接珠江水系和长江水系的灵渠，征发七十万民众重修万里长城。在中国的范围内，秦始皇首先大规模营造全国陆路驰道系统，以京师咸阳为中心，东到大海，西至今天的甘肃，北到内蒙古，南至湖南、安徽和浙江等地；掘通原各国阻塞水道的堤坝，开辟水上航路；拆除原各国利用险要地形建造的城堡和关隘，设立每隔30里供信使及驿马休息的传舍。

除了在咸阳北原仿建被灭亡的原六国宫殿，秦始皇又在原西周故都丰、镐间，营建气势恢弘的阿房宫。秦始皇大型陵墓建于骊山，丞相李斯亲往监工，其陪葬的兵马俑坑，两千年后为世界第八大奇迹。两项工程动员人力超过百万。秦政权当时控制全国的总人口在两千万左右，成年男性不过四五百万。国家连续不断地发动大规模战争、建造大规模工程，常年征发人工达到二百万，秦政权对于人力、财力资源的动员和压榨，已经超过社会所能承受的极限。

秦始皇统一天下后，下令尽收民间所有的兵器，铸成十二座巨大的铜人，放置在咸阳宫中。从后来秦末农民大起义的程度来看，这种政策没有起到应有的效果，反而折射出秦始皇将民众当作敌人加以防范的内心。他不仅追杀原六国王族，强行将十二万富户迁往咸阳及巴蜀等地，还以国家的名义，向被称为黔首的民众征收特别沉重的赋税。无休止的兵役和徭役，严重影响了民众的农业生产。秦政权通过提高赋税来增加财政收入，史载"收泰半之赋""二十倍于古"（《汉书·食货志》）。被征发徭役的民众，还必须自带银粮衣物。秦政权素有驱使罪吏犯人服徭役、戍役即"谪发"的传统，很多缴纳不起重赋的贫民沦为刑徒服役，相当高比例的民众在服役期间伤残病亡。

秦政权自商鞅实施法家路线的统治策略开始，具有两项最重要的管理工具，即严密的户籍管控制度，以及严厉的惩罚性法律，迫使民众不得不接受沉重的纳税、服役义务。稍有不慎触犯条令者，即被告奸连坐和刑处，各种各样的肉刑、死刑令人胆战。这等于将习惯了相对自由宽松治理的原六国民众，全部推向了秦政权统治的对立面。

绝大部分秦人在战争结束后，失去了杀敌封爵的唯一激励，和原六国民众的处境并无不同。湖北云梦出土的秦简表明，郡守、县令等组织体制中的地方干部，多为秦军的中下级军官[1]，其他行政管理人员，一般是熟悉法律法令的文吏。全国四十余郡、可考756县[2]，秦政权无法做到每地驻守大量军力。少数军人和文法吏横征暴敛、过度动员社会资源的局面，实际上不可能持续。

焚书坑儒与亡国的关系

历史上著名的"焚书坑儒"事件，分别发生在公元前213年和公元前212年，距离秦政权覆亡不过五六年，距离秦始皇去世仅两三年。

秦始皇一统天下后，召集原六国贤达大儒，设立咨询性质的博士官制，本意应该是装饰门面，为其歌功颂德。但是，相比法家以吏为师、君师合一的认知，儒家知识分子强调忠于价值和理念，对于皇帝及其朝廷的决策不免要有独立的议论。公元前219年，秦始皇赴泰山举行封禅大典，带上了群儒博士七十余人，并与之商议祭祀典仪，这完全是出于礼制建设的需要。[3]儒生们建议大典应依照两项古礼，即祭祀时清扫地、铺上草席或草垫，勿

1　许倬云：《说中国：一个不断变化的复杂共同体》，桂林：广西师范大学出版社，2015年版，第67页。

2　后晓荣：《秦代政区地理》，北京：社会科学文献出版社，2009年版。

3　辛德勇：《生死秦始皇》，北京：中华书局，2019年版，第176页。

损山上草木、车轮用蒲草包裹。秦始皇对所谓腐儒的愚见不以为然，仍命人斩草修道、豪车登顶。他巡游途中经过湘水，遇大风而无法渡江。儒生博士进言，掌管湘水者，为庙中所供奉的湘君女神，建议进行祭拜。秦始皇竟下令三千囚徒，将湘山上的树木全部砍光。这两件事相互联系，反映出他自我崇拜、并不敬畏神灵的心态。

统一六国后，秦始皇五次巡视大江南北，先后在邹峄山、泰山、芝罘山、琅邪山、会稽山和碣石等地立碑刻文，旨在书写历史，颂扬其统一创制的功业。在这样的狂热氛围中，儒生博士淳于越仍然提出，商周分封制传王位千年，还是有子弟拱卫天子的长处，阿谀奉承者也并非对皇帝真正忠诚，这些话不能不引起秦始皇强烈反感。李斯即以时代变迁、不能以古非今为由，主张烧毁除秦史官所记外的一切史书，以及除医药卜筮种树之外一切《诗》《书》和诸子百家著作。秦始皇随即接受李斯的建议，颁布了焚书的诏令。

秦始皇巡游的另一项重要目标，是要寻找长生不老的仙药。齐人徐福率三千童男童女入海寻仙，无异于浪费国家钱财的骗子行为，也绝无可能如后人附会东渡日本。史载燕人方士卢生带回"亡秦者胡也"（《史记·秦始皇本纪》）之谶语，可信度其实也并不高。在卢生等人求仙药不成而逃走后，他们在背后议论皇帝暴政的行为被告发。秦始皇怒不可遏，派人在咸阳秘密侦察，发现很多儒生也在议论朝政、批评体制。抓来严刑审问后，一些人互相揭发，最终秦始皇亲自圈定四百六十余人，全部予以活埋坑杀。

也许比较起长平之战秦将白起一次坑杀赵军四十余万人，活埋坑杀四五百人是很少的数字，去除其中的部分方士，真正被坑杀的儒生，占当时天下儒生的比例，可能仅为较小的数量。但是，经历了"焚书坑儒"的过程，秦政权亡国的必然因素和偶然因素聚合，知识分子士人阶层和秦政权关系发生裂变，三年多后各地反秦民变爆发，几乎所有的儒生文人都加入了起义军的行列。皇长子扶苏素有贤名，对于坑儒持有异议，秦始皇盛怒之下，将他打发到北方蒙恬军中担任监军。这一变故，成为秦始皇去世后继承危机中的重要因素。

崩盘的秦二世

公元前210年，秦始皇在南巡途中病亡，遗诏令扶苏回咸阳主持葬礼即皇帝位，但是，掌握内卫的中书府令赵高拉拢丞相李斯，改立幼子胡亥为帝，矫诏至蒙恬军中，逼迫扶苏自尽。中央集权、君主专制统治策略的皇帝制度中，最高统治者权力交接是极其重要的内容。秦始皇生前没有完成交班的部署，本已相当失衡的秦政权运营系统，失去了一次自我调整的重要机会。

公元前210年，21岁的胡亥即皇帝位，是为秦二世。秦政权沿袭始皇帝的统治策略及各项法律、政策，对于资源的无谓消耗有过之而无不及。秦始皇下葬时，秦二世下令将宫中没有子女的嫔妃全部活埋殉葬。对于千辛万苦布局墓穴内珍藏的能工巧匠，秦二世下令关闭墓门，全部予以灭口。秦二世不具备担任最高统治者的基本素质，他将政事全部委托赵高一人处理。在赵高的策划下，秦二世无故处死了大将军蒙恬、蒙毅兄弟，处死了自己二十几位兄弟姐妹。公元前208年，参与夺位政变的左丞相李斯被腰斩于市，全族被诛，右丞相冯去疾、将军冯劫等被逼自尽。

公元前207年，关东义军逼近秦地前夕，秦二世胡亥死于赵高的谋杀。随后子婴被迎立为秦王，他用计诱杀了赵高。仅仅四十六天后，刘邦率反秦大军攻入咸阳，子婴素服白马请降。后来子婴为项羽所杀。由于史料的严重缺乏，历史学者对于赵高的生平、心理动机，以及是否为真正的阉人莫衷一是，对于子婴是秦始皇的侄子还是孙子也无定论。由于没有即皇帝位，子婴是以最后一任国王的身份，终结了秦政权五百六十三年漫长奋斗的历史。

价值缺失是速亡的主因

秦始皇嬴政开疆拓土，第一次真正统一了中国，是帝制时期第一次被称为大帝的最高统治者。但是，这并不是他个人的功绩，这是穆公、孝公、惠文王和昭襄王等多位领导者数百年接力的成果；秦始皇第一次在中国落实了君主专制、中央集权郡县制的法家统治策略，但这也不是他个人的创造，这是孝公时期商鞅变法运动在中国的复制和推广。秦始皇嬴政踩在了关键性的历史时间点上，前无古人而后有来者。秦始皇完成的工作影响深远，但并不特别艰难，如果他的父亲庄襄王活得更久些，或者他早逝而由扶苏提早继承王位，异人、扶苏应该也能完成中国的统一大业。

秦始皇是秦国法家氛围大环境中熏陶出来的人物，他的心理轨迹和所作所为，仅是历代秦王惯性思维的延续。法家视民众为可驱使的工具、可以作为战争机器进行驾驭，这些统治者的权术，不可能成为和平时期凝聚国家政权的核心价值。秦始皇恰恰在这一根本问题上，没有任何的创新和超越。他早年陶醉于粉碎嫪毐集团的成功，在废弃权相吕不韦的同时，也废弃了对于法家以外价值的思考。秦始皇无视统一后天下民众的基本需求，强迫天下人接受过重的兵役、徭役。他听到了一些议论和批评，仍沿用焚书坑儒等暴力控制思想的秦国法家解决方案。他实现了个人扩张的野心，却毁灭了先祖数百年长青的基业。

在秦始皇嬴政的晚年，他迷恋于追求长生不老和青史留名，但是，他不可能找到永生的仙方，历史也不是任凭他书写的。

摸着石头过河的汉高祖

汉高祖刘邦在天下分崩离析的基础上重建秩序，超越了秦政权或其他任何原六国君主的视角局限，是帝制时期继秦始皇之后，第二位统一中国的最高统治者。刘邦还是中国历史上第一位平民创业的帝王，以往的天子或是诸侯国君，多为上古氏族部落首领、功臣及其后代，王侯将相宁有种乎，历史至此翻开了新篇。他推出的法令或政策，诸如著名的废除秦严苛刑罚的约法三章，非常适合苦秦已久的民众需求。他的捐关以东，分封韩信、彭越和英布等诸侯王的战时策略，可以解释为以股份换取加盟，从而迅速击败对手。刘邦击败西楚霸王项羽后，重新选择了秦政权的国家运营系统，并且部分修正了系统的缺陷，从而使帝制治理体系得以继续探索和完善。他一生中最为人诟病的杀害异姓诸侯王，实质是恢复君主专制、中央集权统治方法论的必要之恶。

刘邦实行郡县制、分封制并存的统治策略，刑白马盟誓，采用非刘不王、非功不侯的组织体制最高原则，是充分洞察了秦末汉初大环境后的妥协决策。作为起于草庐的江湖中人，他有多次背信的不佳记录，也有善于认错的良好口碑，他所有的考量，都是出于汉政权基业永固的目标，符合帝制时期夺取政权、巩固政权的普遍性逻辑。

反秦势力中的小股东

刘邦出生于公元前256年，仅比秦始皇嬴政小3岁。他35岁前，是毗邻魏地的楚国人。48岁前，为秦朝的基层小吏。《史记·高祖本纪》中记载的刘母和蛟龙相合而生刘邦，以及刘邦作为赤帝子斩杀白蛇的故事等，应当是他称帝后，需要证明天命所系的刻意包装。而他早年喝酒、恶作剧和大话连篇的形象，可能是他长期不得志的一种宣泄。刘邦年轻时，崇拜战国四大公子之一的信陵君，曾赴魏国投奔继承信陵君遗风的张耳。如果战国时代延续，游侠也许就是他的人生定位。

秦政权统一后，刘邦担任了沛县泗水亭长，类似今天基层的派出所所长。他出手大方、广交四方朋友，和萧何、曹参等基层小吏过往甚密。吕公愿意将小他15岁的女儿吕雉许配给他，一定是发现了他身上某种发达的潜质。《史记·高祖本纪》中，描绘了他和秦始皇同框的画面，刘邦赴咸阳服徭役途中，远远看见秦始皇车队威风经过，不禁感叹："嗟乎，大丈夫当如此也！"秦始皇末年，刘邦押送一批刑徒去骊山建陵，一路上人跑了大半。他索性就把大家都放了，自己率多名追随者在芒砀山隐藏。

公元前209年，即秦二世元年，陈胜、吴广率众在大泽乡起义，先以公子扶苏及楚大将项燕名义号召，之后建立张楚政权自立为王。孔子八代孙孔鲋持家传祭祠礼器，毅然加入陈胜的队伍，担任张楚的博士官，后壮烈牺牲。[1]各地民众闻风响应，纷纷杀死秦政权所派郡守、县令，原六国残存贵族乘机起兵复国。在刘邦的动员下，沛县民众杀死了左右摇摆的县令。刘邦进城后，

---

1 马平安：《大秦帝国启示录》，北京：新世界出版社，2018年版，第258页。

被大家推举为沛公。萧何、曹参、周勃、樊哙及夏侯婴等人，成为他创业团队的第一批核心干部。

在灭亡六国的战争中，楚地的抵抗是最为顽强的，这次全国性的反秦大起义，楚人复仇心理最为迫切，所谓楚虽三户亡秦必楚也。其中，又以大将军项燕后人项梁、项羽的部队最为突出。在天下大乱、群雄逐鹿的血腥斗争中，占据价值高地也是资源动员最大化的方式之一。项梁接受谋士范增的建议，拥立被楚国民众怀念的楚怀王之孙为王。18岁的放羊人熊心成为共主，仍被称为楚怀王。楚国复兴的理念，以及项梁、项羽叔侄卓越的军事指挥能力，很快使楚军成为反秦起义的主力。作为楚地中一支较小的武装，刘邦率部加盟了项梁的集团，并参加了拥立楚怀王的薛地会议。

相比较陈胜称王后六个月即兵败身死，刘邦的选择理性、冷静和务实。所谓天命所归，其实是政治品牌知名度和美誉度累积的过程，不可能一蹴而就。刘邦加入复国后的楚军，不仅获得了集团战将十员、士兵五千的资源资助，还受到怀王的高度信任，获得了单独统率一方面军西进灭秦的机会。当时秦军主力远在岭南和长城附近，其中岭南军团的赵佗等人断绝交通自立。章邯统率修建骊山皇陵的刑徒临时组成的新军，击破了陈胜派出的西征军，又在定陶袭杀大胜后轻敌的项梁，随即北上，和自长城南下的王离军团靠拢，攻击刚复辟不久的赵国。

刘邦和项羽曾合作攻破秦军，诛杀了李斯之子、秦三川郡守李由。项梁死后，怀王以刘邦宽大长者为由，遣其率师西征攻秦，因项羽性格暴躁，仅作为宋义的副将北伐救赵。怀王与诸将领约定，先入定关中者王之。在张良、郦食其等谋士帮助下，刘邦多以约降、智取等低成本方式过关斩将，一路西进咸阳，历史性地终结了秦帝国的基业。而项羽在诛杀宋义夺取兵权后，充分表现了他作为杰出军事统帅的才能。项羽破釜沉舟、力挽狂澜，巨鹿之战俘虏王翦之孙王离，各地前来救援的诸侯将领跪行拜见。八个月后，他又迫降了章邯，决定性地歼灭了秦军主力军团，被天下诸侯共尊为盟主。项羽自称西楚霸王，刘邦曾被其封为汉王，天下的反秦起义，遂演变为楚汉两大品牌军政集团的全面角逐。

灭楚大军的盟主

刘邦进入咸阳后，推出了一系列亲民的法令和政策，其实都是为了争取秦地及天下民众的认同。他不是理念先行的知识分子，他的决定来自性格、阅历形成的经验判断，以及周围有识之士的影响和劝谏。当他手下将领要求杀子婴以报灭国之仇时，刘邦认为，楚怀王指派他率师入秦，是看中他年长和宽仁，子婴已降，杀之不祥。面对豪华秦宫中无数的珍宝和美女，刘邦一度想好好享乐一番，但在张良、樊哙等人不能重蹈暴秦覆辙的劝说下，他下令将珍宝全部封存，自己仍回灞上军营。这些都避免了进一步伤害已经亡国的秦人感情，成为汉政权立足关中最初的基础。

刘邦以怀王曾许诺的关中王身份，召集父老豪杰宣布著名的"约法三章"，即"杀人者死，伤人及盗抵罪"，其他包括连坐在内的所有秦朝严酷律法予以废除。当兴奋不已的秦地百姓献上酒饭时，刘邦表示婉拒，声称军需已足，不能再麻烦大家。原秦国民众奔走相告，唯恐刘邦不能担任秦地之王。刘邦集团的萧何进入秦相府及其他政府机关，收罗所有秦律及天下地理、人口等图书档案，为日后的战争规划、国家治理预做资讯准备。

项羽是天下灭秦战争中最关键的人物。他出身世代楚将的军事贵族家庭，当时仅二十五六岁，年少气高、性格刚直，却并不具备治国平天下的眼光、胸襟和胆识，缺乏乱世君王必需的谋略和手腕。项羽坑杀秦军降卒二十余万，入咸阳后诛杀子婴、焚烧秦宫，携大批财物美女东归楚地。他放弃了立国于具有地理优势的关中地区，选择四战之地彭城为都，虽实现大丈夫复仇雪恨、衣锦还乡的理想，却不能展现对于未来国家长远的建设性规划。天下各地有识见的英雄豪杰，怎么可能倾心于他的麾下？

项羽佯尊怀王为义帝，以上将军身份十八分天下，立反秦诸将为王，自称高于众人的西楚霸王，分赃似的简单仿造战国时代，和周武王建立分封制秩序的统治策略不可等量齐观。西楚霸王不是一个政治称号，至多是某种武力至上的象征，仅能满足他个人的虚荣心，而无法提供符合社会需求的运营秩序。项羽率大军破函谷关后，曾和刘邦相会于鸿门宴上，一般评说以为他妇人之仁，没有接受范增意见将刘邦刺杀，是造成最终失败的结局的原因，但即使他成功清除刘邦，天下也不可能出现以他主导的稳定持续的治理体系。

刘邦被项羽封为汉王，被要求仅带三万部众前往巴蜀及汉中封地。原关中核心区域划分为三，被分封给章邯等三位前秦降将。刘邦接受萧何、张良劝说，强忍愤怒表示服从，南行途中烧毁栈道，以绝项羽的疑心。公元前206年，刘邦在萧何、夏侯婴等人竭力推荐下，拜军事天才韩信为大将，明修栈道、暗渡陈仓，迅速击溃不得人心的章邯等人，传檄而定三秦之地。项羽以个人好恶强行制定的分封格局，不出一月即发生动乱。齐地首先被没有得到分封的田荣夺取，项羽不得不北上入齐作战。他命九江王英布秘杀义帝，从而彻底失去了称霸的价值高地。

刘邦在东进途中，得到了义帝遇害的消息，立即袒臂痛哭，宣布为义帝发表三日，以此为旗帜号召天下军民讨伐项羽。各地至少有五路诸侯加盟追随，五六十万大军浩浩荡荡、势如破竹，一举攻克了西楚首都彭城。项羽再度发挥军事长才，自齐地率三万百战精兵南下，对麻痹松懈、缺少整训的汉军发动突袭，将汉军轻易击溃。刘邦一路狂逃，为了减轻马车负重，竟把车上的儿女狠心踹下，幸得驾车人夏侯婴出手相救，而他的父亲太公、妻子吕雉等被楚军俘获。后来楚汉两军对垒阵前，项羽以烹杀太公为威胁，要求刘邦退兵投降。刘邦回答说，我和你曾同为怀王之臣，结为兄弟，我的父亲即是你的父亲，如果你烹煮了你的父亲，也给我分一杯肉羹吧。这两件事相互关联，成为后人评论刘邦性格中不择手段一面的重要依据。

在长达两年五个月的时间里，楚汉两军在成皋、荥阳一带对峙鏖战。败军之际，刘邦不惜采取捐关以东的战时策略，即将函谷关以东、原六国之地进行封赏，以共享天下为诱惑，争取和扩大战争资源的基本面。他锁定的最重要的对象共有三人：强盗出身、不受项羽待见的魏相彭越，囚徒出身、项羽集团核心之一的九江王英布，以及独当一面的大将韩信。彭越擅长以游击战术攻击楚军粮草，英布降汉后骚扰楚军后方，韩信的作战表现最令人惊艳。

公元前205年秋，韩信率师北上，进攻附楚的各诸侯国，先后平定了魏国、代国、赵国和燕国。精锐部队被刘邦夺去增援荥阳战场后，韩信东进齐地，仍攻下七十余城，歼灭项羽派出的龙且二十万援军。韩信向刘邦提出，欲以假王名义统治齐地，日夜盼望韩信援兵的刘邦一度相当气愤，在张良、陈平等劝说下，才正式分封韩信为齐王。

刘邦军政集团以沛县故旧为核心，始终控制各关键岗位，保持了较强的组织凝聚力。大管家萧何坐镇关中，以原秦地为战略大后方，向前线不断运送兵员及其他军需物资，曹参实际上充当韩信部队中的监军角色，樊哙、周勃和夏侯婴等随同刘邦在荥阳正面作战，稍后入伙的灌婴率领骑兵，攻下了楚都彭城。相比较刘邦集团强大的组织体制保障及资源动员优势，项羽军事作战的优势逐步丧失。尽管每场具体的战役，诸如战英布、讨彭越等，项羽仍保持常胜的纪录，但他的兵员粮草得不到应有的补充，也没有稳固的资源后方。

最终，项羽不得不释放了刘邦的父亲、妻子，同意以鸿沟为界平分天下。项羽依约引军东撤后，刘邦会集韩信、彭越和英布等各路援军，毁弃协议向东追击，逼迫项羽上演了霸王别姬、自刎乌江的历史悲剧。

郡国并行与宗室、功臣共治

《汉书》记载，公元前202年，经过三年反秦战争、四年楚汉战争，刘邦应诸侯王所请即皇帝位，是为汉高祖。汉高祖刘邦仍采用秦始皇发明的皇帝称号，其实是选择重建秦政权发明的国家运营系统。汉高祖继续实行君主专制、中央集权的统治策略，同时又接受了郡国并行的一国两制模式，即中央直接控制的原秦国土地实行郡县制，对原关东六国区域采用周天子式的分封模式。全国六十二个郡，中央直接控制十五个郡，这是汉高祖在国家长治久安和现实政治操作之间，做出的一种战略性妥协。当时天下共有七位异姓诸侯王，汉高祖显然认为，这些诸侯国长期存在，对于中央集权、君主专制系统的长期稳定，特别是在他身后还能持续正常运营，构成了潜在的严重挑战。他恢复皇帝制度后，直至去世共七年的时间，主要的工作，即是对此做出处置。

韩信为灭楚的第一大功臣，但他居功自傲，提出要挟以得到分封。高祖灭项羽后第一件事，即是奔赴齐营，夺去韩信的兵权，将其改封为楚王。韩信被人告发造反后，高祖又贬他为淮阴侯，将他接至长安居住和监视。公元前196年，韩信牵涉陈豨叛乱案，被吕后、萧何联手杀害，并遭诛灭三族。彭越被高祖封为梁王，因未亲自率部参加平叛陈豨，被下令贬去蜀地，随后遭吕后设计杀害。高祖夫妇还将彭越尸体剁成肉酱，分给各地诸侯。英布当时被封淮南王，收到肉酱后惊恐不已，终于起兵造反。年迈体衰的高祖再次率部平叛，英布兵败逃亡后被杀。

七位诸侯王中，燕王臧荼原为项羽所封，归汉后第一个谋反被杀。汉高祖改封同学兼好友卢绾为燕王。英布死后，卢绾极度担心自身安全，称病不朝，不久逃亡匈奴。韩王信为韩国王室后代，是高祖汉王时期分封的第一个诸侯王，后被调整封地，逃亡匈奴被杀。赵王张耳为刘邦青年时代好友，又结为儿女亲家，去世后，刘邦女婿张敖即赵王位，因牵涉部下谋反案被捕，被降为宣平侯。仅长沙王吴芮、吴臣父子国弱，历来对中央政权保持忠顺的态度，幸而得以保全。

在逐步清除异姓诸侯王影响的同时，汉高祖积极分封刘氏家族成员为王。这是他从最高统治者的角度，总结了秦末大规模民变中，章邯投降、赵佗自立岭南的历史教训，如果有强大的宗室皇族镇守四方，情况也许就会大不一样。兼顾到多地民众仍有以原战国时期各国居民自谓的心理，在凝聚全民大一统的国家价值观尚未形成前，设立宗室成员为王的诸侯国，符合当时天下大环境的需求。

在韩信改封楚地后，高祖封婚前情人曹寡妇所生庶长子刘肥为齐王，又命沛县集团核心成员曹参为齐相协助治理。韩王信被迁至山西中部后，高祖将山西北部封给二哥刘喜为代王，刘喜遭匈奴围攻弃国被贬为侯，又改封儿子刘恒为代王，刘恒即后来的汉文帝。韩信被贬为淮阴侯后，汉高祖将楚地一分为二，封四弟刘交为楚王，封族兄刘贾为荆王。张敖被捕后被贬为侯，高祖封戚夫人所生爱子如意为赵王。杀梁王彭越后，高祖封子刘恢为梁王，封子刘友为淮阳王。平定淮南王英布叛乱后，高祖再封子刘长为淮南王，封刘喜之子吴濞为吴王。燕王卢绾北逃匈奴后，封子刘建为燕王。

汉高祖先后分封一百四十余功臣为侯，其中沛县团队占三十余位，沛县周边地区又占三十余位，萧何、曹参列居第一和第二位。汉初中央政权丞相、御史大夫和太尉三公，以及其他重要的高级干部，基本上都从中产生。《史记·汉兴以来诸侯王年表》记载，汉高祖率功臣宿将刑白马盟誓，"非刘氏而王者，若无功上所不置而侯者，天下共诛之"，并以丹砂书写铸在铁券上，装入金盒，存放于宗庙的石室中。这实际上是以国家根本大法的形式确认汉政权的最高统治集团构成，即运营系统组织体制的主要力量必须来自刘氏宗室势力和功臣势力。

诸侯王国拥有领土、租赋、军队和行政机构，列侯有封地及租赋但不治民，关内侯一般仅有食邑租赋，这些都是相当于刘氏绝对控股的家族公司中的大小股东。誓约中还提到，"国以永宁，爰及苗裔"（《史记·高祖功臣侯者年表》），即通过宗室、功臣家族共同努力，使汉政权品牌永远存续，恩德延及代代子孙。后世学者研判汉高祖当时的心理，指出维持王朝的长治久安，是刘氏及其功臣子孙世袭性统治集团的共同需要。[1]

休养生息、无为而治

汉高祖和功臣势力的大部分成员粗通文墨，没有整套的帝制治理价值思考。汉政权组织体制机构设置、操作程序等，只能以秦政权的做法为参考。高祖命丞相萧何依照秦法，稍删秦律繁杂严酷的部分，在"约法三章"的基础上，恢复制定汉律九章。汉政权的布衣将相团队来自基层，对于天下民众苦秦已久体会深刻，对于民众渴望仁义之君的需求尚有朴素的认知。

汉政权向民众推出的政策和法令，主要是与民休养生息，大幅度地减少赋税、徭役。税赋从泰半之赋降为十五税一。复员军人关中务农者免十二年田赋，去其他地方免六年田赋，并根据军功赐予爵位，按等级分给田宅。招抚流亡、废除奴隶，生育子女者免徭役一年。节制国家财政开支，皇帝、诸侯均以各自封地租税私养，不再从政府领钱，限制地方税。废除秦朝连坐、车裂等酷刑等。[2]汉高祖白登被围、对匈奴作战失利后，对外改行妥协和亲的政策，对割据岭南的赵佗采取安抚政策，国家不再进行大规模的战争动员。

汉高祖早年认为儒生无用，称帝后对儒生、知识分子尚能保

1 朱永嘉：《刘邦与项羽》，西安：陕西人民出版社，2020年版，第134页。
2 戚文：《大风起兮云飞扬：两汉人物》，上海：上海科学技术文献出版社，2007年版，第162页。

持一定尊重。他曾路过鲁地，以太牢祀孔子，开创了中国帝王祭祀孔子的先例。儒生博士叔孙通，曾服务过秦政权和项羽集团，后来他参照古礼，为汉政权制定了简明的汉朝仪。公元前200年，长乐宫落成，汉政权从栎阳迁至长安，群臣一改往日纷杂，依叔孙通制定的朝礼朝贺。高祖不禁赞叹道："吾乃今日知为皇帝之贵也。"（《史记·刘敬叔孙通列传》）

陆贾多次向高祖讲述仁义施政的理念，所著十二篇《新语》，贯穿了礼法并结合无为而治的核心价值，深得刘邦及重臣们的激赏。担任齐国国相的曹参，向精通黄老学说的盖公请益，悟出清净无为不扰民而民自安的道理。这些结合了儒法的道家思想，实际上成为汉初统治集团治国的共同价值。

帝位传承与吕后当政

汉高祖刘邦晚年，对于最高统治者的权力传承充满了忧虑。韩信、彭越和英布均死于公元前196年，即高祖去世前的一年，这件事未尝不可视作刘邦对于身后可能发生动乱的预作安排。在这一系列的清洗行动中，吕后实际上是他最重要的政治伙伴。高祖豁达、大度和善于容人，对于曾经背叛复又归降的雍齿，分封时他接受张良的意见，授予了雍齿侯爵，唯有对掌握兵权地盘的异姓诸侯王几乎斩尽杀绝。这是帝制治理时期，维护中央集权、君主专制统治策略的惯用解决方案。

高祖不满意太子刘盈过于仁弱，喜欢宠姬戚夫人所生赵王如意，欲改立赵王如意为太子，遭致吕后及功臣势力的强烈反对。汉政权初期，虽未以儒家宗法伦理价值立国，但西周以来嫡长子继承制已被普遍接受。吕后及其两位兄长是曾参加沛县起义的有功之臣，和功臣势力存在着千丝万缕的情感联系。而如意当时尚不满10岁，即使勉强即位，也不可能立即亲政，母亲戚夫人并无政治实践的经验和实力，无论是从价值面还是现实面而言，易储都不具操作性。特别是吕后依从张良之计，请来了"商山四皓"，即四位八十余岁隐居的大儒为太子背书，从中可见当时功臣、士人的普遍看法。

汉高祖一生饱经沧桑，理性、忍耐和克制，独有这次面对爱妃的日夜啼哭，想任性一次而终不可得。平定了英布叛乱后，汉高祖回到了沛县老家，抚今追昔、感慨万千，畅饮之际击筑高歌："大风起兮云飞扬，威加海内兮归故乡，安得猛士兮守四方。"（《史记·高祖本纪》）返回长安不久，汉高祖刘邦去世，享年61岁。

公元前195年，太子刘盈即位，是为汉惠帝，一切朝政由皇太后吕雉作主。七年后刘盈去世，刘盈之子刘恭即帝位，吕后公开临朝称制，实际控制汉政权十五年。吕后坚毅、果断和无情，曾被项羽的军队俘获，历经艰苦磨难，从农家妇女而成一国之后。吕后经历戚夫人母子夺爱及夺位的挑战，内心的愤怒可想而知。由于秦始皇、秦二世的宫廷资料缺失，因此可以认为吕雉是帝制时期有历史记载的第一位皇后和皇太后。她掌权后，实际行使属于皇帝的最高统治者权力，汉政权中央集权、君主专制的运营系统继续保留。

吕后以极其残忍的手段杀害戚夫人，直接或间接造成如意、刘友和刘恢等刘邦三个儿子非正常死亡。她还企图毒杀高祖庶长子刘肥，强迫儿子惠帝立亲姐姐女儿为皇后，以致抑郁早逝的惠帝没有嫡子。吕后立惠帝和宫女所生儿子刘恭为少帝，杀害了少帝的亲生母亲，少帝听说生母被杀后发誓报仇，于是吕后又杀少帝，另立幼儿皇帝。她违背非刘不王的誓约，分封吕家侄子侄孙四人为王，去世前命侄子吕禄、吕产分别统领北军和南军，造成汉政权运营系统重大的继承危机。

在国家统治的大策略上，吕后继续执行了高祖时期轻徭薄赋、与匈奴和亲等各项政策，根据高祖的遗言，先后任用萧何、曹参、王陵和陈平等人为相，国家的社会生活继续向前发展。司马迁在《史记》中，给予惠帝、吕后的执政较高评价。

一切从需求出发

汉高祖刘邦是继秦始皇、二世后登基的第三位皇帝，他的即位，意味着中国的帝制治理正式确立。他是连接秦皇、汉武之间最关键的人物。所谓汉承秦制，主要是指承袭中央集权、君主专制为统治策略的皇帝制度。当时诸侯王们推刘邦为皇帝，可能是将他当作类似周武王的盟主角色，但皇帝的对标对象只能是秦始皇。这是异姓诸侯王们悲剧性结局的最本质原因。

刘邦48岁起兵，经历七年战争又当了七年皇帝，在他最后仅五分之一多的浓缩人生中，他想做的事情太多，而能够做的事情却有限。他曾经自我总结，认为自己的成功主要得于三杰之助，即谋略上靠张良、管理上靠萧何、军事上靠韩信。当年韩信曾经恭维他，"陛下不能将兵而善将将"。(《史记·淮阴侯列传》)其实，汉高祖刘邦成功最重要的原因，是他摸着石头过河、高度实事求是的精神，他一切都从需求出发，可以随时根据大环境及掌握资源的变化，调整自己的统治策略和组织体制。

汉高祖没有很多时间思考治理体系的每个环节，他只是依照秦政权的组织机构模型，抓住中央集权、君主专制统治策略的重点，粗略地搭建了汉政权国家运营系统的框架。他清楚暴政、战争对社会的伤害程度，必须推出与民休息的公共政策。至于宗室分封制、郡县制长期的优劣分析，治国核心价值儒法道各家思想的对照比较，他并不特别在意，也不鼓励臣下士人展开讨论，他智慧地把这些课题留给后代去完成。汤因比说，人类历史上最有远见、对后世影响最大的两位政治人物，一位是开创罗马帝国的恺撒，另一位便是创建大汉文明的汉高祖刘邦。

忍者汉文帝

汉文帝刘恒是帝制治理史上第一位开创了治世的帝王，他也是第一位由功臣势力推举而不是依照正常程序继位的皇帝。他将高祖时期与民休养生息的公共政策优化升级，宽俭待民、率先垂范，以无为而治的黄老学说治国，是符合真正儒家精神的仁君。作为国家的最高统治者，帝王的个人品德在治理体系中占有一定位置，君主专制并不等于皇帝滥权。秦始皇首创皇帝制度，汉文帝始为后世帝王树立了开明治理的范例。经过文帝及其儿子景帝四十余年的工作，天下民众对于汉政权的品牌忠诚度大幅增加，不再想回到秦以前的战国时代。"文景之治"的成果，改变了大环境中前战国各国民众的心理状态，汉政权国家运营系统度过了危险的瓶颈期。

调整与功臣、宗室关系

公元前180年，以刘肥之子齐王刘襄、朱虚侯刘章为代表的宗室势力和以陈平、周勃为代表的功臣集团势力联手，一举诛杀了朝堂中诸吕势力。在功臣势力主导下，刘邦第六子代王刘恒被迎立为皇帝。在最高权力出现事实空缺的情况下，汉高祖刘邦生前分封宗氏诸侯王的策略发挥了制衡作用，降低了外戚或功臣势力觊觎的可能性。陈平、周勃等人没有选择首先起兵反吕的刘襄，以及和吕后关系密切的淮南王刘长，决议拥立封地靠近匈奴的国防前线、母亲薄氏不受刘邦待见的代王刘恒，可能和他们内心不希望出现强势皇帝有关。

功臣势力以吕后所立幼帝及诸弟非惠帝亲生的借口，将他们全部诛杀，而进宫执行清理宗室任务的主要当事人，正是当年在马车上救下刘盈及其姐姐的滕公夏侯婴。刘恒进京入宫后，立即任命从代地带来的中尉宋昌为卫将军，掌握北、南两军，张武为郎中令，拱卫首都及宫廷的安全。

汉文帝刘恒不缺乏帝王心术，在妥善处理和功臣势力及诸侯王的关系上，表现出了相当高的政治才能。作为功臣势力核心的周勃有拥立之功，文帝内心对他感激尊重。但是，汉文帝考虑到君臣分际，在庄重严肃的朝会上，屡屡以专业问题提问，致其经常言不达意，后以列侯必须回到封地为由将其罢相。周勃失去军权回小县后，被人告发谋反入狱，虽通过关系托至薄太后说情，文帝下令予以释放、复爵，但终生闲居不再参与朝政。

文帝即位之初，分封了包括朱虚侯刘章、其弟刘兴居等新的诸侯王，宗室诸侯王增至十几个，其中确有不安分者。济北王刘兴居愤恨于兄长齐王未能为帝，又嫌封地太小而造反，兵败后身死国除，文帝赦免了参与打仗的其他人。淮南王刘长作风狂妄，直呼文帝为"大兄"，擅杀曾任左丞相的大臣审食其，被责备后密谋造反败露，受文帝宽免流放边地，途中绝食而死。文帝仍封他的四个儿子为侯，后又将淮南国封给他尚健在的三个儿子。太子刘启失手打死吴王刘濞之子后，刘濞怀恨称病不来朝见，文帝特赐他坐几、手杖，特许他因年迈可终身不到长安。尽管文帝意识到和诸侯国的矛盾逐步升级，但在国家安定、与民休养的大环境下，仍采取化解冲突、怀柔为主的政策。

察举制的先声

公元前178年，文帝即位后的第二年，发生了日食现象。汉文帝为此下诏罪己，向天下征求贤良方正人才，此举为帝制时期组织体制中察举制度的先声。当年追随高祖创业的功臣势力逐步老去，其他文法吏仅为执行法律法令的工具，从平民士人中发现治国的人才，并能反映民间的声音，成为王朝系统运营中不可回避的课题。

年纪少文帝3岁的洛阳才子贾谊，深受儒家思想影响，又兼有部分法家思想，上疏提出了宏大的改革建议。他先后写作《论定制度兴礼乐疏》《论积贮疏》《治安策》等文，内容涵盖政治、经济、社会和法律多个层面。比如主张改革制度，悉更秦法；主张国家要重视积贮粮食，引导民众以农为本；主张将大的诸侯国分建成若干个小国；主张彻底改变秦律中残酷的立法理念，刑罚宽简、礼法并治。尽管文帝并未完全采纳他的建议，外放他担任长沙王太傅和梁怀王太傅，但贾谊的这种认识，是汉代国家治理思想进步中的重要组成部分。

晁错和贾谊同年，兼杂儒法之学，是文帝在贾谊早逝后发现的人才。他写有著名的《言兵事疏》《守边劝农疏》《论贵粟疏》等文，论述了汉军和匈奴的军事战术，建议移民垦边以御匈奴，以爵位赐给捐献粮食的民众，将粮食供给边防将士及粮库，均得到文帝嘉许，并被提拔参加政治实践。晁错还主张对诸侯国实行削藩的策略。

对内不扰民，对外不挑衅

轻徭薄赋、奖励生产的政策，是对汉初社会民众根本需求的回应，自高祖时期实施。即使柔弱如惠帝、强悍如吕后，也未背离恢复国家繁荣、民众富裕的基本方向。文帝主导的汉政权，采取先富民而后强国的策略，劝民农桑、藏富于民。春耕时节，汉文帝来到皇家籍田，率大臣们举行亲耕仪式作为天下榜样，并下诏将当年田赋从十五税一减为三十税一。公元前167年，文帝决定免除该年天下所有的田赋，连续执行十三年，将十五岁至五十六岁成年人的算赋（人头税），从每人每年一百二十钱减为四十钱。文帝根据晁错的建议，采用招募内地民众戍边，充实边疆防务，改变了以往民众必须到边境服戍役一年的做法。汉政权削减国家筑路、治河和修城等公共工程，不再大规模征发劳动力，以往每年到各级地方政权服役一个月，改为每三年服役一个月，减轻了民众的徭役负担。

汉文帝是历史上极少数开放国家资源给民间经营的皇帝，他通过开放天子私有的自然资源，收取一定山泽税的方法[1]，解决大幅度降低农业税、人头税造成的国家财政资源不足的困难。文帝颁布了弛山泽之禁的诏令，将山林湖海等属于皇家的非农业资源，包括森林、矿藏和渔业，特别是民众生活中必不可少的盐业，全部交给私人业者经营。一度将交通要道的收税关卡取消，不再向业者验看过关的通行证。吕后时期，曾颁布除盗铸钱令，民间私铸铜币者一律死刑。由于各诸侯国有权铸造铜钱，中央直接控制的铜矿不足，以致钱贵谷贱不利于商品的流通。文帝索性

1　郭建龙：《中央帝国的财政密码》，厦门：鹭江出版社，2017年版，第16页。

将政府垄断的铸钱，一并放开。

汉文帝崇尚黄老无为而治的价值，和现代小政府大社会模式的自由派治理主张类似，一定程度上带来了诸如贫富分配不均的弊端。贾谊对于社会上富豪的奢侈行为深表不满，主张裁抑富豪、改正世风，甚至建议将铜矿收回国有，被汉文帝明确拒绝。文帝反而采纳了晁错授予富人爵位的方法，即允许通过富人的捐献，把国防所需的粮食送到边关交给军队，边关军粮储备充足后，又把粮食上交到各地郡县的粮库，将富人的捐献当作国家财政资源的一部分。

为了长期坚持与民休养生息的政策，控制战争动员可能消耗的巨大资源，汉文帝对于国家最主要的外患，即北方的匈奴和南方已经称帝的南越，采取有理有节、不主动挑战的克制策略。公元前177年，匈奴右贤王背弃和约，南下略地掳掠，文帝派灌婴率军迎击，等匈奴退后，并不引军追击。公元前166年，匈奴老上单于率十四万骑兵侵入，前锋逼近距汉长安仅二百里处，文帝发车千乘、骑兵十万拱卫首都，又遣西北勤王之师苦战月余，老上单于撤军后，汉军尾随至塞外即还。之后匈奴连年犯边，造成边地民众的人员财产损失。公元前158年，老上单于之子军臣毁和亲之约南犯，各路汉军陆续抵达边境后，匈奴退出塞外。二十余年间，汉文帝以积极防御为后盾，加强边关的报警制度，释放官奴婢，在边地建造马苑，养马三十余万匹，但始终不和匈奴断绝书信往来，坚持实行和亲等修好的政策，将匈奴造成的损害降到最低。

南方的南越国为前秦军将领赵佗所建，秦末汉初自立后曾向高祖称臣，吕后时期，因禁止中原铁器运入而引发战争。文帝派出高祖时出使的老臣陆贾再度前往，带去一封言辞诚恳的信件，告知赵佗，汉政权对他留在河北老家的兄弟给予了照顾，对他的祖宗坟墓进行了修葺。赵佗被汉文帝的真诚打动，遂取消帝号，重新盟誓永为汉之藩属。

除了不进行大规模工程，不发动大范围战争，汉文帝还大幅度压缩政府开支，以及皇家的日常生活花销。文帝在位23年，没有修建一处园林宫殿，没有增添一副车马仪仗。宫中曾筹备建造一座游宴的露台，当汉文帝得知预算需要一百金，相当于十户中等家庭的财产时，他立即表示不建。汉文帝常穿草鞋上朝，他自己的龙袍一穿多年。为了节省布料，他最宠爱妃子的衣裙下摆，不能拖到地上，宫中所有的帷幕装饰都不带刺绣，没有花边。文帝去世前，还专门留下遗嘱，要求皆以瓦器陪葬，不得用金银铜锡作为装饰，归葬地霸陵山川一切如旧，不得因为造陵而改变模样。

汉文帝之所以保持贤行仁政，可能有他作为庶子藩王入继大统的环境因素，即他必须时刻小心翼翼、戒慎恐惧，以面对天下可能不服的臣民。同时他个人的品德修养，以及黄老之学中的道法理念，应该也是相当重要的影响因素。

尊重法律与相权

汉文帝倡导以法治国，并不是以法家路线的严刑峻法对付被统治的民众，而是宽松立法、宽厚执法，制定符合天道的法律共同遵守之。文帝废除了连坐诛灭三族的"相坐法"，取消诽谤及妖言罪。齐国太仓令淳于意，受牵连要被处以肉刑，即脸上刺字的黥刑、割去鼻子的劓刑、砍去左脚或右脚的断趾刑等。他的小女儿缇萦给文帝上书，要求舍身去做官府女仆为父赎罪，文帝感动之余，要求废除已经实行了上千年的肉刑法。司马迁首先将此事写入《史记》，此事成为千古流传的孝女贤君美事。

汉文帝时期，主管全国司法的廷尉张释之，坚持法律应为天子与天下人共同遵守的理念，当皇帝的诏令和法律不一致时，仍选择坚持依法判决，最终得到了文帝的理解和认可。太子刘启及弟梁王刘揖过司马门不下车，被张释之扣留，直至文帝向母亲脱帽谢罪，薄太后派人赦免太子和梁王，此事才了结。文帝出行车马被行人惊到，张释之认为不能因为撞到天子就重判，仅依法判罚金四两。有人盗走汉高祖庙中的玉环，文帝相当愤怒，要求将抓到的盗者诛族，张释之仍依法判处了斩首。公元前170年，当时担任车骑将军的薄昭枉杀皇帝使者，薄昭为薄太后之弟，又是当年随文帝从代地进京的功臣，汉文帝不忍心公开将其处决，便派多位大臣去薄府中哭丧，逼其自尽。

汉承秦制，中央政权的三公，即丞相、御史大夫和太尉为最高位阶的大臣。其中御史大夫相当于副丞相，太尉负责军事，丞相为百官之长，协助皇帝处理政务。汉政权建立之后，萧何、曹参、王陵、陈平和周勃等功臣先后为相。汉文帝中后期时，功臣出身的申屠嘉担任丞相，他刚正而廉洁，文帝对其表现出了足够的尊重。文帝喜欢的男宠邓通在朝堂上妄言，得罪了申屠嘉，文帝要求邓通到相府赔礼，并亲自出面向丞相求情。

必须指出的是，在秦汉时代以君主专制、中央集权为统治策略的皇帝制度中，皇帝的权力是决策性的、全局性的，丞相的权力是事务性的、过程性的。丞相必须向皇帝负责，皇帝控制的范围和程度，根据他自己的理解，以及对某件事的关注度而定，皇权是至高的，而相权是从属的。在皇帝掌握丞相任免甚至生死的

前提下，所谓相权对皇权的制衡其实相当有限、因人而异。萧何
为开国创制元勋，建议汉高祖开放皇家园林给百姓耕种，引起了
高祖误会，一度被戴上镣铐打入狱中。吕后执政时期，王陵不赞
成分封吕氏为王，随即被去职。

汉文帝愿意尊重相权，如同他愿意尊重法律，应当是他心怀
理念、自我克制的行为。帝制治理时期，皇帝是统治策略之下法
律的最终制定者、修改者。法律服从皇帝个人的意志，而君主专
制的皇权可以不受任何法律的制约。吕后曾亲自废除"三族罪"，
而她死后，吕氏一门无论男女老幼，全部被诛杀；文帝废除了
"诽谤罪"，但到了他的孙子汉武帝时，酷吏仍以"诽谤罪"加害
大臣。[1]

至文帝的晚期，齐吴楚等诸侯大国已建立了有三十五年左
右，王国组织体制除相国由中央政权决定外，其余官吏都自行任
命。王国拥有自己的军队，收取农业税和山泽税。其中有些诸侯
国，例如吴国自然资源丰富，吴王刘濞开铜矿以铸钱币，煮海水
为盐生财有道，免民众赋税收买人心，出钱帮助民众替代徭役，
收留天下逃犯、扩充势力。

汉文帝没有触动郡县制、宗室分封制并存的格局，但面对部
分诸侯国实力成长的既成事实，他采纳了贾谊的部分建议预做防
范。早在少子梁王刘揖坠马去世后，即改封嫡次子淮阳王刘武为
梁王，扼守中原通往关东各国的战略要地。公元前165年，文帝
将齐国一分为七，封给刘肥尚健在的七个儿子，削弱了强大的齐
国的力量。汉文帝去世前一年，匈奴入侵，他去长安细柳军营视

---

1 王立群：《王立群读〈史记〉之文景之治》，郑
　州：大象出版社，2016年版，第159页。

察。周勃之子周亚夫治军严明，不允许皇帝车驾奔驰而入，身穿盔甲仅以军礼相迎。文帝立即提拔周亚夫负责长安守卫，并在临终前，郑重将周亚夫推荐给太子刘启。

景帝平定"七国之乱"

公元前157年，31岁的太子刘启即位，是为汉景帝。在他任太子时期的亲密老师、御史大夫晁错的强烈建议下，执政仅三年的景帝开始了削藩行动。景帝先后下诏，将楚国东海郡，吴国会章郡、会稽郡和赵国河间郡收归中央。公元前154年，吴王刘濞联络楚、赵等大国，以及部分原齐地诸侯共七国，以清君侧、诛晁错的名义发布战争动员。汉景帝惊慌之余，竟在东市腰斩晁错全家，如此仍未能劝阻吴楚联军西进。之后景帝弟梁王刘武死守国都睢阳，齐地反叛诸国自乱。周亚夫受命统率大军，断绝叛军粮道，相持数月后，将吴军彻底击溃。刘濞逃亡东越后被杀，楚王等其他叛王全部自杀。

汉景帝平定吴楚七国之乱后，下诏诸侯国国相以下官吏均由朝廷任命，诸侯王除保留封国一定的赋税收入，其他军政事务均由中央政权掌握。景帝将自己十三子都封为诸侯王，立下大功的梁王去世后，梁国照样被一分为五，封地被大大缩小。至此，宗室诸侯国的实际政治权力和汉郡已差别不大。周亚夫和景帝意见不一辞职，又被人诬告下狱，最终绝食而死。

从晁错、周亚夫的个人悲剧来看，景帝为人自私、冷血和狭隘，但从国家运营治理而言，汉景帝在位十六年，大致延续了文帝生前各种政策，将田赋常年保持在三十税一的低水平上，不仅民间丰衣足食，而且国家的仓库照样丰满。《史记》上记载："太仓之粟陈陈相因，充溢露积于外，至腐败不可食。"景帝其实有崇儒倾向，但在母亲窦太后管束下，坚守黄老学说为汉政权的国家价值。信奉儒家以及其他思想的官员博士不予升迁。

仁政的模式

汉文帝刘恒、景帝刘启开创的四十余年文景治世，解决了汉政权国家运营系统的合法性命题。秦末发生的民众大起义，从某种意义上说，是原六国贵族积极参与的复国战争。民众反对暴秦的统治，很大一部分的诉求，是要回到秦始皇统一战争以前的局面。这是汉高祖刘邦即帝位后，先后分封异姓诸侯王和宗室诸侯王的重要原因之一。经过高祖、吕后夫妇及文帝、景帝父子六十余年的统治，战争中幸存的老一代人相继离世，新一代出生在汉代的民众，得益于与民休息的政策，生活得到很大改善，高度认可最高统治者汉文帝的贤明治理。文帝并未独尊儒术，但是实际上首创了帝制时期儒家的仁政模式。

汉高祖刘邦搭建的脱胎于秦政权的运营系统框架，经过平定七国之乱的战争，统治策略更接近于郡县制的模式，又明确注入了黄老学说的核心价值观。组织体制中的干部，以功臣势力及其后代为主，另有少量经各地官员推荐的士人，多为温和、朴实的循吏；除了维持较小规模的国家政权机构和保卫安全所需的军队，汉政权轻徭薄赋，资源动员的规模相当克制。如果汉政权处在类似没有匈奴侵扰的封闭环境中，这样的运营系统也许会维持更长的时间。在君主绝对专制的治理体系中，运营系统的稳定或者变化，也取决于皇帝本人的性格和选择。

汉武大帝的矛盾人生

　　汉武帝刘彻是秦汉第一帝国时代运营系统的定型者，奠定了帝制时期治理体系的基本格局。自他以后，至清末帝制体系彻底瓦解，几乎所有的大一统王朝都以此为运营蓝本。汉武帝以儒家思想作为大一统国家的核心价值，通过制度性的举贤即察举制，开创了儒生进入运营系统的组织体制创新，但他并不被后世的儒者认为是理想的帝王。他为巩固君主专制、中央集权的统治策略，不惜打击宗室、功臣后代等既得利益势力，进行扶持内廷、削弱以丞相为代表的外朝的组织机构调整，设立刺史以监视地方郡国，虽被批评使用赤裸裸的法家治术，却又为后来的最高统治者效仿。刘彻在位超过五十年，实际终止了数代皇帝坚持的与民休养生息的旧有政策，推出以反击匈奴为核心的疆土扩张全新产品，破除南越、闽越和西南夷等地方政权，远征卫氏朝鲜、西域以至中亚的大宛国，奠定了中国本部的基本范围。

　　不过，酷吏治国、连年战争，武帝本人好大喜功、穷奢极欲，国家付出了人力财力资源过度动员、民生凋敝的沉重代价。如果他晚年没有颁布《轮台诏》罪己，一定程度上改变政策，社会可能会陷入新的持续动荡。汉武帝矛盾的一生，是趋向成熟的君主专制、中央集权运营系统产生巨大动能的最佳注释；也说明不受制约的最高统治者任性妄为，随意破坏运营系统的平衡，可能会对民众及国家政权造成极大的伤害。

确立儒学为统治国家的意识形态

公元前141年，15岁的刘彻即皇帝位。武帝刘彻为景帝第十子，曾被封为胶东王，并不是继承大位的首选。后内宫争斗，前太子刘荣之母栗姬失宠，母子俱废不得善终。窦太后力推梁王刘武弟继兄位，终被景帝否决。刘彻之母王夫人得景帝姐长公主相助，被汉景帝立为皇后，刘彻因而被立为太子，而长公主之女陈氏，被许配给刘彻为太子妃。据传刘彻4岁时，即夸口要盖金屋送给表姐，这就是金屋藏娇传说的由来。刘彻即位时，汉政权与民休息的政策实施超过六十年，社会富裕、库仓物资充足，国家控制的编户人口，较之汉初翻了一番，民众逐渐适应了汉政权帝制下的小康生活。早熟的武帝可能心中早有规划，登上皇位后，即着手从多方面对汉政权展开了改造工程。

公元前140年、公元前134年，汉武帝两次下令自丞相下各级官员推荐贤良文学之士，就国事应对皇帝策问。被认为是孔子后最重要的儒学宗师的《春秋》公羊派学者董仲舒，以"天人三策"上书，倡导将经过系统改造的儒家价值，作为汉政权国家统一的意识形态。先秦之时，诸子著作解读有口口相传习惯，《春秋》为儒家六经的重点，其解读之一，由孔子弟子子夏口授给弟子公羊高，历经公羊家族五代传承至汉代，成为暴秦焚书、儒家经典散佚后幸存的重要文献。董仲舒通过对《春秋公羊传》重新阐释，在孔孟伦理政治学理论的基础上，结合阴阳家、道家和法家等研究成果，总结出天人合一即自然界、社会和人的终极规律命题。

董仲舒将王朝兴衰、皇帝更替包装成天命所系，为夏商周三代之后汉政权的出世，制造了授之予天的神化依据。在强调儒家三纲五常，特别是君权的宗法秩序时，他删除了君视臣为草芥，则臣视君如寇仇等权责相等的革命性主张，仍保留了日食、地震和水火等代表天意的灾象对君权的制约。董仲舒特别解释了孔子编撰《春秋》时，对于周天子天下政权的赞赏，将大一统视作天地之常经、古今之通谊。

为了尊重天意、彰显大一统王朝的正当性，董仲舒郑重提议，改朝换代之后，必须进行一系列礼仪重造，即改正朔、易服色和制礼乐。根据通三统的理论，新的王朝必须推出重新确立一年之首的新的历法。根据五行相克相生的理论，新的王朝必须依照金木水火土五德相对应的颜色，确定朝服、车马和祭牲的颜色。新的王朝还应制定符合儒家规范的礼乐，举办包括封禅、祭祀等国家大典。这些主张，相当于现代品牌主体构建CIS识别系统，从而规范团体成员的理念和行为。

相较于道家不扰民、让民众自己管理自己的无为理念，儒家"天行健，君子以自强不息"（《周易·上经》）等积极的人生观、世界观，充满了强烈的进取心和正能量，非常适合汉武帝急于显示力量、调整内外政策的需求。武帝即位后第二年，任命尊儒的太皇太后侄子窦婴、太后弟田蚡分任丞相和太尉。他们又推荐儒生赵绾、王臧分别担任御史大夫和郎中令，从鲁地请来曾获高祖接见、八十余岁的大儒申公，准备依礼制改革服装，建造宣教议政的明堂。因赵绾建议，朝政不再向太皇太后报告，遭致坚持黄老思想的窦太后强烈反对，赵绾、王臧下狱自杀，窦婴、田蚡被免职，兴儒运动一度受到重挫。四年后窦太后去世，汉武帝命田蚡为相，排斥黄老、法家等诸家学说，转而延揽儒生、尊奉儒学。公元前104年，汉武帝依照五德运转理论，将沿用秦代的水德改为土德，正式颁布以正月为岁首的太初历，选定国家标准色为黄色，改变了以十月为岁首、色尚黑的秦政权做法。

根据董仲舒的意见，武帝命各郡国举孝、廉各一人，不推荐人才的官员当以不敬不胜任者处罚。《汉书》中记载，自公元前140年至前106年，朝廷大规模征召人才共有六次，形成了运营系统组织体制人才补充的制度，从而在一定的程度上，弥补了功臣势力凋零、退化造成的统治力不足。汉武帝任命俗儒公孙弘为丞相后，将董仲舒在长安创建太学的建议实施。国家设置儒家《诗经》《尚书》《礼经》《易经》《春秋》五经博士，命各地官员每年查找十八岁以上青年五十名，分配给博士做弟子，免除博士弟子徭役和赋税，一年考核合格后，授予其中央政权低级小官，安排进入组织体制中逐步递升。尽管官方并未明令禁止其他学说的存在和传播，但这种仅鼓励儒生进入体制的做法，一定程度上有利于提高儒学的地位。

汉武帝对于儒家价值，采取实用主义、为我所需的态度，内心对儒生士人并无太大敬意。孔子所创儒学具有独立的批判精神，对君王也并不是一味赞美。经过董仲舒重新打造，加入了无条件尊重皇帝、服从皇帝的法家内容，为法家发明的君主专制的统治策略，披上了一件仁义的外衣。儒家的价值观和法家的方法论结合，共存于帝制治理的国家运营系统，实现了儒家知识分子和专制皇权的历史性妥协。

董仲舒长期被外派为江都相、胶西王相，这可能是武帝效仿祖父汉文帝外派贾谊的旧例，出于保护之本意，让经学大师远离京城官场的是非。《史记·儒林列传》中记载，董仲舒曾被召回长安，担任掌论议的中大夫，思考辽东高庙及长陵高园殿火灾，写成《灾异之记》草稿，打算对皇帝的某些行为，进行好意规劝。武帝宠臣主父偃私见文稿后，竟偷窃出来上奏。文稿中讽刺时政的一些文字引起朝臣争议，汉武帝一怒之下，将董仲舒下狱治罪。随后虽下诏予以赦免，但董仲舒再也不敢随便谈论灾象异说了。

全面对外扩张

秦汉帝国时代的大一统皇帝，以天下国家的统治者自居，但实际政权的控制范围，还是中原农耕文明的核心区域。北方兵民合一，擅长骑射的游牧、渔猎少数民族，在冷兵器作战的环境中，具有先天的军事资源优势，对帝国安全构成了严重威胁。秦末大规模战争后，汉政权初期国势羸弱，匈奴政权乘机统一大漠高原，吞并西域，屡屡南下掠夺和破坏，无视汉政权和亲政策的善意。这当然不为极具征服欲的汉武帝继续容忍。武帝继位后不到三年，即派张骞远行尚一无所知的西域，寻找月氏国作为夹攻匈奴的盟友。六年之后，汉军主动在边境马邑地区，设计伏击南下的匈奴军团，虽未获成功，却改变了七十余年来对匈奴的和亲政策。姜鹏博士考证，汉军的统帅可能正是汉武帝本人。[1]

公元前129年，汉武帝任命新宠卫子夫同母异父弟卫青为四将领之一，汉军主动出兵攻击匈奴，一度攻陷匈奴祭祀天地祖先、部落会盟的王庭龙城，从此揭开了长达四十年的汉匈大战序幕。

被称为决定性的战役共有三次。公元前127年，卫青统率汉军出云中郡，一直朝西打到陇西郡，突击匈奴白羊王、楼烦王等

1　姜鹏:《汉武帝的三张面孔》，上海：华东师范大学出版社，2012年版，第112页。

部，收复今天内蒙古、宁夏黄河以南最富饶的河套灌区，不仅解除长安的直接威胁，也使匈奴失去了重要的粮仓基地。汉武帝力排众议，采纳了主父偃在河套设立朔方郡的主张，不仅征调十几万人筑城，重修秦代蒙恬时所建的要塞，还招募十万民众武装屯边。随后，卫青击败了企图夺回河套的匈奴右贤王部，长途奔袭右贤王王庭，将匈奴左右贤王部切断。

公元前121年，武帝令卫子夫姐姐之子霍去病将兵远征。霍去病采取率部分精锐、远离大军深入敌后的战术，自陇西过焉支山，进入匈奴千里，又从北地出击，过居延海下祁连山，重创匈奴右部势力，不仅杀敌数万，俘获匈奴小王等贵族数十人，还造成匈奴统治集团内讧。匈奴浑邪王杀死休屠王后，被霍去病胁迫归附。汉政权获得了河西走廊，设立酒泉、武威、张掖和敦煌四郡，直接打通了前往西域的道路。之后中原民众大量移居，游牧区被改造成农耕区，有效阻隔了蒙古高原、青藏高原两大游牧区的联合。

公元前119年，汉武帝再派卫青、霍去病和李广等人，率领精心练成的十万骑兵分师出征，"私从马凡十四万匹"（《史记·匈奴列传》）。其中，卫青击溃了意外遭遇的匈奴单于主力。霍去病出代国北上二千余里，孤绝大漠，斩敌七万余人，封狼居胥山，一直追杀至瀚海，即今俄罗斯境内的贝加尔湖。从此"漠南无王庭"（《史记·匈奴列传》），匈奴机动铁骑不再袭扰汉政权北方漫长的边防线。以后，汉匈间继续展开多次较小规模的战争，发生过贰师将军李广利率部投降的严重事件，但整体而言，来自北方的军事威胁基本解除。

汉武帝推出全面扩张版图的对外政策，覆盖汉政权东南、西南、东北和西北各个方向。他以秦始皇的武功为榜样，对于文景时期和平主义的对外策略，进行了颠覆性的转变。公元前110年左右，汉政权最新疆域大致底定。东南越族当时分为闽越、东瓯两小国，武帝乘其互斗内乱，先后迫使东瓯，以及分为东越、越繇的闽越内附，将其部众迁往江淮地区，和当地汉民杂处，恢复了秦政权闽中郡故地；赵氏南越立国九十余年，主张保持独立状态的丞相吕嘉发动政变后，汉武帝派遣大军灭亡南越，设立儋耳、珠崖、南海、苍梧、九真、郁林、日南、合浦、交趾等九郡，版图发展到今越南南部，远超秦政权的实际控制区；当时西南各地，存在着夜郎、邛都、滇和昆明等数十个少数部族政权，尽管汉武帝采取征服和招抚的两手策略，但因道路、气候等恶劣的自然条件，经营西南夷的过程，历经了数十年的反复，最终设立武都、牂柯、越巂、沈黎、文山和益州等郡，不仅恢复先秦故土，并扩张至今天缅甸一带；汉武帝在东北灭亡了燕王卢绾旧人卫满创立的朝鲜政权，设立真番、临屯、乐浪和玄菟四郡；在西北征讨西羌诸部落，将大量的内地民众，迁往今天青海一带居住。

张骞西行凿空十三年，归来报告后，大小三十六国的西域，进入了武帝的视野。公元前108年，汉武帝派军远征，汉军攻破匈奴在西域盟友楼兰、车师两国。为获得优良的汗血宝马，武帝命宠妃李夫人之兄李广利为将，汉军两次翻越帕米尔高原，历时四年、西征万里，征服了位于今天土库曼斯坦的大宛国贰师城。李广利东返途中，各国莫不将王室子弟送往长安，以示臣服。汉政权实际控制了西域，打通了从长安通往地中海沿岸各国的丝绸之路。

《史记·乐书》上记载，汉武帝得到了大宛献上的宝马数十匹、中马三千余匹后，高度兴奋赋诗《西极天马之歌》，"天马来兮从西极，经万里兮归有德。承灵威兮降外国，涉流沙兮四夷服"，充分表达了他外服四夷、志得意满的心情。在武帝及当时人们的认知里，天下是当时已知的世界，中原王朝即中国，又为天下的中心地带。汉武帝的反击和扩张，无疑壮大了作为大一统帝国的空间基础，为形成中的统一民族争取到了历史性的资源。但是，对于生活在武帝时期的绝大多数民众而言，国家长期处于战争状态，应该并不是符合需求的幸福生活。汉政权修筑朔方郡的城池要塞，耗费钱财上亿，民众需承担沉重的工程徭役，国家仓储物资全部用尽。汉军占据河西走廊，一年花军费一百亿钱以上，开发西南夷道路多次反复，历经多年，万里远征西域的补给线相当漫长，耗资巨大。战争中伤亡的将士、损耗的马匹，以及赏赐用去的黄金更是不计其数。对于习惯了文景时期和平发展的汉代社会来说，这样的政策从开始起，即存在着相当大的争议。

打击宗室、功臣，设立刺史、内朝

为了适应战争的大环境，汉武帝采取了一系列高度强化中央集权、君主专制策略的制度性措施。公元前127年，武帝采纳主父偃建议，颁布推恩令，其实是贾谊"众建诸侯而少其力"（《汉书·贾谊传》）的翻版，即各诸侯国除嫡长子继承王位外，其他儿子在本国内，分到封地作为侯国，大的王国被分割成若干个较小侯国，侯国地位相当于县，而由各部直接管理。由于大诸侯国的瓦解不可能一蹴而就，武帝利用制造狱案的方式将其去除。在主父偃的调查下，燕王刘定国、齐王刘次昌所谓乱伦的"禽兽行"曝光，先后被逼自杀国废。以养士、编撰黄老理念集大成之作《淮南子》闻名的淮南王刘安和其弟衡山王刘赐，先后被控告谋反而自杀，受牵连遭诛杀者逾万。武帝针对性地发布"阿党法""左官令"和"附益法"，规定"诸侯有罪，傅、相不举奏为阿党"，王国官员为"左官"以示贬低，王国官员不得赴中央朝廷任职，严禁士人与诸王交往。"诸侯惟得衣食税租，不与政事"（《汉书·诸侯王表》）。

汉武帝还发动"酎金"一案，按例每年举办饮酎大典时，诸侯王和列侯献"酎金"助祭，武帝借此查出酎金斤两成色不足，并以此为由，一次性剥夺一百零六位列侯的爵位，超过当时列侯的一半。至汉武帝末期，世袭的开国功臣侯已经一位不剩。高祖刘邦分封宗室诸侯王、和功臣侯共享天下的政治安排，历经百年的演进而发生质变。

公元前106年，汉武帝下令设立刺史制度。全国划分13个部，每个部设刺史一名，每年秋天刺史巡视郡国，考评、监督和惩办地方官员。公元前89年，武帝设置司隶校尉，代表皇帝监察中央政府官员。在中央政权的组织体制中，汉武帝创建中朝即内廷制度，选拔部分亲随侍中、左右曹、诸吏、散骑和中常侍等人，给予列侯、将军、大夫、都尉、尚书等加官，设置中书、尚书官署，组成了完全听命于皇帝的决策班子，将以丞相为首的外朝，转变成政令的执行机构。从此无论各种大事小事，中央政权的所有权力，全部操之于皇帝一人。

重用平民儒生和外戚

公元前124年，汉武帝任命高龄的儒生公孙弘为丞相。这是汉政权创建以来，第一次由世袭功侯、外戚以外的平民士人担任丞相。虽然公孙弘被认为迎合上意，舆评不佳，但他被任职为相仍是平民通过推荐贤良文学、举孝廉等察举制度进入组织体制的标志性事件。汉武帝深恶窦婴、田蚡和淮南王刘安等效法战国四公子的养士行为，便通过这种国家的制度安排，将天下有志于政治工作之士，直接延揽进皇权独大的运营系统。统治集团组织体制中儒生文官势力的出现，对于破除开国功臣势力垄断政治资源，弥补文法吏势力进取能力不足，形成体制内外信息、人才的高度流动，具有相当的开创性意义。

汉武帝通过接受上书、郎选和征召等方式，发现体制外他所需要的各类人才，这些方式和汉政权借重外戚势力的传统结合，成为他维持长期统治的工具。征伐匈奴、大宛等地的大将军卫青、霍去病和李广利等人，分别是汉武帝皇后卫子夫、宠妃李夫人的至亲，比较起军事世家出身的老将李广，汉武帝明显给予了外戚势力更多的立功封侯的机会。汉武帝中朝的骨干人物，比如献策推恩令打击诸侯王的主父偃、力主出兵介入闽越、东瓯之争的严助、主张设立朔方郡的朱买臣、反对禁止民众持有弓弩的吾丘寿王、文章大家司马相如，以及被称作弄臣的东方朔等人，多数是他从天下应召的平民士人中选拔而出。每当丞相等所谓外朝重臣意见和武帝相左时，这些内廷近臣便在朝堂上冲锋陷阵，牢牢掌握话语的主动权。

武帝求才若渴，毫不吝惜封侯赐金等奖赏，但一旦觉得对方已无利用价值，或犯下极小的过失，他便会立即予以惩罚，乃至"肉体清除"。主父偃、严助、朱买臣和吾丘寿王等人，最后都被他诛杀。

国家资源消耗过度

汉武帝中后期，财力资源被过度动员后，国库严重亏空，北伐匈奴的部队一度发不出军饷。武帝全面放弃祖父汉文帝制定的"自由主义"经济政策，重用御史大夫张汤等酷吏，实行政府垄断、重点打击富商，以及与民争利等新政策。公元前119年，汉政权宣布盐铁实行国家专卖，在各地设置盐官三十七处，铁官四十九处，私人业者若继续经营，不仅被没收生产资料，还将被处以残酷的肉刑。国家同时将货币铸造权全部回收中央，在张汤的策划下，武帝甚至规定，宗室王侯朝觐天子，必须进献皇家林苑特有白鹿的鹿皮制成的皮币，要求诸侯以四十万重金购买一张皮币。大农令颜异持有不同意见，张汤找茬，诬陷颜异和他人谈话时，对于他人不满国家法令的观点，动了一下嘴唇，没有表示看法。颜异因此竟被以腹诽罪逮捕下狱、处死。

汉政权颁布"算缗令"，对工商业者征收资产税，商人和手工业者分别被征收资产12%和6%的税，后又加征车船税。公元前117年，针对隐瞒财产申报的行为，武帝命酷吏杨可、杜周等执行配套出台的"告缗令"，鼓励民众举报逃税，告发人可得逃税人一半财产。国家掠得民间财物上亿，田产大县数百顷、小县上百顷，大多数中等以上的工商家庭破产。公元前110年，大农令桑弘羊先后推出了"平准法"和"均输法"，即在长安设立平准官，对于天下商品物资实行买卖，将以前属于商人的利润收归国家；在全国各地设立均输官，将各地送往中央的贡品先转往需求处贵卖，又以低价购入京城所需物资，将汉政权变成了国家超级垄断的商业公司。

公元前110年，汉武帝实现了超越秦始皇扩张疆土的计划后，亲率十八万骑兵，自云阳北上出长城，至朔方郡巡视汉匈边境，并遣使者通报单于，以示震慑。武帝先后祭祀黄帝陵、中岳嵩山，向东巡视海滨以求蓬莱神仙后，抵达泰山，举行了隆重的封禅大典。通过这些具有高度象征意义的政治操作，汉武帝似乎向世人，特别是后世宣示，自周王室解体之后，天下正统的治理体系已经重建。武帝中年后迷信祥瑞求仙，方士鼓吹远古黄帝曾在泰山封禅成仙，可能也是他五次登临泰山的重要心理动因。汉武帝下泰山后，再赴海滨，派方士入海，寻仙求长生不老，和秦始皇当年的作派并无多大不同。

武帝生性奢华大兴土木，为他打猎方便所修上林苑占据数县良田，建造宫苑几十处，宫中依方士所说的仙境要求布置，又养后宫佳丽数千人，极尽享乐之能事。汉政权在武帝的领导下，国家的人口，出现了每年百分之二十以上的非正常死亡。武帝前期最高人口数已达三千六百万，四十余年间总人口减少了约四百万。由于逃亡严重，在籍人口几乎减少一半。[1]

为了开辟新的财源，汉政权将人口税的征收范围，扩大到三至十四岁的儿童，以至于发生贫困人家交不起税赋，将意外出生的孩子杀死的人伦惨剧。当一个国家的政权，不能再向社会提供满足民众最低温饱的公共政策时，运营系统的危机就开始了。公元前107年，关中出现两百多万的流民。公元前99年，山东等地民众反抗暴动，尽管武帝派出绣衣使者持虎杖节率军进剿，仍有相当部分造反者漏网逃入山中。汉武帝下令，地方官员如果不能有效镇压，郡守以下至负责治安的小吏全部处死，以致地方官员

1　葛剑雄：《葛剑雄写史：中国历史的十九个片断》，
　　上海：上海人民出版社，2015年版，第78页、
　　第54页。

只能瞒报或不报，动乱的情形渐呈蔓延之势。

晚年下达罪己诏

汉武帝晚年的巫蛊之祸，是发生在汉政权组织体制内部最高层的内斗，一度引发帝制严重的继承危机。公元前91年，武帝已65岁，身体日益虚弱多病，总是怀疑有人以巫蛊的方式，即在桐木小偶人上，写上被怨者的名字、生辰等，施以魔法巫术，诅咒自己早死。汉武帝迷信鬼神方术，长安城中，方士巫者聚集。当年武帝第一任陈皇后嫉恨卫子夫受宠，即以巫术诅咒相害，败露后被废，抑郁而终。已有孙子的太子刘据，为第二任皇后卫子夫所生，在武帝巡游时，已在长安处理国政，劝谏父亲改变对外征伐对内酷敛的政策，对于酷吏所为也有所纠正。卫青当时作为大将军，位居丞相之上，太子系集团遂成朝中重要的政治力量。汉武帝并不喜欢刘据的仁厚温和，可能类似秦始皇对扶苏、汉高祖对刘盈的感觉，他的不满，既有和太子的政策主张不同，也有对太子系势力的猜疑和警惕。

卫青去世后，武帝出巡奇遇钩弋夫人赵婕好，据说怀胎十四个月生幼子刘弗陵，犹如远古圣君尧之出生。武帝亲题其住所尧母门，给予揣摩上意及对卫家太子系不满者无限想象的空间。卫青旧部公孙敖，因妻从事巫蛊连坐被斩，卫青、卫子夫之姐夫丞相公孙贺被族灭，连累卫子夫所生两位公主及卫青长子被杀。貌似铁面查案，其实媚上的武帝宠臣江充，将巫蛊案追查对象指向太子及皇后本人。何新先生考证，江充的背后，或有武帝宠妃李夫人之兄将军李广利、李广利亲家丞相刘屈氂势力的介入。尽管李夫人已经去世，其子昌邑王刘髆仍可能是被拥立的对象。[1]刘据忍无可忍，愤而杀死江充，打开兵库，动员起长安数万军民。住在甘泉宫的汉武帝赶往长安，指挥刘屈氂率军平叛，双方大战五昼夜，太子兵败逃亡后自杀，皇后卫子夫被收走印绶后自杀。太子一脉，仅襁褓中的孙子刘病已幸存。

《资治通鉴·汉纪十四》中记载，汉武帝曾与卫青谈话，表示"汉家庶事草创，加四夷侵陵中国，朕不变更制度，后世无法；不出师征伐，天下不安；为此者不得不劳民。若后世又如朕所为，是袭亡秦亡之迹也。太子敦重好静，必能安天下，不使朕忧"。尽管武帝通过卫青向卫子夫刘据母子传话，不无安抚的政治考虑，但是对于国家的统治策略及内外政策，武帝内心也不无反思的一面。随着调查的深入，太子受冤被迫的真实情况越来越明显。为高祖守陵的小官田千秋上书，公开为太子鸣冤，武帝不仅将他破格提拔，还诛杀江充全族及所有在逼杀太子后被封赏的人，修建"思子宫""归来望思之台"，为太子案平反。汉武帝得到李广利、刘屈氂私议立昌邑王的密报，刘妻又有请巫诅咒武帝早死的情节，因此武帝立即下令腰斩刘屈氂夫妻，囚禁李广利妻儿。正在匈奴作战的李广利战败投降，后为匈奴所杀。

公元前89年，汉武帝在山东巡游亲自下田犁地，再度封禅泰山求仙未果后，终于遣散方士，表示要废止劳民伤财之事。当桑弘羊提出派兵到西域屯垦戍边的建议，武帝不仅予以否决，还特别下达罪己诏书，追悔即位以来，种种政策对于民众造成的伤害，宣布从此息兵薄赋、重新与民休息。他最终选择8岁的弗陵

---

1 何新：《汉武帝大传》，上海：华东师范大学出版社，2019年版，第50页。

为接班人，杀死其母钩弋夫人，以预防女主干政之祸。以前太子系幸存的霍去病异母弟霍光为首席顾命大臣，霍光和上官桀、金日磾等内臣，田千秋、桑弘羊等外臣一起，负责辅佐少主，保证汉政权运营系统存续。汉武帝终以70高龄谢世。

公元前87年，刘弗陵即位，是为汉昭帝。霍光等顾命大臣对外加强北方边防，但并不主动挑衅匈奴及后起的乌桓部落，对内减轻民众徭役负担，将赋税逐步调整到文景时期的水平。国家元气渐次恢复，社会日益稳定。公元前81年，霍光以昭帝名义，召集各郡国六十余位贤良文学之士同桑弘羊代表的行政官僚，展开了盐铁酒专卖制度及平准均输制度存废的大辩论。代表民间的贤良文学儒生反对国家与民争利，主张充分市场竞争，桑弘羊等另一方反对废除国家垄断，主张君主专制中央集权的政权，保持强大的经济资源动员能力。历时五个月的会议最终做出决议，虽然废除了酒类及关内部分地区盐铁专卖，仍然保留了其他大部分的垄断制度，这也反映出经过汉武帝的统治，国家运营系统中央集权扩张的特征已经不可逆转。

儒表法里体系成型

从秦始皇称帝到汉武帝去世，中国的帝制时代已走过一百三十余年。皇帝制度，即君主专制、中央集权和郡县制的统治策略，与商鞅的法家方法论不无关系，通过行政、司法合一的严密组织机制，以严刑峻法进行自上而下的压迫性统治，发展出中央集权国家高效率的资源动员能力。秦亡汉兴后，即使崇尚黄老、无为而治的文景时期，也从没有改变运营系统皇权独大的法家本质。

汉武帝是帝制时期继秦始皇之后，又一位被称为大帝的最高统治者。他挥金如土、杀人如麻，执政期间任用过十二位丞相，六位被他杀死或被逼自杀。一代史学大师司马迁，仅因对李陵投降匈奴有不同看法，即被处以宫刑。汉武帝被传统史家认证为不折不扣的暴君，但是，他确立了以仁政治国的儒家思想作为汉政权运营系统的核心价值，并以民间儒生进入组织体制的常态化，部分弥补了统治者和被统治的民众间沟通脱节的缺陷。儒家的价值观和法家的方法论互为表里，构成帝制时期国家治理体系的根本特征。提倡尊儒的汉武帝实行强化中央集权君主独裁的策略，这和秦始皇并无不同。

秦始皇之后，秦二世覆亡，而汉武帝后，出现昭宣之治，应得益于刘彻晚年改行文景时期与民休息的政策。相比较秦始皇，汉武帝无疑是幸运的，在他的间接经验认知世界里，拥有两套政策模型可以借鉴和实践。同样的国家运营系统，可以向民众提供完全不同的公共政策产品，这主要取决于最高统治者的喜好和选择，组织体制内各种政治势力没有决策权，广大被统治的民众没有选择权和发言权，一旦面对暴政，除了被动地忍受之外，只能以暴制暴起来反抗。这是秦皇汉武后形成的帝制治理体系最大的弊端。

汉宣帝：霸道王道两手抓

汉宣帝刘询即刘病已，是中国帝制时期第一位由权臣指定的皇帝。也许因为即位前经历坎坷，比较起生于深宫之中、长于妇人之手者，他更为洞悉人性，更为懂得作为国家最高统治者的责任、胆识和谋略。刘病已是秦汉帝国治理体系相对成熟后即位的皇帝，他较为深刻地理解和驾驭了运营系统，即汉家制度以霸、王道杂之。法家的方法论和儒家的价值观两手都要抓：既要实行霸道，绝对维护最高统治者的皇权，以严刑峻法对待体制内外所有不同利益的政治势力、地方豪族及犯法的民众，绝不容许侵犯和挑战君主专制的秩序；又要实行王道，充分运用最高统治者的权威，尊重儒生和儒家经典，推行轻徭薄赋、与民休息的公共政策，提倡立法人性化和司法公平，以德治教化民众自觉接受仁政国家的安排。随着经济社会繁荣，以及西域归附、匈奴单于臣服，汉政权进入了极盛时代。

外戚霍光家族专政

汉武帝去世前，曾任命上官桀、金日磾等内臣与霍光共同辅政，又安排田千秋、桑弘羊等外朝大臣制衡。但是，前匈奴休屠王之子金日磾早逝，田千秋明哲保身。公元前80年，霍光和上官桀、桑弘羊等人的权力斗争产生质变，发展到上官桀等人，欲拥立武帝另一子燕王刘旦。事情败露后，上官桀、桑弘羊等人皆被诛杀，霍光大权独揽，成为汉政权实际的最高统治者。

年仅21岁的昭帝去世后，霍光拥立昌邑王刘贺为帝。刘贺之父刘髆是武帝和宠妃李夫人之子。刘贺入京即帝位仅27天，即为霍光所废。公开的理由，是被认为举止清狂不似人君，更可能的原因是，他公开冒犯了霍光，急于图谋夺回属于皇帝的权力。辛德勇教授考证，刘贺已经着手调整宫廷禁卫兵马，他带入长安的多数旧属，一意孤行，图谋清除霍光势力。[1]霍光以其外孙女上官皇太后的名义废黜皇帝，刘贺的二百余名旧部，都被霍光下令处死。《汉书·霍光传》中记载，这些人临刑前不断高呼"当断不断，反受其乱"。

霍光以大将军大司马兼领尚书事，通过掌控内廷代表天子发号施令。昭帝18岁行成人礼后，霍光未向皇帝归政交权，又以臣下行废天子事，应该是当初武帝始料未及。霍光忠实地执行了汉武帝轮台罪己后的与民休息政策，国家发展的方向并无偏差，但在各地刘氏诸侯王失去制衡功能的情况下，汉政权运营系统的君权实际旁落。不过，汉室品牌创立已经一百五十年，儒家中天子天命所系观念深入人心，霍光既无舆论支持，又无足够的事功，篡位应该不是他的选择。而他又做不到急流勇退，对于家人的犯法纵容包庇，埋下了身后家族祸灭的主因。《汉书·霍光传》中评论，霍光"不学亡术，暗于大理"，皆缘于此。

霍光接受光禄大夫丙吉的建议，选择立武帝曾孙、17岁的

1　辛德勇：《海昏侯刘贺》，北京：生活·读书·新
　　知三联书店，2016年版，第135—137页。

刘病已为帝。刘病已一无封地旧臣，二无显赫的外戚加持，确实被认为易于掌控。刘病已的祖父，是巫蛊之祸中自杀的前太子刘据，当年刘据一家三儿一女全部遇害，仅存褓襁中的皇孙刘病已被关在郡邸狱，得廷尉监丙吉等人帮助而幸免于难。刘病已4岁时，逢大赦由祖母史家抚育，随后收养于掖庭恢复宗籍，娶了受过宫刑的小官许广汉之女许平君为妻，生有一子刘奭。刘病已学习儒家诗书又好游侠，对于民间百态颇多接触了解。

公元前74年，刘病已即位，是为汉宣帝。霍光曾试探着表示愿意稽首归政，宣帝立即谦让，规定朝政诸事一律先报告霍光，然后上奏。霍家子孙及女婿兄弟等，均任汉政权军政要职，控制了军队、宫廷警卫大权。宣帝立结发妻子许平君为皇后，而一心想让自己女儿霍成君成为皇后的霍光夫人霍显，竟收买医官毒死怀孕的许皇后。霍光知情后，仍选择庇护妻女，批示对医官不予追究。《汉书·霍光传》中记载："宣帝始立，谒见高庙，大将军光从骖乘，上内严惮之，若有芒刺在背。"

公元前68年，霍光去世，汉宣帝终于迎来了属于自己的时代。他采取鼓励大臣直接向自己上书，将霍家上下明升暗降调离关键岗位等方式，小心翼翼地边缘化霍氏势力。霍显等人企图以谋害太子及阴谋政变回击，终被宣帝悉数诛杀，累及霍氏相关联家族，皇后霍成君被废。血雨腥风之中，宣帝重建了运营系统君主专制的绝对皇权。

维护汉武帝的历史地位

汉宣帝即位不足两年，即下令丞相、御史大夫、列侯和二千石以上诸官员及太学博士，为已故的汉武帝建尊号制庙乐。庙号为君主在太庙中被供奉时的称号，汉代对国家有大功大德的皇帝拥有庙号，武帝前仅刘邦和刘恒有庙号，刘邦庙号为太祖高皇帝，刘恒为太宗孝文皇帝。对于为武帝制庙号和庙乐一事，长信少府大儒夏侯胜发表了激烈的反对意见，他认为汉武帝虽有拓疆之功，但造成士兵、民众大量非正常死亡，甚至发生人吃人现象，无恩于民众而不宜建立尊号和庙乐。当时的社会对于武帝评价较低，民间儒生中更多是负面评价。盐铁会议上，很多贤良文学之士严厉批评秦始皇，有暗指汉武帝之嫌。宣帝来自基层，对此心知肚明。

对于宣帝个人来说，巫蛊之祸造成祖父母、父母等多人死亡，他自己也是武帝晚年恶政的受害者；但是另一方面，作为汉武帝的嫡曾孙，从落难皇族一跃为九五之尊，武帝又是他最高权力合法性的唯一来源。维护汉武帝这面旗帜，相当于维护他自己及汉政权品牌的合法性。宣帝批准了尊武帝为世宗庙号的方案，在庙中演奏《盛德》《文始》和《五行》等乐曲，并在四十九个武帝生前巡视过的郡国建庙，供全国臣民世代祭祀。但他并没有将夏侯胜及支持他观点的黄霸处死，将其下狱两年后，又予以特赦，两人后来甚至位居太子太傅，担负起教导太子的重责。

汉宣帝曾要求为自己的祖父刘据商议谥号，考虑到刘据毕竟起兵的事实，大臣们最终定其为"戾"字，取不悔前过又有含冤之意。当时霍光尚在掌权，宣帝虽不满意但仍然接受，后来他乾纲独断，为了坚持汉武帝的历史地位，不再纠结于祖父的平反和评价。

借鉴文帝、武帝两种不同的政策

宣帝没有重返汉武帝的苛政错误，积极推出汉文帝时期仁政治国的公共政策。他多次下诏减免民众田赋及徭役，用物资救济鳏寡孤独者和老人。对于破产失业的流民，汉政权免其赋役，借贷种子、食物免予偿还，将政府掌握的苑林公田，出租给流民耕种，最终让他们拥有公田产权。和武帝时期设立平准机构与民争利相反，宣帝听从大司农中丞耿寿昌建议，在全国各地设立常平仓，用于调节粮价。市场上粮价低时加价购买，粮价上涨时就降价出售。

汉宣帝将儒家宗法伦理价值，运用于司法实践。他下诏减"首匿法"刑，即子女隐瞒父母、妻子隐瞒丈夫、孙子女隐瞒祖父母的罪行不予追究；父母隐瞒子女、丈夫隐瞒妻子、祖父母隐瞒孙子女的罪行视死罪与否而定，死罪交廷尉决定是否追究隐瞒罪责，死罪之下不予追究。亲亲相隐遂成帝制时期统治策略的法律体系中重要的原则。可能因为曾是长安监狱中最低龄的囚徒，宣帝特别关注冤狱及监狱中的潜规则，将治狱的优劣作为考核官吏的重要内容。他特别设置廷尉平职位，协助廷尉审理疑案、平反冤狱。公元前64年，汉宣帝鉴于刘病已名字过于平常，民众容易触犯名讳而被治罪，从而改名刘询，并赦免以前所有因此获罪的百姓。

汉政权自高祖时期起，即实行无军功不封侯的组织体制原则，除了少数刘氏宗室、外戚，绝大多数侯位为功臣势力获得，后来这个原则逐渐瓦解。汉景帝分封母族妻族的外戚势力为侯，到了强势的汉武帝时期，刘氏诸侯王势力已不成气候，汉初功臣侯世袭势力被全部废除。卫青、霍去病和李广利等外戚封侯，多遵循军功至上的原则。随着公孙弘拜相封侯，儒生、文法吏等平民文官势力和外戚势力共同位居组织体制最高层。

汉宣帝一面封岳父许广汉及祖母史家子侄为侯，一面以封侯这种方式，奖励治理优秀的地方官吏。他相当注重二千石郡守、国相的选任和考核，认为主政一方者是当地民众是否安居乐业的关键。每次上任前，宣帝都要亲自与之谈话，言行不一者必定追究。为了保证政策的延续性，他也不赞成频繁更换地方长官，对于政绩突出者，汉宣帝常以玺书鼓励、财物赏赐，开创了组织体制中地方大员以治绩封侯的管理创新。皇帝制度之下，最高统治者的性格、好恶是决定治理氛围的重要因素。汉武帝苛刻、残忍和嗜杀，《史记·酷吏列传》中十余名传主，九人为武帝时期的官吏。汉宣帝厌恶执法苛暴的酷吏，奉公依法、宽厚爱民的循吏遂成一时之选。宣帝还一定程度恢复了文帝时尊重丞相行政团队的传统，魏相、丙吉和黄霸等人，皆为汉政权历史上著名的良相。

宣帝时期，汉政权以适度的人力、财力资源动员，和匈奴展开聚焦西域的战略角逐，击败今天青海湟水一带反叛的羌人部落，延续了汉武帝以来强汉崛起对外政策中的合理方面。当时汉军以乌孙为盟友，宗室之女细君、解忧以公主身份和亲乌孙，控制了西域南道及部分北道，匈奴尚控制北道东端车师国。公元前71年，汉宣帝应乌孙解忧公主请求，以十八万骑兵五路进攻匈奴，因匈奴迅速撤往大漠而斩获甚少。曾追随苏武出使匈奴、被扣十九年的校尉常惠，率领乌孙及汉联军，直捣左谷蠡王庭，俘杀含匈奴王室贵族等四万余众，牛羊马等牲畜七十余万。之后杀害汉使的龟兹归降，正在西域驻军的骑都尉郑吉攻灭车师国。公元前60年，匈奴的日逐王先贤掸投降汉朝，郑吉征发西域诸国军队迎接日逐王部，天山南北均为汉军控制。

宣帝设立西域都护府，治所在今新疆轮台的乌垒城，郑吉被任命为第一任西域都护，全权负有督察西域三十六国之责。公元前59年，老将赵充国率军平定西部诸羌叛乱时，汉宣帝专门有激励诏书："今五星出东方，中国大利，蛮夷大败。"[1]

公元前51年，陷入内乱的匈奴呼韩邪单于决定臣服汉室，亲往长安朝见汉宣帝。渭桥之上，众大臣及诸少数民族首领向宣帝高呼万岁。这意味着大漠南北蒙古高原上的游牧民族，正式内附信奉儒学的中原农耕政权。

运用儒法两种工具

自武帝将儒学作为国家的意识形态，儒家学者对于经典的研究和解读，已接近宗教教义的逐条阐释，并试图影响现实的政治、社会生活。宣帝青年时学习《诗》《论语》等儒学著作，作为第一位儒生皇帝，他先后两次主持儒家思想的学术讨论，至少推动了整个社会的崇儒氛围。相较于公羊派《春秋》学者子夏，另一位弟子穀梁赤所流传形成的穀梁派《春秋》，更着重于仁义等儒学的修养。可能祖父刘据偏爱穀梁派《春秋》，宣帝继位后，有意识地培养穀梁派传人，召集学者大儒比较公羊派、穀梁派的异同。公元前51年，汉宣帝再次召集学者大臣在石渠阁开会，重点协调五经研究中的分歧。宣帝本人亲自评判，形成一系列文件，统一各家的意见。汉武帝时期，共设五经博士七个点，宣帝增加了穀梁学等至十二个点。虽然汉宣帝本人认同《春秋》穀梁

1　侯杨方：《盛世：西汉》，北京：中信出版社，
　　2019年版，第359页。

派的论述，但他并没有排斥公羊派，汉代的儒学研究尚存一定自由的空间。

汉宣帝高调提倡儒家仁政，重用具有行政实干能力的文吏。对于强悍的大臣及个别妄言的儒生，他又有果断处置、不计名声的一面。被称为古代十大清官之一的京兆尹赵广汉，是当时行政、破案能吏，曾发明民间举报箱，参与了拥立宣帝活动，被封为关内侯。但他在处理丞相魏相府中侍女偷盗自杀案中，夹杂了个人对魏相的不满。他片面认为魏相夫人妒杀侍女，从而率人闯入相府，令魏相夫人跪审十余小时，并带走奴婢十余人。宣帝下令查明真相后，依律判赵广汉死刑，长安上万市民及低级官吏聚集哭号，甚至有人叫喊以身相替。汉宣帝丝毫不为所动，坚持以极刑腰斩赵广汉。儒生盖宽饶曾任司隶校尉，颇有民望。曾发生过服徭役结束的民众，集体下跪要求多服一年徭役，以报答盖宽饶爱民如子恩情的事件。但是盖宽饶经常为极小的事弹劾官员，为人傲慢、目中无人，以至于得不到升迁而心生埋怨。他上书宣帝、批评时政，竟引用《韩氏易传》中言，"家产传子、官位传贤"。宣帝下令官员们共同讨论，执金吾以为这是要求皇帝禅位，大逆不道。[1]宣帝将其下狱，盖宽饶自刎身亡。

多次担任地方长官的韩延寿，以道德教化路线治民，发生过属下自以为犯错而自杀的极端化例子。之后被查出挪用公款、构陷曾经弹劾他的御史大夫、超规格检阅地方武装，被宣帝下令弃市。杨恽为丞相杨敞之子、司马迁的外孙，曾告发霍光家族谋反，《史记》书稿因为他的发布而流传于世。但他恃才傲物、口无

1　令狐马:《被遗忘的传奇:汉宣大帝》,北京:中国国际广播出版社,2017年版,第257页。

遮拦，私下多次表达对皇帝不满，被罢官后，继续在书信中发泄怨气，终被处以极刑腰斩、妻儿流放。

元帝片面以儒学治国

宣帝太子刘奭为皇后许平君所生，性情柔仁、倾心儒学，不满意宣帝诛杀个别知识分子的行为。《汉书·元帝纪》中记载，他曾劝说父亲："陛下持刑太深，宜用儒生。"汉宣帝为之勃然变色："汉家自有制度，本以霸、王道杂之，奈何纯任德教，用周政乎！且俗儒不达时宜，好是古非今，使人眩于名实，不知所守，何足委任！"即汉政权历来霸道、王道两手抓，不可能仅采用西周时所谓的德政，书生不懂理论和现实之间的关系，怎么能付予国家治理的重任。汉宣帝甚至叹息道："乱我家者，太子也。"（《汉书·元帝纪》）刘奭丧妻后终日苦闷，宣帝为他准备一群美女，他随便一指，即选择了王政君。后来王政君生下嫡长子刘骜，为祖父宣帝所喜欢，刘奭、刘骜分别为汉元帝和汉成帝。一直活到八十几岁的王政君，先后成为皇后、皇太后和太皇太后，是造成王家外戚势力崛起及侄子王莽篡位的关键人物。汉宣帝一度考虑以淮阳王刘钦为太子，终因念及和许成君的结发之情而不忍更换。

公元前48年，汉宣帝刘询去世，太子刘奭即位。果然如宣帝生前所预料，元帝片面重用儒生势力，以儒家经术概念为标准治国，不仅博士增至千人，社会管理政策趋向软弱、松弛。元帝一度取消盐铁专卖，后又不得不恢复，准许地方撤销常平仓。他还放弃了汉代长期坚持的强迁关东豪族至皇帝陵邑居住的政策，实行减免三十四种死罪的轻刑政策，结果造成地方豪强势力坐大，天下盗贼四起。

汉元帝是精通音律的才子，身体多病，性格上优游不断，经常将政事委托宦官石显、弘恭等人处理。元帝儒学老师萧望之、周堪，以及宗正刘向等大臣对此不满，石显等乘机诬陷三人结党，上奏将其召致廷尉，元帝竟不明白公文召致廷尉即下狱的意思，予以准奏，几位重臣稀里糊涂被抓。之后虽获释放，萧望之还被封侯，准备拜相，恰逢其子上书要求为父亲下狱事平反，石显等乘机进言，认为萧望之心怀怨恨，应予逮捕惩戒，元帝竟表示同意，终致老师萧望之饮药自杀。

元帝时期，汉政权对外仍保持进取态势。呼韩邪单于之兄郅支单于自立西迁，远走坚昆、杀害汉使，西域都护府副都尉陈汤矫诏，胁迫都尉甘延寿，动员汉军及西域诸国军队讨伐，终于阵斩郅支单于，宣示明犯强汉者，虽远必诛。但是，元帝碍于石显及丞相匡衡的反对意见，并没有依军功给予甘延寿、陈汤最高封赏。公元前33年，元帝去世，太子刘骜即位，是为汉成帝，母亲王政君为皇太后。成帝迷恋于女色，将国家大事委托给舅舅、太后之兄王凤掌管，汉政权运营系统君权衰落。

欠缺系统改善的贡献

以匈奴单于臣服朝见作为历史性的标志，秦汉帝国的汉宣帝时期，东、南至大海，西达高原、北到大漠的天下空间里，第一次出现了汉民族作为主导，儒家思想作为主流价值，君主专制、中央集权的大一统国家政权。历经秦政权短暂的郡县制统治，汉高祖刘邦重建郡国制的运营系统，文景时期黄老理念治国、与民休息，汉武帝刘彻的定制和扩张，中国帝制的国家治理体系迸发出了巨大的动能。

帝制时期的治绩、武功，以最高统治者的健康、态度和能力为前提。汉宣帝刘询兼有文帝的宽仁、武帝的强势，深谙儒法互为表里的帝王统治诀窍，无疑是帝制治理时期明君的典型。但是，对于系统运作过程中暴露出来的矛盾，他仅进行了个案化的纠正，而没有思考制度化的改善。宣帝铲除了严重侵犯皇权的霍氏家族，但没有制定规则防止新的权臣出现，他明白外戚辅政对君主权威牵制的一面，但他的方法只是扶持新的外戚力量予以制衡。

此时的儒家思想中出现神学化倾向，即董仲舒天人合一的观念的滥用，把祥瑞或灾异对应人事，以谶纬的方式预言天命转移。这种趋势可能对治理体系的稳定，造成相当负面的冲击。宣帝对其中冒出的苗头，诸如盖宽饶奏书、杨恽妄言进行了处置，但在儒学大讨论中并无预见性的引导。吕思勉先生在所著《秦汉史》中评论，"帝虽有阅历，而无学问，故能理当时之务，而不能创远大之规"[1]，似稍嫌严苛亦不无道理。

1　吕思勉:《秦汉史》，北京：商务印书馆，2010年版，第164页。

新帝王莽的理想国

　　王莽是帝制时期第一位以禅让方式取得政权的皇帝，但他又是被武力推翻的亡国之君，王莽所创立的新室品牌，仅是两汉间一段失败的短暂试验。他既无军功，严格地说又无特别的政绩，只是以外戚身份入仕，自我塑造成效仿远古圣贤的儒家道德楷模。在汉室皇帝幼弱、统治宽弛的环境下，王莽将儒家天命转移理论作为引领，基本采取平和演化的手段，原封不动地接手了汉政权的国家运营系统，这为帝制治理两千年历史上所罕见。王莽通过对儒家经典的考证和理解，以极大的热情推动实现周礼的理想主义改革，包括恢复井田制、不得买卖奴婢，扩大国营专卖及工商业征税的范围，民众借款无息低息、平价供应生活必需品，币制改革、严禁私人铸钱，以及仿照周代大量更改官名、地名和少数民族首领封号等，涉及统治策略的内外政策、组织体制的机构设置等多个层面，触动了社会各个阶层的利益。

　　王莽过于看重书本的教条和概念，忽视细致研究绝大多数民众的根本需求，缺乏有效率、执行力强的组织团队对于受益人群的动员。他登上大位的合法性，完全建立在前期取悦各阶层的政策上，当社会受到激发的预期不能被满足，甚至受到损害时，王莽即从万民拥戴的尧舜圣君，沦为了千夫所指、人人得以诛之的乱臣贼子。

汉运将终的流言

汉政权运营系统衰落自元帝始，毛泽东评价，元、成、哀、平四代，一代不如一代。[1]汉成帝19岁继位可以亲政，但在太后王政君的控制下，他将大权交给太后之兄、舅舅王凤。王氏一门先后十人封侯，五人为大司马，实际掌握了成帝时期的朝局。

王莽比成帝小6岁，为王政君、王凤之侄。他从小丧父失兄，平时侍奉母亲、寡嫂，苦读儒家经典著作，王凤病重时，他悉心照料整月都不脱衣睡觉，每次王凤用药前他都亲自尝过，得王凤推荐出仕，担任过黄门郎、射声校尉、骑都尉、光禄大夫和侍中等职，受封新都侯。王莽广泛结交朝中大臣，以财物赡养名士，接济穷人。位列九卿之首的表兄淳于长，私受成帝已废的许皇后财物，欺骗她可以助其复位。王莽得知后，果断举报，不仅获得大义灭亲的名声，还扫除了竞争对手，继王家四位叔伯后出任大司马。38岁的王莽执政后，勤于国事、严以律己，成帝的赏赐及封邑收入，都分送给部下和宾客士人，自己异常节俭。一次母亲生病，公卿列侯派夫人前往问候，他的夫人出来迎接，竟因粗衣短裙过于朴素，被大家错以为女佣。

汉成帝在位二十六年，迷恋于酒色声乐，成语瘦燕肥环中善舞的美女"瘦燕"，即是他于民间发现、专宠十余年的赵飞燕。成帝无子嗣，立侄子定陶王刘欣为太子。公元前8年，成帝病逝，20岁的刘欣继位，是为汉哀帝。哀帝初期，试图重振皇权，排斥王家外戚势力，王莽辞大司马回封侯国隐居。哀帝坚持为祖母傅氏、母亲丁氏上皇太后、皇后尊号，明显违反当时的儒家宗法礼

1　朱永嘉:《商鞅变法与王莽改制》，北京：中国长
安出版社，2018年版，第97页。

制，后又重用同性恋伙伴董贤为大司马，遂失天下士人之心。元帝、成帝时期，缺乏实际经验的儒生大量进入组织体制最高层，与之相抗衡的文法吏势力勉强支撑日常朝政，出现了薛宣、朱博、师丹和王嘉等名臣，但到了成帝末、哀帝时期，多位大臣被迫去职，或死于非命。

随着贫富差距扩大，外戚及豪族势力渐成气候，土地兼并矛盾愈加突出。成帝、哀帝时期，爆发数次流民起义，起义运动甚至活跃至长安附近三辅地区。暴动队伍火烧汉武帝茂陵，熊熊燃烧的大火，未央宫中清晰可见。汉成帝、汉哀帝又无子嗣，以致出现了汉运将终、应禅位新圣的流言。汉哀帝在朝堂上笑说要让位给董贤，虽是一句戏言，却颇能折射他内心的困扰。他还煞有介事地举行改元仪式，改号称陈圣刘太平皇帝，希望重新获得天命的授权。公元前1年，哀帝英年早亡。当时傅、丁太后均已去世，太皇太后王政君赶至未央宫，收皇帝玺绶，召王莽复任大司马。立9岁的元帝孙刘衎为帝，即为汉平帝。

广施恩惠的仁政

王莽蛰伏南阳新都侯国时，谨慎小心。其间，发生他儿子王获误杀奴婢事件。依照当时官府的处理应予罚款了事，但这毕竟有违儒家仁义的道德高度，王莽竟迫令其自杀。天下士人多为他的大义震惊。哀帝时期，不断有大臣上书或向皇帝陈言，要求重新启用具有盛德的王莽。不久又恰逢日食，哀帝不得已，以侍奉太皇太后名义，将王莽召回京师。王莽重掌大权后，即清除董贤及傅、丁外戚等前朝反对势力，对于平帝母亲卫后家族严加防范。他的长子王宇不能理解其中深意，生怕平帝亲政后对王氏不利，主动与卫氏家人联络，并和老师吴章、妻兄吕宽商议，以鬼神之事惊吓王莽改变主意。事情败露后，王莽下令王宇饮药自尽，王宇妻狱中生下孩子后被杀，卫氏除卫后外均被族诛，包括刘氏皇族、王氏家族等数百人受牵连下狱处死。

《汉书·王莽传》中记载，王莽以"王舜、王邑为腹心，甄丰、甄邯主击断，平晏领机事，刘歆典文章，孙建为爪牙"，组成了进军最高统治者地位的核心团队。其中负责传播策略的刘歆，为儒学古文经派的代表人物。随着幸存于秦始皇焚书的儒家文献被意外发现，相对于董仲舒以来研究口传经典解读的今文经派，古文经派可能更接近儒学原貌。王莽试图将宣扬天人合一及谶纬的今文经学和着力揭示西周政权政治经济制度的古文经学结合起来，不仅为他改朝换代制造源于儒学的天命依据，更为托古改制、建立理想社会进行价值动员。

平帝时期，王莽循儒家理论广施仁政，向社会各阶层广泛提供恩惠政策。公元2年始，王莽提议恢复一批汉室宗亲的王位，汉兴以来功臣后裔117人被封为列侯和关内侯，宗亲中曾有罪出籍者可以恢复。二千石以上官员年老退休，可终身领原俸禄三分之一的退休金。上尊宗庙增加礼乐，下惠百姓士民鳏寡。诸侯宗亲、功臣后代和现职、退休官吏，以及普通百姓，无不称赞王莽的盛德。当时恰逢蝗灾，王莽献田三十顷，捐钱一百交大司农赈济灾民。在他作为榜样的示范下，二百三十位高官捐出土地住宅救助，灾区普遍减收租税，皇家在安定郡的呼池苑被撤销，改为收置灾民的安民县，长安城中为灾民建造住房一千套。不久又发生水旱灾害，王莽荤腥全戒终日素食，惊动太皇太后王政君下诏，请他为国保重身体。

公元4年底，王莽下令依古礼在长安兴建明堂、辟雍和灵台。为太学生建造学舍万区，招收在读太学生超万人，在郡、县、乡设学校置经师。又在长安建造一万套住宅，安置学者，网罗天下通礼、古书、历算、乐律、兵法、文字训诂和医药方术之士。前后共有数千人，来到京师统一异说。王莽在五经之外设立《乐经》博士，各经博士由1人增至5人。为了扶持古文经学派，太学中设立《左传春秋》《毛诗》《周礼》《古文尚书》四家古文经学博士。公卿大夫、天下儒生士人，狂热地拥护王莽复兴儒学的创举。公元5年，王莽在长安新建的明堂，举行了西周之后规模最大的祫祭大典。大批诸侯王、列侯和宗室子弟前来助祭，盛况空前、超迈古今。王莽挟太皇太后分封宗室子弟，俨然以西周初辅佐成王、奠定制度的儒圣周公自居。

祥瑞是官民的一种期待

王莽最终改变汉政权国家运营系统的品牌，登上最高统治者位置，经历了从安汉公、宰衡、加九锡、假皇帝到即真的过程。每次朝前一步，必定伴随着天降祥瑞、符命图谶或万民请愿，仿佛是天命和民意共同的选择。王莽受封安汉公前，益州塞外自称越裳氏的少数民族，千里送来一头白雉。历史上同样的事情，曾发生在周公摄政的时代，这被认为是王莽的德行，堪比周公而致祥瑞。王莽女儿被立为平帝皇后，他谢绝封地及绝大多数钱财赏赐。全国官民四十八万七千五百七十二人上书，强烈要求增加对王莽的封赏。太保王舜等建议，取商朝时阿衡伊尹和西周太宰周公之合称，以宰衡作为王莽的称号，八千多民众上书赞同。明堂祫祭大典后，公卿大夫、列侯和博士九百零二人联名上书，要求为王莽加九锡，即天子赐以表示最高礼遇的九种器用之物给诸侯、大臣和有特殊功勋者。不久，分行天下观览风俗的大臣回朝报告，各地风俗齐同，并带回百姓赞美王莽的民歌三万余。

公元6年，14岁的汉平帝去世，王莽挑选2岁的宣帝玄孙刘婴为帝。当月，武功长孟通井中挖出白石，上有"告安汉公莽为皇帝"的红字，大臣们强求太皇太后王政君下诏，以王莽摄行皇帝之事即摄皇帝，以并无血缘关系的刘婴为皇太子，称为孺子。随后的两年中，各种暗示王莽为帝的符命祥瑞出现。公元8年底，太学生哀章自制两检铜匮，分别写上"天帝行玺金匮图"和"赤帝行玺传予皇帝金策书"（《汉书·王莽传》），书图中以高祖刘邦的名义，要求将帝位传给王莽，另有十一人注明为新朝的辅佐：八名大臣、哀章及随便写上的王兴、王盛。哀章选择于某日的黄昏，身穿黄衣，至刘邦祀庙将铜匮交给仆射。王莽得到报告后，第二天赴高帝庙，将金匮迎到未央宫，启动了改汉立新的运营系统品牌更新行动。

在改朝换代的巨大历史变故中，王莽所遇障碍相当有限。他首创摄皇帝践祚后，安众侯刘崇曾组织百余人队伍反抗，东郡太守翟义起义立严乡侯刘信为天子，发表讨伐檄文称王莽毒杀平帝[1]，期门郎张充等密谋劫持王莽立楚王刘纡为帝，均被王莽平定镇压。年届八旬的太皇太后王政君严厉痛斥王莽的行为，但已无任何力量予以阻止。绝大多数刘氏宗族、士人儒生和普通民众反应平静，其中相当一部分人，甚至对他心怀希望。昭宣之后儒家

---

1 孟祥才:《王莽传》，北京：人民出版社，2017年版，第163页。

天命转移理论深入人心，汉成帝、汉哀帝和汉平帝连续三代帝王没有子嗣，未免使人产生汉祚将终的感觉。

王莽以建立儒家理想社会为号召，曾在奏书中全面阐述，要进一步实施"市无二价，官无狱讼，邑无盗贼，野无饥民，道不拾遗，男女异路之制"（《汉书·王莽传》），向所有人描绘了太平盛世、人间天堂的蓝图。王莽依靠祥瑞符命开创新朝，但并没有证据表明，这些祥瑞符命是他自己作假伪造。最大的可能，应是官民中对他期待之士的创意，在双方默契的互动中，透露出当时民众士人对他高度认可的信息。如果王莽止步于所谓摄皇帝，他将以周公再世的贤臣载入传统史册，如果他满足于改朝称帝，推出的政策现实、理性和圆缓，那么至少他可以将帝位传至子孙。

公元9年1月，王莽举行了隆重的新政权皇帝登基大典。改正朔易服饰，去除各种汉政权的品牌标识。王莽按照哀章献来的金匮图、金策书分封公爵，还特地找来城门小吏王兴，卖烧饼的手工业者王盛，依符命让他俩一步登天。

实践儒学的原生教条

王莽新政聚焦统治策略的经济制度、政策，最大程度上涉及国家治理体系的改革工程，恢复所谓西周时期的井田制，即实行"土地国有化"。儒家自孔孟始即有均田的理想，针对土地兼并日益严重、社会贫富两极分化，武帝时董仲舒曾有限田主张，哀帝时师丹等人也有过限民名田的措施，后来皆不了了之。新政权下诏改称全国土地为王田，不得买卖，限定男丁八口以下之家，占田不得超过一井共九百亩，超过的田须分给乡邻，无田者由政府授田。诏书中同时规定，所有的奴婢禁止买卖。贵戚、豪族和大户坚决反对可想而知，一般农民的土地私有观念根深蒂固，应该也不会赞成。王莽并没有将失地的民众组织起来，仍通过旧有的官僚组织体制推行，官吏民众违法买卖土地、奴婢者屡禁不绝。三年后新政权不得不将诏令取消，土地改革失败。

对于国家的经济活动，王莽新政推出了包含"五均赊贷"的"六筦"政策。筦为管的异体字，"六筦"即是对盐、酒、铁、山泽、五均赊贷和铜冶铸钱等实行全面管制。其中盐、酒、铁，武帝时即由国营专卖，昭帝时酒、铁有所放开，王莽连同名山大泽资源及铜冶铸钱等，都下令国家垄断经营。"五均赊贷"是指对工商业、物价税收和民间借贷进行统一管理。国家在长安、洛阳、邯郸、临淄、宛和成都六大城市设立五均官，下设交易和钱府两种属官。交易负责平抑物价，防止商贾囤积居奇，以成本价收购滞销的五谷布帛等日常必需品，各地每季度中月计算出产品的平均价，如遇市场价超出平均价，则由国家按照平价出售。钱府负责赊贷及税收，民众如遇祭祀或丧事无钱为之，可向国家借款且无需利息，如遇兴办产业借款，收取获利的一成利息。新政权扩大了工商业的征税范围，民众凡从事渔猎、畜牧、纺织、养蚕及医巫等，均需收取十分之一的贡税。

王莽即真前后多次改革币制。武帝后，汉代社会长期流通五铢钱。公元7年，王莽铸造大钱、契刀和错刀等三种大币，和五铢钱并用。公元9年，王莽废除契刀、错刀和五铢钱，另铸重一铢的小钱，和大钱并用。公元10年，王莽再更币制，将钱币称为宝货，分为金、银、龟、布、贝五物六名二十八品。众多的钱币投向市场，民众换算复杂、真伪莫辨，新政权严禁民众继续使用五铢钱，造成金融秩序严重混乱。王莽不得不妥协，仅使用大钱和小钱两种货币，将龟、贝、布币暂停使用。公元14年，王莽废除大小钱，发行货布和货泉两种货币，其中货泉重五铢，一个货布等于二十五个货泉，相当于新政权又回归了五铢钱。

尽管王莽时期的货币设计精美，特别是以古代物品作为货币，充分反映了复古的儒家价值和理想，但是，仍然难掩实际操作过程中，货币贬值掠民和扰民的实质。这是产生民怨、动摇统治基础的重要原因。

新政权建立后，对于原汉政权组织体制中的官名、地名，以及少数民族王号，进行了大幅度的变更。比如依照《周礼》规定，中央官制设三公九卿、二十七大夫、八十一元士，依照《禹贡》规定，天下将重新分为九州，等等。也许对于王莽而言，只有使用唐尧、虞舜及夏商周三代某些官名、地名，才可以证明新政权为古代盛世的再现，但在实际复古运营的过程中，新政权扩大了机构和人员，造成相互牵扯、行政效率低下，严重消耗了国家的财政资源。王莽滥于封爵任官，又必须节制其俸禄，势必引发官员们的不满情绪。频繁更改地名、重划行政区域，除了烦政、徒增民众生活的困扰，并无任何实际的意义。

王莽称帝前，就曾要求羌人献出青海湖附近土地，另设西海郡，以便和已有的东海郡、南海郡和北海国凑齐四海。为此，增设了五十条法令，强迁部分罪犯，满足移民需要，结果引起强烈的愤怒。公元9年，王莽派出使者，分赴匈奴、西羌、高句丽、夫余和句町等地，收回汉政权授予他们的印绶，依古代制改其王为侯，赐其新印，改玺为章，激起各少数民族地方政权的普遍不满。公元10年，匈奴单于要求赐还旧玺，王莽不但不同意，还将匈奴单于更名为降奴服于，并把匈奴国土分为十五区，分别立十五位匈奴贵族为单于，终于引发双方的战争。王莽派兵数十万，屯于边境讨伐，北方民众苦于征发从军，发生了起义暴动事件。公元12年，新政权动员高句丽军队征伐匈奴，改高句丽为下句丽，高句丽因此反叛。西南的句町，同样因为被贬王号而反叛。王莽屡派大军讨伐，十余年没有取得决定性的胜利。之后西域地区焉耆反叛，杀死都护，公元16年，王莽再派五威将军发兵西域，反为焉耆所败，西域和中原王朝交通断绝。

受命于天和哭天大典

王莽新政权的改革及其失败，是引发社会不稳定的因素之一。王莽称帝前推出的种种政策，多向社会各界施惠示恩。他改朝换代登上帝位后，可能内心背负篡逆的阴影，急于实现儒家理想的改革，证明自己受命于天的合法性、正当性。年岁已达54岁的他可能有时不我与、只争朝夕的急迫感，不惜得罪所有人，强推复古的内外政策。王莽以高于法定标准的儒家道德要求臣下，以严苛法令的高压手段对待反对者，造成统治集团内部离心离德，愈加质疑新政权的统治。

王莽的妻子及第三子王安病死，曾被立为太子的第四子王临和母亲侍女原碧发生奸情，原碧曾与王莽私通，王临唯恐泄露，策划谋杀王莽，其妻（刘歆之女）参与密谋，被王莽发现后，夫妻均被逼令自杀。为遮盖有悖儒家伦理的家丑，王莽将参与审讯该案件的官员一并处死。至此，王的四位嫡子全部早亡，不得不认下早年侍女所生两子两女，太子之位被迫空悬。协助王莽夺取政权的甄丰及其儿子甄寻，为了获取更多的政治利益，以王莽之道还治王莽之身，制作符命要求将天下一分为二。甄丰作为右伯管理西部，甚至要求将王莽女儿、原汉平帝皇后，另配甄寻为妻，终被王莽下令铲除，牵连者达数百人，包括刘歆的儿子均被诛杀。刘歆作为刘氏宗亲，一代经学大师，在长安城破前的三个月，参与卫将军王涉、大司马董忠谋反事件，最终被迫自杀。

公元17年起，国内连续发生大面积旱灾和蝗灾，关东地区人相食。青州、徐州和荆州饥民暴动渐成燎原，青徐饥民将眉染赤被称作赤眉集团，荆州饥民洞居于绿林山被称作绿林集团。王莽不通兵事，遣新军进剿数年仍不得成效。在人心思汉的大环境里，汉室皇族刘縯、刘秀兄弟及刘玄等率众加入，义军声势大涨。公元23年，刘玄被推为汉帝改元更始，汉军攻克宛城为都。王邑、王寻率领四十万新军，包围宛城屏障昆阳，刘秀突围后引军救援，以少胜多大破新军，新政权赖以生存的主力军被歼。《后汉书·刘玄刘盆子列传》中记载，"是时海内豪杰，翕然响应，皆杀其牧守，自称将军，用汉年号，以待诏命，旬月之间，遍于天下"，重现了两百余年前秦末大规模民变的历史场景。

王莽困守长安一筹莫展，立杜陵少女史氏为皇后，染黑须发大办婚礼，又率大臣赴长安南郊，设坛举行哭天大典，诉说自己应符命不得已登基的始末，下令诸生及民众每天早晚聚在南郊，一起仰天号啕。公元23年10月，更始政权攻入长安，城中发生民众暴动，象征儒学复兴的明堂、辟雍和九庙等建筑，均被焚烧。王莽率公卿士人等千余追随者，退至未央宫渐台，终被斩首碎尸，以十恶不赦的窃国者形象，定格在人生最后一刻。

禅让成为篡位的代名词

王莽以尊崇儒家核心价值为动能，终结汉品牌，另外开创新政权的国家运营系统。他将凝聚人心的儒家观念和理想，直接化为公共政策而全面实施，是帝制治理两千年中的第一次，也是唯一的一次。也许他确信自己受命于天，将实践儒家的理想国作为使命。王莽作为最高统治者的权力来源，更多受益于汉政权外戚辅政的传统，这和汉高祖刘邦群雄逐鹿而取天下、汉武帝受之于祖宗基业完全不同。王莽的权力基础是脆弱的，他对于原汉政权组织体制，以及资源的驾驭是相对无力的。平心而论，王莽不能划入暴君之列，至少王田制及五均六筦的改革，出发点还是为大多数民众谋利益。但他做事情，喜欢从书本出发，徒慕虚名，缺乏法家霹雳雷霆的手段，手中掌握的组织和资源，并不足以支撑一场巨大的社会实验。在社会生产力发展水平低下的环境里，片面强调分配领域的公平，不可能带来儒家经典所描述的太平盛世。酿成新政权崩溃的直接原因，是大灾荒引发的暴动，如果王莽拥有的财物资源充足，可以从容地救灾济民，身死国灭或可避免。

自汉武帝刘彻接受董仲舒的建议，将儒家思想作为凝聚大一统国家的意识形态，儒学中天命人本等观念，竟然发展到终结了汉政权的运营系统，应该是他始料未及的。而儒家先贤所赞美的上古禅让制，经过王莽错误和无能的示范，被证明无法取得制度性的成功。傅乐成先生评论，因为王莽的失败，"让国传贤"思想消歇，"禅让"一词，变成一个权臣篡位所借以欺世的手段。"万世一系"的思想，遂又代之兴起，至清季而不绝。[1]

---

1 傅乐成：《中国通史》（上），北京：中信出版社，2014年版，第148页。

汉光武帝：儒生皇帝的政治实践

汉光武帝刘秀是汉政权国家运营系统的重建者，虽史称光武中兴，但其实他不乏创制，是继秦始皇嬴政和汉高祖刘邦后，第三位统一中国的最高统治者，是帝制时期第一位儒生开国皇帝。刘秀参加了推翻王莽的起义，在皇权解体、群雄逐鹿的时代，刘秀以复兴汉室为号召，自河北出发建立东汉政权，历经12年平定各地割据势力，恢复了君主专制中央集权、郡县制直接治理的国家运营系统。刘秀既为帝制时期公认的善待创业功臣的仁君，又在运营系统实际建构过程中，对于功臣、外戚和刘氏诸王，以及中央到地方可能威胁到皇权的势力，一一加以制度性或操作性的防范。刘秀践行柔道治国，即偃武修文、兴学讲经，倡导尚气节、崇廉耻的儒家价值观，连续推出简政减租、宽刑赦囚的公共政策产品。同时，又以峻法打击豪强及舞弊官吏。刘秀的实践是汉武帝、汉宣帝儒表法里、霸王道杂用的价值观和方法论，在东汉新时代的继续和发展。

赋予暴动以兴汉的价值动能

刘秀为汉高祖刘邦九世孙，源自景帝十四子长沙定王刘发一系。传至父亲辈刘钦，地位已大为衰落。刘钦仅担任县令职务，和汉武帝一系的成帝刘骜同辈，但比成帝小46岁。刘秀14岁时，王莽改汉立新，政府拨给皇族的补贴停发，生活已和一般平民无异。公元14年，20岁的刘秀从家乡南阳到长安入太学深造，学习《尚书》略通大义。他曾路见负责京城治安"执金吾"的威风，刘秀相当羡慕，又想起暗恋的新野望族闺秀阴丽华，不由感叹："仕宦当作执金吾，娶妻当得阴丽华。"（《后汉书·皇后纪》）刘秀出生前，也就是公元前6年左右，古文经派大师刘歆从奇书《赤伏符》中，推算出刘秀当为天子的谶语。后来，这个故事在一定范围内流传。《后汉书·李王邓来列传》中记载，刘秀本人听说后，笑言"何用知非仆耶"，即"你们怎知那个人不是我啊？"

当时，多数亲友并不认为生性谨厚的刘秀具有天子相。刘秀大哥刘縯性格豪爽，好侠养士、收留宾客，颇以汉高祖刘邦早年为榜样，是南阳春陵刘氏宗族的领袖人物。公元22年，刘縯、刘秀兄弟率春陵宗族子弟七八千人起义，号称柱天都部，即自喻为擎天之栋梁，以"复高祖之业定万世之秋"（《后汉书·宗室四王三侯列传》）为号召，公开亮出恢复汉政权品牌的旗帜。

汉武帝后期、成帝和哀帝期间，爆发过一定规模的流民起义。知识分子士人阶层并无参与，流民暴动没有特定的阶段性政治目标，没有形成团体的核心理念和策略，最终不成气候，归于失败。这和秦末大规模民变中，原六国贵族及儒生士人积极参与、建立政权的情况，不可相提并论。王莽时期，绿林军满足于劫货分财，遭遇官军围剿，又逢疫病流行，迅速分成三支逃入深山避战，新政权上下起初并不以为意。刘縯、刘秀兄弟春陵起兵后，明确了推翻新莽，兴复汉室的目标、价值和策略，天下形势为之一变。尽管刘秀二哥、二姐及外甥女等惨烈牺牲，起义队伍仍旧保持旺盛的斗志。刘縯、刘秀主动和新市、平林及下常等三支绿林军队伍实现联合，杀死南阳太守连克数城，并决定立即重建汉政权，讨伐王莽篡逆。在选择汉政权最高统治者的博弈中，大部分绿林军将领考虑到，刘縯治军严明、不易左右，因此大多数人推选没有班底、性格较弱的皇族刘玄为皇帝。刘玄改年号更始，是为更始帝。

公元23年夏，大司徒刘縯率汉军主力围攻宛城。王莽以王邑、王寻为帅，征调天下精兵四十二万全力进剿，屯兵于宛城屏障昆阳城下。当时被封为偏将军的刘秀和十三骑冲出重围求助，带回上万步骑兵救援。他精选三千余名勇士，突袭王邑、王寻中军大营，身先士卒、冲锋陷阵，混战中杀死王寻，在这场以少胜多决定王朝命运的经典战役中，发挥了关键性作用。大战之后，刘縯、刘秀兄弟威望持续攀升，为更始帝刘玄及绿林将领忌惮。刘縯被刘玄找到借口杀害。刘秀新娶阴丽华，选择了强忍悲愤、韬光养晦的策略，主动向更始帝请罪，也不和刘縯原部下接触，被刘玄任命为行司隶校尉，负责光复后洛阳的宫府修整，随后又争取到持节出使河北、招抚郡县的机会。

继承高祖帝业的最佳代言人

王莽被杀后，天下群雄自立，更始政权"分遣使者徇郡国"（《资治通鉴·汉纪三十一》）。刘玄缺乏开国帝王应有的实力和风范，但在人心归汉的大环境里，各路豪杰、地方郡县大都名义上表示臣服。此时，刘秀仅率冯异、铫期、邓禹和王霸等少数亲随，以更始帝钦差名义，北渡黄河，正值算卦者王郎伪称汉成帝之子，王郎控制了河北大部分的地区。刘秀一度无处安身。庆幸的是，他得到了信都、渔阳和上谷三郡支持，并和当地具有军事实力的真定王刘杨家族联姻，娶其外甥女郭圣通为妻。公元24年5月，刘秀攻入邯郸，消灭了王郎割据集团，终于取得了第一块战略根据地。

在河北的两年，刘秀获得了继承汉高祖帝业最佳形象代言人的地位。他以弱击强、战而胜之的过程，既是他个人政治品牌累积提升的过程，也是中兴汉政权创业团队形成、磨合的过程。刘秀的皇族身份、太学生形象，以及昆阳大战中造就的军事长才名声，确实是包括刘玄在内的同时代豪杰无法相比的优势。耿纯、耿弇、吴汉、寇恂、任光、邳彤、李忠、盖延和景丹等在河北的俊杰，都被吸引到他的周围。之后成为刘秀军政集团首席军头的吴汉，仰慕刘秀的长者之风，甚至连他的面都没见过，就模仿制造了刘秀的书信，移檄劝说渔阳太守归附。

王郎被消灭后，邯郸宫中搜出了自己阵营将领和王郎的上千封通信，刘秀看也没看，当着众人的面焚之一炬。很多中途投奔者，莫不感激涕零。在招降铜马农民军的过程中，刘秀命降将各自归营，独自骑上战马，一个一个视察归降将士的军营，以真诚收取乱世的人心。刘秀拒绝更始帝刘玄要求南返的命令，继续从事平定河北其他割据势力的战争。随后，刘秀兼并了刘玄派来协助他的部队，正式和更始政权决裂。

公元25年夏，刘秀军政集团已"跨州据土，带甲百万"（《后汉书·光武帝纪》）。为了昭告天下正统的汉室品牌，刘秀在河北鄗城即皇帝位，是为汉光武帝。登基祝文中特别提到"刘秀发兵捕不道，卯金修德为天子"（《后汉书·光武帝纪》）的谶语，以强调天命所归的合法性。之后定都洛阳，改行火德制度，以赤色为国家标准色，被后世称为东汉或后汉，区别于汉高祖刘邦定都于长安的西汉或前汉政权。

刘秀称帝前后，已迁至长安的更始政权陷入了极度混乱中。赤眉军立曾为放牛娃的皇族刘盆子为傀儡皇帝，攻破长安，刘玄自缚请降后被绞杀。光武帝亲率大军围攻洛阳，受挫后改行招抚的方式。守将朱鲔为当年劝说更始帝杀害刘縯的绿林旧人，当他投诚后，光武帝不计前嫌、信守承诺，封他为侯。邓禹、冯异相继为帅西进长安，随后光武帝"自将征之"（《后汉书·光武帝纪》），历经两年的曲折，逼迫坚持十年之久的赤眉集团全部投降。

当时东汉政权控制了中央王朝核心区域，人力、物力资源相对雄厚，运营系统组织体制完整。面对东南西北各地的豪强割据，光武帝拟定了先东后西的渐次作战策略。公元26年起，光武帝派盖延、吴汉和耿弇等率领大军，对关东最大割据势力梁王刘永集团展开攻击。刘永自立为帝，皇族血统比光武帝更接近西汉帝脉。汉军击败或逼降刘永及其盟友张步、董宪和李宪等军阀，恢复了今天河南东部、山东、安徽和江苏等广大区域。接着，东汉政权又平定了割据湖北等地的秦丰、延岑和田戎等较小规模军阀，在河北渔阳发动叛乱的彭宠，最后为家奴所杀。

至公元30年，南至荆襄、东到大海，东部地区已逐步安定。西部割据河西走廊的窦融归附东汉政权，被封侯以功臣礼遇，但仍有公孙述称帝割据今四川，隗嚣割据今甘肃一带，卢芳割据今内蒙古、山西一带。光武帝希望循窦融模式和平降服诸势力，隗嚣集团的马援、王遵等人来归，都受到光武帝的信任和重用。隗嚣、公孙述等人，既无力统一天下，又不愿纳土称臣，光武帝只得亲赴长安部署、作战，三年获得陇地，隗嚣饥饿中病亡。又三年征服蜀中，公孙述作战中受重伤而死，公元37年，卢芳逃入匈奴。东汉政权历时十二年，完成中国本部的统一，比秦始皇十年灭亡六国、汉高祖四年击败项羽时间还要漫长。

士大夫文官政治成型

相比较汉高祖刘邦的布衣将相团队，光武帝刘秀创业团队的文化素养高出很多。光武帝本人是太学生，又有丰富的政治实战经验，对于前朝治理体系得失有着深刻的洞察。西汉政权创建之初，高祖分封异姓诸侯王后又诛杀之，分封一百四十余位功臣为列侯，另有关列侯以下十九个爵位共计数十万人得到分封。[1]西汉政权组织体制中，大部分官吏位置被功臣势力占据。光武帝采取"高秩厚礼，允答元功"（《中兴二十八将传论》），"退功臣而进文吏"（《后汉书·光武帝纪》）并举的东汉政权组织原则，即给予功臣封侯厚禄等高规格待遇，以及"特进""奏朝请"等礼仪性特权，分封列侯三百六十五人以上，食邑较西汉时代更多。但除邓禹、李通和贾复等少数人，其余重量级功臣都不得参与政治管理。功臣们积极配合，纷纷主动交出兵权或其他权力。因为不再参与实际工作，避免了过程中可能的错误和争端，功臣们都得以保全、福及子孙。

对于功臣身退遗留的岗位空缺，光武帝继续西汉文吏、儒生并用的传统予以填补。文吏收税征赋、理讼治狱，严格执行国家的法律制度，秦政权时期即以法为教、以吏为师，是军功阶层以外官吏队伍的主体。儒生读经通史强调教化，具有一定的政治理

1　李开元：《汉帝国的建立与刘邦集团：军功受益阶层研究》，北京：生活·读书·新知三联书店，2000年版，第59页。

想性，武帝后越来越多儒生进入西汉政权的组织体制。光武帝亲自选官、任官和考察官员，既用偏向儒家德治的循吏，也用严刑峻法的酷吏。要求文吏学习儒家经术，儒生掌握吏治专业。"吏服雅训，儒通文法"，儒生和文吏融合，标志着自东汉政权时代起，帝制治理体系士大夫文官政治的成型。[1]

鉴于西汉政权发生了权臣当国、篡位的历史教训，光武帝采取多种调整，强化重建中的运营系统君主专制、中央集权的统治策略。汉武帝发明的组织机构内朝抑制外朝的做法，光武帝将之进一步扩大化和制度化。名义上中央政权仍设外朝三公，即太尉、司徒和司空，相当于秦、西汉前期的太尉、丞相和御史大夫，西汉后期的大司马、大司徒和大司空；实际上中央政府的权力交给尚书台，直属皇帝管理。尚书台下设地方事务、司法和外交等不同职能的六曹，光武帝任命仅为千石的中层官员为尚书令，便于直接控制和指挥，以达到"政不任下"（《后汉书·王充王符仲长统列传》）的君主绝对专制的目的。光武帝还设置了御史台，恢复司隶校尉、刺史职位，建立了从中央到地方组织完备的监察体制，以类似尚书台主官较低级别的模式，监督较高级别的大臣。特别是仅秩六百石的刺史，每年八月，要巡视各自负责的郡国，考核官员行政司法优劣，凸显中央政权对地方的集权管理。

东汉政权裁撤了四百余县，相当于西汉末年同级别单位的四分之一，节约了政府开支，又保证中央政权的政令通畅。光武帝还下令裁撤内郡的地方兵，裁撤郡都尉的职位。国家常备军由招

---

1 阎步克：《波峰与波谷：秦汉魏晋南北朝的政治文明》，北京：北京大学出版社，2017年版，第82页。

募农民和征发刑徒组成，全部由皇帝和中央政权直接掌握。

将儒家价值发挥到极致

源自光武帝刘秀大力倡导，东汉政权成为秦汉帝国时代，乃至两千年帝制治理时期，以儒家价值统一思想、凝聚人心的第一个黄金时期。光武帝号称以柔道治天下，虽贵为人君，亦不失儒生赤子本色。东汉政权建立后，他立即恢复太学，设置五经十四博士制，后又重建明堂、灵台和辟雍，将京师洛阳营造成儒学的教育中心。他热心讲经论道，朝堂上和大臣们彻夜讨论，津津有味、不知疲倦。光武帝外出巡视，每到一处，首先拜访儒者贤士，寻找失落民间的儒家典籍。战乱中四散的学人，纷纷带着藏书，回归京师。《后汉书·儒林列传》中记载，光武帝迁还洛阳时，经牒秘书装车两千余辆，"自此以后，参倍于前"。

王莽篡汉期间，部分儒生士人歌功颂德、进献符瑞，光武帝对此行径痛心疾首，因此特别表彰坚守气节之士。公元25年，光武帝登基之初，即请来王莽时托病辞官的大儒卓茂，七十余岁老人被封太傅，作为百官的榜样。另外拒绝出任公孙述伪职的谯玄等人，都受到东汉政权褒扬。光武帝老同学严光、太原名士周党等人，皆以隐居为志，婉拒入仕征召。光武帝从营造社会崇尚名节的高度出发，仍给予充分的宽容和尊重。对于大多数希望进入统治集团组织体制的学子而言，习儒是察举入仕的必需条件。除京师洛阳兴盛的太学外，各地尚有郡县官学，以及庄园宗族学堂、名儒教授等民间私学。桓荣、伏湛等一批经学世家在朝廷受到皇帝礼遇，其家族子弟、门生后人代代相传，意外成为世家大族以至门阀。

在光武帝执意坚持下，东汉政权推出偃武修文、不事边功，以及薄徭役、省刑罚的内外政策。公元30年，东部地区平定后，《资治通鉴·汉纪三十四·建武六年》中记载，光武帝"因休诸将于雒（洛）阳，分军士于河内"，流露厌倦战争的情绪。中国本部统一后，光武帝否决了对于匈奴用兵的上书，采取忍耐求全、保持使者相通的策略。面对匈奴的边境骚乱，光武帝命吴汉率汉军北上抵抗，"徙雁门、代郡、上谷吏民六万余口置居庸、常山关以东，以避胡寇"（《资治通鉴·汉纪三十五·建武十五年》）。之后匈奴天灾内乱，南匈奴内附，东汉政权始终以平衡的原则处理南北匈奴的关系，保持了北部边境较长时间的安宁。西域亲汉的莎车及其他诸国，希望以西汉前例，将儿子送往洛阳作为人质，要求东汉政权重设都护。光武帝以"中国初定，北边未服"（《资治通鉴·汉纪三十五·建武二十一年》）为由，关闭玉门关，予以婉拒。

大将军马援西平诸羌，南征交趾，北御匈奴，有大丈夫当马革裹尸的豪言壮语，死前受到光武帝猜忌，被追收列侯印绶。对于此事固然有种种复杂的解释，但光武帝晚年对于边事索然，可能是重要的因素之一。

后人评论光武帝缺乏秦皇汉武的进取精神，对于帝制时期中原政权疆土的扩张并无贡献。其实，国家战乱多年，人口从西汉平帝时期六千余万，降至二千余万[1]，与民休养生息的政策，更符合当时大环境中社会民众最根本的需求。公元30年末，东汉政权

1　黄留珠:《刘秀传》，北京：人民出版社，2003年
　　版，第295页。

下达诏令，正式将田赋什一税降为西汉文景时期的三十税一。光武帝还多次下令减轻量刑，赦免囚徒，体现了宽大为怀、德治为上的儒家精神。

法家方法论的另一面

针对王莽时期没有解决的残害奴婢及土地兼并等社会弊端，光武帝以最高统治者的权威，不惜采取法家治吏的严猛手段处理。西汉后期以来，部分自耕农失去土地，或沦为完全的奴婢，或成为豪强地主的依附农民，这不仅意味着社会劳动力人口减少，缩小了国家编户的税赋、徭役基本盘，还造成地方豪强力量坐大，甚至私兵自重、威胁皇权。光武一朝，共六次颁布解放奴婢、三次颁布禁止虐杀奴婢的命令，明确规定东汉政权先后统一的地区，凡被卖妻儿欲回父母家人者，必须听从本人的意愿，主人若阻拦按律论罪。严禁杀奴、伤奴，奴婢伤人不能简单处死。这些诏令，至少使部分奴婢得到自由，一定程度上缓和了社会矛盾。

公元39年，光武帝发布了著名的"度田令"，即命令各州郡清查耕地数量，以及民众户口年龄，"又考实二千石长吏阿枉不平者"（《后汉书·光武帝纪》）。除了掌握确切的人口和田数，以增加赋税、征发徭役外，另有限制豪强兼并土地、发展私兵的用意。整个度田过程中，州郡官吏一度不敢对豪族动真，反而侵扰一般民众。光武帝针对垦田数字严重不实，下令将帝乡河南尹张伋及诸郡守十余人下狱处死。汝南太守欧阳歙为《伏生尚书》八世传人，终究不免被下令入狱。门生弟子千余人哀哭求告，甚至有陈请代死者，崇儒的光武帝不为所动。随后"郡国大姓及兵长"（《后汉书·光武帝纪》）等发动叛乱，光武帝选择镇压和安抚两手策略，将作乱首领迁往他郡，"赋田受禀，使安生业"（《后汉书·光武帝纪》），度田遂成为东汉政权的定制。尽管光武帝最终对豪族大姓做出某种妥协，但对照王莽托古改制的书生解决方案，仍具相当的政治智慧。

历数西汉政权运营系统二百余年的重大危机，诸吕之乱、七王之乱、霍氏之乱及王莽篡位等，对于皇权的威胁始终集中于宗室和外戚的范围。光武帝总结前朝教训，采取严格的防范性措施。东汉政权开国初期，曾依西汉惯例分封一批宗室诸侯王。虽然诸侯王仅获食邑，并无王国的管理权，光武帝仍保持高度的警惕，下诏重申旧制阿附蕃王法，禁止诸王养士结党。公元51年，原更始帝侍卫、刘盆子之兄刘恭被杀，凶手为更始帝之子刘鲤，误认为刘盆子兄弟须为更始帝之死负责，因此进行报复。刘鲤是刘秀和郭皇后所生沛王刘辅的宾客，刘辅事先并不知情。但光武帝得悉后，勃然大怒，不仅一度将刘辅下狱，还下令收捕诸王宾客，"死者以千数"。诸侯王从此莫不小心翼翼，不敢有所作为。

光武帝对于外戚的限制，可从阴丽华、郭圣通皇后易位事件中，窥知一二端倪。阴丽华是刘秀心仪的原配，郭圣通却首先被封为皇后，其河北豪族的背景是光武帝创业时的考虑。东汉政权巩固后，光武帝又废郭改立阴丽华为皇后，其中的原因，光武帝清楚交待。他批评郭圣通"既无《关雎》之德，而有吕、霍之风，岂可托以幼孤，恭承明祀"（《后汉书·皇后纪》），即担心自己身后出现类似吕氏、霍氏外戚专权而预作防备和布置。郭圣通失位后，所生太子刘彊内心惶惑，多次坚辞太子位。光武帝遂改立阴丽华所生刘阳（后改名刘庄）为太子。值得一提的是，虽然皇后地位发生变化，但阴丽华对郭圣通始终保持尊重，阴丽华之弟阴兴、阴识等谨守分际，阴、郭两家长期和睦相处，堪称帝制时期正面外戚家族的示范。

明章之治

公元57年，光武帝刘秀病逝，临终前留下遗诏，自谦无益百姓，要求丧事按照汉文帝的制度，实行节俭薄葬。太子刘庄继位即汉明帝，十八年后明帝去世，其子刘烜继位即汉章帝，明、章两帝之治三十余年，创造了继光武帝休养生息后东汉政权的盛世。公元73年，窦固、耿秉等分四路出击北匈奴，大败匈奴呼衍王于天山。司马班超率吏士三十六人，先后在鄯善、于阗击败当地亲匈奴势力，诸国多遣质子来汉。王莽之后与内地隔绝了六十五年的西域，至此复通。公元74年，汉军再败匈奴于蒲类海，在龟兹、车师等地，重设了西汉时代的西域都护、戊己校尉等机构，恢复了对西域地区的统治。章帝时期一度反复，班超等再定西域大业。

明帝、章帝父子沿袭光武帝尊儒习经的传统，继续推进薄徭役、减刑罚等光武帝生前制定的各项公共政策产品。明帝10岁即通《春秋》治《尚书》，即位后博览群书、亲御讲堂，又命水利专家王景等率兵卒数十万人治理黄河水患，解决了民众的迫切需求。章帝诏朝臣及群儒集会于京师白云观，讨论五经的异同，为儒学一时的盛事。明帝、章帝所不同的是，汉明帝性格严苛，对于宗室诸王、大臣及外戚等管控极严。明帝之弟楚王刘英谋反一案牵涉甚广，被处死或流放达数千人，其皇后为大将军马援之女，明帝曾列二十八位开国功臣画像于云台，后又加上四人，马援因外戚关系而不得列入。马皇后以阴太后为榜样，严格限制娘家子弟封侯参政。章帝为人过于宽厚，皇后窦氏恃宠霸道。

公元88年，年仅32岁的汉章帝去世，10岁的太子刘肇即位，是为汉和帝。养母窦太后临朝称制，重用窦宪等四兄弟，开启了东汉政权外戚专政的先河。

儒家教化凝聚人心

光武帝刘秀是帝制时期第一位具备内圣外王气质、真正以儒家核心价值治国理政的皇帝。在东汉政权国家运营系统重启的过程中，刘秀将儒家仁爱宽恕的价值实质和法家君主专制、中央集权的统治策略完美地结合起来。随着组织体制中儒吏和文吏的融合，以儒生为主体的士大夫官僚势力形成，儒家价值、儒家士大夫成为凝聚大一统国家运营系统的精神力量和干部保障。刘秀晚年厌恶兵事，拒绝出兵匈奴和西域的建议，既是基于对当时大环境需求的洞察，又是他个人儒学修养的具体表现。梁启超先生评论，光武、明、章为"儒学最盛时代"，"风俗称最美"。一旦运营系统中价值观和方法论高度融合，忠于儒家精神、忠于皇帝和忠于汉室品牌就能够三位一体，意识形态化为维持国家统一和稳定的巨大向心力。

汉章帝后，东汉政权皇帝多以冲龄即位，除末代傀儡皇帝汉献帝外，皆寿短没有活过不惑之年。太后临朝、外戚专权卷土重来，后又出现宦官弄权等严重弊政，而东汉政权仍能屹立百年以上，即是儒家教化凝聚人心的作用。曹操挟天子而令诸侯，最终却未能统一全国，天下士人尚心存汉室是重要的原因之一。

第八节

桓灵末世

汉桓帝刘志、汉灵帝刘宏是造成东汉政权运营系统崩溃的皇帝。桓帝、灵帝以外藩王侯承继大位，依靠宦官摆脱外戚势力控制，宦官势力遂成为组织体制中的重要力量。桓、灵时期，两次发生限制大批士大夫从政和京师居住的党锢事件，破坏了东汉政权以儒家精神凝聚天下的立国价值。灵帝后期，出现帝制时期第一次通过宗教信仰号召的民众起义。东汉政权改变地方治理的组织体制，郡县之上设置管理更大区域的州牧，付予统率地方军队的权力，导致军阀势力割据，终结了君主专制、中央集权的运营系统。公元227年，以兴复汉室为理想的蜀汉丞相诸葛亮，北伐前在著名的《出师表》中写道："亲贤臣远小人，此先汉所以兴隆也；亲小人远贤臣，此后汉所以倾颓也。先帝在时，每与臣论此事，未尝不叹息痛恨于桓、灵也。"从此世以桓灵并称，视此为帝制时期最高统治者昏庸的典型。

宦官势力的崛起

自汉章帝后，东汉政权运营系统皇帝的继承和亲政连续陷入危机。和帝刘肇10岁继位，嫡母窦太后临朝称制，其兄窦宪两度率军大败北匈奴，逼其远遁不知所终。窦宪登燕然山刻石勒功，日益骄狂权倾一时。汉和帝借助宦官中常侍郑众联络，突袭逮捕其党羽，逼迫窦宪等兄弟各回封国并自尽，郑众成为汉代宦官封侯第一人。和帝亲政后创造了东汉国力极盛的永元之隆，但年仅27岁即去世，出生百日的婴儿刘隆继位为殇帝，后又夭折。遂迎立13岁的章帝之孙、清河孝王之子刘祜即位，是为汉安帝。这一期间，皇太后邓绥临朝称制十七年。邓后为开国功臣邓禹孙女，注意约束兄弟子侄，代行最高统治者职权期间，组织体制中外戚、宦官和士大夫官僚三种势力尚能共处。

汉安帝亲政5年去世，年仅32岁。安帝独子刘保生母为阎后所害，阎后在安帝生前，怂恿其将刘保太子废除，临朝称制后，立章帝曾孙、北乡侯刘懿为帝。七个月后刘懿病亡，宦官孙程、王康、王国等十九人，密谋发动政变，迎立11岁的废太子刘保即位，是为汉顺帝。阎氏兄弟被诛，阎后被迁往离宫，孙程等19人被封为列侯，汉顺帝诏令，宦官养子可以承袭封爵。

公元132年，贵人梁妠被顺帝封为皇后，后为太后临朝称制，其父兄梁商、梁冀先后成为大将军辅政。汉顺帝去世时，年仅30岁，2岁的幼子刘炳继位即汉冲帝，一年后冲帝去世，又迎章帝玄孙、鸿海王之子刘缵继位，即汉质帝。9岁的质帝在朝堂上，曾指着梁冀背影说，此跋扈将军也，竟被梁冀秘密毒杀。公元146年，梁太后、梁冀等择立自己的妹婿、章帝曾孙、15岁的蠡吾侯刘志即位，是为汉桓帝。

短短两年的时间，东汉政权顺帝、冲帝和质帝三位皇帝先后去世，梁氏兄妹三立皇帝，成为东汉时代最为嚣张的外戚家族。桓帝成年后，特别是梁太后去世后，和梁冀的冲突日益加剧。《后汉书·梁统列传》中记载，"冀一门前后七封侯，三皇后，六贵人，二大将军，夫人、女食邑称君者七人，尚公主三人，其余卿、将、尹、校五十七人。在位二十余年，穷极满盛，威行内外，百僚侧目，莫敢违命，天子恭己而不得有所亲豫"，严重侵犯了最高统治者的权力。

公元159年，汉桓帝将宦官中常侍唐衡叫到厕所密谋，随后与谋者又扩大到单超、左悺、徐璜和具瑗等人。桓帝甚至咬破单超的手臂，歃血为盟，共诛梁冀。政变成功后，梁冀夫妻自杀，亲友皆受株连弃市，累及朝中大臣死者数十人。"故吏宾客免黜者三百余人，朝廷为空"（《后汉书·梁统列传》）。单超等五位宦官被封列侯。汉桓帝排斥外戚势力，改为信任朝夕相处的内廷宦官，从此宦官作为组织体制中重要的势力，干预东汉政权统治的决策。他们通过收领养子而袭封国，以兄弟姻戚等充任地方官员，和外朝的士大夫官僚势力渐成水火。

第一次党锢之祸

东汉时代，经光武帝及明、章两帝提倡，儒学兴盛，士大夫以讲名节知廉耻而自我标榜，在野儒生议论朝政，言论相对宽松。士人进入组织体制为官，多以地方察举和朝廷、公府辟召的形式。地方察举指各郡国举孝廉，即推荐孝子和廉吏，二十万人中举一人，全国共举出二百二十八人。朝廷、公府辟召指政府征召社会经学名士，直接到中央政权任职。可能光武帝曾敬重隐居的贤者，当时的风气颇以婉谢征辟为荣，千呼万唤始出来者，往往被认为具备真才实学。这些士人即使入朝为官处理政务，亦试图以儒家理念和社会公议为标准，并不简单地服从皇帝或掌权的外戚、宦官势力的旨意。当时洛阳太学生超过三万人，加上地方郡国及私学儒生超过十万。京师太学生们不满足于章句训诂的经学探索，常常评论国家政策及政治人物优劣，形成了所谓"清议"的中心。士人学生相互呼应，创作出政治评论性的风谣，以口口相传的模式，制造社会公议的压力。

桓帝即位前，曾就学于甘陵周福（字仲进）。桓帝即位后，周福被拔擢官至高位。与周福同郡的房植（字伯武），担任河南尹素有盛名。于是针对两人的"清议"，逐渐凝练成一段谚谣："天下规矩房伯武，因师获印周仲进。"（《后汉书·党锢列传》）房植被誉为"天下规矩"，"因师获印"暗讽周福侥幸为帝师而得官。[1]汉桓帝清除梁冀外戚势力亲政后，士人学生和朝中反对宦官势力的大臣组合起来，党人团体无形中结成。太学生领袖人物郭泰（字林宗）、贾彪（字伟节）等和河南尹李膺（字元礼）、太尉陈蕃（字仲举）及尚书王畅（字叔茂）等交情甚好，京师即传出"天下模楷李元礼，不畏强御陈仲举，天下俊秀王叔茂"（《后汉书·党锢列传》）的谚评。

反对宦官势力的士大夫官员和太学生，认为宦官为卑贱的"刑余之人"，羞与为伍。这种看法既出于儒教道德教化的本能，也有宦官"任人及子弟为官，布满天下"（《后汉书·杨震附杨秉传》）的利益分配冲突。他们通过向皇帝上书、创造清议的舆论压力，以及运用职权从严处置宦官亲友等方式，激发了和宦官势力的多次冲突。陈蕃、李膺和太尉杨秉等，多次搬出"高祖之约"和汉室"旧典"劝谏。

公元162年，杨秉和周景联名上书，请求惩治五十余名贪

---

1 韩兆琦、赵国华：《秦汉史十五讲》，南京：凤凰
　出版社，2010年版，第153页。

赃枉法依附宦官的地方首长，得到了桓帝同意。和羌人作战多年有功的皇甫规，得罪了向他勒索以示拉拢的"五侯"徐璜、左悺等，被诬陷下狱。诸大臣及三百余名太学生共同为其申冤，桓帝下令释放了事。公元165年，杨秉参奏五侯之一的侯览之弟侯参，进一步要求追究侯览和同为五侯的具瑗的责任，以致侯参自杀，桓帝下令将侯览罢官，削去具瑗的封国。司隶校尉韩演告发五侯之一的左悺及兄左称插手州郡人事、收贿敛财等罪行，左悺、左称畏罪自杀。反对宦官的大臣中，李膺为当时名士，士人皆以与他交游为荣。大宦官张让之弟张朔为野王令，残害孕妇逃至京师，被李膺从张让家中搜出，逮捕后立即结案处死。《后汉书·党锢列传》记载，自此宦官"皆鞠躬屏气，休沐不敢复出宫省。帝怪问其故，并叩头泣曰：'畏李校尉'"。

汉桓帝作为东汉政权的最高统治者，有所抑制宦官"五侯"等的专权行为，但他并没有从统治策略、组织体制的制度层面，规范宦官势力职责的范围、边际和禁忌。桓帝缺乏政治谋略和控制能力，不能妥善地处理士大夫结党呼应的倾向，对于酿成组织体制内两大势力的火并负有责任。南阳太守陈晋抓捕了和宦官交好的富商张汜，不顾朝廷的赦令，将其全家及宾客二百余人诛杀。汝南太守刘质逮捕小黄门赵津，同样也是先斩后奏。汉桓帝认为这是侵犯皇权的行为，批准宦官将两人弃市的奏请。

公元166年，术士张成推算出皇帝将有大赦，指使儿子去杀仇家，李膺将其儿子抓捕后，果然遇上皇帝颁布赦令。李膺愤怒之下，不顾朝廷的有关法规，仍将其子处死结案。张成和宦官关系亲密，桓帝曾向他询问过占卜之事。宦官动员张成弟子上书控告李膺枉法："养太学游士，交结诸郡生徒，更相驱驰，共为部党，诽讪朝廷，疑乱风俗。"（《资治通鉴·汉纪四十七》）桓帝下令将李膺下狱，在全国搜捕李膺党人。太尉陈蕃上书劝谏，亦被桓帝以其他借口免职。公元167年，在岳父大将军窦武等人劝说下，桓帝下诏释放党人回归乡里，但将二百余名党人姓名一一登记在案，禁锢其终身不得出仕。此为第一次党锢之祸。

第一次党锢之祸发生不久后，汉桓帝刘志去世，年仅36岁。

第二次党锢之祸

经窦武及女儿窦后定策，12岁的章帝玄孙、解渎亭侯刘宏被迎立为帝，是为汉灵帝。窦太后临朝称制，大将军窦武辅政。窦武虽有贵族外戚身份，又为儒学名士，他重新起用陈蕃为太傅，李膺、杜密等被禁锢的大臣复出为官，天下党人声势高涨。时任度辽将军的皇甫规，竟以没被列入党人名单为耻。各地自发给党人名誉标号予以激励，即有"三君""八俊""八顾""八友"之谓。当时宦官势力仍有相当话语权，灵帝周围中常侍曹节、王甫等炙手可热。窦武、陈蕃等密谋以武力铲除宦官势力，却未得到窦太后完全首肯。机密泄露后，宦官势力挟持灵帝紧急反扑，双方各自动员一部分军队大战洛阳，终以窦武、陈蕃等被杀，窦太后被迁禁而告终。

第二次党锢之祸拉开序幕后愈演愈烈。公元169年，曾任山阳东部督邮的名士张俭被人举报，与同乡二十四人结为朋党。指使举报者，是与其怀有宿仇的中常侍侯览。灵帝听信宦官，下令追捕。张俭逃匿各地，沿途都有百姓慕名收留，又造成十余个家庭被捕杀灭族。被封侯拜将的大宦官曹节乘机上奏，全面搜捕党人。李膺、杜密等多人遇害，党人惨死狱中者多达百人，牵连而死、徙、废、禁者达六七百人，外朝落入了宦官势力的掌握之中。公元172年，窦太后在抑郁中去世，有士人在朱雀门上匿名疾书："天下大乱，曹节、王甫幽杀太后，常侍侯览多杀党人，公卿皆尸禄，无有忠方者。"（《后汉书·宦者列传》）宦官势力又兴大狱，太学生等上千人被捕。公元176年，永昌太守曹鸾上书为党人鸣冤，被关押后活活打死。宦官们动员灵帝下诏各地，凡党人门生故吏、父兄子弟，甚至五服之内亲属，一概免官禁锢。

桓帝、灵帝可能认为宦官是没有后代的家奴，并不构成对君主专制的威胁，比较起朝堂上引经据典的士大夫儒臣，更能充当体现皇权意志的工具。经历了第二次党锢之祸，组织体制最高层中士大夫势力失去独立地位。灵帝年岁渐长后，继续维持宦官势力独大的局面。继曹节、王甫死去，张让、赵忠等十二位中常侍把持朝廷要津，灵帝常说"张常侍是我父，赵常侍是我母"（《后汉书·宦者列传》），甚至令赵忠主持朝会。《后汉书·张王种陈列传》中记载，大臣们"坐者数百人，各瞻望中官，良久莫肯先言"。汉灵帝将宦官的地位置于儒臣之上，实际上破坏了光武帝以后东汉政权将习儒作为选拔和进入组织体制的价值坚持，这就难以挽回朝野士大夫的离心倾向。

灵帝可能出于培养新的文人团体考虑[1]，公元178年，他开始提倡鸿都门学和宣陵孝子。所谓鸿都门学，即试图取代太学，以学习辞赋、书画为主的学校，学子毕业后直接担任各级官员，但因宦官势力掌权，正派的士大夫皆以入学为耻。宣陵孝子本是自愿为桓帝守陵的市井商贩，灵帝将他们封为郎中、太子舍人等官

---

1 郭建龙:《中央帝国的哲学密码》，厦门：鹭江出版社，2018年版，第126页。

职。经大臣蔡邕上书规劝，始降为县尉、县丞一类的小官。灵帝将西园作为自己的私库，交给十二常侍掌管，公开鬻卖官位敛财，上至公卿，下至刺史、郡守和县令，都有明码标价，造成买官者贪污受贿以偿本钱。当时，东汉政权同时与西北羌人和东北鲜卑作战，民众的赋税徭役加重。宦官势力插手地方人事、鱼肉乡里，儒生多不问政事，终于爆发了另创价值动员的民间宗教暴动。

黄巾起义与州牧掌军

汉灵帝时期的黄巾军起义，不同于一般的流民或饥民造反。张角利用民众崇敬黄老心理，自创太平道，以咒语、符水为工具行医、看病和传道。十余年间，发展信众数十万人，遍布青、徐、幽、冀、荆、扬、兖和豫等八州之地，连东汉政权组织体制内一些官吏、宦官也成为信徒。他还宣扬已成为儒学一部分的天命变革理论："苍天已死，黄天当立，岁在甲子，天下大吉"（《后汉书·皇甫嵩朱俊列传》），即汉政权赤色的火德气数将尽，甲子之年（公元184年），代表土德以黄为服巾的起义军将取而代之。张角将各地的太平道教徒组织起来，全国共分三十六方，"大方万余人，小方六七千，各立渠帅"（《后汉书·皇甫嵩朱俊列传》），相约184年3月发动起义。

之后，张角内部有人叛变告密，多次潜入洛阳、联络中常侍封谞、徐奉等为内应的大方首领马元义被捕，并被朝廷下令车裂。张角没有实现一举攻击中枢的计划，仓促之间，在全国提前发动起义，一时天下响应。

汉灵帝先后命卢植、皇甫嵩和朱俊等士人将军进讨，又忧心党人和黄巾军合流，不得不接受卢植建议，下令大赦党人，以笼络和动员士大夫势力参加平乱。数月后张角病死，黄巾军主力被击溃，但各地民变四起，黄巾军余部始终无法肃清。在西北对羌作战前线，韩遂等将领背叛朝廷。包括曹操、刘备和孙坚等大批士族或者豪杰，在积极镇压黄巾起义的过程中，实际上壮大了自己的势力。

公元188年，皇族刘焉向灵帝建议，改巡视、监察性质的刺史为州牧，即在郡县之上新设州一级的行政单位，以朝廷重臣出任首长，授予地方军政实权，以应付愈来愈严重的治安危机。汉灵帝表示同意，推翻了光武帝郡县不置武装的制度安排，渐次酿成地方势力的割据局面。东汉政权运营系统的价值忠诚、皇帝权威、组织控制和资源动员的能力，都遭受到严重的创伤。

公元189年，33岁的汉灵帝去世，何后所生长子即帝位。何太后临朝，其兄大将军何进辅政。灵帝其实属意王美人所生次子刘协，去世前将其托付宦官蹇硕。何进联合司隶校尉袁绍杀蹇硕，计划消灭整个宦官势力，但未获何太后首肯。之后，何进密召边将董卓进京助威。宫中宦官反扑，诛杀何进。袁绍等率党人军队屠灭宦官二千余人，宦官势力被一扫而尽。董卓带兵进京后，废除刘辩、毒杀何太后，改立刘协为帝，是为汉献帝。袁绍等十八地方首长起兵讨伐董卓，虽未获成功，但中央集权的统治实际崩溃。地方军政势力拥兵自重，互相争夺地盘。董卓西迁长安后，为司徒王允所设计，为部将吕布所杀，汉献帝等朝臣一度被军阀控制。

公元196年，献帝返回残败的洛阳，不久被曹操迎至许昌。曹操以大将军、丞相等名义，挟天子而令诸侯，成为东汉政权事实上的主宰。他击败了袁绍等多个割据势力，逐步统一了北方。公元208年，赤壁大战发生。曹操大军为刘备、孙权联军所败，天下遂演变成魏、蜀汉和东吴三个独立的皇权运营系统。

矫激也是系统崩溃的原因之一

帝制时期国家治理体系若要趋于稳定，最高统治者的寿命、健康和心智是决定性因素。西汉政权高祖、武帝堪称高寿，惠帝、昭帝、哀帝、平帝等早逝，分别由吕后、霍光、王莽代行皇帝职权，文帝、景帝、宣帝、元帝和成帝平均活至45岁，尚能履行皇帝的职责。东汉政权除光武帝、明帝及末代的献帝，最长寿的汉桓帝仅36岁辞世。皇帝多以婴幼继位，或从外藩子弟中选择，皇太后不得不临朝称制，依赖外戚势力治国，小皇帝成年后，又借助宦官势力从外戚手中夺回权力。由于小皇帝通常不是太后所生，因此亲政的过程充满了阴谋和血腥。桓帝、灵帝等外藩儿时没有接受过完整的帝王教育，也没有平民精英的江湖历练，见识浅薄、才具有限，缺乏深刻理解运营系统价值观和方法论的智慧，片面重用宦官而激起士大夫势力强烈反弹，动摇了东汉政权的根基。

东汉自光武帝开国提倡儒学，儒生、文吏逐渐合流，士大夫政治定型。组织体制内察举、征辟选官的方向，逐渐注重门第，而聚焦于世家大族。加之当时社会上，私人讲经盛行，推荐者、授业者和被推荐者、被授业者之间累积私恩关系，以致一些累世的公卿士族"门生、故吏遍于天下"（《后汉书·袁绍刘表列传》），形成朝野内外相当强大的势力，控制了舆论的导向。在皇权衰落、社会宽松的大环境中，名士党人以儒家的理念、气节相互激励，有时不惜采取激烈的手段冲撞皇权，吕思勉先生称之为"矫激"[1]。矫激虽然有维护社会正义理想的一面，但也暗藏了自身对政治、经济利益的种种诉求，特别是所谓名望的积累。对于东汉政权运营系统的修正和改善，其实并无过多实际的帮助，相反构成了对君主专制、中央集权统治策略的威胁。

---

1 张国刚:《资治通鉴启示录》(上)，北京：中华书局，2019年版，第154页。

本章小结

自秦始皇将君主专制、中央集权和郡县制的法家统治方法论推广至天下被武力征服的地区，历经秦亡汉兴，黄老的道家思想一度居于统治地位，至汉武帝时期，始将儒学天命、伦理的大一统价值观结合，第一次形成帝制治理平衡和可持续发展的体系。做个不太恰当的比喻，黄老学说类似低税收、低福利的小政府大社会理念，儒家学说类似高税收、高福利的大政府理念，而法家学说被改造后类似高税收、低福利的强政府实践，是高度集权的国家至上主义行为。黄老理论不适合大一统帝国长远的运营，法家理论作为一种统治术，不可能成为凝聚全民精神理念的核心价值。经过儒家理论的包装，以及儒生进入统治集团，最高统治者营造出价值合法性的制高点，但这并不改变运营系统统治策略暴力压迫的实质。

经历了秦灭六国、天下反秦和楚汉争霸等大规模战争，先秦时期一脉相传的旧有贵族势力被一扫而空。汉高祖以宗室、功臣势力作为组织体制主体，逐步形成了利益集团阶层固化。随后，汉景帝平定宗室势力的"七国之乱"，汉武帝大量清洗世袭的宗室、功臣势力，儒生进入组织体制，结合原有文法吏势力，成为最高统治者更为得心应手的专制工具。东汉时代崇儒习经之风盛行，世家大族、士族门阀形成，实际构建起皇权之外的价值高地，又演变为新的阶层和利益集团。西汉皇帝重用外戚势力，东汉皇帝既用外戚势力，又用宦官势力，未尝不透露着君权缺乏安全的无奈。汉武帝设立内廷以削弱外朝官僚势力的做法，被光武帝刘秀全盘吸取，后成为最高统治者变革组织体制机构的手段，形成高度维护君权的基本模式。

秦汉帝国时代实行征兵制，国家采用编户齐民的制度，进行人力、财力和物力资源的动员。西汉政权把强迁关东豪强到皇帝陵邑居住作为国策，东汉光武帝发布严厉的"度田令"，都是出自中央政权资源控制的考虑。

以君主专制、中央集权为统治策略的治理体系，存在着国家安危系于皇帝一身的结构风险。一旦皇帝幼弱或能力缺陷，造成君权旁落和空缺，统治集团内外各种力量即可能失衡。儒家的天命转移理论及图谶学说，被外戚势力王莽利用，演变为改朝换代的依据和动能，意外地造成汉政权运营系统中断。这是治理体系形成的早期阶段，最高统治者不善于驾驭理论武器所致。

东汉政权晚期，桓帝、灵帝虽然昏庸，但是并不特别残暴，政治气氛仍然相对宽松。士大夫势力和外戚、宦官势力严重冲突，进而影响到社会的稳定。儒家的名士党人片面以价值观维护者自居，民间力量乘机引入宗教进行反体制动员，地方军政集团坐大，破坏了中央集权郡县制的根基。这些都和最高统治者缺乏控制力有关。而在另一方面，儒家价值、儒生士大夫被统治者引入运营系统，竟然在一定条件下异化为对立的力量，成为秦汉第一帝国运营系统崩溃的原因之一，这不能不令人掩卷长思。

第 二 章

魏晋南北朝大分裂时期，是国家治理体系重构的阶段。魏晋统治者以重建大一统秩序为己任，通过九品中正制保证士族的地位，但士族内心却不认可得位不正的皇权，进而怀疑儒家价值，脱儒入玄，至东晋时代，演变为与君主共治的士族专政特殊的统治策略形式。南朝各代虽然重振了君主专制权威，但武人一再上演暴力夺权大戏，不可能形成价值观和方法论平衡的运营系统。北方少数民族以武力重建天命皇权，反而没有历史的包袱。北魏政权的系列制度改革和汉化政策，以及西魏政权关中本位价值与府兵制改革，奠定了重建大一统政权的资源动员能力基础。

重构：
魏晋南北朝大分裂阶段

魏晋南北朝大分裂时代，是帝制治理体系从瓦解到整合、重构的时期。中央集权的统治，被分割为两个、三个以至多个独立的互不隶属的皇权系统。其中三国、两晋和南朝，是秦汉第一帝国的继承和延续，而主要由北方少数民族建立的十六国和北朝，则孕育了隋唐第二帝国的诞生。曹氏父子、司马氏家族等人，无不以效法两汉政权、重建大一统的运营系统为己任，但是，胜者为王、武力至上的暴力逻辑，不符合已经根深蒂固的皇权天命所系的儒家价值。魏晋政权无法重建核心价值、政权品牌和最高统治者三位一体的忠诚体系，从而实现大一统帝国治理的复兴。宗亲、权臣和曾经归顺的少数民族等体制内外各种力量，随时加入最高权力的争夺。汉民族各代统治者无法摆脱系统频繁更迭的宿命，陷入了兄弟父子相残、权臣篡位的恶性循环。北方匈奴、羯、鲜卑、氐和羌等少数民族，陆续建立多个并不稳定的割据政权，在民族仇杀、生灵涂炭的血泊中，艰难地探索如何产生新兴的天授君权。

曹魏政权代汉后，推出九品中正制的选官方式，确认了士族在组织体制中的地位。司马氏晋政权继之代魏，皇帝天命所系的光环散失。士大夫政治演变而出的士族势力，内心不认可正当性不足的皇权，进而脱儒入玄、以清谈为荣。建康重启的东晋运营系统，是以衣冠南渡的帝室、部分士族门阀共治为统治策略的弱势政权，实际被士族门阀轮流专政和控制。刘宋代晋，以及齐、梁、陈相继崛起，重新振兴了南朝最高统治者的皇权，但军方强人效法魏晋禅让故事，弑杀旧主，无法建立起价值观和方法论平衡的运营系统。

东晋、南朝政权的困境在于：登上大位者以保卫中华正统、恢复中原为号召，北方汉族民众将北伐军队视为王师，可是南方士族却放弃了以儒家思想为核心的价值高地。两晋和南朝统治者为了保证组织体制的忠诚，或恢复以郡为国的宗室分封制，或任命宗室亲王都督各军事要镇，不仅分割了国家的资源，还造成皇室内部自相残杀。新起的军方强人乘机取而代之。尽管东晋南朝的统治者实行过侨州郡、土断及给客制度等公共政策，以增加作为赋役对象的编户齐民数量，但总体来说，士族豪强保持着相当的依附人口，极大制约了国家的资源动员能力。宋武帝刘裕颇具雄才，一度收复洛阳和长安；梁武帝萧衍崇尚文治，号称江左最盛。最终，二人皆无法奠定治理体系长远和稳定的根基。南方政权没有能力重新统一中原，也逐步失去了源自秦汉帝国汉民族一脉相传的正统意义。

部分在北方占据统治地位的少数民族，以军

功贵族、全族皆兵的国人武装作为组织体制的核心力量，通过武力征服的手段，对其他民族进行压迫性管理，支撑起本民族君主军事专制的统治策略，但是，却无力建设起多民族共同价值的治理体系。前秦苻坚遵奉汉民族儒家思想为核心价值，探索少数民族主导多民族国家运营系统的尝试，仍然难以迅速获得各民族内心的忠诚。

北魏鲜卑族政权连续推出官员俸禄制度、府兵制度，以及均田制、租调制和三长制改革，为北朝政权统一天下奠定了物质和人力资源的基础。虽然孝文帝一些过于激进的汉化措施，未能顾及边镇鲜卑将士的需求，造成后来北魏运营系统分裂，但孕育于胡汉杂糅的关陇军政集团，发展出关中本位的价值，以及具有极强的兵府合一的资源能员能力，先后影响西魏、北周、隋和唐四朝建国。诚如陈寅恪先生所言，北魏"盖取塞外野蛮精悍之血，注入中原文化颓废之躯，旧染既除，新机重启，扩大恢张，遂能别创空前之世局"[1]，将大历史推向了帝制治理新的阶段。

1　陈寅恪：《金明馆丛稿二编》，上海：上海古籍出版社，1980年版，第303页。

第 一 节

曹操、魏文帝的三国时代

魏文帝曹丕是帝制时期第一位通过禅让革命，成功实现运营系统品牌转换的皇帝。曹丕追尊父亲曹操为太祖武皇帝，曹操是死后被儿子封为皇帝的第一人。曹魏政权建立，脱胎于东汉末运营系统的溃败。从党锢之祸到董卓进京，忠于儒家价值、汉政权和皇帝本人的三合一信仰系统崩溃，各地呈现碎片化割据。曹操以法家的严刑峻法，力图振作统治者的权威，把唯才是举、"明达法理"作为进入组织体制的依据。这些是对东汉后期政治松弛、用人注重门第的虚誉风气的纠正。然而，曹操虽然扫平群雄，恢复了北方地区的秩序，却无法凝聚新的价值共识，从而重建具有全新品牌的皇权运营系统。曹丕正式立国称帝后，复太学、修孔庙和兴儒学，倡导儒家教化，以此为统治的核心价值。他确立的九品中正制选官制度，既是将用人权收归中央政权，也是对服膺儒教的士族地位的认可。

曹丕赞同汉文帝刘恒与民休息、以德化民的执政理念，从总结汉政权运营得失的政治正确出发，严格防范宗室、外戚和宦官等势力对于皇权的威胁，但是，始终未能迅速重塑天下士人共同忠诚的信仰。曹魏政权不仅无力统一南方蜀汉、东吴控制的区域，而且仅过二十余年，即发生最高统治者的继承危机。辅政大臣司马懿乘机发动了夺权政变。

曹操的困局

曹操的父亲曹嵩，为宦官曹腾之养子。阉人养子之后是曹操入仕后难以抹去的污名。曹操早年任洛阳北部尉时，棒杀违反宵禁令的宦官蹇硕之叔父，策划暗杀中常侍张让，上书为陈蕃、窦武等人鸣冤，都意在和宦官势力划清界限。可惜无论是上述行为，还是任济南相时励精图治，或是朝廷征召他当东郡太守、模仿名士挂冠求去的作派，都仍然得不到士族党人内心的认同。

袁绍、公孙瓒和刘表等士族、名士割据一方，不敢再受命另启新的运营系统，也不愿继续忠于被挟持的东汉献帝政权，实际上是对天下危局束手无解。曹操迎献帝至许昌，以东汉政权正统的名义平定各地，先后击败袁术、吕布、张杨、眭固和张绣等势力，在官渡之战中，一举击败袁绍军政集团，北征乌桓、南伐荆襄、西讨凉州，虽在赤壁大战中，败于孙权和刘备的联军，但是，基本重建了北方中国的治理秩序。

在统一战争的政治实践中，曹操为了处理组织体制内人力资源不足的状况，三次下达求才令。以为有德者未必有才，而有才者，或负不仁不孝、贪诈的污名。曹操所标明的唯才是举政策，并不是以道德作为标准的，以名节、德行为核心的儒教征辟选官制度一定程度上被废除。陈寅恪先生甚至判断，曹魏是得到部分豪族士大夫支持的法家寒族政权。[1]曹操任兖州刺史时，诛杀名士边让，曾引起陈宫、张邈等当地士大夫起兵反抗，曹操诛杀孔子二十世孙名士孔融，更激发天下士人对他可能篡汉的警惕和

1　万绳楠整理:《陈寅恪魏晋南北朝史讲演录》，贵阳：贵州人民出版社，2007年版，第9—11页。

批判。曹操的这些行为，或许是源于他非士族出身心理自卑的报复，或许是他从中央集权的统治策略出发，强悍打击日益兴盛的世家豪族势力。《三国志·魏书·武帝纪》记载，曹操"揽申、商之法术，该韩、白之奇策"，奉行重刑明典的法家治理策略，即汉宣帝言汉家制度"以霸王道杂之"（《汉书·元帝纪》）中的霸道方法论。

东汉政权晚期连年战乱，土地大量荒芜、人口锐减。曹操同样以法家的农战思维，解决国家物力、财力资源严重缺乏的困境。即政府大规模推行屯田制度，直接把农业劳动者组织起来，置于独立的郡县系统外的屯田官员管理之下。屯田包括民屯和军屯两种，屯田客、屯田士兵相当于国家的佃客，屯田地区遍及政权所控制各地。国家每年所获的粮食，源源不断地从那里提供给前线作战的军队。

公元200年、214年，曹操两次和汉献帝身边近臣亲属发生冲突。参与倒曹行动的车骑将军董承等多位大臣，除刘备事先出走外，均被族灭。怀孕的献帝妃董贵人、伏皇后和她所生两位王子，以及伏后之父伏完等宗族数百人，全遭杀害。

曹操长期担任东汉政权的丞相，兼领冀州牧。公元216年，曹操被封为魏公，以邺为都，公然立宗庙而祭社稷。公元219年，曹操进爵魏王，出入服饰礼仪与天子无异，不仅成为事实上的最高统治者，还相当于自建了和东汉政权并行的运营系统。曹操被封魏公时，远在成都的刘备、许靖和马超等人上书献帝，痛骂曹操"窃执天衡""剥乱天下"（《三国志·蜀书·先主传》），但他并不以为意。曹操称魏王后，孙权上表劝他称帝，曹操却哈哈大笑："是儿欲踞吾着炉上邪。"（《三国志·魏书·武帝纪》）他无法再做忠贞的汉臣，但他也相当清楚，天下士人不可能支持他打着兴汉的旗帜代汉。曹操最信任的首席谋士荀彧，因此忧愤而死。这不仅是曹操个人的困局，而是当时整个时代，价值观和方法论严重背离后形成的死结。

九品中正制与曹丕代汉

公元220年，66岁的曹操病逝，魏王世子曹丕继王位。数月后，汉献帝正式下诏禅位，曹丕经过三次辞让的程序后接受，登受禅台改朝称帝，完成了汉魏政权运营系统的历史性转换。曹丕任魏王改朝换代前，即接受了尚书令陈群的意见，实行九品中正制的选官制度。这是继汉武帝推出察举制后，帝制时期治理体系组织体制的重大变革，是士大夫政治进化从量变到质变的历史性事件。

光武帝之后，东汉政权将学儒习经作为进入组织体制的必要条件，朝廷选官又以地方推荐为主，社会上逐步出现世代读书做官的家族。而且，这些家族父子侄孙、门生故吏相传，形成相当庞大的关系网络，从掌握教育、学术资源，进而掌握政治、经济资源，至东汉末中央政权解体时，已经控制了部分的军事资源。士大夫势力部分演变为世袭的士族势力，等同于形成了新的贵族豪强力量。袁绍的家族，以及后起的司马懿家族等，即为其中的典型。士族势力还和名士、太学生等交叉结合，通过形成清议，控制社会的舆论导向，进而在君权暗弱的情况下，控制了运营系统儒家价值观的解释权。

九品中正制保障了中央政权对于选官的话语权，即各州需要推选在中央任职的本籍士人。设大中正一人，大中正再产生各郡小中正，直接负责本籍士人的推举。如此便将名士品评人物的权力收归朝廷。同时，保障士族子弟首先被推举进入组织体制，即根据家世、德行和才能，将士人分为从上上到下下共九品。士族多评为上品，寒族或庶族子弟一般只能三品以下。易中天教授认为，曹丕是将九品中正制，作为换取士族支持他称帝的筹码。[1]但是，对于以守护价值自许的士族而言，仅凭实际利益的输送，难以真正改变多数人内心固有的观念。

作为文采卓越的建安才子之一，魏文帝很在意士人的评说。他自称"以著述为务"，乐于与士人为伍，并说自己"托士人之末列，曾受教于君子"（《三国志·魏书·文帝纪》）。曹丕称帝后，下令重修孔庙、恢复太学，都是崇儒的题中应有之义。他相当仰慕汉文帝刘恒，欣赏他儒家仁君的德治思维。《三国志·魏书·文帝纪》中记载，"尉佗称帝，孝文抚以恩德，吴王不朝，锡之几杖以抚其意，而天下赖安"，魏文帝对此相当感佩。他执政七年间，和东吴、蜀汉的战争规模都不大，并没有利用孙、刘夷陵大战趁火打劫，仅接受孙权形式上的称臣。

对于两汉运营系统四百余年间的弊端，诸如宗室、外戚和宦官等势力威胁皇权，魏文帝制定各种集权措施预加防范。出于曹植曾和他争夺储位的原因，文帝尤其敏感宗室诸侯结党联络，下诏"诸侯不朝之令"，即不允许曹氏兄弟随便进入京师洛阳。宗室表面上拥有自己的封地，其实遭受监视，等同于软禁。文学才情高于文帝的曹植，先后被贬为安乡侯、鄄城侯、鄄城王和雍丘王，不断改迁封地、居无定所，即使到文帝之子魏明帝曹叡时

1　易中天:《品三国》（下），上海：上海文艺出版
　社，2007年版，第58页。

期，情况仍无根本改善。

蜀汉、东吴集团另建皇权的尝试

公元221年，魏文帝曹丕改朝换代的第二年，远在成都的刘备即皇帝位，宣布重建汉政权运营系统，历史上称为蜀汉政权。天下出现了两位皇帝并存的局面。刘备比曹操小6岁，与曹操是同一代人，并不是士族或名士，但他是皇族宗室后裔，又是士族将军卢植的学生。刘备长期没有固定的根据地，辗转投奔公孙瓒、袁绍、曹操和刘表等势力，但他号召兴复汉室不遗余力，以仁厚待民、讲究信义著称，颇受名士清议的社会舆论好评。东汉献帝政权被曹操集团绑架后，部分反曹拥汉士人以为，刘备或许是继光武帝后，实现再受命的理想人选。诸葛亮设计的"跨有荆益"以图天下的战略目标如果实现，儒家理想、君主集权和汉室品牌或能再完美合一，国家治理体系无法重建的困局就迎刃而解了。

赤壁大战后十余年间，刘备军政集团一度蒸蒸日上，不仅占有大部分荆州，还西入益州，继而攻下汉中、上庸等地。公元219年，马超、许靖等列名为首的一百二十余位官员上书汉献帝，宣布刘备自行进位为汉中王。随后，镇守荆州的关羽军团北上攻击曹操军队，孙权乘机派军背后偷袭，关羽败走麦城被害，蜀汉政权尽失荆州。刘备称帝后，不听群臣劝阻，执意率军伐吴复仇，结果造成夷陵之战惨败，极大消耗了蜀中的人力物力资源。公元223年，刘备托孤丞相诸葛亮，病逝永安城。

诸葛亮年长魏文帝曹丕6岁，同为三国世代中的第二代人。

刘备临终前，曾对诸葛亮言，"君才十倍曹丕，必能安国，终定大事"（《三国志·蜀书·诸葛亮传》）。实际上，后来诸葛亮没能和曹丕在战场直接对垒，而在治理内政的统治策略上，诸葛亮和曹操注重法治而非礼治的模式更为接近。刘备去世前，叮嘱刘禅"闲暇历观诸子及《六韬》《商君书》，益人意智"（《三国志·蜀书·先主传注》）。诸葛亮为刘禅手写《申》《韩》《管子》和《六韬》诸书。[1]由此可见，在加强集权、解决弛世宽纵之风的方法论上，刘备、诸葛亮和曹操之间并无根本的不同。诸葛亮入蜀，即和同僚制定《蜀科》法典。代行最高统治者权力后，他强调廉政、效率和节俭，依法治理雷厉风行，以荆州客籍团队为组织体制核心，结合部分原刘璋东州籍旧部及蜀籍人士，对于当地豪强势力有所抑制，治绩得到众口称赞。受过处分甚至获罪者，仍多敬佩他执法公平、赏罚分明和以身作则。

公元227年，诸葛亮向后主刘禅上《出师表》，再度剖明兴复汉室、还于旧都的心迹，并率十万大军讨伐曹魏。当时蜀中总人口不到百万，七年中五次兴兵，资源动员已至极限。诸葛亮明知不可为而为之，风尘仆仆事无巨细，深恐他人不如自己尽心，最后病逝在五丈原军营中。这不但是报答刘备知遇之恩的方式，更是当时士大夫中最有理想的分子对于儒教兴国、尊重士人的汉政权最后的缅怀。

公元229年，孙权在武昌即皇帝位，自建吴政权运营系统，当年都迁至建业，建业即后来的建康，史称东吴政权。天下共有三位皇帝并存。孙权比诸葛亮小1岁，比魏文帝曹丕大5岁，虽

1　田余庆:《秦汉魏晋史探微》，北京：中华书局，
　　1993年版，第243页。

属三国世代第二代，却和第一代曹操、刘备齐名。孙权还相当长寿，公元252年，他71岁去世时，曹魏政权已经被司马氏家族实际控制。相较于曹操"挟天子而令诸侯"（《三国志·蜀书·诸葛亮传》），刘备"兴复汉室还于旧都"（《出师表》），孙权保境安民的价值动员相对薄弱很多。从一方的割据势力，演变为鼎足的皇权系统，他不得不争取江东士族大姓充分的合作。

孙权承袭父兄之事业。其兄孙策率淮泗旧部袭取江东，驱逐东汉政权任命的官员甚至杀害之，获得江东基业的合法性存疑。曹操大军压境前夕，将领周瑜、鲁肃、吕蒙和黄盖等人主战，而南渡士人及江东士族等文臣主张归顺，其实是士大夫们仍将曹操视为东汉政权的正统之故。田余庆先生以为，江东大族发育成熟程度虽不能与中原世家相比，却比见于《华阳国志》的巴蜀大族要高得多。[1]尽管赤壁大战、夷陵大战的胜利，已经从资源上奠定了建立吴政权品牌的基础，但组织体制的江东本土化仍有过程。孙权南抚山越、北拒中原，一会儿联曹抗刘，向魏文帝称臣接受吴王封号；一会儿恢复联刘抗曹，和诸葛亮达成东西两帝并称的妥协。他将都城迁至建业，一个重要的考虑，即建业距离吴地较近，方便依靠顾、陆、朱、张等当地大族。孙权分别以顾雍、陆逊为文武大臣之首，开启了东吴政权的帝制新时代。

司马懿控制曹魏运营系统

公元226年，年仅40岁的魏文帝去世，生前任命曹休、曹

1　田余庆:《秦汉魏晋史探微》，北京：中华书局，1993年版，第294页。

真、司马懿和陈群等，为辅佐太子的大臣。魏明帝曹叡坚持乾纲独断、政由己出，借由战事将曹休、曹真和司马懿调往前线拒敌，减少重臣对中央施政的干预，却意外成就了司马懿杰出军事统帅的形象。魏文帝、明帝统治时期，严防宗室、外戚、宦官和功臣武将等一切可能构成威胁的势力，仅以极少数秘书性质的内廷中书，协助皇帝亲政治理。明帝后期，对于过度抑制宗室的策略有所调整，叔父燕王曹宇两度被召入朝参政。公元239年，36岁的明帝病危，将养子齐王曹芳立为太子，欲以曹宇等曹氏家族成员辅政，但在中书刘放、孙资劝说下，改由曹爽、司马懿共同辅政。

司马懿出自历代汉官的士族大家，曹操时被强行征辟入仕。后在曹丕、曹植兄弟争嫡中立场正确，受到文帝重用进入辅政大臣之列。明帝时期，司马懿屡拒蜀汉政权诸葛亮进攻，消灭割据辽东的公孙渊势力。少帝曹芳时，他又击退东吴军队北犯，开广漕渠而兴淮南北屯田。司马懿在和曹爽的权力斗争中一度处于下风，长期装病在家不问政事。公元249年，曹爽等陪同少帝曹芳出城，谒明帝高平陵。司马懿联络部分大臣，以私养的三千死士为骨干，用皇太后名义发动政变，先逼迫曹爽去职，不久夷灭曹爽及附庸名士何晏、邓飏、丁谧、李胜和桓范等人三族。《三国志·魏书·王凌传注》中记载："同日斩戮，名士减半。"司马懿和他的儿子司马师、司马昭，逐步控制魏政权运营系统，为新的一轮禅让、转换品牌做好准备。

价值观、方法论的严重扭曲

曹魏政权代汉成功，没有改变挟天子而令诸侯造成的价值观和方法论的扭曲。以统治策略而言，曹氏父子已完全掌控东汉献帝政权运营系统，改朝换代名实相符，有利于名正言顺塑造最高统治者君主专制的权威。但是，进入价值信仰的深层认知，光武帝后儒家思想深入人心，重名节知廉耻，特别是发生过王莽篡汉失败的先例，无论是士族还是寒族或庶族，多数士大夫不易接受汉政权品牌的消失，这也是曹操二十余年"畏名义而自抑"（《资治通鉴·汉纪六十》）不敢篡汉的根本原因。

曹丕刻意仿效儒家仁君所言所行，积极争取士族、名士等士大夫势力支持，但无法建立起儒家价值、皇帝和魏政权共融的凝聚性力量。如果假以时日，文帝、明帝更长寿些，魏政权可能会完成统一、通过瓶颈。而当魏政权组织体制中的主要势力，都未能将对于皇帝个人的忠诚，转化为对于魏政权品牌的忠诚，一旦出现君主幼弱，魏政权运营系统短暂的命运就已经注定。蜀汉政权治理区域相对贫弱，后主刘禅政治才具有限，诸葛亮逝世后仍保持三十余年的稳定和清明，运营系统价值和策略的统一是重要的因素。三国政权中，东吴治理水准最差而系统维持最久，应该受益于江东士族大姓保据一方的价值占了上风，和皇权结合成利益共同体，开启了帝制时期南方六朝自成系统之先。

晋武帝：统一还是崩溃

晋武帝司马炎是继秦始皇、汉高祖和光武帝后，帝制时期第四位统一中国的皇帝，但他又打开了加剧崩溃的分裂之门。司马炎承继祖父司马懿、伯父司马师和父亲司马昭之遗业，最终完成了晋政权运营系统的品牌确立，是士族政治成型、组织体制出现阶级固化时期的最高统治者。晋政权高调推崇儒教礼乐、以孝治国，并以此作为社会的价值及组织体制的取才标准。晋武帝时期推出的法律和政策，包括颁布宽刑的儒家化《泰始律》，废屯田、还田于农，罢州郡领兵、减轻兵役等，都一定程度满足了民众的需求。但是，汉魏易代不到五十年，又一次以禅让名义血腥篡政，极大伤害了儒教信仰作为大一统国家意识形态的核心地位。士族名士进一步转向道家玄学，从品评人物的清议，改变为形而上意义的清谈。

晋武帝给予官僚士族占有人口、免除徭役的特权，以换取政治上的拥戴和支持，客观上助长了士族势力坐大。他在统治策略上，恢复以郡为国的宗室分封制，以皇族外藩拱卫中央，晚年更任命藩王都督军事，有意扶持宗族势力，以平衡外戚势力扩张。从他身后的历史进程来看，这些制度或政策措施，不仅没有起到巩固中央集权、君主专制的效果，相反一旦选立了统驭能力不足的接班人，相互制衡的势力迅速演变为相互厮杀。被压制的各少数民族集团乘乱而起，运营治理系统中断，大混乱、大动荡的局面就不可收拾了。

魏晋组织体制高度重合

从高平陵政变到司马炎正式建国，十六年间，司马氏家族代魏的过程暗流汹涌。公元251年、254年和257年，邻近东吴政权的淮南前线，先后三次发生大规模武装叛乱。司马懿、司马师和司马昭分别亲往前线督军镇压。公元254年，中书令李丰、皇后的父亲张缉等试图拥立太常夏侯玄辅政，李丰、夏侯玄皆为当时名士，夏侯玄还是玄学领袖级人物。司马师将所有参与者诛灭三族，不仅废除张皇后，还以太后名义迫令少帝曹芳退位，另立魏明帝侄高贵乡公曹髦为帝。公元260年，不甘傀儡地位的曹髦率少数亲随出发攻击司马昭府第，被贾充指使武人成济当街杀死。这种公然的弑君行为，极大地冲击了儒家价值的伦理底线。

公元263年，司马昭派遣钟会、邓艾率军进攻蜀汉政权，后主刘禅投降。钟会、邓艾二士争功，引发钟会联合蜀汉大将军姜维反叛。《三国志·蜀书·姜维传》中记载，作为司马昭通家之好及亲信，钟会竟然认为，"以伯约（姜维）比中土名士，公休（诸葛诞）、太初（夏侯玄）不能胜也"，内心其实相当赞赏姜维、夏侯玄和诸葛诞等人。诸葛诞为第三次淮南反叛主谋，钟会当年是平定诸葛诞的首要功臣[1]，可见当时士人的信仰危机和人格分裂。司马昭受封晋王后，突然去世。公元265年，世子司马炎以接受魏元帝曹奂禅让的方式，更改品牌创建晋政权，是为晋武帝。

---

1 仇鹿鸣：《魏晋之际的政治权力与家族网络》，上
　海：上海古籍出版社，2015年版，第146页。

晋政权运营系统脱胎于曹魏政权，组织体制中官僚士族势力具有高度的重叠性。司马氏家族累世儒门，司马懿30岁参加曹操军政集团，父子孙三代五十余年，以联姻、世交等方式形成庞大关系网络。除了肉体消灭少数公开的反对者，司马氏父子更多以政治笼络的手段，和士族大家、清流名士形成利益共同体。晋政权运营系统构建的过程，其实是充分动员魏臣转变为晋臣的过程。士族入仕并不仅凭借世袭的政治制度，而是多通过九品中正制推选、征辟等方式进入，魏晋之际二代、三代为官现象普遍，从而垄断国家政治资源。这和西汉政权初期布衣将相团队、东汉政权初期儒生功臣团队不可等量齐观。钱穆先生评论它，"其时佐命功臣，一样从几个贵族官僚家庭出身，并不曾呼吸到民间的新空气。故晋室只是一个腐败老朽的官僚集团，与特起民间的新政权不同"[1]，是组织体制的自我封闭和衰变退化。

优容功臣、士族和宗室

晋武帝以优容功臣著称，允许前刘汉宗室、曹魏宗室及原蜀汉政权人士任官。曹植之子曹志被任命为乐平郡太守，诸葛亮之孙诸葛京被任命为江州刺史，甚至对被杀害的反对派后代，晋武帝仍力图修补关系。发动淮南叛乱的诸葛诞将其女嫁给司马懿之子司马伷，武帝亲往诸葛太妃处，劝说诸葛诞之子诸葛靓加入晋政权。但是，对于非士族出身的其他少数高层，晋武帝的重视程度就差了很多。邓艾平定蜀汉后被杀的冤案，平反过程困难重

1　钱穆:《国史大纲》(上)，北京: 商务印书馆，
　　2010年版，第230页。

重，这可能就和朝臣中士族势力的反对有关。

公元268年，晋武帝正式颁布以其年号得名的《泰始律》，自晋王司马昭时期始，历时四年完成晋律修订。《泰始律》体现宽简的原则："减枭、斩、族诛、从坐之条"。第一次将"五服制罪"纳入法典，即在家族内部同罪异罚，亲属相犯以卑犯尊者，处罚重于常人，关系越亲处罚越重；若以尊犯卑，处罚轻于常人，关系越亲处罚越轻。其实，这贯穿了儒家宗法伦理的价值实质。法律中免官、除名和夺爵抵罪的条文，是对士族势力阶级等级的维护。

公元280年，晋武帝派遣大军伐吴，孙皓投降。国家重新归于统一后，晋政权迅速推出两项公共政策，即罢州郡兵与实施户调式。所谓罢州郡兵，指大郡置武吏百人，小郡五十人，其余州郡兵一律归农。国家若遇战事，由出镇长安、许昌等地的都督或洛阳禁军予以应对；所谓户调式，指占田制、课田制等国家土地制度及相应的赋役征收制度。原郡县系统的编户民自耕农，成年男子可占田七十亩，妻占田三十亩。屯田制废除后，原屯田客、屯田士兵，丁男每人可分课田五十亩，妻分课田二十亩，国家改以户为单位收取税赋。日本学者认为，这些政策是晋政权从战时体制转向日常体制，展现了晋武帝理想中的国家形态。[1]

晋武帝批准的户调之式，规定了士族地主依据官品占田的数额，以及荫庇衣食客和佃客数目。其中最低级别九品小官，可占田千亩，是普通民户十倍。晋政权首次承认了世族地主占有附属人口免除租役的特权，但对所占田、客总量做出一定的限制。既

1 〔日〕福原启郎著，陆帅译：《晋武帝司马炎》，
南京：江苏人民出版社，2020年版，第111—
113页。

高度照顾现实政治中士族的利益，同时又是和平仁义、尊卑有序儒家社会的王道。

恢复宗室分封制，是晋武帝最为后世诟病的地方，被认为是从中央集权、郡县制治理的统治策略倒退。实际上，晋武帝总结了曹魏政权运营系统失控的教训，即魏文帝采取"薄骨肉"策略过于抑制宗室势力，以致权臣篡政，宗室亲族无力挺身制止。当时士族势力坐大，超过了曹魏时期，晋武帝有意扶持宗室势力，完全是出于巩固君主专制权威的考虑。公元265年，晋武帝改朝后即分封诸王。以郡为国，食邑二万户为大国，置三军兵力五千人，食邑万户、五千户的次国、小国兵力递减。共分封27人，均为武帝父祖两辈亲族，但诸王多留住京师。晋武帝任命诸王为中央政权高官，诸王子弟以"宗室迁"起家，出任散骑常侍、五校尉等皇家近卫官，相当于九品中正制外另定组织体制选拔规则，形成了晋政权中强大的宗族势力。公元277年，晋武帝大规模调整宗室分封，确立了非皇子不得为王、帝系独大的分封原则。考虑到要求诸王前往封国履任，武帝规定在诸侯王国中由中尉领兵，保证将军权置于国家的控制下。实施类似汉武帝刘彻时的推恩制度，以及王国军队逐代递减制度，防止地方诸王自重。

另外，晋武帝命宗室亲王以将军、都督身份出镇要冲，掌握各区域中心的武装力量。这是不信任外臣，又要维护中央集权直接统治策略的特殊安排。之后，参与"八王之乱"的军力，部分出于此。

脱儒入学、价值崩坍

晋武帝以继承两汉正统自居，试图实现儒学振兴，但是，始终难以恢复意识形态大一统的局面。东汉晚期党锢之祸、曹魏代汉及魏晋巨变，动摇了皇权天命所归的儒教基石。士族名士从两汉经学的考证和研究，转向拥抱自然的玄学，以遵循名教、品评时政人物的清议，发展到抽象玄理的清谈。相较于儒家经学师徒相传的形式，玄学清谈更接近文人沙龙式的探讨。被称为"正始之音""竹林七贤"的玄学小圈子，即是正始年间松散性的团体。

"正始之音"包括何晏、王弼和夏侯玄等魏政权高官名士，家世显赫作风浮华，从"贵无论"到一切都是无的终极思考，直接挑战儒家天人合一的概念。虽然并不直接否定儒家名教，但提出"名教出于自然"的论点，将"自然"置于更高地位。"竹林七贤"中嵇康、阮籍等人，更是提出了"越名教而任自然"（《释私论》）的口号，从"无为君主论"进而到"无君论"，其实是以哲学思辨的路径，强调心灵的自由和解放，否定汉政权儒家世界观的政治论述。

因为现实中对于司马氏家族代魏的态度不同，玄学名士个人的命运也各有不同。"竹林七贤"中，嵇康终被杀害，阮籍抑郁而死，刘伶酗酒度过一生，阮咸以音乐为乐远离官场，向秀应诏做官不做事，山涛、王戎加入了晋政权官至司徒高位。但即使名士入仕朝廷，也多为接受晋政权统治地位的权宜之计，而非内心真正认可天命意义上的皇权。士族官僚以脱儒入玄为时髦，充斥着既居庙堂又思江湖的两面人物。晋武帝无可奈何。

晋政权重新统一天下，国家经济繁荣、人口增长。晋武帝仁政无为的宽松政策，获得了较大成功，但社会上层弥漫起奢侈的风气。晋武帝即位后，曾屡次下诏提倡节俭。在位二十六年间，他没有修建宫殿。《晋书·帝纪第三·武帝》中记载，"太医司马程据献雉头裘，帝以奇技异服典礼所禁，焚之于殿前"，向天下宣示崇尚朴实的决心。然而海内复又承平，仿佛汉代盛世荣景重现，士族官僚、皇亲国戚以炫富纵乐为荣，只谈利益自肥而不讲理想为国。

武帝对于大臣亲贵过分迁就，不仅没有强势制止，而且自身未免陶醉于安逸享乐。晋武帝舅父、后将军王恺和功臣石苞之子、散骑常侍石崇斗富，王恺用麦糖洗锅，石崇就用白蜡当柴烧，王恺做紫丝绫步障四十里，石崇做彩织锦步障五十里，王恺摆开武帝亲赐的二尺高珊瑚，石崇将其击碎，一下子拿出了六七个三尺多高的珊瑚赔偿，令人叹为观止。《晋书·帝纪第三·武帝》记载，晋武帝后宫女子多达万人，他不知选择夜宿何宫，竟乘羊车由羊任意行停决定。一些希望得到宠幸的嫔妃，在门口放上羊爱吃的竹叶和盐，诱使羊车停驻自己宫前。后来嫔妃们纷纷效仿，连羊也无所适从了。物质主义、私欲横流，折射出社会价值观的扭曲和变态。一切从自己出发，而不是从天下出发。晋政权立国二十余年，形成不了核心理念、晋室品牌和最高统治者三位一体的向心力。

弱势接班人与被养大的各方力量

晋武帝选立智商低下的长子司马衷为接班人，是晋政权运营系统在他身后陷入不稳定的直接原因。司马昭承继其兄司马师而壮大家族事业，司马师无子，司马昭将比司马炎小10岁的同母弟司马攸过继之，故司马昭生前一度欲立司马攸为太子。司马炎以长子身份成为最高统治者后，司马攸被封齐王。大部分朝臣认为，司马衷不适合担当大位，而倾心素有贤名的司马攸。晋武帝颇喜欢司马衷伶俐的儿子司马遹，故坚持嫡长子继承制的儒家宗法。皇后杨艳竭力维护儿子司马衷，临终前，泣求武帝迎娶自己堂妹杨芷为后。在强迫齐王司马攸离京之国的纷争中，多数宗室、外戚及朝臣和武帝处于对立状态。

出于保证司马衷未来皇位巩固的考虑，晋武帝升任皇后杨芷父亲杨骏为车骑将军，引入杨氏外戚势力辅政。杨骏逐渐大权独揽，在朝中形成后党专政局面，遂引起病中武帝高度的警惕。在他去世前五个月，再次调整宗室诸王分封，任命叔父汝南王司马亮为大司马、大都督、假黄钺，以宗室长辈身份进入中枢。改封皇子司马柬、司马玮和司马允分别为秦王、楚王和淮南王，分别都督关中、荆州和扬州诸军事。新分封皇子、皇孙八人为王，出镇四方，控制地方军政大权。其中司马遹被分封传说有天子气的广陵，相当于确认其皇太孙地位。[1]通过内外宗室势力重新布局，以达到预防杨骏外戚势力篡权的效果。相比较汉武帝刘彻安排后事时冷酷、杀伐，晋武帝毕竟宅心仁厚。当年太子妃贾南风性妒诡诈，残害太子其他怀孕嫔妃，武帝闻讯大怒欲废之，在杨皇后等人求情下，最后竟轻轻地放过了。

公元290年，晋武帝去世，太子司马衷即位，是为晋惠帝。武帝去世前，杨骏在杨皇后配合下矫诏，令司马亮出镇许昌、督豫州诸军事，又草拟遗诏自封太尉，独领军政大权。公元291年，

1　仇鹿鸣：《魏晋之际的政治权利与家族网络》，上海：上海古籍出版社，2015年版，第276页。

贾后利用对杨骏外戚势力强烈不满的宗室势力，联络部分禁军将领及楚王司马玮等人，诛杀杨骏兄弟三族。杨太后被废为庶人，次年在囚禁中饿死。贾后唆使司马玮杀害汝南王司马亮等重量级元老，反过来指控司马玮矫诏，将其处决。晋政权进入贾后专权的时期。虽然，得益于寒族出身的大臣张华等辅佐，国家尚保持稳定，但晋武帝生前隔代指定的接班人司马遹非贾后所生，双方矛盾愈演愈烈。公元299年，贾后设计废除司马遹太子地位，次年对其加以杀害，激发朝野各种势力极大不满。

武帝叔父、赵王司马伦曾参与杀害司马遹密谋，此时却又乘机举兵诛杀贾后一党，废惠帝而自立。齐王司马冏、成都王司马颖和河间王司马颙发动讨伐，长沙王司马乂响应，随后司马伦被诛，惠帝复位，东海王司马越加入纷争，爆发了长达七年的大规模内战。晋武帝生前，欲使宗室势力、外戚势力和士族功臣势力形成平衡，布置宗室势力镇守重地，拱卫中央集权、君主专制的安全，结果事与愿违。京师洛阳附近沦为焦土，整个北部中国都变成了战场。公元307年，司马越成为"八王之乱"中最后的胜利者，并在惠帝死后，拥立武帝第二十五子司马炽为帝，是为晋怀帝。尽管如此，晋政权运营系统自上而下的组织体制，已经完全失去了指挥能力。

在司马氏内战自残的过程中，以往被压迫的体制外力量乘势而动。汉民族、少数民族流民起义，内迁的各少数民族集团拥兵自立，成为乱世中新兴的政治品牌主体。当时主要的少数民族，是被称作五胡的匈奴、羯、鲜卑、氐和羌等。汉政权强盛时代，将归附各族安置边地，后来他们逐步内扩，与汉人杂居。关中、河北等地胡人已占半数，虽被汉族官吏降为编户，收租赋服徭役，但保留着具有强烈本族认同的部落组织。其中最强大的匈奴族，自汉宣帝时随呼韩邪单于臣服内迁，东汉时代置南单于庭于今山西境内左国城，曹操时将其分为五部，至晋武帝时，塞外匈奴陆续南来，羯族作为匈奴别支随同迁入，势力日盛。曾有大臣建议徙胡族于塞外，武帝不予采纳，但也没有更好的管理方法。

公元301年，巴氐族人李特率先动员入蜀流民起义，之后其子李雄继立攻入成都，建立了史称的成汉政权。公元304年，匈奴贵族刘渊在左国城称汉王叛晋，公元308年，称帝迁都平阳。刘渊以当年汉政权公主和亲匈奴单于为由，自称流淌着汉室的血脉，遵蜀汉后主刘禅为章怀皇帝，将复兴汉室作为起兵另建政权的号召。实质上是要"复呼韩邪之业"，振兴匈奴民族的部落王权。公元310年，刘渊去世，庶子刘聪杀害继位的刘和自立。公元311年，司马越忧惧而死，奴隶出身的羯族大将石勒，围歼太尉王衍所率晋政权主力军队，以及宗室朝臣十余万人。不久，洛阳被陷，怀帝被俘。武帝孙秦王司马邺一度被拥立于长安，是为晋愍帝。公元316年，长安失守，愍帝出降。怀帝、愍帝先后为刘聪所杀，晋政权在北方已不复存在。

一味仁政的陷阱

晋武帝司马炎是守成之主又是开国之君，同时又是造成晋政权运营系统失控的直接责任人。他以恢复秦汉帝国治理体系为目标而不可得，反映出晋政权价值观和方法论结构性矛盾的长期性。司马炎一心恢复儒家礼教治国，但是，享受了特权的士族名士却以玄学清谈为荣。国家的繁荣、富裕和宽松，并没有增强晋政权运营系统的凝聚力，反而助长了宗室、外戚和士族功臣等势力的私欲野心。晋武帝过于注重儒家价值的王道，无论对于组织体制内的权贵，还是被统治的民众，一味封赏、优待和容忍，相当程度上忽视了严刑重典法家霸道的方法论。他在选择接班人及辅政大臣问题上的重大失误，即是这种宽纵思维的延续和实践。虽然他依旧坚持中央集权、君主专制和郡县制的统治策略，但在实施程度上，明显弱于思想、行动高度统一的两汉政权时代。

晋政权的整合和崩溃，是帝制时期大一统国家治理体系遭受的重大挫败。晋武帝得国不正，但治国并未失德，没有过度动员资源、滥施暴政的行为，这是晋政权东迁后系统重启的原因之一。

晋元帝：东晋政权的士族专政

晋元帝司马睿是东晋政权运营系统的重建者。他也是帝制时期中原王朝崩溃后，第一位到南方恢复原有品牌政治实体的最高统治者。置身于民族矛盾空前激烈的大环境，司马睿以抵抗少数民族、维护中华正统为价值号召，接受了士族专政和典兵的现实。以王导为代表的南渡士族势力，历经内部的斗争磨合，以及和江南士族的妥协融合，形成了四五家顶尖的门阀大族，轮流垄断组织体制的最高领导层，从"王与马共天下"的现实政治安排，逐步固定为君主和士族共治天下的东晋政权特殊统治策略。尽管大一统的儒家意识形态遭受主张无为的玄学冲击，中央集权、郡县制治理所能控制的资源被严重瓜分，北伐中原、收复故土，成为野心家取而代之的动员理由，但以司马氏皇室作为国家政权名义上的品牌象征，东晋政权运营系统仍勉强维持一个世纪，成为帝制时期国家治理体系发展过程中，相当特殊的政治形态。

王与马，共天下

司马睿是司马懿曾孙，祖父司马伷为司马懿庶子，司马睿被封琅邪王，和惠帝同辈，但不属于晋武帝司马炎一脉，正常情况下不可能继统大位。司马睿承袭琅邪王位后，参与了"八王之乱"中东海王司马越军政集团的活动。琅邪国内临沂的王氏，为魏晋时代最有名望的士族之一。司马睿和王导、王敦等人，早年即结成较为深厚的关系。公元307年，留守下邳的司马睿偕王导等渡江，出镇建业（后改名建康），掀开了历史新的一页。

当时距离晋政权灭亡东吴仅二十余年，江东士族依然保持相当程度的地域独立性。陈敏等军政集团进军江东，最后仍被挫败，一个重要的原因是这些外来者得不到吴地士人、强宗支持。司马睿过江月余，仍无当地大族拜见，于是王导特别策划了阴历三月三上巳日水边观禊。司马睿端坐华轿，招摇过市，王导、王敦等人皆骑骏马跟随，展现了雍容的王者风范、飘逸的士人之风。正在现场的江东名士顾荣、纪瞻，不由赞叹下拜。王导主动前往礼聘顾荣、贺循入仕，顾、贺接受后转相推荐，纪瞻、周玘等当地名流纷至沓来，表达了对司马睿的拥戴。

王导还积极笼络南渡的北方士族，《晋书·王导传》中记载："洛京倾覆，中州士女避乱江左者十六七。导劝帝收其贤人君子，与之图事。"田余庆先生考证，南来的中原士族名士，多为东海王司马越系[1]，拥护出自同门的司马睿理所当然。其中，前骑都尉桓彝到建康后，深感司马睿孱弱不足以图大事，后见王导，遂感慨江东有管仲而心安。

公元318年，确认了晋愍帝最终遇害的消息，在孤悬北方、坚持抗击匈奴汉国的士族官僚、鲜卑将领联名劝进下，司马睿在建康即皇帝位，是为晋元帝。历史上称为东晋，区别于洛阳时代

1　田余庆:《东晋门阀政治》，北京：北京大学出版社，2012年版，第321—322页。

的西晋政权。晋元帝的东晋政权运营系统的建立，既不同于汉光武帝刘秀聚集武力、扫平群雄，也不同于魏文帝曹丕、晋武帝司马炎承继父祖留下的完整基础，而是南渡侨居、江东在地和坚守北方的各种士族势力共同拥立的结果。登基典礼进行过程中，晋元帝甚至拉起王导的手，要和他一起"升御床共坐"（《晋书·王导传》），还称呼同年的王导为仲父，可见"王与马共天下"之说并非虚言。

晋元帝及东晋政权，作为抗击北方少数民族正统的品牌旗帜，更多地担当各派势力、各大家族等政治联盟共主的角色，而不是中央集权的专制君主。以士族名士为主体，掌握了一定政治、军事和经济资源的各派势力，仍在各自领域扩张利益版图，这不可避免地引发和皇权之间，以及相互之间的矛盾冲突。

士族专政的游戏规则

晋元帝即位之初，王导主持中枢机要，王敦掌握兵权，以荆州刺史坐镇上游武昌，王氏子弟分列朝廷重要岗位。元帝一度"畏而恶之"，转而重用尚书令刁协、丹阳尹刘隗等人，疏远王导，对豪族势力有所抑制。晋元帝下令，恢复扬州诸郡北方流民沦为僮客者的自由身份，极大损害了南北士族荫占流民的特权。他任用刘隗为镇北将军驻守淮阴，东吴后人戴渊为征西将军驻守合肥，将僮客兵分配充实给刘、戴两军，名义上防范北方石勒赵国，实质是对付上游的王敦。公元322年，王敦以清君侧名义起兵，攻下建康，杀害刁协、戴渊等人，刘隗北逃投奔石勒。元帝被迫任命王敦为丞相，总揽大权，不久忧愤而逝。

公元322年，太子司马绍即位，是为晋明帝。远在武昌遥控朝政的王敦再度兴兵，积极准备。明帝和大臣都鉴定策，以流民武装讨伐。王导动员王氏子弟，为病中王敦发丧，以此激励前方将士作战的勇气。随后王敦病死，战争以中央政权胜利而告终。王敦之乱的发生和平定，反映出东晋初期君主和士族共治天下策略演变的过程。王敦第一次起兵针对刘隗、刁协等人，其实得到了王导、庾亮等大部分士族的默许和支持。元帝内心希望恢复前朝君主专制的策略，最终仍然不得不接受和士族共治天下的现实。王敦萌生篡政野心第二次起兵，遭遇包括王导在内的几乎所有士族高门的坚决反对。士族阶层不接受再现皇权专制，也不允许士族中某一家族的独大。

公元325年，年仅27岁的晋明帝去世，5岁的太子司马衍即位，是为晋成帝。庾太后临朝，太后兄庾亮、王导等7人奉遗诏辅政。庾亮出于强化中央集权的考虑，坚持征调流民武装首领苏峻为大司农，目的是夺取其兵权，引发苏峻、祖约叛乱。虽然江州刺史温峤、荆州刺史陶侃等率上游军队平定战乱，但建康宫廷毁于战火，昔日的华都满目疮痍。战后，庾亮自请外镇芜湖，并在陶侃去世后改任荆州刺史，中央政权仍由王导主持。中央政权和上游荆州重镇，分别由不同的门阀家族掌握，这成为君主和士族共治天下策略中的重要规矩。

王导主政推出公共政策产品，以平衡为原则，对于各种政治势力的利益尽量不予触动。东晋政权运营系统从此维持七十余年的稳定。司马氏皇帝自晋明帝始，成帝、康帝（成帝之弟）、穆帝（康帝之子）和哀帝（成帝之子），连续5位皇帝皆以冲龄继位，二十余岁即告不治病亡。客观上，晋政权只能作为某种品牌的意义而存在。士族门阀治理不是世袭政治，和以往权臣称王传子有着根本的不同，即使握有兵权也只是部分和暂时的优势，要实现对中央政权的掌控，必须家族中出现能人领军，必须得到其他家族的认可和赞同。无论是王导家族、庾亮家族还是以后的桓温家族和谢安家族等，莫不遵循这些游戏规则。

资源分割，价值缺失

从某种意义上说，东晋社会以士族阶层为代表的体制外力量强大，中央政权运营系统资源控制和动员能力有限。为了躲避兵灾及民族仇杀，北方汉人大量南逃。谭其骧先生估计，南逃总数约为九十万，占北方总人口的八分之一强。[1] 根据王导提议，东晋政权推行侨寄法政策，在南方士族势力薄弱的地区，设置侨州、侨郡和侨县，例如在兖州南迁人员的聚居地，设立以他们原籍地命名的兖州，在徐州南迁人员的聚居地，同样设立以他们原籍地命名的徐州，不受当地郡县管辖。国家任命侨立州郡县的各级官职，侨人无须负担赋税和徭役。其中士族大户尚有依附性的田客、部曲等，同样享有免除课役的特权。

江东豪门政治上无法同北方士族竞争，在经济利益上斤斤计较。东晋初期，普遍存在着私家佃客隐匿人口，逃避向国家纳税服役的义务。王导采取和稀泥的宽容做法，一般不予追究。余姚县令山遐上任八十天查出私藏人口万余，大豪强虞喜藏匿的人户最多，按律应判死刑，但县中士族都向王导求情，反告山遐种种罪名。结果山遐被撤职，替他申辩的会稽内史何充受到免职处

---

[1] 何兹全:《魏晋南北朝史略》，北京：北京出版社，2018年版，第92页。

分。东晋政权照顾了北方士族民众南迁后的生活，也避免和江东士族发生矛盾冲突，但是，财力资源捉襟见肘，影响军队正常的兵源。

公元321年，晋元帝司马睿推出新给客制度，即允许士族官吏根据官品提高荫占人口的数额，但必须如实申报佃客总量，超出规定的部分变为国家直接控制的人口。同年诏令释放沦为僮客的流民从军，这竟成为南北士族支持王敦谋反的理由，只能中途而废。

东晋政权运营系统的门阀主政者，不得不利用南下的流民帅及流民武装势力作为国家核心的军事资源。洛阳沦陷后陆续南行的流民中，除了举族而来及零星小股势力外，还有一些被称为流民帅的将领或强人，他们招募训练流民，组织起私人性质的武装。流民帅多有和匈奴、羯族军队作战的经历，长期周旋于北方复杂的政治集团斗争之间，为求生存，甚至杀人越货劫富取财。当时晋元帝司马睿、王导等人并不信任他们，禁止他们率部过江，仅给予太守、刺史或将军的名义，将其安置于长江以北、淮河流域。元帝登基前，以子司马绍、司马衷先后镇广陵，扼制南渡通道。以后王导从弟王舒镇广陵，节制流民帅不使南渡，相当严格。[1]大部分流民帅并不出身于士族高门，他们中既有被陈寅恪定义为次等士族的，也有起于寒族行伍的。他们投奔、依附东晋政权，出于抗击少数民族侵袭家园的需要，同时源自个人建功立业、光耀家族的内在动力。这和汉末大动乱期间，士大夫心怀兴复汉室的价值理想颇不相同，是魏晋时代君权无法凝聚人心的

1　田余庆：《东晋门阀政治》，北京：北京大学出版社，2012年版，第48页。

反映。

启用流民武装平定王敦叛乱，起于明帝和曾为流民帅的儒学士族郗鉴共谋，之后经历平定曾同为流民帅的苏峻叛乱的曲折，东晋政权痛定思痛，对于流民、流民帅予以公共政策上的笼络安置。自郗鉴出镇北府京口组织国家的流民武装，经营荆襄上游的庾氏、桓氏家族同样招募流民，整军经武。两支分属不同门阀阵营的流民军队，不仅在反击北方政权的战争中发挥巨大作用，也决定了东晋政权运营系统内部的稳定和演变。

东晋时期，延续了曹魏西晋士族脱儒入玄的趋势，玄学清谈成为士族高门子弟的必修功课。一些儒学世家纷纷改学玄道，钻研清谈的各种技巧，以取得上层社会的通行证，否则，难以成为组织体制中拥有话语权和影响力的人物。王导公务繁忙、日理万机，仍抽出相当的时间用于清谈，含有融合侨居的京洛士族精英和吴地世族豪门的深意。他以衣冠翩翩的名士风采，主持南北士人的清谈盛会。《世说新语·文学》上记载，"丞相自起解帐带麈尾"，选定殷浩作为清谈对手，桓温、谢尚、王濛、王述等门阀子弟均为陪客。王导不禁用"正始之音"形容聚会的景象。

晋武帝司马炎沿袭汉政权的尊儒传统，晋元帝司马睿甚至要求太子司马绍学习申韩的法家之术，显然依旧将儒家价值和法家策略，视作大一统政权和君主专制的黏合剂。追求自然无为及虚誉的老庄玄学，不可能成为国家主流意识形态，它是皇权衰落、门阀政治绑架君主专制理念上的表现。虽然王导、庾亮及后来谢安等当权门阀，尚存玄儒兼学的意识，但是，"遵儒者之教，履道家之言"（《三国志·魏书·徐胡二王传》）的自觉，仅止于儒教齐家治国的内心修养，而不是对晋政权及皇帝天命的忠诚。君主和士族共治天下的统治策略，是以抵抗少数民族侵犯、维护中华正统为共同的价值，从而延伸出谁有能力恢复故土、统一天下，谁就有资格奉天承运称帝的思想逻辑。

东晋政权江左立国前后，即有祖逖中流击楫、恢复中原的北伐壮举。祖逖出身北方士族，洛京倾覆后，率乡党宗族数百家南下避乱，被当作流民帅，先后以徐州刺史和豫州刺史名义，继续招募流民勇士，训练步卒、铸造兵器。北上后，他屡败割据的坞堡武装和石勒后赵军队，收复黄河以南地区。司马睿称帝后，派总督前去牵制，祖逖又闻王敦之乱将起，于是抑郁成疾、发病而死。

桓温解决方案的失败

公元345年，桓彝之子桓温出镇荆州，次年挥师西进灭亡蜀地的成汉政权。东晋政权实际控制区域超越了前东吴、蜀汉区域总和，桓温不仅成为继王导、庾亮后左右政局的新门阀，还以北伐的名义和成果控制资源，达到操纵东晋政权运营系统，进而代之的目标。其时穆帝冲龄、褚太后临朝，元帝幼子会稽王司马昱、殷浩等清谈名士势力执掌中枢，北方后赵政权石勒养子石虎病亡陷入混乱，北伐一时成为士族各派共同的呼声。

公元354年，殷浩北伐失败，被桓温上疏废为庶人。桓温出师北伐攻击氐族前秦军队，一路前进至灞上，临灞水不渡而还。公元356年，桓温再度北上，攻击羌人姚襄军队，进入了沦陷四十余年的故都洛阳，修谒汉晋诸陵，个人声望达到了高峰。公元369年，桓温第三次出师北上，攻击占领洛阳的前燕军队，在枋头为前燕、前秦军队所挫，大败而归。虽然第三次北伐的重大失利，严重损害了桓温代晋称帝的合法性，但是通过战前对徐、豫两州兵权的掌握，他几乎控制了东晋政权所有的军事资源。

公元371年，桓温来到建康，行废立东晋政权天子之事。当时晋穆帝及继之的晋哀帝已经去世，哀帝弟琅邪王司马奕继承帝位已经6年。桓温声称，司马奕不能生育，后宫所生三子可能并非亲生，强迫褚太后下诏将其废除，改立会稽王司马昱为帝，是为简文帝。桓温诛杀废帝三子及嫔妃，族灭庾氏、殷氏等主要政敌，坐镇姑孰遥控朝政，一步步破坏了君主和士族共治天下的东晋政权统治策略。但他制造不出王莽篡汉时，士人儒生拥戴的盛况，以及魏文帝曹丕全盘控制组织体制的形势，作为士族的一分子，桓温终究还要顾及天下的清议和舆评。建康朝中，其他的门阀家族，太原王氏家族的王坦之、王彪之等，以及后起的陈郡谢氏家族的谢安等，都以各种不同方式阻止桓氏独大。

简文帝即位仅八个月即病危。《资治通鉴·晋纪二十五·咸安二年》中记载，遗诏"大司马温依周公居摄故事"，又曰："少子可辅者辅之，如不可，君自取之"。经过侍中王坦之力劝，改为"家国事一禀大司马，如诸葛武侯、王丞相故事"，杜绝了桓温改变晋政权品牌任何可能的正当性。简文帝之子司马曜即位，是为孝武帝。桓温病重，仍想得赐九锡，谢安采取反复修改诏书的拖延手段，致使其终身未能如愿。

桓温去世后，尽管桓氏子弟继续遍布朝野，但谢安、王坦之等门阀相继而起，谢安之侄谢玄招募流民帅势力，组建精锐的北府兵军团，作为拱卫中央政权的武装，君主和士族共治策略得以恢复。公元383年，以北府兵为主体的东晋军队，在淝水击败大举南下的前秦大军，东晋政权度过了自成立后最大的危机。

皇权低落的根本原因

秦汉帝国崩溃后，魏晋时代的最高统治者，力图恢复大一统的帝制治理体系，结果遭遇瓶颈。至东晋元帝司马睿时，君主专制、中央集权的统治策略，让位于君主和士族共治的门阀政权，实际上形成士族专政，这首先是士族力量高涨而皇权低落的内在逻辑结果。士大夫自汉武帝时期始，全面进入组织体制，部分演变为控制相当政治、经济和军事资源的士族阶层。儒家虽无教主的形式，但士大夫们以信仰和先贤为精神共主，认为学理非天子所封，从而取得价值凌驾于皇权的优越感。魏晋帝室得国不正，得不到自以为可解释天命的士大夫阶层的内心认可。晋明帝听取王导关于司马氏创业时，杀害名士及魏帝曹髦的介绍，不禁长叹晋祚不长。简文帝遗诏授权桓温时认为，晋室只是因为好运而得天下，反映出君主本身失去了专制的底气。

其次，北方少数民族政权相继崛起，而尚未形成统一的强权，是君主和士族共治统治策略的外部大环境原因。士族阶层整体上脱儒入玄，儒家思想不再成为凝聚君臣人心的核心理念，反而是大敌当前能够激发出抗击胡族、维护中华正统的共同价值。但是，士族门阀之间相互平衡和制约，促使国家组织体制丧失了君主专制的集权优势，人力、物力和财力资源被严重分割。一旦外部压力暂时解除，或者出现新的强大对立政权，士族联合专政客观上又会引发内争，出现重建君主专制绝对权威的需求。

第 四 节

前秦天王苻坚：大一统的失败尝试

前秦政权天王苻坚，是帝制时期第一位以少数民族身份统一北方的最高统治者，一度创造了五胡十六国时代尚称完备的治理体系，但他的实验最终并未成功。苻坚试图改革军功贵族部落联盟统治的模式，以汉民族儒家思想作为多民族国家的核心价值，建立氐族皇权专制、中央集权的国家运营系统。他重用汉人谋士王猛，运用重刑峻律的法家方法论，严格规范氐族贵族和豪强的行为，不仅自己研习汉文化及儒家经典，还积极建设太学和各级学校，规定公卿以下子孙必须入学，强制其他被征服民族的贵族接受礼教。苻坚推出轻徭薄赋、劝民农桑的公共政策，和汉代的仁君作为并无不同。在先后征服了前燕、前仇池、前凉和代国等割据政权后，不但没有杀害原来的统治者，相反授予官职甚至仍然让其领军，希望以儒家的王道仁义，打造"夷狄应和"（《晋书·苻坚载记》）混一四海的大一统秩序。然而，多民族国家的融合、儒家的皇权天命理念，不可能在短时间内迅速形成，前秦政权的运营系统主要还是依靠氐族的军事优势维持。一旦发生淝水大战这样全局性的失败，苻坚天王和他的前秦政权命运可想而知。

胡汉杂糅的体制

西晋政权运营系统崩溃后，北方陷入了民族大混战的局面。匈奴汉国刘聪病死，直系后代死于司空靳准之乱。刘渊族子刘曜据有长安称帝，改国号赵，羯族大将石勒于河北即赵王位。公元330年，石勒击败刘曜后称帝，历史称为后赵政权。当时除凉州刺史张轨及其子张寔、孙张骏等以河西为中心割据，鲜卑族慕容部兴起于辽东外，北方几乎全为石勒后赵政权控制。石勒死后，从子石虎屠杀石勒诸子自立，其极度残暴荒淫的统治，造成大量汉族民众非正常死亡。石氏父子兄弟残杀自毁，其中汉族养孙冉闵下达屠杀羯胡命令。辽东鲜卑族慕容部乘机南下建立前燕政权，消灭了后赵的残余力量，和崛起于关中的氐族前秦政权东西对峙。

刘渊的匈奴汉国、石勒羯赵及慕容氏前燕政权，都出现过"胡汉杂糅"和"胡汉分治"的运营系统组织体制，即胡制和汉制错杂交织，对待胡人和汉人采用不同的行政编制，其中设立大单于用以号召胡人，一般由最高统治者兼任，或由皇子兼领。十六国中各少数民族政权，多以军功贵族阶层及国人武装支持某个少数民族统治多数各族民众的皇权。[1]皇帝、军功贵族和国人武装为同一民族，这是一种从军功贵族的部落联盟专政过渡到君主个人的军事专制统治策略。

---

1 阎步克：《波峰与波谷：秦汉魏晋南北朝的政治文明》，北京：北京大学出版社，2017年版，第165—171页。

树立君主专制的权威

苻坚为氐族前秦政权的第三任君主，创业酋帅苻洪之孙，开国君主苻健之侄。苻氏原称蒲氏，是氐族的一个部落，历代为今天甘肃一带的西戎酋长。氐人和汉人长期混居，文明形态处于游牧向农耕的转变中。十六国时期北方各族大迁徙，石勒曾迁羌、氐及其他胡部数十万户于河北，刘曜迁巴氐二十余万户于长安，石虎将苻洪氐人、姚弋仲羌人数万户置于关东。公元351年，苻洪之子苻健率众乘势占据关中，第二年正式建国称帝，历史上称为前秦政权。苻健去世后，其子苻生继位，苻生残暴荒唐，以杀人为游戏取乐。《晋书·苻生载记》中描述："宗室、勋旧、亲戚、忠良杀害略尽。王公在位者悉以疾告归，人情危骇，道路以目。"

公元357年，时任东海王、龙骧将军的苻坚发动政变，诛杀苻生自称天王，成为前秦政权最高统治者。苻坚八岁时即习儒学经，成年后统帅重兵，参与了迎战羌族姚襄、姚苌兄弟的军事攻击，擒杀姚襄，逼迫姚苌率部归降。可能受到典籍中礼贤下士故事的启示，苻坚亲上华山，请出隐居的汉人奇才王猛，开启了少数民族主导国家运营系统的革新过程。

氐人作为半牧半农民族，虽仿照汉人政权组织体制，建立中央及地方各级机构，但仍保留王公亲贵领军参政的部落制色彩。特别是当年跟随苻洪创业的贵族大臣，自以为是天王苻坚的祖父辈，长于作战而无文化，普遍缺乏法律和礼仪的概念，形成对君主集权的挑战。部落头领之一特进、姑臧侯樊世，是其中相当挑头的代表。他们认为，朝廷损害其特权的决策，出自王猛的主意，不仅在朝堂上公开辱骂王猛，还扬言动手杀人，引起苻坚极大气愤。《晋书·苻坚载记》中叙述，"坚怒曰，必须杀此老氐，然后百僚可整"，终于将其公开处决。苻坚严厉喝斥不满王猛整顿的氐族权贵，甚至在大殿上鞭责。他先后命王猛担任始平县令、咸阳内史、京兆尹、吏部尚书、尚书左仆射、司隶校尉和辅国将军等多个职务，授予他处置不守规矩的豪强的权力。

王猛兼任京兆尹期间，以治乱世用重典的法家手段，将无法无天的先帝苻健皇后之弟强德逮捕，先斩后奏陈尸于市，和御史中丞邓羌合作，数十天里斩杀贵族豪强二十余人，社会氛围迅速为之一变。当时20岁出头的苻坚专制权威大为提升。《晋书·苻坚载记》描述"坚叹曰：'吾今始知天下之有法也，天子之为尊也。'"

全面推行儒学治国

苻坚从教育入手，在各地设立学官建设学校，遍寻至少精通一部经书的儒生担任教员，要求太子、王公官员子弟必须入学研习。各级军人必须读书识字，每二十人配备一位老师。他以汉武帝刘彻、光武帝刘秀为榜样，希望将儒家的内在价值及其形式，打造成前秦政权运营系统的信仰基础。北方十六国政权时期，刘渊、石勒等少数民族统治者，都有推崇儒学文治的一面，国家学校规模超过东晋政权同期的水平。后赵设有经学、史学、律学等专科学校，史学之独立为"学"，竟有羯人石勒之功。[1]虽然这些少数民族主导的政权并不稳定，但确实存在着模仿两汉统治者，

1　阎步克:《波峰与波谷：秦汉魏晋南北朝的政治文明》，北京：北京大学出版社，2017年版，第179页。

以儒家正统而不是清谈玄学，作为重建治理体系天命所归的价值动能。

苻坚明令"增崇儒教，禁《老》《庄》、图谶之学，犯者弃市"（《资治通鉴·晋纪二十五·宁康二年》）。他曾经一个月里三次到太学视察，考核太学生经义之优劣，亲自挑选品学兼优者，到组织体制中各级机构任职。规定俸禄百石以上的官吏，必须"学通一经，才成一艺"（《资治通鉴·晋纪二十五·咸安二年》），如果一经一艺不通，一律罢官免职。苻坚颁布诏书，命各州郡认真履行察举的职责，按照儒家孝廉的要求，将熟读经典、长于行政的汉族知识分子选入组织体制。苻坚亲自进行考察试用，确实推荐优秀人才者予以奖赏，反之予以追责。没有才能者，即使王公贵戚也不予任用。士大夫皆以读书、任事自励。这和东晋政权士族子弟垄断大部分政治资源的组织选拔规则，形成了相当鲜明的对照。

天王苻坚服膺儒教王道仁义学说，这在统一战争中亡国君臣的处置上，得到了最充分的展现。当时，前秦、前燕和东晋为国力最强的三大政权运营系统：前秦政权占据关中，人口大约二百万，以氐族、汉族和羌族为主；前燕政权位于关东及河北等地，人口近千万，以鲜卑族和汉族为主；地处江南和蜀地的东晋政权，人口五百万左右。公元369年，桓温发起了以前燕为目标的第三次北伐，一度势如破竹。前燕最有能力的吴王慕容垂挂帅后，战争形势发生了翻转。苻坚派出两万秦军助燕攻晋，破除东晋政权为求统一的尝试，间接终结了桓温假北伐而代晋的政治目标。随后，前燕政权发生内争，并且拒绝履行将虎牢以西土地划归前秦的承诺。摄政的皇叔祖慕容评等人企图诛杀慕容垂，20岁的皇帝慕容暐是非未明。慕容垂率子侄逃奔前秦，在长安的郊外，受到苻坚亲自迎接。

公元370年，苻坚以王猛为帅进攻前燕，俘获慕容暐、慕容评君臣等大批王公贵族，前燕政权覆亡。苻坚下令将前燕皇帝后妃、王公贵族和朝廷百官，以及京城邺城的所有鲜卑人，共四万余户，全部迁往长安。对于前燕君臣苻坚不但不予以伤害，反而分别授爵加官，慕容暐被封为新兴侯，随后还担任了尚书令，其余前燕王子多被任命为偏远地方主官，其中慕容评被封为给事中，遭到冠军将军慕容垂异议，苻坚又将慕容评改封为范阳太守。

公元371年，前秦军队灭亡了氐族前仇池地方政权。杨氏家族割据陇西一带七十余年，苻坚善待末代国主杨纂，将当地氐人迁往关中。公元376年，前秦军队又灭亡了张氏前凉政权和鲜卑族拓跋部代国政权，基本实现了西晋"八王之乱"后北方的统一。其中，张氏家族自立于以河西走廊为中心的西北，历经六世，最盛时一度经略西域，是十六国时期北方保存汉文化最完整的政权。末代国主张天锡，斩杀前秦派来的两位使者，动员凉州青壮男子全力抵抗。失败被俘后，张天锡被押至长安。苻坚为他准备好豪华的府邸，封他为归义侯，还任命他为北部尚书，即专职管理北部藩属的主管。凉州豪强富户七千余家，全部被移至关中。

兴起于今天内蒙古、山西的鲜卑族拓跋部代国，是之后再次统一北方的北魏政权前身。苻坚将游牧为主的拓跋各部安置于北部边境，仍由他们的本族首领自己管理，引导他们学习农耕及各种谋生手艺。拓跋什翼犍苦心经营三十余年，被灭国后其命运如何说法不一。《晋书·苻坚载记》中叙述，什翼犍被送入太学读书，苻坚去太学视察时，还关心他的学习情况。周思源教授认为，鲜卑拓跋部为前秦政权所灭后，真正奠定了汉化的基础。苻坚采取两大措施：一是让他们变成半农半牧，逐渐重视农耕；二是什翼犍进入太学，为拓跋氏子孙重视学习汉文化树立了杰出榜样。[1]

苻坚长期把发展农业作为前秦政权的基本政策，他本人亲自下田垂范。作为曾经的游牧民族的最高统治者，苻坚推崇农耕文明和儒家思想，并将之推广到其他的游牧民族，是魏晋南北朝大分裂时期，北方少数民族主导国家治理体系重建运动中的关键性环节之一。

急于实现大一统王道秩序

前秦政权保留宗室皇族分别统领国人武装的传统。苻生被杀后，五位兄弟仍以国公身份各据一方，存有将大位夺回苻健一脉的觊觎之心。公元364年，汝南公苻腾起兵谋反。公元367年，淮南公苻幼、晋公苻柳、赵公苻双、魏公苻庾和燕公苻武等不顾苻坚再三规劝，其中苻双还是苻坚亲兄弟，一意孤行发起叛乱。苻坚不得不下令攻击，分别予以击破。公元380年，行唐公、幽州刺史和征北大将军苻洛，自恃战功卓著而要求住行享受三公待遇未准，联络其兄北海公苻重造反。苻坚之弟苻融率吕光等将领平叛，苻重被杀、苻洛被俘，但苻坚还是将苻洛赦免，仅派往偏远的西海郡。

考虑到原前燕、代等国地广人多，汉人、鲜卑人等占有绝对

1　周思源:《风云南北朝之苻坚》，北京：清华大学出版社，2015年版，第178页。

优势，苻坚实施派遣氐族亲信将领分镇国内要地，将氐族民众分批迁入的统治策略，即效仿西周时期，周人跟随被封诸侯分赴各处居住的方式。关中十五万户氐人分成多批，有的一千五百户，有的三千户，远离故乡迁往前秦各地。后世学者多数以为这项策略是错误的，这么做至少减少了关中地区一半氐族人口，大大分散了氐族的力量。鲜卑人迁入关中人口，前后达十五万户共计七十余万。长安及其附近地区，氐人所占比例变作少数，成为后来前秦政权败亡的原因之一。

实际上，公元375年，丞相王猛去世前，对当时大环境已作了相当深刻的洞察，即晋室虽已偏安江南，但仍是正朔相传，不宜图之。鲜卑、西羌是前秦政权仇敌，应该设法慢慢予以解决。晋政权得国不正，并不为南方士族名士内心敬仰，但北方地区经过了半个世纪以上的民族仇杀，士大夫、一般民众反而怀念晋政权宽政统治。前秦、前燕和前凉等国称帝前，都曾向东晋政权名义上称臣。

苻坚接受儒家的核心价值，以建设平一六合、天命所归的秦政权运营系统为目标，在理解和操作层面未免过于理想主义。从价值信仰角度来看，原前燕、代国的鲜卑人、西部羌族及北方众多的汉民，不可能在短时间内迅速认可氐族人创立的秦品牌，一味强调王道仁义并不能加速实现这一进程。从统治策略角度而言，苻坚对于法家霸道的方法论认识不足，对待参与谋反的氐族王公、被迫投降的敌方君臣过分宽容，特别是重用鲜卑族慕容垂、羌族姚苌等人，让他们继续统率本民族的武装。

作为少数民族集团统治多数民族的策略，将部分氐族民众分置国内各处，其实不失为一种尝试和探索，如果假以时日，各民族逐渐融合，前秦政权重建中国帝制治理大一统秩序顺理成章。

问题在于苻坚太过急于求成，迷恋于天下迅速实现王道教化的理想不能自拔。他的佛家友人释道安曾以"苟文德足以怀远，可不烦寸兵而坐宾百越"劝谏苻坚不必亲征东晋。《晋书·苻坚载记》叙述，苻坚答道，"非为地不广、人不足也。但思混一六合，以济苍生"，终至功亏一篑。

天命止于淝水大战

公元383年，苻坚亲自统率号称百万大军，南下征伐东晋政权。稍早前秦政权内部发生争论，除了慕容垂、姚苌等人赞同外，绝大部分朝臣都主张继续劝民农桑、与民休息的政策，反对进行大规模的战争资源动员。但是，苻坚相当固执己见。当时东晋政权处在孝武帝司马曜时期，谢安任丞相主持中央朝局，其侄谢玄统帅北府军严阵以待，桓温之弟桓冲坐镇荆襄西府迎敌，显示出少有的君主、各派门阀士族一致对外的团结景象。

决定双方命运及历史走向的大战沿淝水一线展开，苻坚、苻融指挥秦军三十余万，对垒谢玄、刘牢之带领的北府军团八万余众。东晋方面提出，秦军稍作后退，以便晋军渡河决战。苻坚考虑实行半渡而击，遂同意，结果造成秦军在后退中一发而不可收。襄阳战役中被迫降秦的朱序在阵后高喊"秦军败矣"，混乱中苻融马倒被杀，秦兵惊恐逃遁，"自相蹈籍而死者，蔽野塞川"（《资治通鉴·晋纪二十七·太元八年》）。数十万人的队伍居然一哄而散，充分体现了秦军缺乏凝聚力和作战意志，这场战役是前秦统治下各族民众精神面貌的真实缩影。

淝水大战之前，苻坚命大将吕光征讨西域，把西域各族称为

"戎"，反映了苻坚已经将自己视为华夏民族的心态。而苻融反对伐晋，认为前秦"国家，戎族也，正朔会不归人"（《晋书·苻坚载记》），苻坚也不生气，折射出苻坚、苻融兄弟内心自认夷狄的一面。这种氏族正统品牌认同上的矛盾纠结，是大环境中社会心理演变长期性、复杂性的体现。儒家传统中有"内诸夏而外夷狄"思想，所谓自古未有戎人为帝王者的观念，同样影响着刘渊、石勒和苻坚等少数民族最高统治者。淝水大战之后，鲜卑族慕容垂、羌族姚苌等纷纷自立称王。公元385年，苻坚奔离被鲜卑大军重重包围的长安，在长安附近的五将山为姚苌叛军所擒，被姚苌派人索要传国玉玺，苻坚严词拒绝："五胡次序，无汝羌名。违天不祥，其能久乎！玺已送晋，不可得也。"（《晋书·苻坚载记》）传达出他认为天命仍在汉民族晋政权的无奈。

苻坚遇害后，前秦政权运营系统崩盘。北方相继出现了后燕、西燕、后秦、西秦、后凉、仇池和北魏等六七个割据政权，重新陷入了四分五裂的局面。

少数民族主导儒家系统的尝试

被作家柏杨先生称为大帝的苻坚，终身仅称天王而不称皇帝，可能是照顾氏族及五胡各部的称谓习惯，也可能是表示自谦。苻坚也许认为，皇帝应该是实现天下大一统秩序的最高统治者。前秦政权运营系统从逐渐完善到突然溃亡二十余年，创造了帝制时期治理体系的革命性案例，即少数民族也可以成为系统的主人，儒家价值也不是汉民族所独有。

秦汉第一帝国时代形成的国家治理体系，至魏晋时代发生价值观和方法论的扭曲。一脉相承的东晋政权，出现了君主和门阀士族共治的统治策略特殊形式。广大的北方地区，沦为各少数民族及汉民族厮杀的战场。苻坚认可儒家思想作为运营系统的核心价值，为大一统帝制治理体系的重整提供了全新解决方案。令人遗憾的是，当时苻坚偏重王道的策略，急于统一的政策太过超前，没有重视研究各民族受众的真实需求和心理。少数民族统治多民族国家的运营系统具有相当的特殊性，之前的中国无法提供真正意义上的经验或教训。儒家思想的价值观和氏族为主体的君主专制、中央集权方法论尚未真正融合。氏族作为规模较小的少数民族统治集团，其脆弱单一的组织体制，不足以掌控和动员国家庞大的人力、财力资源。即使勉强击败东晋军队，也未必能对全中国进行有效和长久治理。前秦政权最终失败了，但是，苻坚的不成功尝试，是即将登场的鲜卑族北魏政权的先行探索，这条道路，通往了帝制治理的第二个高峰——隋唐帝国时代。

职业军人宋武帝

南朝宋武帝刘裕是帝制时期第一位职业军人出身的皇帝,他终结了门阀士族的轮流专政,恢复了君主专制、中央集权的统治策略。作为次等士族或说是寒族的一员,刘裕打破士族对于组织体制的垄断,代表了武人势力摆脱门阀掌控的全面崛起,是南北分裂时期南朝政权运营系统革新的发动者。刘裕将南方政权的实际控制区域,推进到黄河流域,以巨大的军功获取代晋建宋的合法性价值动能。他大力推动土断法,以及恢复秀才、孝廉策试等公共政策,有助于运营系统充分发挥统一调度和动员资源的优势,扩大了组织体制的民间基础。他同时规定,荆襄上游的藩镇长官必须由皇族子弟担任,避免系统内出现两个权力中心。但是,刘裕没有完整地发展出以儒教为核心的价值忠诚,暴力和强权的潜规则崇拜反而占了上风,以致刘宋政权一再出现最高统治者非正常继承现象。

虽然,宋文帝刘义隆元嘉之治号称乱世中的小康,但随后一系列帝室内部自相残杀,超越了伦理底线。即使孝武帝刘骏时期,发明了制约宗室诸王的典签制度,也不能阻止运营系统被武力挟持。当大将萧道成即后来的齐高帝,以刘裕对待东晋政权的方式同样对待刘宋政权时,运营系统的崩溃和重启,又陷入了一轮新的非良性循环。

北伐成为夺位价值动员的理由

淝水大战胜利后，主要由流民组成的北府兵军团越来越多地介入东晋政权内争。谢安、谢玄相继去世，孝武帝之弟会稽王司马道子把持朝廷，孝武帝以皇后之兄、名士王恭出镇北府京口作为牵制。公元396年，孝武帝为其妃子张氏捂杀，太子司马德宗即位，是为晋安帝。王恭两次指挥北府兵军团直指司马道子、司马元显父子专政，并一度和上游西府军统帅桓温之子桓玄联合。之后司马元显成功游说北府兵军团主将刘牢之倒戈，王恭被杀，北府兵实际上脱离门阀家族的控制。

公元399年，司马元显为解决东晋政权严重的人力资源不足问题，下令将江东八郡免客为奴者，移置建康补充兵员，引发当地士族佃农普遍不满。蛰居浙东海岛自称五斗米道教主的孙恩，乘机率信众登陆起义，以修炼宗教秘术成为长生人进行民众动员，一时席卷吴越之地，威胁建康。东晋政权以司马元显、刘牢之领北府兵讨伐，转战数年将其击破。刘牢之的部将刘裕崭露头角。

公元402年，控制了东晋大部分地区的桓玄和中央政权发生冲突，刘牢之被桓玄派人游说，竟然再次倒戈。桓玄得以攻入建康杀死司马元显，随后，桓玄图谋解除刘牢之兵权。刘牢之策划第三次倒戈，其部下不从而解体。刘牢之自缢身亡后，桓玄兼任西府兵、北府兵统帅，悍然篡位改政权品牌为楚。公元404年，原北府兵旧将刘裕、刘毅和何无忌等发动起义，桓玄在逃亡途中被杀。桓玄的称帝和失败标志着东晋政权君主和门阀大族共治策略终结，以刘裕为代表的新兴武人势力颠覆了陈旧固化的运营系统。

按照陈寅恪先生研究，刘裕应为南渡的次等士族，[1]即出身与人品经常被评为三品至九品，反复担任一般最高官品六品的家族。刘裕幼时家境贫困，作风刚毅、俭朴而少文。投军后身先士卒，从一名中低下级军官，凭着军功升至独当一面的大将，这和魏晋时代一般士族的作派很不相同。

刘裕迎立白痴皇帝晋安帝复位后，即仿效桓温北伐以提高个人声望。他首先率军北上，攻伐山东的鲜卑族南燕政权。公元410年，北伐大军灭亡南燕，王公以下数千人被杀，国主慕容超被送到建康斩首，这是汉族政权偏安江左后未有之盛事。孙恩余部卢循、徐道覆等人，原本攻下广州后接受招抚，却又利用刘裕伐燕机会北上进犯，江州刺史何无忌战死。刘裕凯旋后回师平叛，卢循败退广州后被迫自杀。公元412年，刘裕消灭了竞争对手、荆州刺史刘毅，至此完全掌控了东晋政权。

恢复集权而未能重建价值信仰

对于长期存在的资源分散、组织僵化等严重弊端，刘裕推出了多项改革系统的公共政策。连续百年的门阀士族专政面临着豪强隐匿佃客、部曲人数，以逃避国家赋役徭役，影响作战部队的基本兵源的弊端。《宋书·武帝纪》记载："公既作辅，大示轨则，豪强肃然，远近知禁。至是，会稽余姚庾亮复藏匿亡命千余人。公诛亮，免会稽内史司马休之。"刘裕公开诛杀庾亮立威，以铁腕和重典惩治门阀大族。当时国家山湖川泽多为豪族所占，一

1　田余庆：《东晋门阀政治》，北京：北京大学出版社，1989年版，第323页。

般民众使用，还要向他们交纳钱税。刘裕下令禁断封固山泽的行为，允许民众自由采垦捕捞。

公元413年，刘裕再度推行土断政策，是晋成帝时期首推这项政策之后执行最彻底的一次，即除了居住在晋陵的南徐、南兖和南青三个侨州外，其他绝大部分的州县全部依界土断，多数侨置郡县被取消或合并，归至本地郡县统一管理。居民不再被分为侨人或旧人，一律在居住地编入正式户籍，取消了对侨人的相关优待。通过一系列整顿，南渡侨人加入征调行列，门阀士族依法申报依附人口，一时"财阜国丰"（《宋书·武帝纪》），国家财力、人力资源控制能力得到加强。

虽然刘裕继续重用诸如谢晦等门阀子弟，但更多的次等士族或寒门人才被引入组织体制。他身边的重要干部刘穆之、檀道济和王镇恶等人，都是出身寒微之人。刘裕要求按照九品中正制初置的精神，恢复秀才、孝廉的策试制度，通过考试来发现人才，改变官员选拔以门第为依据，纠正"下品无高门，上品无贱族"的做法，一定程度上激发了运营系统流动的活力。

相较于曹丕代汉、司马炎代魏，刘裕代晋另建宋政权，合法性和正当性似乎充足很多。后世也有学者将刘裕视为汉民族的战争英雄。但是，从国家治理运营体系的层次探讨，刘裕仅是恢复了君主专制、中央集权的统治策略，而没有能重建治理体系的核心价值，这种运营系统注定是不平衡的。刘裕派军灭亡西蜀的谯蜀政权，以及占据汉中的氐族仇池政权。公元417年，他指挥大军攻入长安，羌族后秦政权灭亡。刘裕杀尽被俘的后秦王公大臣，将后秦末帝姚泓送往建康斩首，创造了大分裂三百余年间南方政权疆域最广阔的时刻。刘裕志在改朝换代，谢绝关中汉族民众盛意挽留，执意东归以图大位。

刘裕毒杀东晋安帝后，立其弟司马德文为帝，是为恭帝。公元420年，刘裕废除一百五十余年的晋政权，正式改换宋政权运营系统品牌，登基称帝，是为宋武帝。次年，他派人闷死司马德文，破坏了禅让革命的和平模式，开创杀害前朝君主的恶例。

宋武帝采取强化中央、削弱外藩的措施，以巩固君主专制的绝对权威，特别是大力扩充中军，形成新的禁卫体系。对于门阀曾利用荆州作为挑战中央政权的教训，规定委派皇子或宗室诸王轮流坐镇。他下令限制州府将吏人数，一般州置将不超过五百人，吏不超过五千人。荆州地位虽特殊，置将亦不得过二千人，吏不得过万人。刘裕一生戎马军旅，"不涉经学"，在代晋过程中逐步认识到儒学的重要性。公元422年，他曾下诏要求"选备儒官，弘振国学"（《宋书·武帝纪》），但立学之事未及实施即病逝。去世前不久，他还在筹划讨伐北魏政权。

刘裕大致属于狼性气质的最高统治者，他为南方过于虚华矫情的士族政权注入铁血，也是南朝各代运营系统连续血腥更迭的始作俑者。他野蛮杀害晋安帝司马德宗、晋恭帝司马德文的行为，其实昭示着暴力至上、强者生存的价值取向。他的所作所为不仅是掌握兵权的武人势力最可能模仿的对象，也影响了刘氏皇族子孙的行为选择。

弑父案击碎儒家人伦底线

宋武帝即位两年去世，太子刘义符继位。武帝遗诏以司空徐羡之、中书令傅亮、领军将军谢晦、镇北将军檀道济共同辅政。

公元424年，掌握禁卫大权的辅政大臣，将少帝刘义符废为营阳王，后将其与刘裕次子庐陵王刘义真一起杀害。徐羡之、傅亮和谢晦等人，议立刘裕第三子宜都王刘义隆。时任荆州刺史的刘义隆，从江陵赴建康即位，是为宋文帝。

宋文帝在位三十年创造了元嘉治世，具有突破瓶颈、建设可持续治理体系的机会。他以荆州旧部控制中军，诛杀权臣徐羡之、傅亮，击败了谢晦以清君侧名义发动的叛乱，从而树立亲政后君主专制的权威。文帝沿袭分封皇子及宗室诸王出镇国内要冲的策略，同时任用具备实际才干的士族高门子弟进入国家组织体制。相比较宋武帝刘裕不善文采，他创设儒、学、文、史四学，多次组织文学雅集活动，谢灵运、鲍照、刘义庆和范晔等文化巨星辈出，一定程度上宋文帝得到了士族认可。宋文帝治国继续了武帝义熙土断后的多项公共政策，即进一步清理户籍，下诏减免民众税赋及拖欠政府的"通租宿债"，劝民农桑、扶助孤寡，仿佛两汉政权时期仁君形象再现。但是，宋文帝刘义隆北伐接连失败，以及在接班人安排上发生重大失误，导致刘宋政权无法突破运营系统的瓶颈期走向稳定。

宋文帝一生共发动过三次对于北魏政权的北伐，规模较大的是公元450年，经过了二十余年休养生息，几乎动员举国之人力财力资源进行北伐的那一次。当时北魏为太武帝拓跋焘时期，军力旺盛，北方大致统一。相较于宋文帝在建康"遥制兵略"、决策失当，拓跋焘亲率数十万铁骑，避开刘宋淮北坚城，一度奔袭至长江岸边的瓜步，建康震动。江北民众遭受极大的生命、财产损失。公元452年，拓跋焘为宦官所弑。文帝再度兴兵希望恢复河南，结果仍无功而返。

公元453年，宋文帝察觉太子刘劭造作巫蛊，故而思考废立之事，但计划外泄为刘劭得知。刘劭竟与弟始兴王刘濬合谋，调动东宫军队弑杀文帝而自立，成为帝制时期罕见的逆子谋害君父、严重挑战儒家人伦的极端个案。

宗室相残成为常态

武陵王江州刺史刘骏为文帝第三子，闻文帝被弑后即发起讨伐刘劭的战争，不久诛杀元凶刘劭、刘濬全家，来到建康称帝，是为宋孝武帝。刘宋政权进入宗室骨肉自相残杀的阶段。文帝时代，弟彭城王刘义康一度主持朝政，因被猜忌有人奉其作乱而被赐死。孝武帝即位后，发生其叔刘义宣久居荆州不听调度的事情，孝武帝遂调集大军征讨，杀刘义宣及其子十六人。

部分史籍将孝武帝刘骏描绘成淫乱暴君，其实孝武帝并非无所作为。孝武帝设计的优化君主专制、中央集权统治策略的系列制度，进行组织体制机构的调整，成为南朝各代统治者解决士族、宗室挑战皇权的工具。这些制度包括：以级别低的寒族中书通事舍人控制中枢，限制士族高官的话语权，形成寒人掌机要的效果；派遣职位低的亲信担任诸王的典签，实际代诸王批阅公文，监视诸王、刺史一举一动，达到典签控州镇的目的；设置直属中央的台传机构，保障上交中央财政税赋的审核，严格监察地方的支出，等等。

孝武帝在位十年，先后杀了武昌王刘浑、竟陵王刘诞、海陵王刘休茂和南平王刘铄等。其子16岁的刘子业继位后，更是无理性地诛杀、囚禁和凌辱宗室大臣。刘子业之叔湘东王刘彧联络宫廷内外将刘子业杀死，刘彧即位，是为宋明帝。孝武帝子、江州刺史刘子勋不服，明帝遣大军讨灭之。随后明帝杀尽孝武帝子十余人，兄弟被杀者亦有数人。总计武帝刘裕九子，四十余孙，六七十曾孙，死于非命者达十之七八。[1]

宋孝武帝、宋明帝翦除宗室，刘氏皇族内部的争斗和残杀，严重削弱了刘宋政权运营系统的合法性和稳定性。掌握禁卫力量的萧道成代表军人势力，逐步突破制约，主导了政权的演变。明帝子10岁的刘昱继位后，宗室中仅存尚有才干的桂阳王刘休范和建平王刘景素，二者先后以"废昏立明"为号召自立。萧道成尽全力指挥平叛，绝非出于对刘昱的忠心，而是为了实现其远大的政治抱负。[2] 刘昱被左右杀害后，萧道成立明帝子安成王刘准即位，是为顺帝。

公元479年，萧道成废弃刘宋品牌，登基为帝，改建齐政权运营系统，是为齐高帝。对前朝刘宋宗室，齐高帝大肆杀戮。《南史·宋本纪下》中记载："宋之王侯，无少长，皆幽死矣。"对萧齐宗室，他曾告诫儿子武帝："宋氏若不骨肉相残，他族岂得乘其衰敝。"（《廿二史札记·齐明帝杀高武子孙》）故齐高帝、齐武帝两代，对宗室诸王管理严格，设置典签官越过名义上的刺史处理州政，基本相安保全。齐明帝萧鸾为高帝之侄，他篡位后，又开始屠杀宗室，齐高帝十九子，齐武帝二十三子，差不多都被他杀光了，走上刘宋政权运营系统崩溃的老路。

1　傅乐成：《中国通史》（上），北京：中信出版社，2014年版，第279页。
2　张金龙：《治乱兴亡：军权与南朝政权演进》，北京：商务印书馆，2016年版，第344页。

皇子出镇要地是一种慢性自杀

《资治通鉴·宋纪二》中引述齐梁之际史家裴子野评论，对于刘宋皇子教育提出严厉的批评。"居中则任仆妾，处外则近趋走"，身边都是趋炎附势、唯唯诺诺之辈，"言不及于礼义，识不达于今古"，一定不能正常接班和治理。同时他把责任指向开国的宋武帝刘裕。[1]刘宋皇子普遍在幼龄时就被赋予镇守一方的责任。刘裕撤离长安时，被要求留守的次子刘义真12岁，刘义隆西镇江陵时仅8岁，显然缺乏系统的儒家伦理教育。

文帝、孝武帝和明帝等非程序性的继位极大助长了皇族内部的觊觎和猜忌风气，以致频繁发生自相残杀的悲剧。以皇子宗室出镇要地都督军事，始于西晋政权司马炎时期，从后来八王之乱等历史发展似可得出结论：这么做的长期负面结果远高于一时正面的作用。

宋武帝结束东晋政权君主和门阀共治而重建皇权专制的策略。由于没有建立起皇帝、政权品牌和价值理念三合一的效忠体系，他不得不重用最信任的皇族子弟出任各地军政首长，这种做法在文帝时成为固定的制度，孝武帝时又发明典签等工具弥补制度的弊端，最终仍被证明是饮鸩止渴的慢性自杀示范。随着宗室势力式微，士族势力被抑制而自甘旁观，执兵柄的武将萧道成重现刘裕代晋的历史场景，仅仅说明是政权主体变换了品牌，武人势力的代表成为新皇族，即萧齐皇族代替刘宋皇族，运营系统的基本逻辑和根本矛盾一切照旧。魏晋时代价值观和方法论背离形成的死结，不但没有在皇权重振后打开，反而演变成系统频繁和反复的动荡。

---

1 张国刚:《资治通鉴启示录》(下)，北京：中华书局，2019年版，第280—281页。

北魏孝文帝的全面汉化

北魏孝文帝元宏是北魏政权运营系统汉民族化的组织者。他继承了道武帝拓跋珪、太武帝拓跋焘进取和开拓的传统，将鲜卑族少数民族的武力政权，改造成符合汉民族价值观和方法论的治理体系。不但促进了北方地区多民族的融合，而且还着力建设新兴皇权的价值正当性，从而为帝制时期第二次大一统治理秩序的形成，意外地打开了一扇历史之门。冯太后、孝文帝时期实施官员俸禄制和考课制，启动均田制、租调制和三长制改革，其实是全面提升北魏政权中央集权、郡县制直接治理统治策略的能力，强化组织体制的精细化管理能力，从而保障运营系统强大的资源动员能力。孝文帝下令禁止使用鲜卑族的语言、姓氏和服饰，全面改用汉语、汉姓和汉服，把都城从代地平城迁至东汉以来的政治中心洛阳，这并不是简单民族风俗的转变，而是以儒家礼仪治国理念具体的极致的体现。

虽然孝文帝全面汉化的公共政策，某种意义上忽略了部分鲜卑族群现实利益的需求，成为他去世二十年后，北方边镇鲜卑将士起义导致政权分裂的原因之一，但是，过程性的反复，无法阻挡胡汉融合的趋势。孝文帝元宏的改革，是帝制时期第二帝国治理体系再建过程中，重要的承前启后的桥梁。

离散部落与子贵母死的制度

北魏政权源自十六国时期代国，为鲜卑族拓跋部所建。早期游牧于黑龙江流域大兴安岭一带，后来匈奴族南迁，曹魏政权时代迁至匈奴故地，逐渐聚居今天内蒙古、山西的代地，离中原战乱较远而获得百年发育的机会。前秦天王苻坚灭亡代国后，恩准6岁的拓跋什翼犍之孙拓跋珪留在部落抚养。淝水大战后，前秦政权解体，拓跋珪排除联盟内匈奴部落的干扰，公元386年，召开部落大会，16岁的拓跋珪即代王位，不久迁都原代国都城盛乐，拓跋珪改称魏王。公元398年，迁都平城，正式改国号为魏，随后拓跋珪即皇帝位，是为北魏道武帝。拓跋珪经过多年连续奋战，终于击败代北及四周许多部落，率部战胜北方高车、柔然部族铁骑，显示出北魏强大的军力。他一度和后燕政权慕容垂结盟，后又将其重创，出恒代而吞幽冀，继而攻击羌族后秦政权，北魏遂成为北方地区首屈一指的鲜卑族军事专制强权。

道武帝拓跋珪通过采取离散部落的统治策略改革，以及制定子贵母死的组织体制最高统治者继承的野蛮规则，完成了运营系统从部落联盟向专制皇权的过渡。所谓离散部落，即规定诸部落居住特定地区不许迁徙，部落民众接受国家政权的直接统治，原来的君长大人被剥夺部落的统帅权。道武帝建都平城后，规定以都城为中心，在首都圈外设置八国（八部），各部设八部大夫一名。以解散后的北族民作为对象的特别行政区，在八国（八部）设置大师、小师，在州郡还各自另设师责，相当于九品官人法的中正官，负责调查被任命者的出身与进行人物评定。[1]

　　所谓子贵母死，即一旦某位皇子被立为太子，其生母必须被赐死。田余庆先生考证，子贵母死实际上是离散部落的后续措施。拓跋部落联盟的维持，拓跋部在联盟中君长地位的巩固，往往依赖拓跋后或拓跋母后，而且还要依赖后或母后外家部落。随着拓跋的成长进化、拓跋珪建国称帝，一方面不能再像以往那样只是跟着外家部落行事，一方面对于背靠外家部落的后和母后，一定要有效地予以制约[2]。道武帝始创北魏政权运营系统后，首先解决其母族贺兰部及妻族独孤部的势力，以及其祖母拓跋什翼犍之妻昭成皇后所出的后秦慕容部落势力。

以华夏正统君主自居

　　公元409年，道武帝为其子拓跋绍所弑，太子拓跋嗣杀拓跋绍即位，是为明元帝。公元423年，明元帝子拓跋焘继立，是为太武帝。当时的北方地区，尚有北燕、西秦、夏、北凉和仇池等五个割据集团。太武帝拓跋焘发起大规模兼并战争，他北破大漠柔然，南击刘宋，饮马长江，先后消灭夏、北燕和北凉等割据政权，公元439年，实现了北部中国的大致统一。

　　当时北魏政权军队的主体是北方鲜卑人，大战时征调其他少数民族士兵。汉人除少数边居胡化者从军外，基本从事耕田织布

1　〔日〕谷川道雄著、李济沧译：《隋唐帝国形成
　　史论》，上海：上海古籍出版社，2018年版，第
　　116页。
2　田余庆：《拓跋史探》，北京：生活·读书·新知
　　三联书店，2019年版，第2—3页。

等农业手工业生产。北魏采用少数民族武力征服十六国政权的治理模式：同一民族构成军功贵族、国人武装，支撑起这一少数民族对于其他多数民族的皇权统治策略。太武帝拓跋焘时期，延续了道武帝对于被征服民族的徙民政策，将被征服的部分民众迁至特定地区，设置军队及行政机构，实行郡县制直接治理。北魏政权同时注意笼络汉人，争取未南渡的北方士族进入组织体制。其中，清河名族崔宏最为典型。太武帝曾下诏聘华北各地名士数百人出仕，崔宏之子崔浩还推举了冀、定、相、幽、并五州士大夫数十人。崔浩一度成为北魏政权的定策之臣，试图实现"齐整人伦，分明姓族"（《北史·列传第十八》）的士族理想。他同时信奉天师道，曾提出灭佛政策，被太武帝采纳和实施。

北魏政权统一北方后，太武帝拓跋焘以华夏正统君主自居：一方面尊崇孔子儒学、发布宣文教令，规定自王公至卿士，其子息得诣太学受学；一方面又被新天师道教主寇谦之游说，亲赴道坛接受符箓，改年号太平真君，从而将外来的佛教视为"夷狄之俗"。他两度下诏灭佛，毁寺庙而诛沙门，焚烧一切佛像经书，存在着试图摆脱鲜卑民族印记，自我认同华夏而趋同于华夏的目的[1]。红极一时的崔浩受命修编北魏国史后，将鲜卑民族早期蒸报、杀戮等旧俗如实记录，刻于石上建立碑林，引起接触了汉文明的鲜卑贵族极大愤怒。太武帝下令治罪，崔浩一家及姻亲范阳卢氏、太原郭氏和河东柳氏被夷族，死难者达数百人。北方汉人士族受到重创，反映出北魏政权汉化转型过程的曲折和复杂。

---

1 吴洪琳：《合为一家：十六国北魏时期的民族认同》，北京：社会科学文献出版社，2020年版，第122—123页。

均田制、租调制与三长制改革

北魏政权运营系统的后续改革，始于孝文帝嫡祖母冯太后。中常侍宗爱弑杀太武帝后，曾立南安王拓跋余为帝，随后又杀之。太武帝之孙拓跋濬被拥立为帝后，诛杀宗爱，是为文成帝。冯太后即文成帝皇后。北魏立有子贵母死的继承制度，冯太后没有生育，反而在文成帝去世后，两次临朝称制。她鸩杀文成帝之子献文帝拓跋弘，以献文帝之子孝文帝拓跋宏的名义，颁布政令。

公元484年，北魏政权正式实行组织体制中官员的俸禄制度。鲜卑人原为马背上的民族，战时官员以掠夺财物自肥，显然不符合和平时期的治理要求。一些官员只能贪污纳贿，甚至依靠豪强供养。国家正式规定"户增调帛三匹，谷二斛九斗，以为官之禄"，同时颁布，贪污满一匹布者处死。对于地方官员任期取消硬性限制，根据治绩决定去留。北魏开国后逐步形成对于地方官员的考课制度，内容涉及农业、赋役、法律、人口、用人及是否贪贿等多个方面。后来孝文帝拓跋宏亲政，胡汉二元体制逐步过渡到一元体制，考课对象从郡县制下的各地扩大到中央全部官员，考核结果的优劣直接决定官员升降奖惩。孝文帝亲自主持五品以上官员考核，六品以下则由尚书负责，内官三年一考，散官四年一考，还安排例行的岁考。官员俸禄制和一系列考课制度相衔接，不但促进少数民族武力政权转向文治，还相当程度提升了组织体制的行政效率和管理能量。

公元485年，冯太后和孝文帝推出了影响深远的公共政策均田制，即政府将土地分配给农民，收取一定的户调和田租。北魏政权统一中原后，最高统治者适应农耕文明而倡导粮食生产，但北方经过一百余年的民族战乱，汉族豪强大量占有土地及依附人口，鲜卑贵族入主早期，曾把大批良田辟为牧场，农民失地流亡情况严重。孝文帝均田诏中描述："富强者并兼山泽，贫弱者绝望一廛。"（《魏书·高祖纪》）国家政权虽然掌握了大量可供使用的荒地，但因掌握不了人力资源，从而无法有效获得财力和物力资源。均田制的内容大致包括：男子十五岁以上，授给露田四十亩，桑田二十亩，妇人授露田二十亩。露田不得买卖，身死或年满，七十归还官府，桑田则为永业，一定条件下可以买卖。奴婢和耕牛参加授田，奴婢依一般农民授田，耕牛每头授田三十亩。田地缺乏地区，允许农民迁至他郡。犯罪流徒户或绝户，土地收归国家。地方官吏按官职高低授予公田，不得买卖。

北魏政权同时实行新的租调制。原先依附、流亡人口大量存在，负担租役的基数较少，一般民众负担较重。新的租调规定以家庭为授田交赋单位，一夫一妻出帛一匹，粟二石，其他人口、耕牛以此类推。《魏书·食货志》中记载："事施行后，计省昔十有余倍，于是海内安之。"

公元486年，冯太后做出最后决定，又推出和均田制配套的三长制，进行组织体制基层机构根本性改革，保障北魏政权运营系统对于人力、物力和财力资源的强制掌控。十六国政权民族仇杀期间，留在北方的中小地主聚集宗族、乡党和部分逃难民众，通过建立坞堡壁垒等防御组织自卫，进而在坞主领导下共同生产和生活。后来发展成为"或百室共户，或千丁共籍"，这就是在坞堡中形成的宗主与依附人口共居的宗主督护制。内秘书令李冲建议的三长制，即"五家立邻长，五邻立里长，五里立党长，取乡人强谨者为之"（《资治通鉴·齐纪二》），其实是国家力量重新介入小型的自治共同体，是秦汉政权时代编户齐民法家方法论的恢复和再现。对此，当时地方豪族多数表达异议，冯太后一锤定音，"立三长则课调有常准，苞荫之户可出，侥幸之人可止，何为不可"（《资治通鉴·齐纪二》）。

何兹全先生认为，均田制可以看作魏晋屯田、占田和课田制的继续，用三长制强制农民在公家分给土地上劳动，使他们不能逃亡，这是屯田的精神；不取集团形式而采取家族为单位，这是占田、课田制的精神。[1] 均田制、租调制和三长制的连续改革，为统一天下的运营系统的重建，提供了不可或缺的资源动员保证。

全面汉化的激进政策

公元490年，冯太后去世，23岁的孝文帝拓跋宏亲政，随后实行激进的全面汉化的公共政策。他完全仿照汉族君主的礼教程序，建造太庙和明堂，祭祀华夏先贤舜、禹、周公和孔子。公元493年，孝文帝排除鲜卑贵族干扰，以迂回之法，实施迁都汉地中心洛阳的计划。《资治通鉴·齐纪四》中记载，"魏主以平城地寒，六月雨雪，风沙常起，将迁都洛阳，恐群臣不从，乃议大举伐齐，欲以胁众"，孝文帝率大军行进至洛阳时，霏雨不止，"时旧人虽不愿内徙，而惮于南伐，无敢言者，遂定迁都之计"。迁洛之后，孝文帝下诏禁止士民穿胡服，命令鲜卑人和其他少数族人全都改穿汉服，官员上朝必须着装汉族官员标准朝服。公元495年，孝文帝从伐齐前线返回洛阳，立即召集百官宣布禁绝鲜卑语和其他少数族群语言，一律改说汉语，朝廷三十岁以下明知

1　何兹全:《魏晋南北朝史略》，北京：北京出版社，
　　2018年版，第199页。

故犯者，予以降爵罢官处分。不久又正式发布诏令，《魏书·高祖纪》中记载："不得以北俗之语，言于朝廷，若有违者，免所居官。"孝文帝还规定迁洛的鲜卑官民，死后葬于河南而不得还葬平城，籍贯全部改为河南郡洛阳县人。

公元496年旧历除夕，孝文帝大会群臣于洛阳光极殿。按照中国传统颁赐官帽朝服，文武百官依礼而立，仿佛重回汉魏政权的时光。孝文帝随即下令，改鲜卑复姓为单音汉姓。以北魏祖先出自黄帝、土德黄色为万物之元的理由，率先将皇族拓跋氏改为元氏。鼓励鲜卑人和汉人通婚，孝文帝元宏带头纳汉人大士族女儿充实内宫。他亲自为六位皇弟重新聘娶正妻，六位王妃除一人出自鲜卑贵族，其余都出自汉人大士族家庭。

在北魏鲜卑政权汉化的过程中，组织体制取才，一度发生门阀主义和贤才主义的争议。孝文帝仿照魏晋时代士族门第等级的模式，在鲜卑贵族中分姓定族，将军功、官爵作为制定姓族的唯一标准，根据姓族的等级高低分别授予不同的官位。其中，帝室元氏，以及和帝室同宗的长孙（拔拔）、叔孙（乙㫋）等为国姓，穆（丘穆陵）、陆（步六孤）等八姓勋贵为郡姓，和汉人士族的郡姓合为一体，郡姓还分为甲乙丙丁四个等级。中央政权必须依据门第等级选任官员，形成了北魏政权组织体制的门阀制度。李冲等部分汉族官僚从"若欲为治"选拔贤才的角度，认为注重门第，以先祖余荫取人，对于国家的治理并无实际帮助。孝文帝站在坚持北魏政权相承两汉、魏晋正统的立场，认为品评汉人士族姓第时，考虑先祖的功绩，并且将魏晋时代士族门第传统全盘接收，是出于营造受命于天的价值正当性需要。这和孝文帝设立太学、国子学和四门小学，始终将儒家经典作为官方的意识形态的思维方式和心理逻辑基本一致。

自太武帝拓跋焘始，北魏皇帝即位时都登道坛受箓，太武帝之孙文成帝拓跋濬下复佛法诏后，佛教发展得以复苏。孝文帝深受崇佛的祖母冯太后影响，优遇高僧、广设佛寺，多次视察石窟佛像建造工程。迁洛后重建广德寺，以表达对祖母的怀念和敬仰。作为君主专制、中央集权统治的代表，孝文帝可能注意到佛教信仰中轮回涅槃、众生平等的精神有助于教化民心起到稳定运营系统的作用。他大力崇佛而将儒学置于首位，同时并不排斥道教，是中国社会儒释道合流的推手之一。

孝文帝实施重用中原儒士治国等汉化政策，鲜卑军功贵族支撑鲜卑国人武装的统治策略受到挑战，一定程度上忽视了作为特权阶层的边地鲜卑将士的需求。15岁的太子元恂不习惯汉地生活，杀死大臣出奔平城，随后被抓回废黜、赐死，反映出北魏政权内部胡汉两种不同发展目标的撕裂。

鲜卑国人武装的反弹

公元499年，33岁的孝文帝元宏去世，次子元恪即位，是为宣武帝。北魏政权继续扩张疆土攻下益州，废除了子贵母死的制度。公元515年，33岁的宣武帝去世，次子元诩即位，是为孝明帝。孝明帝生母胡太后临朝称制。宣武帝、孝明帝二十余年间，内迁的鲜卑贵族逐渐适应了文治奢靡的生活，而边区苦寒之地保持尚武传统的鲜卑将士，不仅生存环境恶劣，而且上升空间大大被抑制了。平城以北为抵御柔然设置的六大军镇，即沃野、怀朔、武川、抚冥、柔玄和怀荒等地的鲜卑兵民，终于爆发了大规模的武装起义。

在镇压六镇兵民的战争中，出身于羯胡的边镇将领尔朱荣军政集团乘势崛起。公元528年，胡太后、孝明帝母子相争，胡太后毒杀了孝明帝。尔朱荣以此为借口，进军洛阳，另立孝文帝之侄长乐王元攸为帝，是为孝庄帝，将胡太后等沉入黄河，残酷屠杀北魏王公大臣二千余人，制造了汉化势力为之一空的"河阴之变"。尔朱荣总揽朝政后，击溃葛荣统率的百万起义部队，又挫败了南朝梁武帝支持的魏王元颢势力，权倾朝野、不可一世，最终被孝庄帝刺杀于御座之前。

尔朱荣手下拥有两支来自六镇兵变的军力，一支以怀朔镇高欢为代表，另一支主要人物为贺拔岳、贺拔胜、宇文泰、李虎和独孤信等，大多来自武川镇。尔朱荣被杀死后，高欢等人消灭了尔朱氏的家族势力，进而取得了北魏政权最高权力。被尔朱荣派往关中平叛的贺拔岳、宇文泰等人，则形成了与之抗衡的新的重心。公元532年，高欢拥立孝文帝之孙元修继位，是为孝武帝。随后孝武帝不甘心傀儡地位，逃亡关中，投奔接棒贺拔岳的宇文泰。高欢另立孝文帝之孙元善见为帝，是为孝静帝，并将首都迁至邺城。北魏政权分裂成东魏和西魏两个运营系统，分别为高氏家族和宇文氏家族控制，遂各自演变为北齐政权和北周政权。

汉化、胡化分别触动民族融合

西晋政权解体后，汉民族没有能力重新统一中原。少数民族建立的武力政权，大多采取本民族军功贵族、国人武装支持军事专制皇权的统治策略，同时实行胡汉分治，对于多数的汉人进行压迫，无法自证治理价值的正统性，从而支撑起稳定和良性的运营系统。

前秦天王苻坚以儒家思想作为建设多民族国家运营系统的核心价值，孝文帝元宏推行彻底和激进的汉化改革政策，其实都是探索少数民族主导天下国家治理体系的路径。孝文帝并未理顺组织体制内部主要势力的利益关系，留下了鲜卑军功贵族及国人武装内争的严重隐患。他去世后仅三十余年，北魏政权运营系统即告分裂和崩溃。虽然重新胡化的势力卷土重来，东魏政权恢复了鲜卑语，西魏政权不但恢复胡将的胡姓，还向汉将赐胡姓，颇有恢复鲜卑部落兵体制的模样，但更多边镇少数民族军人进入了中原，胡化和汉化其实同时发生，再次促进了北方民族的融合。在历史曲折的前行中，继续为帝制治理体系的复兴注入动能。

梁武帝崇佛和西魏宇文泰改革

梁武帝萧衍是帝制时期第一位倡导儒释道三教同源的最高统治者，一定程度上拓宽了统治价值的思想基础。他以军人身份武力代齐建梁，随后大力倡导儒家文治，改变南朝宋齐政权暴力压迫的武人传统。他以宽仁的王道治理，优待宗室、士族和寒人等组织体制内的主要势力，首开考试为国家政权取才，一度创造南朝文化的兴盛，成为隋唐帝国治理体系复兴制度借鉴的南朝版本。作为南北朝时期在位最久的皇帝，萧衍处于北魏从汉化繁荣走向内乱，进而分裂为东魏、西魏政权的时代。他多次组织大军北伐，以证明梁政权在南北士民中的正统性。在南北力量此消彼长的关键性时刻，步入老年的梁武帝痴迷于佛学而不能自拔，削弱了国家的人力物力和财力资源动员。他忽视统治过程中法家的方法论，严重影响了运营系统的正常作业。

实际掌控西魏政权的宇文泰以关中正统为立国价值，推行关中地区兵民合一的府兵制，以及仿照西周时期机构设置的官制改革，进一步促进了胡汉民族一体化，从而激发出国家资源动员的巨大能量。东魏政权大将侯景依附西魏又投降南梁，不久发动大规模叛乱。随着梁武帝离世及西魏军队占领南朝大片国土，梁政权实际已经崩溃。尽管大将陈霸先等人平息了侯景之乱，成功抗击代东魏而起的北齐政权南侵，但南方政权运营系统的败亡已不可避免。

沿袭宋、齐夺位模式

萧衍是南齐政权的远房宗室。萧衍之父萧顺之为齐高帝萧道成族弟，曾积极参与代宋建齐的政治品牌更换工程，在高帝之侄即后来的齐明帝萧鸾篡位行动中，萧衍选择站在萧鸾一边。齐明帝得位不正，即位后重用典签，大肆屠杀高帝、武帝子孙。萧衍二十岁即出仕，为文武兼备型的人才，既是南齐文坛领袖级的"竟陵八友"之一，和《宋书》作者沈约、著名诗人谢朓、范云等人齐名，又在齐军抵御北魏孝文帝南征的作战中，发挥了主导作用。

明帝之子15岁的萧宝卷即位后，相继诛灭六位辅政大臣，还杀害了萧衍之兄、尚书令萧懿，齐政权内部发生多起叛乱事件。时任雍州刺史的萧衍以襄阳为中心，秘密发展军力制作兵器，砍伐竹木沉于檀溪，准备修造舰船顺流东下。萧衍起兵后一路势如破竹，并拥立南康王萧宝融为帝，萧宝卷为哗变的禁军所杀。公元502年，萧衍依照刘裕代晋建宋、萧道成代宋建齐模式，通过禅让程序代齐建梁，在建康即皇帝位，是为梁武帝。

复兴儒学，凸显南朝正统性

作为文采风流的学者皇帝，梁武帝相当了解东晋南朝运营系统信仰缺失的严重弊端，特别重视将儒家思想重新作为梁政权的核心价值。《梁书·儒林列传》记载，梁武帝下达诏书说："二汉登贤，莫非经术，服膺雅道，名立行成。魏晋浮荡，儒教沦歇，风节罔树，抑此之由。"南朝宋文帝时曾建国学，之后因与北魏大规模战争而停办，齐政权时几次复建又停办，相比较北方一些少数民族统治者大力尊儒追求正统，儒学在南方反而式微。公元505年，梁武帝设置五经博士各一人，延揽当时的大儒一人一馆，每馆招有数百学生，由国家提供饮食和生活用品。公元508年，梁政权正式建立国学，规定皇室公卿子弟必须入学。以后陆续设立胄子律博士、集雅馆和士林馆。梁武帝不但赴国学讲授经籍，策试学生，还亲自著述讲义二百余篇，分遣博士祭酒到各地州郡建学，"于是四方郡国，莫不向风"（《南史·梁本纪》）。

南朝齐代时，曾组织五礼修订未能完成。梁政权建立后，梁武帝继续编撰。公元512年，颁行五礼八千一九条，为吉（祭祠）、嘉（婚冠）、宾（宾客）、军（军旅）和凶（丧葬）五礼制度的恢复和重建，发挥了重要的作用。梁武帝多才多艺，还具备音乐人的长才。他曾自制四种弦乐器名"通"，又制十二笛辅以钟器，以正国家的礼乐。经过精心的打造和包装，梁政权运营系统的品牌价值得到了相当程度上的改善。《北齐书·杜弼传》中记载，实际控制东魏政权的高欢曾感叹说："江东复一吴儿老翁萧衍者，专事衣冠礼乐，中原士大夫望之以为正朔所在。"

梁武帝充分把儒家的仁政运用于用人治国的策略，和南朝宋武帝刘裕开启的杀戮暴力传统形成鲜明对比。虽然梁武帝诛除萧宝融等明帝子孙，但对于齐高帝、武帝幸存的萧子恪兄弟一脉，不但没有斩尽杀绝，反而加以善待。他也注意放手任用宗室子弟诸王，取消了宋齐两代执行的典签制度。只要不涉及谋反，即使犯有过错也不予惩处，避免骨肉相残而有悖儒家人伦。梁政权开国初期，内有范云、徐勉和周舍等良相贤臣辅佐定策，外有韦叡、裴邃、马仙琕、曹景宗和陈庆之等名帅勇将杀敌御边。

武帝改变宋齐政权时期对于士族门阀刻意压制的做法，同时大力提拔寒族士人武将，笼络和平衡组织体制内部各种势力。梁武帝下达诏令优显士族高门，还特别严格审核谱牒，尽可能恢复士族崇高的地位。特置州望、郡宗和乡豪等各级职位，负责推荐东晋以来沉寂的旧族大姓，百家士族得到恢复、重视。

在运营系统的实际政务中，梁武帝提出"设官分职，惟才是务"（《梁书·武帝纪》）的选人原则，强调不拘门第，发挥寒人的作用。规定九流常选、试经授官，"年未三十，不通一经者，不得为官"（《文献通考·选举考一》）。五经博士五馆及国学中的儒生，经过一定程序的考试，合格者可至各级政权中任官职。南朝梁政权时期，虽未废除魏晋后九品中正制的选官制度，其实已开启考试选官即隋唐科举制度的先行探索。

梁政权实行一系列公共政策，包括奖劝农耕、兴修水利和赈灾减租，尤其关注北来侨人和失地离乡的贫民，大多从发展经济、掌控民户和人口出发，从而动员更多人力、物力和财力资源。有学者认为，在东晋和南朝，设置侨州郡和实行土断基本上是两个并行不悖的政策。通过设置侨州郡安置北来侨人，当他们在南方安顿下来，又势必将他们作为赋役的对象，这就要通过土断来实现。[1] 梁武帝同样推广了这两项政策，他相当重视流离失所的贫民，多次出台蠲除租赋等优惠措施，鼓励流民返乡或在流寓之处入籍，以增加国家控制的编户齐民。

经过梁武帝建国后的各种调整，南方社会的物质基础和精神凝聚有所提高，国家政权运营系统的动员能力得到加强。他多次主动组织大军讨伐北魏政权，特别是北方爆发六镇起义之后。公元523年、525年和528年，梁政权大军都曾北上作战，尽管并没

1　许辉、蒋福亚主编：《六朝经济史》，南京：江苏古籍出版社，1993年版，第197页。

有获得太多实际的利益，但在一定程度上，起到了彰显梁政权品牌价值正当性的效果。

痴迷佛教，走向君主专制的反面

东晋南朝期间，各种思想和宗教在竞争中多元发展。其中道教经过葛洪等人改造，逐渐成为追求长生、成仙境界的理想世界教义，一些士族名士成为信徒。而灵魂不灭、因果报应等佛家思想，越来越多地受到王公高门的追捧。梁武帝萧衍早期曾信奉道教，他称帝前多次咨询问计的大师陶弘景，即是被称为山中宰相的著名道士。武帝即位后大力提倡儒家思想，多是出于巩固运营系统价值体系的需要，而他对于佛教理念的认可和痴迷，是他个人学术兴趣及内心精神的沉淀。周一良先生评论，佛教对于东晋南朝的士大夫具有更强的吸引力。因为佛教经和论的唯心主义哲学思想，各宗派严整完备的戒律，以及与佛教相关联的文学、绘画、雕刻、音乐，等等，都远比道教内容丰富。[1]

公元504年，梁武帝正式写下《舍道事佛文》，宣告自己思想信仰上的重大转变。他和当时的高僧大德保持着广泛的交游，不仅和他们一起讲经辩理，还研究、注释佛经。其中注释《大品经》五十卷，完成后亲自前往佛寺讲经。梁武帝在佛法理论上主张"一切众生皆有佛性"及"神不灭"，在佛法实践中明令断酒肉禁杀生，创造了"无遮大会""水陆法会"和"盂兰盆会"等

---

1 周一良：《论梁武帝及其时代》，载《魏晋南北朝史论集》，北京：北京大学出版社，1997年版，第361页。

一系列佛事的仪轨。公元519年，梁武帝示范在家居士受持菩萨戒，为佛法的弘扬和普及发挥了关键性作用。作为梁政权的最高统治者，梁武帝首倡儒家、道家和佛家三教同源，认为儒道佛各有侧重又相互融合，顺应了士大夫及一般民众多种信仰的需求，有助于扩大君主专制中央集权的社会基础。但是，梁武帝又将佛教置于儒道之上，奉佛教为国教和主体，声称孔子和老子均为释迦牟尼弟子，冲击了运营系统中儒家思想核心价值的地位。

梁武帝是中国历史上第二高寿的皇帝，在位长达48年。他比北魏孝文帝元宏还年长3岁，但他38岁即位时，孝文帝已经去世三年。在北魏政权陷入内乱和分裂的过程中，梁武帝没有抓住历史性机遇，相反沉溺于佛理的私人化探索而耽于政事，和最高统治者的身份很不相符。在梁武帝高度崇佛的鼓动下，南方地区大兴建寺造塔之风，当时达到二千八百四十六所。京师建康城内外，四十余年间相继新建法王寺、敬业寺等三十八座大小佛寺。[1]他先后四次宣布出家，高调舍身佛寺，公元547年舍身同泰寺长达一个月之久。除了第一次舍身，后三次朝臣共以钱四亿万赎回。

梁武帝过度优容宗室士族子弟。武帝的六弟萧宏不仅聚敛贪吝，身为统帅打仗望风而逃，还和武帝女乱伦私通，甚至密谋刺杀武帝，但梁武帝竟都轻轻放过。一度被武帝收为养子的侄子萧正德，曾经私逃北魏后又返回，梁武帝仍恢复其爵位，并不予追究。梁武帝为了安排士族职务，不惜一再增置不必要的官位，并将南齐政权时的二十余州，增加至八十余州，边境镇戍地区都建

1　庄辉明：《萧衍评传》，上海：上海古籍出版社，
　2018年版，第245—246页。

为郡，造成官吏队伍日益庞大。梁武帝晚年的佞佛行为和宽纵作风，其实走向了帝制统治策略的反面，造成国家法制松弛，君主专制权威下降，严重消耗了国家的人力、财力资源，影响组织体制的行政效率，最终削弱了和北方政权竞争的运营系统综合能力。

侯景之乱改变了三国资源对比

东魏大将侯景前来投奔，后又发动叛乱的事件，是造成武帝离世、梁政权崩溃的重要原因，同时重创东魏及代之的北齐政权，提供了西魏、北周政权崛起的契机。北魏分裂为东魏、西魏两个政权后，高欢实际控制的东魏政权，人口数量、经济实力位居三国之首。侯景为鲜卑化羯人，河阴之变后投靠尔朱荣，后长期追随高欢征伐，以机诈权变而著称。他被高欢选中经略河南，在和西魏政权的争夺中立有战功，但与高欢之子高澄不和。公元547年，高欢去世，侯景欲以河南十三州降于西魏。掌握西魏政权的宇文泰一面陆续派兵接受降地，一面又示意侯景入朝，企图解除其兵权，表现出谨慎的统治者谋略。

公元547年，侯景派人至南梁请降。梁武帝曾梦见中原牧守献地来归，遂不顾多数朝臣的强烈劝阻，立即封其为河南王。随后，武帝派遣侄子萧渊明率十万大军北上助战，被东魏名将慕容绍宗迅速击溃，萧渊明等将帅被俘。侯景仅余八百余步骑，逃至梁政权境内的寿阳避居，被梁武帝任命为南豫州刺史。

公元548年，侯景不满梁武帝与东魏政权议和，以清君侧名义发动叛乱。虽所率军力不过八千，竟一路奔袭，直达长江。梁武帝任命侄子萧正德负责江防，觊觎帝位的萧正德居然引狼入室。叛军轻越长江天险，突然出现在建康城下，连续围攻皇宫所在台城四个月之久。城内共十万多男女、二万余兵卒，死亡者十之八九。而在城外，多由萧氏子孙领军的二十余万勤王之师，各自保存实力、畏缩不前。台城陷落后，86岁高龄的梁武帝沦为阶下囚，不久饿死。士族官员大量遭到屠杀，建康及三吴地区被叛军掠焚，犹如人间地狱。

侯景以少量军力，仅用了七个月时间，即摧毁了梁政权运营系统，暴露出暮年梁武帝丧失了作为最高统治者的理性决策能力。经过梁武帝将近半个世纪治理的南方社会，既缺乏严明制度的法家统治方法论，也没有形成皇帝、品牌政权和价值理念的共同忠诚体系。

侯景先立萧立德为帝，废之后将其勒死。梁武帝去世后，又立太子萧纲为帝，是为简文帝。公元551年，侯景再废简文帝，不久将其弑杀，改立武帝曾孙萧栋为帝。仅三个月后，他又逼迫萧栋禅位给自己，改国号为汉。这些暴行，激发了梁政权残余力量极大愤怒和反弹。当时，南方以坐镇江陵的武帝第七子、湘东王萧绎实力为最强。在侯景控制建康的一年多时间里，萧绎忙于宗室兄弟、子侄内争，先后攻灭侄河东王萧誉、兄邵陵王萧纶等人。另有弟武陵王萧纪割据益州蜀地，侄岳阳王萧詧坐镇襄阳挟西魏以自重。萧绎集团大将王僧辩率荆州军，在巴陵击败侯景军队，乘胜顺流东下，交州刺史陈霸先率勤王之师北上，两军会师攻下了建康。侯景出逃途中被杀。

公元552年，萧绎在江陵即位，是为梁元帝。他致信西魏政权宇文泰，请求其出兵，共同进攻在成都称帝的萧纪。宇文泰出兵后，巴蜀地区落入西魏的掌控。梁元帝欲讨还巴蜀，再度致信宇文泰，言辞极其傲慢，遂招致宇文泰派大军攻伐。公元554年，萧詧引西魏大军攻入江陵，梁元帝出降后被杀。萧詧被西魏立为国主，仅得到江陵三百里地，虽仍沿袭梁政权品牌，其实沦为西魏及代之而起的北周政权傀儡，史称西梁政权。

陈霸先和王僧辩约定，拥立元帝之子萧方智为嗣君。已经取代东魏的北齐政权，派军护送梁武帝侄萧渊明回国继位，得到了王僧辩的首肯。陈霸先随即发动起义，袭杀王僧辩废黜萧渊明，仍布置萧方智登基，是为梁敬帝。陈霸先从此总揽朝政，击退北齐南侵，平定各地叛乱。公元557年，陈霸先逼迫梁敬帝退位，建立陈政权运营系统，是为陈武帝。南朝疆域仅存长江以南、江陵以东的地区。

西魏政权的府兵制与关中本位价值

侯景之乱彻底改变了梁、东魏和西魏三国综合实力的对比，其中受益最大的西魏政权，攻取荆益重地，疆域扩张一倍以上，逐步成为重新实现统一的决定性力量。宇文泰接棒关中军团后，顶住高欢咄咄逼人的军事压力。这些成就得益于统治策略及组织体制上的重大变革。

宇文泰当年带到关中的鲜卑部众并不多，当地多为氐、羌部族及大量汉族乡兵。他推行府兵制改革，模仿鲜卑八部设八大柱国，除宇文泰及宗室元欣外，独孤信、赵贵、李虎、李弼、侯莫陈崇和于谨等六柱国亲自带兵。每位柱国统领两大将军，共十二位大将军、四万八千兵士。公元554年，宇文泰进一步恢复鲜卑姓氏，本来汉姓者赐以鲜卑姓，后来成为隋室先人的杨忠赐姓普六茹氏，唐室先人李虎见赐姓大野氏，凡统率士兵皆以主将的鲜卑姓为自己姓氏。这些措施照顾了鲜卑军团中反汉化的情绪，以鲜卑部落兵制的形式，组成维护中央集权的多民族府兵，实际改变了鲜卑族为主体的国人武装传统军制，从而广泛招募汉民从军，极大提高了西魏政权的人力资源动员能力。

公元556年，宇文泰推出汉族士人苏绰、卢辩依据《周礼》制定的新官制，舍弃魏晋以来官职名号，适当参考秦汉官制，依照先秦时西周政权设立中央组织体制官职。《资治通鉴·梁纪二十二》中叙述："魏初建六官，以宇文泰为太师、大冢宰，柱国李弼为太傅、大司徒，赵贵为太保、大宗伯，独孤信为大司马，于谨为大司寇，侯莫陈崇为大司空，自余百官，皆仿《周礼》。"其实这并不是简单的托古改制，而是从关中古代政治制度中寻找统治的合法性，从而整合关中本位各民族共同的价值认同。

陈寅恪先生认为，宇文泰以鲜卑部落旧制为依归，建立有贵族性质的府兵制，改易府兵将领的郡望和姓氏，并使之与土地结合，是要建立起足以与东魏、梁朝相抗衡的强有力的关陇集团。宇文泰关陇本位政策的另一个表现，是关陇文化本位政策，为了对抗高氏和萧梁，必应别有一个精神上独立的、自成系统的文化政策，以维系关陇地区胡汉诸强的人心，使之成为一家，从思想文化上巩固关陇集团。要言之，即阳传《周礼》经典制度之文，阴适关陇胡汉现状之实，内容上即拟周官的古制。[1]

宇文泰颁行苏绰起草的六条诏书公共政策，即"先治心，敦教化，尽地利，擢贤良，恤狱讼，均赋役"，形成大致以儒家德

1　万绳楠整理：《陈寅恪魏晋南北朝史讲演录》，贵阳：贵州人民出版社，2007年版，第263—264页、第269页。

治为价值观、法家刑名为方法论的运营系统，在长安设立国子学，培养大批具有儒家思想观念的人士。对于苏绰的肃贪工作，据《周书·苏绰传》中记载，宇文泰批示："杀一利百，以清王化，重刑可也。"在组织体制官员的选拔上，强调唯贤是举不限资荫，体现了破除门阀政治的全新精神。公元556年，宇文泰去世，其子宇文觉为太师、大冢宰，宇文泰侄宇文护辅政。公元557年，宇文觉即皇帝位，是为孝闵帝，北周政权开启了历史新的一页。

历史选择了北朝

《梁书·邵陵王纶传》中载，当侯景攻入皇宫后，梁武帝萧衍曾感叹道："自我得之，自我失之，亦复何恨。"梁武帝曾创造了极盛的江左文化，一度凸显了南朝政权的价值正统性。侯景之乱时，叛军烧毁大量东宫所藏典籍，特别是江陵为西魏军队所破时，梁元帝萧绎焚灭十四万卷国家收藏的图书，至少包括传世典籍一半，为历朝累积的精华，造成中华文化极大的浩劫。实际上，南方已失去和北朝政权进行天命正统性竞争的优势。梁武帝前期的种种努力及悲剧性收场，代表了南朝政权重建稳定帝制治理体系的最后尝试和失败。

北齐、北周和陈政权三国相继建立，无论是君主专制的权威，还是政权品牌合法性塑造，南方政权运营系统明显处于弱势地位。陈武帝虽被认为具有军事长才，但组织体制核心团队大多为南方土著势力，魏晋后峨冠博带的士族势力式微，陈政权国土面积狭小，控制的人力、财力资源相当有限。东晋南朝各代以来，南方士民逐渐形成关心自己及其家族荣辱，而不关心皇权更迭的传统。宋齐梁陈四代开国皇帝为武人出身，建国后迅速转向魏晋文治惯性，但并没有收获公认的王道秩序，皇室诸子及士族自相残杀不已，整个社会反而丧失了尚武的精神。

北朝的西魏、北周政权源于北魏晚期的反汉化运动，作为鲜卑人主导的少数民族政权，实际上构建了最具资源动员能力的治理体系，赐予汉族将领鲜卑复姓及托古改制等特别的方式，将占人口大多数的汉民族融合进来，最终突破了北朝政权重建大一统帝制治理秩序的瓶颈，中国的历史即将揭开新的篇章。

本章小结

秦汉第一帝国治理体系崩溃，不仅是中央集权组织体制全面失控，而且是汉武帝之后构建起来的儒家价值信仰发生动摇。无论是走向放诞悲观的玄学、追求长生成仙的道教，还是强调轮回转世的佛家，都可以为乱世众生提供一定的精神慰藉，却不适合成为统治者、被统治者普遍的行为准则。这种情况和先秦春秋时代的"礼崩乐坏"颇有类似之处。君不君、臣不臣，皆失其道。黄仁宇先生认为，魏晋南北朝时期无道昏君之多，可说是空前绝后。然而与其说这是皇室品质恶化的结果，毋宁说是反映了这个时代国家体制的脆弱。[1]

儒生进入体制后，部分演变为世袭的士族力量，后又脱儒入玄，至东晋时代直接挑战君权。士族身份源于世代的传承，而非统治者直接封赐，故而拥有价值话语权的优势感。南朝统治者多为寒族武人出身，无力改变士族门阀控制社会舆论的局面。士族垄断了组织体制内大部分的岗位，占有国家部分的人力、财力资源，是南方政权运营系统君权不振、动员能力低下的重要原因。

相较之下，北方社会经历了民族大洗牌，少数民族军功贵族在组织体制中占据更重要的位置。基层汉民通过建设坞堡、壁垒，进行生产和自卫，从而形成地方性豪族主导的聚居生活群

1　黄仁宇：《中国大历史》，北京：生活·读书·新
　　知三联书店，1997年版，第83页。

落。全国性的士族大姓，反而必须高度依附少数民族统治者而进入体制。北魏孝文帝划定姓族，将鲜卑贵族、汉人士族统一于共同的门阀序列，这既是汉化和民族融合的步骤，又是强化最高统治者专制权威的重要措施。

孝文帝主动牺牲鲜卑族的某些民族特质，迅速消除不同民族之间的差距，鲜卑族被汉民族同化是可以预见的。西魏、北周政权实施鲜卑部落府兵制，强迫汉族将领改为鲜卑复姓，这些表面上鲜卑化的命令，实际是在关中地区鲜卑人口相对稀少的背景下，将汉人充实进入鲜卑族的国人武装的措施。随着时间的推移，在这一胡汉混合的体制中，人口、文化享有优势的汉人势力占据了越来越重要的位置，最后形成了隋唐第二帝国的新兴皇权。曾经占据统治地位的少数民族被同化，似乎是渗透性政权共同的命运。

第 三 章

隋唐帝国时期为治理体系调整的阶段。隋文帝全面恢复汉制，启动科举考试取士的制度铨选创新。唐太宗构建起帝制时期最为开放、最为自由的世界性帝国系统。但是，唐代并未达成多民族国家的理想有效治理，唐代的思想、宗教信仰过于宽松，削弱了儒家价值的主导地位，中央集权的相关制度过于粗略，影响了运营系统持续的稳定性。"安史之乱"之后，唐政权进入以削藩、资源动员方式改革为重点的系统调整，韩愈等士大夫提出把儒家道统视为国家唯一的价值。

调整：
隋唐第二帝国

隋唐第二帝国，即隋朝和唐朝，是帝制治理体系从疏略、震荡走向调整的时期。隋唐两代最高统治者出自关陇军事贵族集团，以恢复汉制为重要的政治目标，实际上构建起超越秦汉的世界性帝国规模。然而，虽然唐政权运营系统混合胡汉，信仰多元，是帝制时期最为开放和自由的阶段，却未能形成国家有效的治理体系。隋唐国家系统源自北朝，统治理论、策略、组织和资源，存在着先天性的缺陷。儒家思想的核心价值未能取得主导地位，中央集权的相关制度较为粗放，皇帝更多地依靠个人能力管理而不是制度管理，最高统治者的交替处于失序的状态，均田制、府兵制的资源动员方式遭遇瓶颈，埋下了后来动乱和分裂的因素。

隋文帝杨坚取代鲜卑族主导的北周政权，确立了中央政权三省六部制框架，地方回归秦汉时代的郡县两级治理，废除九品中正制而采用科举制，创新了组织体制。杨坚是法家严刑峻律方法论的践行者，对于王道的价值理解不深，隋炀帝杨广更是继承了文帝苛政暴力的方面，无限制地发动战争、征发徭役，过度资源动员而致二代而亡。

唐政权延续了隋代的基本制度，唐太宗李世

民重建了西汉盛世后又一混合华夷的大一统秩序，被西北各族尊称为天可汗。他强调皇帝的君德修行，通过实施设立谏官、程序制衡等制度措施，自我约束皇帝的绝对权力，成为帝制时期极少数内圣外王的君主范例。不过，他通过"玄武门事变"暴力夺取帝位，对于组织体制最高统治者继承的制度性产生了相当的负面影响，间接造成武则天等后宫、外戚势力崛起。唐玄宗李隆基终止后宫、外戚干政，结束宗室势力掌握兵权等西晋、南北朝以来的传统，进行募兵制取代府兵制的资源动员改革，再度造就了中国历史上空前的盛世。

"安史之乱"的发生，既是唐玄宗时期军事组织体制弊端加剧的直接结果，又是唐政权运营系统价值观和方法论缺陷的集中反映。思想、宗教领域的多元化，削弱了统一国家忠诚体系的向心力，而设立羁縻州郡县、和亲及简单重用少数民族首领、军人，也不是多民族国家治理的制度设计。唐政权组织神策军，以两税法代替租庸调制，加强中央政权的资源控制，对于藩镇割据等挑战中央集权统治策略的行为，进行了长期的军事斗争，至唐宪宗时期取得了相当的成果，但是，直到唐政权最终衰亡，唐代社会也没有完成儒家思想、品牌政权和皇帝三位一体信仰体系的建设。武宗、宣宗等唐朝后期脆弱的稳定，主要是建立在宦官、武将和文臣等各种势力脆弱的平衡上。随着唐政权的瓦解，国家走上了汉族和边疆少数民族分别建设治理体系的路径。

文帝、炀帝：二世隋朝

　　隋文帝杨坚是继秦始皇、汉高祖、光武帝和晋武帝后，第五位统一中国的最高统治者，是帝制时期第二次大一统时代的开创者。杨坚以北周政权外戚的身份，迅速改朝换代，并推出恢复汉制的政策，符合汉人已占多数的统治集团的需求。隋政权进行了从中央到地方组织体制机构改革，从确立三省六部制，到规定郡县佐官一律由中央任免，将州、郡、县三级改为州、县两级，以科举考试作为选拔政治人才的探索，无不以强化君主专制和中央集权为目的，大多被唐政权的统治者延续和发扬。隋文帝实行多项公共政策，包括大索貌阅、检括户口及推广输籍之法等，作为北拒突厥、南灭陈国、巩固多民族政权运营系统的资源基础。杨坚晚年信奉佛教，下令裁撤除国子监外各级儒学机构。

　　隋炀帝杨广登基后，滥用人力物力，大规模征发赋税徭役，修建东都洛阳，开凿贯通南北的大运河，两下扬州，两次北巡突厥及长城，西行河西走廊，连续三次发动对高句丽的战争，超出国家资源所能承受的极限。杨广继承了隋文帝刻薄寡恩、猜忌阴狠的驭下风格，遭致各地民变及统治集团内部多方势力的反抗。隋政权的品牌，尚未建立共同的价值忠诚即走向崩溃。隋政权虽重启了数百年统一的局面，却缺乏宏大的立国价值。

北朝汉化的潮流

宇文泰去世后，掌控朝政的其侄宇文护，废除了西魏政权品牌，先后拥立宇文泰之子宇文觉、宇文毓为帝，改国号为周，史称北周政权。后又废黜、弑杀两帝，再立宇文泰之子宇文邕为帝，是为北周武帝。公元572年，30岁的周武帝击杀宇文护，宣布亲政。他主要进行了扩充汉人加入府兵和限制佛教、道教发展的两项改造。占人口大多数的汉人，实际发展为武装力量的支柱。数百万僧侣还俗成国家掌握的编户齐民，不仅在短期内快速提升了人力、财力资源能量，还凸显了儒家思想作为唯一价值的地位。公元577年，经过将近两年的浴血奋战，周武帝终于率军灭亡北齐政权，重新统一了北方。

杨坚比周武帝年长2岁，是关陇军事贵族集团的重要成员。父亲杨忠是西魏政权十二位将军之一，岳父独孤信为八柱国之一。作为世袭的随国公、太子岳父，被赐鲜卑普六茹姓的杨坚参与了伐齐之战。公元578年，周武帝英年早逝。太子宇文赟即位，是为周宣帝。次年，宣帝下诏，传位于7岁太子宇文阐，是为周静帝。公元580年，年仅22岁的周宣帝去世。宣帝近臣郑译、刘昉矫诏令杨坚入宫辅政，都督内外诸军事。杨坚实际控制了北周政权的最高权力。公元581年，在清除京城宗室诸王势力、平息三方实力派叛乱后，杨坚以接受禅让方式称帝，正式推出了隋政权品牌。登基前，他下令将北周宇文氏宗室屠杀殆尽，不久又派人暗害了周静帝。

曹氏父子代汉、司马氏祖孙代魏和刘裕代晋等，一般都经过二十余年的酝酿和准备。隋文帝既无显著的军功，又不具备文采风流，他以外戚及关陇集团第二代的身份，仅用十个月左右的时间成为最高统治者，除去一些偶然因素，主要反映了当时大环境中汉化的潮流。宇文泰来到关中地区时，鲜卑人是当地的少数族群。面对东魏、南梁政权的资源和价值动员优势，他不得不将汉族将领、乡兵引入鲜卑族国人武装。宇文泰通过赐予这些汉人鲜卑复姓、模仿鲜卑部落组织等包装形式，以适应六镇兵变后鲜卑化的环境需要。经过宇文护及周武帝宇文邕二十余年经营，统治集团内部胡汉力量对比发生质变。汉族军政势力已占多数，即使鲜卑贵族，也常以汉仪为荣。周宣帝即位时，初服通天冠绛纱袍，群臣皆服汉魏衣冠。[1]

在宇文氏皇权衰落的情况下，杨坚以关陇贵族集团中鲜卑化的汉人主政，符合多数汉族勋贵及关中士族的汉人主导政权诉求，而鲜卑贵族尚能接受。隋文帝即位后，立即发起改变舆服、恢复汉家服饰的行动，将被改为鲜卑复姓的汉族文武恢复原姓氏，确定"易周氏官仪，依汉、魏之旧"（《隋书·帝纪第一》），通过恢复少数民族进入中原前的汉人礼仪文化，向天下彰显隋政权的价值正统性。

组织体制改革与科举取士

在隋政权的开国典礼上，隋文帝宣布了尚书省、门下省和内史省的首脑，以及尚书省下属六部的长官名单。这是帝制时期组织体制中央政权的重大机构革新。三省六部制度，成为后世统治者进一步集权化改造的基础框架。宇文泰托古改制，模仿《周

1　陈寅恪：《隋唐制度渊源略论稿　唐代政治史述论稿》，南京：译林出版社，2020年版，第72页。

礼》建立六官制度，本意是从关中西周时期的礼制中，塑造关中本土的价值。其中统领五府的大冢宰为宇文泰总揽大权而设，周武帝亲政后，已着手取消大冢宰独裁，并分散相权。隋文帝参照北齐制度，以三省长官集体组成的丞相领导制取代秦汉时代个人开府的丞相制，将汉武帝时牵制外廷而设立的内廷制度的组织体制架构作为国家正式的最高行政机构。由皇帝直接领导，数位丞相共同商议大政方针，中书省草拟诏令，门下省审核，然后交由尚书省及吏部、礼部、兵部、都官（后改刑部）、度支（后改民部）和工部等六部执行。隋政权废除了自秦汉沿袭的三公府及其幕僚，至此，三公成为纯粹的荣誉职位。

隋文帝重建地方行政机构，恢复秦汉时代郡县两级治理模式，是以加强中央对地方的绝对领导为目标，旨在根本改变大分裂时期对社会控制能力衰落的局面。隋政权建立之初，文帝一度分封诸子和宗室为王，并设立尚书行台制度，作为管理一方的最高军政机关。《隋书·帝纪第一》中记载，"置河北道行台尚书省于并州，以晋王广为尚书令。置河南道行台尚书省于洛州，以秦王俊为尚书令。置西南道行台尚书省于益州，以蜀王秀为尚书令"。统一后改设大总管。全国分为三到四大区，多由皇子亲王出镇。行台或总管府的官员都由中央政权任命，其实是设置了较为灵活的对于地方的控制机构。西晋政权崩溃后，南北王朝滥设州郡，机构重叠、效率低下，各朝政权都以郡县官来拉拢地方豪族，造成国家财政资源严重浪费。

隋文帝下决心取消郡一级层级，废除实行了将近六百年的州、郡、县三级制度，恢复到秦汉时代两级行政体制。共裁撤数百个郡级单位，数万官员下岗、转岗，其中一部分转入州县机构。同时废止了汉以来的辟召制度，黜退地方长官辟召的僚属。

《隋书·志第二十三·百官下》记载，州县机构"别置品官，皆吏部除授，每岁考殿最。刺史、县令，三年一迁，佐官四年一迁"。韩昇教授认为，这是地方政治制度史上具有划时代意义的政令，它将地方官吏的任命权统统收归中央，而且还规定官员的任期，每年考核，以为去留晋级的依据。[1]这是从地方组织体制的安排、设计上，保障了君主专制、中央集权统治策略的权威。

隋政权相承北朝崇尚军功的传统，尽管文帝重用了苏威、高颍等文臣，但关陇军事集团贵戚子弟仍是组织体制中的主要势力。中央政权收归各地官吏的考选大权后，暴露出干部资源储备的严重不足。自曹魏政权实行九品中正制选拔制度，数百年以来，人才的推荐掌握在地方士族控制的州郡县三级中正官手中。这显然不能满足自上而下健全的组织体制的需求。隋文帝下诏，要求地方长官根据条件推举人才，中央政权吏部负责考选，并由皇帝亲自选定。这种完全排除了地方士族参与，而由政府操控的任用制度，意味着以门第取才的九品中正制终结。

公元587年，隋文帝下令"制诸州岁贡三人"（《隋书·帝纪第一》），各州贡士集中京城，参加朝廷组织的明经科和秀才科的分科考试。其中明经科根据儒家经典进行策试，秀才科要求阐述政治见解和方略。虽然当时受教育水平、社会风气和统治者见识等环境因素影响，并没有出现立竿见影的选才效果，但是，中央政权主导、以个人才学而不以门第为原则的科举制取代察举制，开创了帝制时期治理体系组织体制取才标准变革的先声。

1　韩昇:《隋文帝传》，北京：人民出版社，1998年版，第157页。

将资源动员能力持续提升

隋文帝执政之初，迅速颁行《开皇律》和《开皇令》，通过法律、政策等多种公共产品，一方面适度减轻刑罚、减少民众的赋役负担；一方面加强社会的基层控制，扩大国家控制编户齐民的数量，整体上提升了中央集权的运营系统资源动员能力。出于清理北周繁杂而严厉法律的考虑，公元581年，隋文帝命高颎、杨素和苏威等人编修《开皇律》。两年后，又做出订正，一定程度上捐弃前代酷法，特别对于死刑的认定、复审和执行方式做出规范，缩小连坐的范围，允许民众逐级申诉上告。其中关于"十恶"必须得到严惩的规定，即犯有谋反、谋大逆、谋叛、恶逆、不道、大不敬、不孝、不睦、不义和内乱罪者，不能予以宽赦，体现了维护君主专制和儒家伦理的原则，为隋之后的历代所沿袭和继承。

公元582年，隋文帝再颁《开皇令》，继续北魏、西魏和北周等已经执行上百年的均田制。考虑到授给民众的荒田已严重不足，隋政权将成丁年龄从十八岁提高到二十一岁，每年服役期限由一月改为二十天，调绢由一匹改为二丈，不役者收庸，社会的矛盾得到缓解。同时，又通过三长制的基层控制，要求州县官吏检查隐漏户口，大索貌阅。即按照户籍本登记的年龄，和本人的体貌特征进行核对，从而达到更直接控制农民的目标。随后，文帝推行宰相高颎策划的输籍之法。中央政权确定划分户等的定样标准，每年正月初五，各县派人下乡依定样确定各家的户等，写成定簿作为纳税服役的依据。这些措施，相当有效地打击了地方豪强占有附属人口、瞒报的弊端。

隋文帝以恢复汉制为号召，通过加强中央集权等组织体制改革，完成了北方地区以汉文化为核心的民族融合。他充分发挥了历经西魏、北周政权持续整合的资源优势，走上了大一统的战争之路。隋军击败了新兴的突厥铁骑侵袭，强制西北吐谷浑接受朝贡安排。东北契丹、靺鞨等少数民族遣使内附。公元587年，隋文帝将西梁国主萧琮召至长安，终结了偏居江陵的附庸政权。公元589年，以次子晋王杨广为统帅，西起巴蜀、东至大海，各路隋军向陈政权发起全面总攻。不久，攻入金陵，俘获后主陈叔宝。次年，平定了南方各地豪族土酋叛乱，终于恢复了自西晋政权崩溃后南北大一统的治理秩序。

隋文帝生性节俭，在他的统治下，国家综合实力获得提升，府库之充裕为历代所未有。文帝设仓贮粮，其中官仓用以供养军公人员，把关东各州的食粮集中于黄河沿岸米仓，通过黄河及广通渠运河送达京师。另有乡间所设义仓，储粮为民众所捐纳，作为饥荒赈济灾民的储备。考古发掘证实，唐人估计绝非夸张，即文帝末年诸仓所存食粮，可供政府五六十年之用。[1]国家统一后，隋文帝又改革府兵制度，下诏军人户籍隶属州县，授田方法和民众同步，进而实现了兵民合一。隋政权一度达到极盛，颇具超越秦汉的世界性帝国规模。

停办儒学，更换接班人

从某种意义上说，隋代北周灭陈而统一天下，具备整合关

1　韩昇：《隋文帝传》，北京：人民出版社，1998年
　　版，第243页。

中、山东和江南士族民众价值信仰，从而拥有天命的持续稳定治理体系的条件。但是，隋政权并未利用好这些条件。隋政权立国三十余年即告崩盘，与秦政权、西晋政权同为帝制时期最为短暂的全国性运营系统，这是隋文帝选择接班人严重失误的直接后果，也和他自身性格、见识上的缺陷相关。隋文帝缺乏汉高祖刘邦的大度和智慧，也不具有光武帝刘秀的儒学修养和躬身垂范。他通过篡位取得政权，又在即位前屠杀北周宇文氏皇族成员，关陇集团勋贵及各地士族内心不可能真正敬服。隋政权君臣关系长期紧张，刘昉等多位功臣故交被诛杀。文帝还在朝堂上公开廷杖大臣，将对国家贡献巨大的高颎免职为民。

隋政权不断出台各种加强社会管制的政策：公元595年，要求收缴天下兵器，私造者处以连坐之刑；公元596年，下令工商业者不得做官；公元598年，规定禁民间大船，凡三丈以上悉数入官。

隋文帝十三岁前曾在寺院生活，即位后一改北周武帝的禁佛政策，转而大力扶持佛教复兴。他鼓励大规模造寺写经，在全国范围内建塔造像，听任度僧与出家，还广集天下名僧大德，将京师建成佛教中心。隋文帝推行佛教治国，实际上是通过高僧的背书和赞颂，增强隋政权代周的价值合法性。由于隋文帝认为国家兴办儒学多年并未能培养出优秀的人才，公元601年，下诏除中央保留一所国子学外，其余太学、四门学及州县学校一律废除。显然，文帝并不理解儒学在国家治理体系中的重要作用。

晋王杨广为隋文帝次子，和太子杨勇等五兄弟均为独孤皇后所生。他长相英俊、文采上乘，是隋代留存至今诗作最多的才子。因为不是嫡长子，无须留驻京师，反而拥有了外放增强阅历的机会。杨广13岁即被封王，担任名义上的并州总管，后以统帅的身份灭亡陈朝，平定南方各州的武装反抗，北上抗击突厥入侵。在杨勇不擅政治表演、失去父母信任的情况下，杨广积极活动和包装自己，得到独孤皇后及重臣杨素等支持。公元600年，隋文帝废黜杨勇，改立杨广为太子。

滥用国家资源

公元604年，病重的隋文帝在仁寿宫去世，杨广即位，是为隋炀帝。虽无史料确认杨广因文帝欲改立储君而弑父，但杨广伪造文帝遗诏赐死杨勇，之后又将杨勇诸子分别予以杀害，终身禁锢四弟蜀王杨秀、五弟汉王杨谅，处死功勋大臣宇文弼、贺若弼和高颎等人，足以证明他性格中暴虐无道的方面。隋炀帝接手了盛世的局面，《隋书·志第二十四·地理上》记载，至公元609年，隋朝人口达八百九十万户，四千六百万口，土地增至五千五百八十五万顷。但是，隋炀帝为建立"奄吞秦汉"千古一帝的伟业，滥用国家人力和物质资源，是最高统治者人为造成系统失衡而最终崩溃的典型案例。

隋炀帝登基之初，即下诏营建东都洛阳及打通大运河。以尚书令杨素、纳言杨达和将作大匠宇文恺亲自负责重造洛阳，每月役丁二百万人，《隋书·志第十九·食货》对此进行了描述："而东都役使促迫，僵仆而毙者，十四五焉。每月载死丁，东至城皋，北至河阳，车相望于道。"隋炀帝发河南诸郡男女百余万，开通济渠，自洛阳西苑而达于淮河，又发淮南民众十余万开邗沟，自山阳引淮河至扬子津入长江。公元608年，炀帝下诏发河北诸郡男女百余万开永济渠，引沁水南达黄河，全长二千余里。

公元610年，又穿通江南河，自京口至余杭，连接了长江至钱塘江之间水上航线。永济渠、通济渠、邗沟和江南河组成以洛阳为中心的大运河，横贯海河、黄河、淮河、长江和钱塘江五大水系。长安至江都修建离宫四十余座，通济渠通航后，在洛水入黄河的平原上修建了大型米仓。东都和大运河投入政治和经济的运营，有效加强了隋政权控制的原北周、北齐和南朝三部分区域的一体化，是南北朝之后，中国地缘格局从东西方向过渡到南北方向的起始。

大运河的开通，极大地满足了隋炀帝个人好大喜功的虚荣心。他早年曾任扬州总管，长期在江都生活，萧皇后为西梁国主萧岿之女，同样喜欢南方。隋炀帝两次巡游江都，不无追求内心文人梦想的可能。公元605年通济渠竣工，他立即率皇后嫔妃文武百官出发，大摆排场、竭尽奢华。所乘龙舟高四五十尺，长二百丈，又有大船数千艘，挽船士兵共八万余人，船队前后连接达二百里。公元611年，在江都休养七八个月后，隋炀帝踏上了第一次征伐高句丽的旅程。

在隋炀帝居于帝位的十余年间，他花费了相当的时间，促使周边的民族或政权臣服，竭力营造万邦来朝的形式和感觉。隋炀帝北上视察接近突厥的边境地区，西行河西走廊，大规模、有意识地经营小国林立的西域。公元607年，他从长安出发，经雁门、马邑，到达今天的榆林郡，宴请文帝时臣服的东突厥启民可汗，以及部落随同者三千五百余人，一次性赐物二十万段。随后北渡黄河，威震塞外各族。《资治通鉴·隋纪四》中记载了当时的风光："甲士五十余万，马十万匹，旌旗辎重，千里不绝。"宇文恺等专门设计了可行进的观风行殿："上容侍卫者数百人，离合为之，下施轮轴，倏忽推移。"启民可汗把榆林到其牙帐的御道，延伸至重镇涿郡，全长三千里。隋炀帝临时决定，入塞经太原返回洛阳。公元608年，他经五原出塞，再次巡游长城。《隋书·志第十九·食货》记载，隋炀帝第一次北巡途中，"兴众百万，北筑长城，西距榆林，东至紫河"，在突厥可汗的牙帐以南，突击修筑防线。第二次北巡又发丁二十万筑长城，将朔方以东的城、堑改造为长城，并向燕、代方向延伸。

公元609年，隋炀帝出临津关，西渡黄河，来到今青海一带的西平，击败吐谷浑游牧政权。仙头王率男女十万余口归降，伏允可汗南遁。隋炀帝到达河西走廊张掖，在焉支山，会见高昌王、伊吾吐屯设、西域二十七国使者，并设立西海、河源、鄯善和且末四郡，成为帝制时期西巡最远的最高统治者。

公元610年正月十五日，诸藩酋长云集东都洛阳。关于当时的景象《隋书·志第十·音乐下》《资治通鉴·隋纪五》等均有记载：隋炀帝命"盛陈百戏，自海内凡有奇伎，无不总萃"，"执丝竹者万八千人，声闻数十里，自昏至旦，灯火光烛天地，终月而罢"。隋炀帝实为元宵灯节的发起人。[1]

关陇勋贵统治集团分裂

公元612年、公元613年和公元614年，隋炀帝连续三次亲征辽东讨伐高句丽。这是他个人及隋政权由盛而亡的转折点。公元611年，隋炀帝发布全国征辽总动员，诏令各地督造战船、运送军粮和装备。南北民众继大规模工程的沉重苦役后，陷入了被

---

1 胡戟:《隋炀帝的真相》，北京：北京大学出版社，
  2011年版，第162—163页。

征发作战的恐惧中。河南王薄编《无向辽东浪死歌》首先聚众反抗，山东、江淮的窦建德、翟让和杜伏威等人相继造反，兴起的民变武装达21支之多，这些武装的来源除个别为关中、河西地区外，大多为原属北齐和南方政权民众。当时起义的情况颇似秦政权末年原六国民众揭竿而起的场景，可是隋炀帝却轻视当时尚处于分散状态的义军，不以为意。

第一次征伐高句丽以大败告终。渡过辽水的隋军三十余万，最后撤回辽宁城，仅二千七百余人。杨广仍一意孤行，次年又仓促动员第二次征伐。其间，发生了杨素之子杨玄感起兵反隋的严重事件。杨素是关陇勋贵统治集团的重要成员，在隋文帝代周，特别是隋炀帝谋取储君的过程中出过大力，后遭隋炀帝猜忌，生病拒绝吃药而死。杨玄感兄弟利用隋炀帝征辽引发的骚乱公开造反，四十余位贵族功臣子弟参与其中，是对隋炀帝试图削弱关陇集团、加强君主专制的反弹。这暴露了隋文帝、隋炀帝父子统治三十年后，即使在统治集团的最高层，也没有真正形成对于隋政权品牌的忠诚。虽然杨玄感兵败被杀，但他的谋主、西魏政权八柱国之一李弼曾孙李密逃脱，两年后成为瓦岗义军的主要领袖。

隋炀帝第三次征伐高句丽无功而返后，竟再度北巡突厥，被反叛的启民可汗之子始毕可汗率部围于雁门，虽然侥幸脱身返回洛阳，但是，各地民变风起云涌，大局糜烂。公元616年，隋炀帝第三次乘龙舟前往江都避居，从此纵情声色而无所作为。他一度策划迁往丹阳，即南朝首都建康，反而激起关中籍禁卫军极大的不满。隋炀帝大量征发府兵参战，并且采取募兵方式，组建被称为骁果的御林军团。来自关陇地区的骁果军思乡心切，不愿追随隋炀帝继续南行。公元618年，隋炀帝为叛变的禁卫军所杀，除萧皇后外，隋室子孙亲属大多遇害。被骁果军推为政变首领的宇文化及，为北周政权上柱国宇文盛之孙、大将军宇文述之子。宇文氏兄弟及关中骁果公然弑君，标志着关陇勋贵势力彻底抛弃了隋政权。

当时隋炀帝表兄、西魏政权八柱国之一的李虎之孙李渊，已和次子李世民等率军攻占了长安，李密指挥瓦岗义军围攻东都洛阳，隋军大将王世充企图据有洛阳而自立，梁室后人萧铣及窦建德、杜伏威等民变首领群雄并起，这离隋政权运营系统完成大一统仅二十余年，天下便陷入大混战的局面。

父子均无儒家的价值观

从隋文帝晚期至隋炀帝的早期，隋朝社会经历了短暂的繁荣，国家实现了高度中央集权的南北统一。隋政权以具有相当控制能力的组织体制，直接掌握了超过九百万的编户，这些编户是国家巨额赋税和徭役的来源，成为隋炀帝上马大型工程、发动对外战争的物质和人力资源力量。隋炀帝并非一无是处，他进一步完善三省六部制的程序化改革，设立进士科，以考时务策为主，对于考生出身门第不加限制，推进了隋文帝时启动的组织体制人才选拔科举制度的尝试。他还恢复了被隋文帝废止的各级儒家学校，一定程度上推动了南方经学对北学的统一。[1]但是，隋文帝杨坚、隋炀帝杨广父子均无实现儒家仁政的理想。公元594年，关中大旱，民众饥困，杨坚竟不许开仓放粮。隋炀帝罔顾大环境和社会民众的基本需求，过度地动员和浪费资源，终于酿成全国范

---

1 袁刚：《隋炀帝传》，北京：人民出版社，2001年
版，第363页。

围内的民变。

从最高统治者的性格而言，隋文帝被晚辈的唐太宗李世民评论为性至察而心未明，为人苛刻、心胸狭隘，猜忌、羞辱和诛杀朝中大臣。隋炀帝更是好大喜功，自视文采过人，无法容忍任何不同的意见。隋文帝建立、隋炀帝继承的运营系统，存在着核心价值不彰的致命缺陷，以致无法突破建立政权品牌忠诚度的瓶颈。隋炀帝可能以汉武帝为效法对象，但他并没有汉武帝识人、用人和自我纠错的能力。汉武帝时期西汉政权已经建构起相当的天命合法性，显然隋炀帝并不处在同样的历史大环境里。隋代以汉民族为主体、各民族融合的治理体系，最终被同为关陇集团哺育的唐政权延续和发扬。

天可汗唐太宗

唐太宗李世民是唐政权第二任最高统治者，又是唐高祖李渊重新统一天下军政集团的核心成员之一。他弑兄屠弟、逼迫父亲退位，以非正常的方式登上皇帝之位。但是，他又虚心纳谏、自我克制。所谓水能载舟亦能覆舟的比喻，生动表现了公共政策和民众需求之间的关系。唐太宗君臣概括出的国以民为本理论，相当程度上丰富了中央集权君主专制的统治策略，是对前代统治者内法外儒思想框架的超越。李世民拥有部分鲜卑胡族的血统，却开创了帝制时期唯一汉民族主导的世界性帝国格局。他被各少数民族尊称为天可汗，成为以中原农耕文明为核心、包括草原游牧、森林渔猎等文明的运营系统的天下共主。唐太宗授命编撰《五经正义》，将儒家经典尊为官方的思想，同时又实行信仰上的自由，佛家、道家等思潮得到了大范围传播。唐政权科举选才的考试内容，包含了经学、策论及文学等多种方式，不仅限于儒家经典。

唐太宗李世民创造的运营系统具有相当的包容性、坚韧性，同时隐藏着最高统治者非伦理秩序型继承的胡族基因。对于宗室、外戚、功臣各种势力，他也没有刻意地去防范和打击，这些都对国家运营系统长期的稳定性，形成了消极的后果。

功勋卓著，得位不正

李世民之父、唐政权的创建者李渊，是西魏政权八柱国之一李虎之孙，李渊母亲独孤氏，是西魏政权八柱国之一的鲜卑贵族独孤信之女，和北周静帝宇文毓皇后、隋文帝杨坚皇后为亲姐妹。李渊正妻窦氏，即李世民母亲具有北周皇族血统，窦氏的母亲是北周武帝的姐姐襄阳长公主，对于杨坚受禅、杀戮北周皇族悲愤不已。[1]作为隋炀帝杨广表兄，关中本位创业家族的核心之一，李渊在隋政权大厦将倾之际，起兵太原、直下长安。《大唐创业起居注》中记载，"三秦士庶、衣冠子弟、郡县长吏、豪族弟兄，老幼相携、来者如市"，之后李渊派军平定蜀地，所控制编户居各割据政权首位，成为关陇勋贵势力新的拥戴对象。公元618年，李渊废黜自己所立的隋炀帝之孙隋恭帝杨侑，以接受禅让的方式即皇帝位，改政权品牌为唐，是为唐高祖。

18岁的李世民参加了李渊集团太原举义的决策，相较于兄长李建成多在父亲身边协助处理军国大事，他主要以军事统帅身份，独当一面冲锋陷阵。在唐政权前后七年统一全国的六大战役中，李世民亲自指挥了征伐薛举和薛仁杲父子、刘武周、王世充和窦建德及刘黑闼等四场最大规模的作战。其中历时十个月对王世充、窦建德的战争，是唐政权平定天下的关键性一役。李世民收复东都洛阳后，严明军纪秋毫无犯，将一些王世充、窦建德原部属及山东豪杰李勣、秦叔宝和程知节等人纳入帐下，个人声望和实力大为提高。

1　〔日〕藤善真澄著，张恒怡译：《安禄山——皇帝宝座的觊觎者》，上海：中西书局，2017年版，第4页。

公元622年，李世民率部平息河北窦建德旧部刘黑闼反叛，但是他班师后，刘黑闼卷土重来，从者甚众。唐高祖李渊改派皇太子李建成亲征。根据魏徵的建议，李建成改变过去"悬民处死"的做法，以安抚柔性政策争取民心，妥善处理了河北平叛的善后问题。

李世民在唐政权统一战争中的贡献突出，先后被封为秦王和天策上将，不可避免地引发太子李建成集团极大的不安。李世民凯旋长安时，身披黄金甲，二十五位战将紧随在后，铁骑万匹，一时天下瞩目。天策上将位列王公之上，天策府实际成为李世民的军事顾问机构。他以海内无事为由设立文学馆，收罗杜如晦、房玄龄等十八学士，公事之余引见诸学士讨论典籍，文学馆实际成为李世民的政治顾问机构。

唐高祖李渊无意改变运营系统中帝位的嫡长子继承制，但也不允许铲除秦王集团。李世民和李建成双方，在朝廷大臣、高祖后宫分别寻找支持者，还扩充京师王府的私人卫队，积极拉拢山东豪杰等地方实权人物，打击或收买对方的部属，形成势同水火的严重对垒。虽然李建成军功、能力上逊于李世民，但毕竟居于组织体制正统地位，又得到齐王李元吉支持，整体上仍然占据上风。

公元626年，李世民在妻弟长孙无忌、谋臣杜如晦、房玄龄和大将尉迟敬德等人策划下，采取突然袭击的方式，秘密设伏于宫城北面玄武门。乘李建成入朝无备，李世民亲手射杀了李建成，尉迟敬德杀死了李元吉。唐高祖被迫立李世民为太子，不久退位，改称太上皇。29岁的李世民即皇帝位，是为唐太宗，并于次年，将武德年号改为贞观。后来唐太宗多次称自己"为兄弟不容"，对于当年的行为做出辩护，但这并不能掩饰他以暴力手段夺取政权的事实。陈寅恪先生评论，"唐自开国时建成即号为皇太子，太宗以功业声望卓越之故，实有夺嫡之图谋，卒酿成武德九年六月四日玄武门之变"。陈寅恪先生还从巴黎图书馆藏敦煌写本伯希和号二六四〇李义府撰《常何墓碑》考证：屯守玄武门的常何旧曾隶属李建成，而为唐太宗所利诱，实为事变成功之关键。[1]

将民众意愿作为权力的来源之一

经过隋末大规模的动乱和战争，国家控制的编户从九百万户下降至不足三百万户。一些参与造反的民众尚未放下武器，又连续遭遇灾年，东突厥颉利可汗游牧政权乘机南下，唐政权一度面临内忧外患的严重局面。唐太宗即位后，对原东宫、齐王部属采取宽大不纠的政策，其中的贤者反而得到重用。最著名的魏徵被派往山东，招抚反叛的豪杰，起到了迅速稳定局势的作用。他亲临渭水前线，和率军入侵的颉利可汗隔岸对话，从容将突厥铁骑劝退，表现出胡汉混血的一代统治者的胆略。

唐太宗亲自主持的理政得失辩论会上，魏徵主张实行儒家思想的王道、帝道，封德彝推崇秦汉时代的法家霸道，二者是运营系统的价值观和方法论，在不同大环境中所强调的不同侧重点。唐太宗选择魏徵的大治方案，是出于对当时千里无烟、百姓凋敝的洞察。《资治通鉴·唐纪八》记载，有大臣提议以重法止盗，唐

---

1 陈寅恪：《隋唐制度渊源略论稿 唐代政治史述论稿》，南京：译林出版社，2020年版，第241页、第245页。

太宗制止说："民之所以为盗者，由赋繁役重，官吏贪求，饥寒切身，故不暇顾廉耻耳。朕当去奢省费，轻徭薄赋，选用廉吏，使民衣食有余，则自不为盗，安用重法耶？"由此确立了贞观时期施政的总方针。

唐太宗抚民以静、民为国本的公共政策，主要落实在充分保障民众农业生产的权利上，即与民休养生息、国家征役不违农时。唐政权推行北周以来的均田制度，对于荒田不足地区即狭乡的农民，特别是部分的灾民、流民，国家鼓励迁往空荒之地较多的地区即宽乡，以便给足田数。唐太宗即位之初，曾诏令全国减免赋役。鉴于隋炀帝迅速灭亡的教训，施政的重点放在防止滥用民力，坚决反对劳役无时等方面。违反规定时间范围役使民工，国家以法律的形式予以刑事处分。唐太宗作为帝王率先节俭垂范，多次制止有关大臣建造宫殿楼台的建议，以减少扰民的劳弊之事。

公元629年，唐太宗为劝课农桑，恢复了被废弃数百年的天子籍田仪式。《旧唐书·礼仪四》记载，太宗"亲祭先农，躬御耒耜，藉于千亩之甸……观者莫不骇跃"。曾发生皇太子行冠礼仪和农时冲突事件。当时礼部建议阴阳家择用二月吉日，但正值春耕季节，唐太宗宁愿屈礼而贵农，将冠礼改为秋后农闲的十月。在和突厥等少数民族政权交往过程中，唐太宗通过交换礼物、赠送财物等方式，先后赎回近二百万被掠、逃亡人口。他还两次下令释放大量宫女，"任其婚娶"，颁布"劝勉民间婚娶诏"，并将婚数与户数的增加，作为考核官员升迁的重要依据。这一系列的政策，缓解了农业劳动力不足的现象。

唐政权延续了隋代设置义仓储粮的制度，每逢灾荒即开仓赈贷。唐太宗相当重视救灾工作。即位的最初三年，关中、关东接连发生水旱霜蝗之灾，他不但派遣大臣四处巡视救济，精简政权机构、压缩开支，据说还在御苑吞食蝗虫数枚，说道"民以谷为命，而汝食之，宁食吾之肺肠"[1]，表达了他"国以民为本"的理念。

在唐太宗亲自主持下，君臣在朝堂上探讨历代统治价值和策略的得失，特别是解剖隋政权兴亡成败的案例。这是唐初高层政治生活的重要内容。《贞观政要·政体第二》中记载，唐太宗认为，"天子者，有道则人推而为主，无道则人弃而不用，诚可畏也"，魏徵回道，"君，舟也；人，水也。水能载舟，亦能覆舟。陛下以为可畏，诚如圣旨"。唐太宗魏徵君臣的对话，是对董仲舒以来君权神授的天命论价值的修正和丰富，即把民众的意愿，作为最高统治者的权力来源之一。

设计约束皇权的决策程序

唐太宗进一步提出"君人者以天下为公"（《贞观政要·公平第十六》），"朕每思出一言，行一事，必上畏皇天、下惧群臣……但知常谦常惧，犹恐不称天心及百姓意也"（《贞观政要·谦让第十九》）。唐太宗得出了国家的政策不能由皇帝独断的结论，即"以天下之广，四海之众，千端万绪，须合变通。皆委百司商量，宰相筹画，于事稳便，方可奏行。岂得以一日万机，独断一人之虑也"（《贞观政要·政体第二》）。作为最高统治者，必须纳谏兼听，凡是遇到的问题，朝廷各个部门必须进行充分商

1　汪篯:《唐太宗与武则天》，上海：华东师范大学出版社，2018年版，第26页。

讨，皇帝发出的诏令，大臣如果觉得不妥，"必须执奏，不得顺旨便即施行"。这是中国帝制治理体系诞生八百余年后，最高统治者对于君主专制、中央集权的统治策略主动进行的一次反思，从中发现了皇权过大造成的运营系统的巨大风险。

唐太宗通过加强谏官、封驳等程序性的制度，自我约束皇帝的行为和权力，以弥补君主专制策略的严重缺陷。唐太宗要求百官"上封事"，就是提出关于治国理国的具体建议，还用奖赏的办法鼓励臣子直谏。秦汉帝国组织体制中已有谏臣的存在，作为言官，其主要工作就是给皇帝提出意见，但组织体制中并无明确的谏官机构，唐太宗予以逐步完善。玄武门事变后不久，唐太宗起用原东宫府的王珪、韦挺为谏议大夫，随后又任命魏徵为谏议大夫。十七年间，魏徵先后向唐太宗进谏二百多条，从国家大政方针到帝王生活细节。魏徵是贞观时期谏臣的杰出代表。

唐中央政权沿袭隋代三省六部的组织体制。中书省取旨，门下省封驳审议论其得失，继而由宰相会议判断后提请皇帝裁决，最后交尚书省执行。唐太宗要求各部门，必须严格按照程序操作，互相制约和监督，对于以皇帝名义发出的诏令进行复核审查，防止因个人独断出现的失误。对于死刑的判决，必须复奏三次方可执行。虽然君主个人专制的本质不可能根本改变，臣子进谏、商议的结果要看皇帝接受的程度。贞观中晚期唐太宗也逐渐骄傲奢侈，但从整体上而言，唐太宗仍以自己的身体力行和躬亲垂范，为后世的帝王树立了标杆。

公元639年，魏徵上《十渐不克终疏》，对唐太宗搜求珍玩、频事游猎、昵小人、远君子等十个方面的变化提出批评，再次提醒他慎终如始，唐太宗表示接纳，还赏赐魏徵黄金、马匹。

天可汗的治理格局

塞外东突厥游牧政权，兴起于隋末大乱之际，北方包括初生唐政权在内的各反隋集团，均曾向东突厥称臣。陈寅恪先生考证，太宗实为当时主谋称臣于突厥之人。秦王时期的唐太宗，甚至向颉利可汗借过兵。[1]他即位后，以和平手段劝退颉利可汗的侵犯，一度采取偃革兴文策略，是正视大动荡后国家资源动员能力严重下降的现实。作为杰出的军事统帅，唐太宗不可能满足于仅成为类似汉文帝的仁君，他组织部队军事训练，亲自在宫殿上教习兵士箭术，并从养胡马开始，建立了强大的骑兵部队。

公元630年，唐太宗乘铁勒各部反叛及东突厥内乱，派李靖、李勣等将领分道出击，最终俘获颉利可汗，终结了东突厥政权北方草原的霸主地位，将西起阴山、北至大漠的广阔地带收入版图。公元634年，唐太宗以李靖为帅，统率侯君集等击败吐谷浑，解除了对于河西走廊的威胁。

公元639年，西域高昌麹氏汉人政权阻隔商路，并臣服于西突厥。侯君集奉唐太宗之命，率领骑兵部队长征七千里，深入沙漠两千里，历时五个月，一举攻占了高昌城。唐太宗没有接受魏徵等人继续扶持麹氏统治的建议，而在高昌故地设置了州县。不久，焉耆之乱平定，龟兹统一，西突厥放弃在西域的统治。唐政权遂设立龟兹、疏勒、于阗和碎叶四镇，即著名的"安西四镇"。移安西都护府于龟兹，至此完成西域的统一。连接中亚及阿拉伯等地的丝绸之路再度畅通，各国商队源源不断涌向长安。

东突厥游牧政权被击溃后，唐太宗被草原各族共推为天可

---

1 赵克尧、许道勋：《唐太宗传》，北京：人民出版社，1984年版，第229—230页。

汗。这是帝制时期第一次由汉民族主导，实现了天下农耕、游牧区域统一治理的格局。北方草原部落及西域绿洲邦国，通过依附于强大的天可汗，获得安全和稳定的秩序。唐太宗击败突厥、吐谷浑集团后，没有进行报复和屠杀，相反设置都护府，采取任命当地贵族为都督、刺史的羁縻策略。对于内迁的十余万户突厥民众，唐太宗将其安置在肥沃的农耕区域，其中一万余家被迁居到长安，仍由本族代表进行有限的自治管理。唐太宗挑选部分突厥贵族担任京官武职，其中任职五品以上的将军、中郎将约有一百多人，差不多占了朝廷武官半数。[1]

唐太宗是汉族和鲜卑族的混血儿，实行和少数民族君主联姻、和亲策略，其内心感受和真实考虑，和汉初被迫和亲的最高统治者有着很大的不同。他将宗室女下嫁突厥、吐谷浑、吐蕃和薛延陀等族君主，以及少数民族贵族的内附供职，其意义和唐皇室联姻汉族功臣子弟是一致的。公元641年，唐太宗派江夏王李道宗护送文成公主入藏，和吐蕃松赞干布和亲，这是帝制时期不同民族良性互动的经典案例。唐太宗不分汉夷结亲，不分汉夷重用少数民族将领，施行相对一视同仁的德化政策，取得了各地少数民族首领争相入朝的显著成果。《资治通鉴·唐纪十八》记载，唐太宗曾自我总结："汉武帝穷兵三十余年，疲弊中国，所获无几，岂如今日绥之以德，使穷发之地尽为编户乎？"

1　赵克尧、许道勋：《唐太宗传》，北京：人民出版社，1984年版，第267页。

继续推行均田制、府兵制

必须指出的是，唐政权在贞观早期和中期发动的三场对外战争规模有限，每次征发军力不超过十万，对于国家人财物资源的动员在可控的范围内。这和秦始皇、汉武帝、隋炀帝时期的过度消耗，形成了鲜明的对照。随着均田制的推行，农民回归土地，社会上自耕农的数量逐步回升，为按丁征收租庸的国家资源控制提供了必要的基础。

唐太宗时期继续实行府兵制，获得授田的府兵虽不必交赋，但履行戍卫边防出征作战的责任时，必须自备衣粮兵甲，实际的承担反而重于租调征敛，从而决定了府兵多为相对富裕的农户。唐太宗为此制定了鼓励军功得主的政策，即立有战功的军士不论出身，可得到授田和升官。部分地主、自耕农进身为统治集团组织体制内一员，积极参加国家对外战争，府兵的规模和战斗力得到了提升。

贞观后期，唐太宗发动了征伐高句丽及薛延陀的战争，资源动员大幅扩大。其中灭亡高句丽统一辽东，是隋唐两朝最高统治者的愿望，但并没有取得理想的战果。唐太宗晚年一度中断休养生息的政策，希望在有生之年一举解决东北边疆问题，这和他最终确立较为懦弱的第九子李治为接班人有着直接的关系。

唐太宗通过玄武门之变夺取政权，实际上破坏了唐高祖李渊坚持的嫡长子继承制。唐太宗即帝位后，曾经长时期维护长子李承乾的太子地位，但由于他本人特殊的夺位经历，唐太宗并不十分坚持儒家伦理的继承顺序。他一度青睐嫡次子魏王李泰，遭到重臣魏徵、褚遂良等人的坚决反对而作罢。公元643年，李承乾等人密商发动政变的计划被揭露，李承乾被废为庶人流放，参与阴谋的太宗弟汉王李元昌被赐死，侯君集以下皆问斩。在国舅长孙无忌等大臣力争下，唐太宗立长孙皇后所生嫡三子晋王李治为太子，从某种意义上说，这也反映了唐太宗对于元老大臣意见的尊重。

兼用各种势力，兼容各种思想

唐太宗作为最高统治者二十余年，以任人唯贤、君臣共理而著称。无论是关陇勋贵集团的创业伙伴，南朝系统的名臣高门之后，还是山东地区的士族寒人，都进入他用人的视野之内。他延续并扩大了隋政权科举取士的制度，但是，唐太宗构建的运营系统组织体制核心成员，仍多为恩荫的勋贵士族。汪篯先生认为，太宗命令修《氏族志》，无疑就是承认士族制度，并以提升西魏、北周人物的社会地位为目的。太宗有意树立一个新的族阀，乃是以皇家外戚即以前的关陇贵族的主要家族主其轴心，而以"凡在朝士"之各种来源复杂的家族环其外围，让它慢慢成为坚强而巩固的团体。[1]长孙无忌兼有关陇勋贵和外戚的双重身份，是太宗晚年用以托孤、辅佐新帝最重要的大臣。

唐政权运营系统创建后，唐高祖、唐太宗逐步重视儒家王道的核心价值。自高祖封孔子后代为褒圣侯，及至太宗登基，特别设置孔子庙堂，诏令全国各州县都置孔庙。唐太宗设立弘文馆，礼贤下士，敬重历代的名儒与经学大师，无论是今文学家还是古文学家，无论是南学还是北学，一律予以推崇。为了实现南北经

1　汪篯：《唐王朝的崛起与兴盛》，北京：北京出版社，2018年版，第114—115页。

学的统一，唐太宗部署校刊统一的《五经定本》，命大儒孔颖达领衔主编《五经》义疏，历经两年时间，终于完成一百八十余卷的《五经正义》巨著。高宗李治初期继续予以编修，此书定本成为钦定的全国科举明经一科的教科书，一直延续至宋代。

唐太宗将儒家经学列为官方的学说，但和汉武帝之后两汉时代不同的是，唐政权并未实行独尊儒术而排斥其他思想信仰的政策。唐太宗时期完善了国家的科举制度，除了以经学为主要考试内容的明经科外，另有包含经、史、时务等三方面内容的进士科策试，后一度发展到诗赋文学取士，是唐代社会诗歌文学空前繁荣的一个缩影。

唐高祖李渊追尊老子为皇祖，道教的地位在唐代较为崇高，唐太宗大致延续了崇道抑佛的政策，但并不阻止印度传入的佛教价值理念的传播。祆教、摩尼教和景教也伴随着西域商人的脚步，相继进入了中土大地。玄奘从印度取经回国后，展开了大规模的佛经翻译工作，唐太宗不仅与玄奘书信来往，还为他翻译完成的佛经写了《大唐三藏圣教序》。公元649年，唐太宗去世前两天，玄奘特别为唐太宗重新翻译了《般若波罗蜜多心经》，帮助唐太宗平静地走完他人生的历程。[1]

最为开放和自由的系统

唐太宗李世民是帝制时期继秦始皇、汉武帝之后，第三位被称为大帝的最高统治者，他又是继东汉光武帝刘秀之后，帝制

---

1 吴宗国：《说不尽的盛唐：隋唐史二十讲》，北京：
北京大学出版社，2020年版，第328—329页。

时期第二位内圣外王的最高统治者。经历唐太宗开创的贞观之治，唐政权运营系统通过了最初的瓶颈期，国家控制的编户恢复到360万户左右。李世民为高宗李治写下十二篇《帝范》，系统总结了最高统治者自我约束和管理的准则，这和数十年后吴兢所著《贞观政要》一起，成为后世治理体系中帝王修身治国的重要工具。唐太宗反复探讨秦、汉和西晋政权的兴衰历史，特别是将隋炀帝的败亡作为反面教材，以自己的身体力行为皇帝的品德和行为建立起高地，关中、关东和江南等各地士人民众，从而认可唐政权品牌及皇帝本人，逐渐树立内心的忠诚体系。唐太宗以个人的君德和能力，终于使国家政权走出了魏晋以后频繁更替的武力至上模式，重回两汉时代相对稳定的治理秩序。

唐政权作为两汉时代后又一较为长久的运营系统，相较于汉政权，更具备世界性帝国的规模和恢宏。长安城内存在各种学校、宗教场所，既有跨海而来学习儒家汉文化的各国学生，又有穿越丝绸之路的异域传教者。唐太宗李世民开创了帝制治理最为开放和自由的时代。

唐政权统治策略的基本制度延续自隋代，中央对于地方实行州县两级管理，唐太宗效仿汉武帝创造刺史巡视制度，全国设立十道作为观察使监察区域，但他没有从中央集权、君主专制的控制层面做出规划。唐太宗李世民作为最高统治者，个人格局宏大，却缺乏统治策略、组织体制各部分、各环节的精细设计。儒家学说在其他思想的冲击下，主流意识形态地位难以为继。必须一提的是，安排少数民族首领出任羁縻都督、刺史，任用少数民族人士担任高官和军职，并不是治理多民族国家可控的制度安排。这些都成为一个世纪后巨大动乱的远因。

女皇武则天的逆袭之路

　　武则天是中国帝制时期唯一正式加冕的女皇帝，她先后以皇后、皇太后和皇帝的名义，行使最高统治者权力长达数十年。为了实现对于权力的追逐和控制，武则天不惜谋害、废黜自己的儿女，以恐怖和暴力的手段，造成大批唐室宗亲、大臣非正常死亡，但对于一般民众生活影响较小。唐代社会经济继续发展，边疆的扩张事业继续推进，国家尚前行在贞观之治所规定的方向上。武则天通过科举制度文学取士，把大量平民知识分子引入组织体制，扩大她个人的统治基础，终结了关陇勋贵势力垄断统治集团高层的局面。她正式登基的时候，将国家运营系统唐政权品牌改为周政权，是名副其实的篡位者，而武则天死后，不仅没有受到任何清算，反而和高宗李治合葬，得到唐室后人的祭祀。轰轰烈烈的武周革命，并不是真正意义上的改朝换代，仅是历代男性为主、君主专制家天下的治理体系，在特殊环境下遭到女性统治者的一次逆袭。

唐高宗是武后的权力来源

　　公元649年，唐太宗李世民去世，22岁的太子李治即皇帝位，是为唐高宗。当时26岁的武氏为太宗后宫才人，已入宫十一年，没有为太宗生儿育女，依惯例被送往感业寺为尼。武则天父亲武士彟为山西木材商人，追随高祖李渊起兵反隋，后任唐政权工部尚书，母亲是隋宗室杨达之女。武则天出自名门，但不属于关西军事勋贵势力的核心家族，这可能是她长期仅为地位较低嫔妃的原因之一。唐太宗曾赐号武才人为武媚，却并不垂青于她，史籍上也无太宗、武才人相处的详细记载。反而是身为太子的李治，在这个阶段和武媚相互产生了倾慕之情。太宗去世的周年忌日，唐高宗赴感业寺烧香，遇见了剃度落发的武才人。《唐会要·皇后》中记载："武氏泣，上亦潸然。时，萧良娣有宠，王皇后恶之，乃召入宫，潜令长发，欲以间良娣之宠。"

唐高宗一生共有八子四女，武氏再度入宫前，他和其他嫔妃生有四子二女，其中一子两女为萧淑妃所生；武氏入宫后，高宗又有四子两女，都是武则天一人所生。公元653年，被封为昭仪的武氏生下一女，据说她暗中将女儿扼死，反诬曾前来探视的王皇后，成功地离间了高宗和王皇后的感情。唐高宗遂考虑废王皇后，改立武昭仪为后。

唐高宗李治是唐政权第三任最高统治者，在辅政的长孙无忌、褚遂良等关西勋贵元老的强力主导下，曾创造出延续贞观路线的永徽之治。高宗的前期，唐政权的版图拓展一度获得突破，为隋唐第二帝国时期之最。西突厥阿史那贺鲁势力发动叛乱后，唐高宗三次用兵西域，生擒了自称沙钵罗可汗的贺鲁，并于碎叶即今天楚河东西分置昆陵和濛池都护府，重新在龟兹设置安西都护府，唐政权实际控制力已经扩张至巴尔喀什湖一带，深入了中亚腹地。唐高宗联络朝鲜半岛上的新罗政权，先后灭亡百济和高句丽政权，击败了前来救援的倭国军队，并且在平壤设置安东都护府，完成了隋炀帝、唐太宗两代帝王未能实现的梦想。

唐政权对外战争政策，一度得到希望以军功获取勋赏的民众支持。《旧唐书·刘仁轨传》中记载："百姓人人投募，争欲征行，乃有不用官物，请自办衣粮，投名义征。"但是，随着吐蕃反叛政权崛起，并攻陷了部分西域地区，唐军在青海等地和吐蕃陷入了长期战争，唐政权奖励军功的政策逐渐弱化，一般民众投军参战的热情大为下降。同时改革科举内容，即确立进士科以诗赋杂文取士，提供了士民除通过经学考试以外进入统治集团相对简易的途径。平民子弟出现在运营系统的组织体制中，渴望得到升迁和重视，成为武氏女皇之路上加以利用的重要力量。

克服女性称帝的系统障碍

武氏被正式立为皇后，其实是高宗摆脱关西元老势力走向亲政的过程的一步。长孙无忌、褚遂良、韩瑗和来济等宰相级重臣强烈反对易后，仅李义府、许敬宗等较低级别的官僚赞同。出身山东豪杰的军事统帅李勣表示："此陛下家事，何必更问外人。"（《资治通鉴·唐纪十五》）公元655年，高宗以"谋行鸩毒"之罪名废王皇后、萧淑妃之位，册立武昭仪为皇后。随后长孙无忌、褚遂良、韩瑗和来济等人相继被贬，多被牵涉进谋反大案而获死，王皇后、萧淑妃惨遭武后杀害。高宗生性懦弱而多病，数年前处理所谓的房遗爱谋反案，全由长孙无忌决定，甚至自己向侍臣泣求叔父与兄长免死也不果。这次处理长孙无忌谋反案，也是由许敬宗和李勣等希武后之旨处分。[1]高宗的这种性格，是武后

1　雷家骥:《武则天传》，北京：人民出版社，2001年版，第137页。

强势崛起，进而控制国家运营系统的重要因素。

公元657年，唐政权以洛阳为东都。公元659年，武后和高宗迁居洛阳，离开了关陇贵族势力的大本营长安。公元660年，高宗患风眩即心血管疾病不能视事，委托武后处理政事。武后通晓文史饱经世故，决断水平大致得当，但她的专擅终究是对君权的侵犯。公元664年，高宗一度命上官仪草诏废后，被武后发现后，高宗畏惧未行，上官仪反而被杀。公元665年，武后垂帘和高宗共同听政，史称"二圣临朝"。公元674年，高宗称"天皇"，武后则称"天后"，俨然成为唐政权统治集团的实际决策者。

和西汉政权吕后、北魏政权冯太后等历代女性统治者不同的是，武天后并不满足于以皇后或皇太后名义控制政权。她不仅废黜、杀害了高宗后宫所生的太子李忠，还将斗争的矛头，直指具有帝位继承资格的四个亲生儿子。公元675年，太子李弘不明不白死去，据说是被武后毒鸩而死。次子李贤被立为太子。公元680年，李贤又被废黜，再立第三子李显为太子。

公元683年，唐高宗李治去世，太子李显即位，是为中宗。高宗遗诏中书令裴炎辅政，天后参与决策。公元684年，武后将中宗废为庐陵王，另立第四子李旦为帝，是为睿宗。唐睿宗洞晓母亲的心思，继续由武后临朝称制，一切国家大事皆由武后作主。武后随即派人杀害了废太子李贤，又将庐陵王李显迁往偏远的房州监视居住。武后还一面毒杀外甥女及当年怠慢过自己的同父异母的兄长，一面重用武氏子侄武承嗣、武三思等人，并追封自己的父祖为王。作为女性、母亲和皇太后，其称帝的想象力和残酷性，令天下人瞠目结舌又无可奈何。黄仁宇先生评论，当她替高宗李治下决策的时候，她就已经走到一个不能逆转的地位。[1]

　　武后最终实现了女性称帝改换政权品牌的野心，这和唐代儒家价值未能统一士民思想的大环境有着相当的关系。儒家君臣、父子和夫妻等伦理秩序，是女性称帝不可逾越的社会心理认知。但是，经历了魏晋南北朝巨大的变迁，唐代儒学虽有官方地位，却并不深入人心。北魏以来少数民族统治，男尊女卑的观念并不强烈，相反鲜卑族"贵母贱父""其俗从妇人计"，妇女在家庭中占有非常重要的地位，拥有极大的发言权。隋文帝杨坚之妻独孤皇后性格强悍，颇具政治影响力，宫中将隋文帝和独孤皇后称为"二圣"。[2]

　　唐代道家和佛学是大众思想的主流。武后之母杨氏信佛，本人又曾在感业寺为尼，所以较之道家她更为崇佛。武则天利用佛家经典，作为她称帝的合法性依据。公元690年，东魏国寺僧人法明献上《大云经》四卷并上表，其中有菩萨转生为女子当国王的经文，还有无明国王之女继承王位的记载。表上说，"太后乃弥勒佛下生，当代唐为阎浮提主"（《资治通鉴·唐纪十二》），武后立即下令将《大云经》颁行全国。《资治通鉴·唐纪二十》中记载："侍御史汲人傅游艺帅关中百姓九百余人诣阙上表，请改国号曰周，赐皇帝姓武氏，太后不许。擢游艺为给事中。于是百官及帝室宗戚、远近百姓、四夷酋长、沙门道士等六万余人，俱上表如游艺所请，皇帝亦上表自请赐姓武氏。"九月初九，武后正式即皇帝位，自称"圣神皇帝"，换下女性的装束而戴上皇帝的冠

1　黄仁宇：《中国大历史》，北京：生活·读书·新
　　知三联书店，1997年版，第117页。
2　张宏杰：《简读中国史：世界史坐标下的中国》，
　　长沙：岳麓书社，2019年版，第142页。

冕，改唐政权品牌为周，以睿宗为皇嗣，改姓武氏。

清洗宗室、功臣势力，重用平民士人

武则天是继汉武帝刘彻后，又一位大量使用酷吏等恐怖手段治国的最高统治者。在她改朝称帝的过程中，遭遇部分唐政权元老、官僚和宗亲的反对，武则天采取了严厉的镇压措施。公元684年，李勣之孙李敬业以复庐陵王之位为号召，在扬州起兵讨伐，诗人骆宾王奋笔直书《代李敬业讨武氏檄》，终被武则天派兵平定。宰相裴炎、刘祎之和大将程务挺等，都被武则天下令杀害。公元688年，韩王李元嘉之子李撰、越王李贞、琅邪王李冲父子等起兵反抗失败，宗室诸王被害三十余人，诸王亲党被害数百家。自临朝称制始，武则天高压统治二十一年，前后共换了三省首长即宰相七十五人，六十九人可以查知，其中十九人被杀，起码二十二人被流贬，折损超总数一半。[1]

公元686年，武则天创造了全新的匦检制度，即接受告密者的投书，规定凡有告密者，所在地官员必须提供食宿交通，所言符合太后意旨即酬五品之官，非实言者无罪。索元礼、周兴、来俊臣等酷吏得到重用，他们发明《罗织经》作为唆使告密的教科书，制造种种罪名对待可能的反对者，严刑逼供草菅人命，以致众多大臣无辜死亡，一时人人自危。武则天称帝后第七年，箕州刺史刘思礼谋反案爆发，宰相李元素、孙元亨等三十六家名士被株连族诛，连坐而流放者千余人。

---

1 雷家骥:《武则天传》，北京：人民出版社，2001年版，第336页。

从巩固君主专制、中央集权统治策略的角度而言，武则天发动易代革命，唐宗室、关西元老勋贵及国家重臣遭到了大规模清洗，这对于加强皇权本身也许是有利的。自西魏、北周和隋政权以来，关陇军事贵族集团的世袭势力，占据国家运营系统组织体制的核心位置，历经一个半世纪左右，至此大致不复存在。和汉武帝将儒生引入组织体制的做法如出一辙的是，武则天主要通过扩大科举制度取士，将一些平民知识分子，特别是在政治上受到压制的山东、江南士人，扶持为统治集团的新生力量。她延续了高宗时期进士科诗赋杂文取士的程序，选拔的朝中官吏多由文章起家，客观上促进了唐代文学的繁荣。武则天要求开设特别的制科，设置贤良方正、超拔群类、经邦等科目，制举可以一举再举，及第者可以破格提升。张柬之、张九龄等都从这条途径，得以入仕升迁。

武则天诏令百姓和官吏自我推荐，并派十道存抚使分巡各地，将一些没考上明经、进士科的士人，以及农村教书先生推荐上来。武则天还频繁地为文武官吏赐阶勋，虽然不是升迁，却能迅速提升社会地位，享受某些经济和政治特权。武则天打破了数百年来贵族世家对于国家政权的垄断，但她以禄位收买天下人心，而且滥赏官阶，造成组织体制冗员膨胀、行政混乱。

治国仍受太宗策略的影响

自高宗病重委托武则天参政，武则天实际主持唐政权及周政权四十余年，尚能保持国家的基本稳定和运转。公元675年，当时身为皇后的武则天向高宗上表建言十二事，可视作她本人政纲的集中宣示，其中"劝农桑，薄赋徭""息兵，以道德化天下""广言路""杜谗口"（《新唐书·后妃上》）等，基本上都是唐太宗贞观公共政策在新时代的延续。武则天即位后重视以农为本，针对"土狭人稠"地区民众向地广人稀地区的自发迁移，以及河北等地深受契丹等胡族侵扰民众逃亡，武则天采取了放任和安抚的政策，即一面对土地兼并不加限制；一面赦免逃户的脱户避役之罪，准许农民在所在地登记户籍，并免两年赋税，甚至由官府贷给种子，以帮助逃亡农民在异乡重建产业。[1]

武则天统治时期，编户人口从高宗初三百八十万户，增加到了六百十五万户，这意味着综合国力的持续增长，国家调控人力和财力资源能力的提升。相比较高宗的前期，边境的军事形势有所恶化。西突厥一度攻陷安西四镇，吐蕃势力进入青海，东突厥卷土重来，契丹势力崛起于东北地区。武则天派大军恢复了安西四镇，大致挡住了东突厥和契丹对于河北地区的进攻，并在边地设立军镇驻兵，先后在青海、河西走廊、河套和西域等地推行屯田，部分解决了驻军的军需用粮。总体而言，武则天对于战争规模及国家的资源动员仍有控制。她改东都洛阳为神都，大修宫城、离宫和神道，晚年和情夫、文学弄臣歌舞纵乐，但也还在国家财政允许的范围内。

《资治通鉴·唐纪二十二》中记载，武则天晚年曾有回忆："太宗有马名师子骢，肥逸无能调驭者。朕为宫女侍侧，言于太宗曰：'妾能制之，然须三物。一铁鞭，二铁楇，三匕首。铁鞭击之，不服，则以楇楇其首，又不服，则以匕首断其喉。'太宗

---

1 吴宗国：《说不尽的盛唐：隋唐史二十讲》，北京：北京大学出版社，2020年版，第136页。

壮朕之志。"这充分凸显了武则天果断和凶猛的性格，也从侧面隐约透露出武则天在少女时代，从唐太宗身上学习到一些作为最高统治者的经验。她在统治局势逐渐稳定后，即公元697年左右，结束了恐怖政治，酷吏集团的主要成员被一一清除。武则天放手引入各种人才，但随之的监督和考核也相当严格。《新唐书·后妃上》中记载，"太后不惜爵位，以笼四方豪桀自为助，虽妄男子，言有所合，辄不次官之，至不称职，寻亦废诛不少纵，务取实才真贤"。她所提拔和重用的李昭德、狄仁杰、张柬之、姚崇和宋璟等人，皆为一时之选。

武则天在洛阳建武氏七庙，但并未取消长安的李唐太庙，每逢重大的祭祀活动，武氏太庙和李唐太庙共同享受国家的礼仪待遇。唐周易代革命之际，对于原唐政权官员中沉默的绝大多数而言，只要武则天还保留着唐室的合法继承人中宗和睿宗，唐政权的复辟就不是不可能的。武则天曾一度纠结传位儿子还是侄子，终究为狄仁杰等人以母子亲情胜于姑侄关系的劝说所打动。公元698年，武则天将三儿子庐陵王李显接回洛阳，立为太子，四子李旦被改封为相王。

武则天拥有情夫的现象，是北朝冯太后等少数民族女性身上的常态，这和高宗娶后母情况相同，反映了唐代胡俗对于儒家礼教的冲击。改名为薛怀义的僧人冯小宝、御医沈南璆，都曾是老年武则天的面首。公元699年，武则天公开设立"控鹤监"机关，之后此地改名为奉宸府，是她安排男宠的地方。面首中以张易之、张昌宗兄弟最受宠幸。二张恃宠无礼，引发朝野侧目。

公元705年，武则天病重数月不朝，身边仅张氏兄弟随侍。宰相张柬之、崔玄暐及桓彦范、敬晖、袁恕己等五大臣，联络禁军首领李多祚，发动政变杀死二张，迎太子李显即位，是为唐中宗复辟。随即中宗诏令宣布，恢复被中断的唐政权国号。武则天在世的三个子女，中宗、相王李旦（睿宗）、太平公主，其实都参与了这场事变。82岁的武则天被迫退位后，迁往上阳宫，并于年底去世。她死前遗命去除帝号，自称则天大圣皇后，要求和唐高宗合葬。中宗满足了武则天的愿望，以一座无字碑，表达了对母亲复杂的感情。

关中本位政策的终结者

林语堂先生曾言，他写作《武则天正传》的目的是准备对智能犯罪作一项研究。武则天从临朝称制到改国号称帝，实行滥杀无辜的"恐怖政治"，是为了实现个人不可思议的野心，不太具有环境的必要性。她建立的周政权十五年即戛然而止，帝制时期仅王莽改汉为新可与之相提并论。武则天比王莽幸运的是，她最终还是回归了唐室皇后或李家媳妇的身份，恢复唐室的帝王都是她的儿孙，无法追究和清算她篡位的行径。在中国传统的父系社会中，武则天只是丧夫大家庭里的女家长，她可以决定一切支配一切，最终仍不得不将继承权，交还给家族中的嫡子。从这个意义上说，喧嚣一时的武周革命，对于帝制时期治理体系的演变，并没有特别正面的价值。武则天严重破坏了唐政权组织体制正常的帝位继承程序，是她身后一度君权衰落、政变频繁的主要原因。

从武则天当政四十余年的客观成果来看，她和高宗维持了儒学的官方地位，在建言十二事中，她提到了"王公以降皆习《老子》"（《新唐书·后妃上》），后又大规模有系统地推广佛教，堪称儒释道三教合一信仰价值系统的重要推动者。武则天还结束了西魏、北周和隋政权后的关陇本位政策，世家子弟、平民知识分子同时出现在统治集团的高层。陈寅恪先生评论，武周之代唐，不仅为政治之变迁，实亦社会之革命。若依此义言，则武周之代李唐较之李唐之代杨隋其关系人群之演变，尤为重大也。[1]

1　陈寅恪：《隋唐制度渊源略论稿　唐代政治史论述稿》，南京：译林出版社，2020年版，第204页。

第四节

成败唐玄宗

　　唐玄宗李隆基是帝制时期开元盛世的创造者，又是唐政权由盛入衰历史转折的主要当事人。李隆基成为最高统治者，并不符合帝位正常的继承顺序。他先后两次发动政变，结束了武则天之后政局的混乱，特别是后宫女性、宗室势力干政的风气，终于重建了相对稳定的国家运营系统。唐玄宗以恢复贞观治世为目标，重用贤相整顿史治，推出"以宽仁为理本""行清静之化"的公共政策，通过全国性大规模地括户，大为提高了国家控制和动员资源的能力。随着均田制瓦解，募兵制代替府兵制，唐政权军事力量加强，对外战争中一度处于上风。唐玄宗逐渐步入老年后沉溺于享受，对于凝聚国家的价值和统治策略缺乏思考，在边镇节度使等组织体制机构设置的重大改革上，无论是制度规划还是具体实践，都表现出粗疏和放任的态度，而统治集团内部各种势力斗争不断，直接造成"安史之乱"爆发，唐玄宗应负一部分责任。

　　经过他的儿子唐肃宗、孙子唐代宗两代帝王努力，大规模全局性的叛乱基本被遏制，但国家控制的编户人口大幅下降，地方藩镇割据，中央集权、君主专制的权威动摇，隋唐第二帝国的黄金时代很快结束了。

终结女主时代

李隆基是唐睿宗李旦第三子。李旦第一次登基时,年仅一岁半的李隆基就被封为楚王。武周革命后,李旦被降为皇嗣。公元693年,李隆基的母亲窦氏和长兄李成器的母亲刘氏,被告发诅咒武则天而遭秘密杀害于宫中。年仅7岁的李隆基被降为临淄郡王,和李旦诸子被幽闭于深宫。公元698年,庐陵王李显重新被立为太子,李旦被改封为相王。李隆基恢复了自由后,担任过右卫郎将及尚辇奉御等职务。

公元705年,20岁的李隆基跟随父亲参与了光复唐政权的政变,一度对唐中宗充满希望,但国家运营系统并未从此回到正常的轨道。中宗相当宠信皇后韦氏,容许她效法武则天参与朝政。中宗、韦后之女安乐公主,嫁给武三思之子武崇训,颇有成为皇太女的野心。中宗受到武三思的挑拨,竟将张柬之等五大臣先封王后外放,这些人最终全部死于流放途中。非韦后所生的中宗太子李重俊,在韦后、安乐公主等欺凌下铤而走险,和李多祚联手发动政变,一度杀死武三思、武崇训父子等人,随后兵败被杀。公元710年,韦后和安乐公主为了进一步效法武则天上位,毒杀了重病的唐中宗。韦后立中宗子重茂为傀儡,自己以皇太后身份临朝称制。

当时李隆基已从潞州别驾任上返回长安,早已在暗中联络禁军中反对韦氏的势力,并得到武则天幼女太平公主的有力支持。中宗去世后仅16天,李隆基即率领部分羽林军起事,先后诛杀韦后、安乐公主及韦氏族中所有身高超过马鞭的男子,拥立相王李旦再度登基。唐睿宗复位后,接受长子李成器建议,正式立第三子李隆基为太子。在朝堂上形成太子和太平公主两大集团的情况下，唐睿宗主动将帝位让给李隆基。公元712年，李隆基即帝位，是为唐玄宗。但是，这并未减少太平公主的敌意和干扰。《资治通鉴·唐纪二十六》中记载，太平公主"劝上虽传位，犹宜自总大政"，《大唐新语·谀佞篇》中记载，"宰相有七，四出其门，玄宗孤立而无援"，对于君主专制的皇权形成了威胁。公元713年，唐玄宗和部分亲信定策，再度动员禁军发动政变，诛杀了太平公主及其主要党羽。

评价武则天与限制宗室参政

玄宗实现亲政后，出于结束不正常帝位争夺、重建君主专制权威的考虑，妥善地处理了武则天的评价难题。武则天被推翻后，子女、朝臣对于她的地位存在不同的认知。立于洛阳皇城端门外巨大的"天枢"系用大量铜铁铸成，为武三思帅四夷酋长集资所建。《资治通鉴·唐纪二十一》中记载："诸胡聚钱百万亿，买铜铁不能足，赋民间农器以足之。""天枢"是武则天统治天下万国的象征物，不仅是"黜唐颂周"的政治措施，而且是劳民伤财的经济掠夺。武周政权结束后，"天枢"仍安然存在了近二十年。[1]公元714年，唐玄宗下令销毁"天枢"，历时数月熔尽铜铁，鲜明表达了清除武则天残存影响力的决心。

玄宗生母为武则天所害，内心的反感可想而知，为了维护皇家对于祖母的孝道，他依然表示了对她的某种尊崇，但是，唐玄宗通过改变武则天的尊号，宣示了仅承认她为李唐媳妇而不是周

---

1 赵克尧、许道勋:《唐玄宗传》，北京: 人民出版社，1993年版，第147页。

朝皇帝的态度。唐睿宗禅位前，曾给母亲上尊号为"天后圣帝"，玄宗即位后改称为"圣后"，太上皇去世后，又改回"天后"。直至公元749年，定称为"则天顺圣皇后"，完全否认了周政权品牌曾经存在的事实。

唐玄宗采取过两项特别的措施，以杜绝频繁的政变发生：把协助他发动政变的功臣们贬逐到边远地区，削弱他们对国家政治的影响和干扰；同时任命可能威胁皇位的兄弟为外州刺史，并规定必须将政务委于长史、司马，剥夺他们政治上潜在的可能性。

其中限制宗室诸王势力的制度安排，是唐玄宗对于魏晋南北朝以来皇子亲王典兵参政惯例的重大改革。汉帝国崩溃后，国家长期没有重新建立忠于儒家价值、品牌政权和皇帝一体的信仰体系。魏文帝曹丕继续东汉"薄骨肉"严控宗室亲王的政策，结果权臣司马懿父子篡权，宗室完全没有反抗能力，曹魏政权三十余年即被颠覆。晋武帝司马炎即位后总结前朝教训，在对于晋政权的忠诚没有普遍建立、世家大族势力强大的背景下，部分地恢复了西汉早期宗室势力分封的做法，进而采用了宗室亲王以将军、都督身份出镇要冲，掌握各区域中心的武装力量的特别安排。这种制度之后为南北朝各代沿用，一直延续至隋唐帝国的前期。亲王掌军参政起到了巩固中央政权的作用，也造成了结党相残、觊觎帝位的弊端。隋炀帝、唐太宗及唐玄宗本人，以非正常手段夺位皆与此相关。

公元721年，唐玄宗下令召回所有在地方担任都督、刺史的诸王，唐宗室子弟出镇制度基本终结。作为限制宗室势力政策的配套措施，唐玄宗取消了亲王对于王府僚佐选用的权力，改革亲王从封地直接收取封物的方式。即从政治上、经济上全面压制宗室势力的活动能量，不仅打压诸王对于朝廷政治的影响力，还将其收入直接改为俸禄制。唐玄宗下令建造"十王宅"，后改名为"十六王宅"，把成年的诸皇子集中在一起居住，共同读书和生活，完全改变了以往皇子独立开府的模式。玄宗还要求宦官代表皇帝管理诸王的日常生活，严禁皇嗣结交朝臣参政。这一改革，造成了宗室皇子在组织体制中被边缘化，加上后宫外戚遭到刻意防范，作为皇权延伸的宦官势力上升已经不可避免。

改革体制，发起全国括户运动

唐玄宗相当重视组织体制中宰辅的作用，先后任用姚崇、宋璟、张嘉贞、张说和张九龄等多位贤相，并对组织体制中长期存在的弊端进行改革。高宗、武则天封赏不加节制，到了中宗韦后时，授官愈加名目繁多，除了"员外官"，又有缴纳三十万钱即可得封的"斜杠官"。玄宗即位后，一次性取消"斜杠官"达几千人，严格规范各级官员的考选制度。对于吏治中"重内官，轻外职"的倾向，玄宗采取了加强京官和地方官交流的措施，并特别重视地方官的作用。《唐会要·都督刺史已下杂录》中记载，唐玄宗规定，"自今已后，都督刺史，每欲赴任，皆引面辞。朕当亲与畴咨，用观方略"。公元716年，唐玄宗亲自主持新授县令的殿前考试，《旧唐书·韦济传》中记载，玄宗"问安人策一道"，试者二百余人，其中"有不书纸者"而交白卷的，玄宗对于不入第者进行严肃处理，共有二十余人还旧官，四十五人放归习读，同时严厉追究吏部"选叙太滥"的责任。

玄宗以诏令的方式，要求天下臣工士人积极提出各种意见。唐太宗时期曾创立谏官议政制度，高宗时被逐渐废弃。公元717

年，唐玄宗根据宋璟的建议，正式恢复了太宗贞观谏诤制度，不仅让谏官直接参与廷议，当面向皇帝提意见，还要求谏官"上封事"，即以书面形式上陈政务的优劣得失。

公元721年始，唐玄宗为了提升运营系统的资源控制能力，任命宇文融为推勾使，展开了历时四年的全国范围括户运动。唐政权立国已超过一百年，土地兼并和农民逃亡日趋严重。玄宗即位最初的几年，曾延续武则天时期的宽抚政策，但逃户数量反而增加，对于国家对外战争的动员形成负面影响。宇文融先后物色数十位知名人士担任劝农判官，派往全国各道指导括户。

第一阶段的措施较为严厉，以百日之内逃户是否自首，作为划分招抚和捕捉的依据。凡自首者就地附籍或遣返原籍，超期不首以违法论处。根据《册府元龟》卷六十三《帝王部·发号令二》中记载："并即括取，递边远，附为百姓。家口随逃者，亦便同送。"第二阶段更多体现了玄宗当时的宽仁安民的思想，充分体谅逃户的生存困境，将括户和括田及赋役改革结合起来。首先是纠正片面括户的倾向，实行"所在闲田，劝其开辟"的政策，不仅解决逃户的编籍，同时安排配套的土地；其次是推行赋役优惠，《旧唐书·宇文融传》中记载，"其新附客户，则免其六年赋调，但轻税入官"，即免去逃户的租庸调杂徭，岁收仅一千五百文。玄宗自述："老幼欣跃，惟令是从，多流泪以感朕心，咸吐诚以荷王命。"

声势浩大的检括人口和田地，为唐政权增加了八十余万国家编户，征得大批籍外田地及客户税收，创造了帝制时期括户之最。

唐玄宗根据姚崇的建议，一度禁止营造寺院，并要求部分僧尼还俗，以增加承担国家赋役、徭役的人数。另外，唐玄宗诏令招募流亡、扩大屯田，也是提高国库收入的重要手段之一。《新唐书·食货志》中记载，开元盛世时国家每年收租粟一千九百八十万斛，屯田收入约占十分之一。

募兵制与节度制结合

随着荒闲土地的日渐稀少，北魏以来坚持的均田制度遭到破坏，历经西魏、北周和隋代的府兵制军事资源动员方法无法为继。唐玄宗不得不采纳张说的方案，即废除府兵制而改行募兵制。公元722年，唐政权募兵十三万充当朝廷的长从宿卫，后称为"彍骑"，逐渐成为中央军队的主力。根据《资治通鉴·唐纪三十》，公元737年，从边境作战的需求出发，朝廷"于诸色征人及客户中召募丁壮，长充边军，增给田宅，务加优恤"。唐政权直接供给将士衣粮，军队长期戍边。随后，又遣返所有非召募而来的边兵，府兵轮番到边疆守卫的政策被取消，军队和农民从此各司其职。

公元721年始，唐玄宗陆续下令在边境各地设立了十大兵镇，沿用太宗时军队屯防边地的办法，并采取了睿宗时节度使统率固定兵镇的设置，共在东北及西北边地，任命了平卢、范阳、河东、朔方、陇右、河西、安西和北庭八位节度使，西边剑南和南边岭南各一位节度使，统领约四十九万边防军。全面募兵制和节度使制的结合，一度增强了唐政权军队的战斗能力。唐玄宗时期，崛起的吐蕃政权进入印度河流域，和阿拉伯大食联合，造成西域葱岭以西二十余国脱离唐政权控制。回纥政权兴起，灭亡复起的东突厥，称雄于大漠南北。公元747年，高仙芝率唐军自安西出发远征，经一百余天翻越海拔数千米高原，进抵今中亚连云堡，击败数万吐蕃大军，俘获依附吐蕃的小勃律国王而返。史载，共有七十二国归降。公元749年，哥舒翰率唐军在付出重大代价后，再度攻陷被吐蕃两次占领的青海石堡，取得了战争的优势地位。

公元740年，唐政权控制的编户人口约为八百十四万户，四千八百万口，是太宗贞观时期的两倍。公元753年，编户人口接近九百万户、五千三百万，已经超过了隋末大动乱前隋炀帝时期的最高水平。国家经济持续繁荣，官府的粮仓堆积如山，各地兴修水利，商业、手工业兴旺发达，百姓殷富路不拾遗。公元737年，唐政权设立江淮河南转运使，开始南粮北运，凸显了南方地区物质资源已有超越北方的趋势。

唐政权注重文化的昌盛，《新唐书·艺文志序》中宋人欧阳修评论："藏书之盛，莫盛于开元，其著录者，五万三千九百一十五卷，而唐之学者自为之书者，又二万八千四百六十九卷。"灿烂瑰丽的唐诗是帝制时期文学的一座高峰，李白、杜甫、王维和孟浩然等飘逸或忧郁的身影，都出现在唐玄宗的时代。

据《唐六典》中统计，当时东亚、中亚和西亚诸国，以及北方一些少数民族，前来朝贡的政权多达七十个，包括阿拉伯、波斯和日本的各国商人、留学生，他们云集长安、洛阳、扬州和广州等大城市。百万居民的长安中，胡人一度聚集了二十余万之多。

面对帝制历史上空前的盛世，逐渐步入老年的唐玄宗骄傲奢靡，一面刚愎自用，对于皇权高度敏感，一面倦于政事，沉溺于后宫的享受。公元737年，唐玄宗听信武惠妃及宰相李林甫之言，杀害了太子李瑛、鄂王李瑶和光王李琚，改立忠王李玙为太子，李玙后改名为李亨。不久武惠妃死去，玄宗迷恋于儿媳、寿王妃杨玉环不能自拔，上演了一场轰轰烈烈的不伦之恋。

价值、体制和民族政策的重大缺陷

唐玄宗延续了太宗时代治理价值的开放和包容，但显然缺乏太宗以帝王君德凝聚国家忠诚系统的魅力，后来更以个人好恶制定政策、任用官员。玄宗颇尚儒学，命国子博士贺知章等人搜罗古籍、刊正经史，设置丽正书院，之后改为集贤殿书院，召集文士儒生或著书或论道，但是，这些仅是他粉饰文治的手段。唐玄宗没有大力倡导儒家的礼乐教化，太宗时代"国以民为本"的理念已经淡薄，文臣武将并未建立起修身齐家安天下的价值准则。玄宗本人钟爱文学艺术，不仅效法武则天通过进士科以文学取士，还从文学之士中选拔高级官僚。虽然其中产生了张说、张九龄等既有文学天分又有一定政治能力的优秀人才，但很多通过诗赋升迁之士，没有系统地学习过儒家经典，也缺乏必要的历史知识，并不具备承担复杂国事的水平。

公元735年，唐玄宗以李林甫为宰相，转而开始任用吏治派官僚。李林甫素无学术仅能秉笔，他所引用的人，也常常和他同类。[1]虽然李林甫颇具行政长才，在一线处理繁重的政务十九年，但他排斥文辞之士，竭力打击异己力量，欺上瞒下屡兴大狱，甚至将矛头指向太子李亨，造成统治集团内部关系高度紧张。公元752年，杨贵妃堂兄杨国忠正式被任命为宰相，他恃宠骄横好大

1　汪篯:《唐王朝的崛起与兴盛》，北京：北京出版社，2018年版，第207页。

喜功，一身兼了四十几个职务，是安禄山军政集团和中央政权矛盾激化的直接责任人。唐玄宗打破了太宗"内侍省不置三品官"的成命，对心腹宦官授任三品左右监门将军，首开唐政权宦官势力参预政事的先例。

在李林甫主要设计下，唐玄宗定策的军队组织体制创新出现了严重偏差，进而影响到郡县制的中央集权统治策略。自府兵制改为募兵制后，边镇节度使控制的军人数量不断增加，而中央政权的常备军反而战斗能力下降，形成军事资源动员外重内轻的局面。唐玄宗当初设立节度使制度时，节度使基本由汉人出任，其中不少是文官，成绩突出者可到中央政权宰相级岗位上轮岗。李林甫出于不让更多竞争者染指相位的目的，以蕃人骁勇善战、寒族在朝中没有党援为由，建议玄宗改用没有文化的少数民族将领。唐玄宗、李林甫改变了边镇节度使不久任、不兼统的规则，安禄山出任平卢节度使，十余年不曾换任，又先后兼任范阳及河东节度使。特别是节度使不仅统领军事，还掌握了辖区内的行政、财政大权，虽然减轻了中央政权的财力资源压力，将筹款养兵的部分责任推给了边镇，但节度使逐渐成为事实上的一方诸侯。

唐玄宗和李林甫采取保持几大节度使之间军力平衡、暗中监视和派遣内侍宦官监军等非制度性的方法，试图控制节度使权力过大造成的风险，但并没有起到太多的效果。《资治通鉴·唐纪三十二》中评论李林甫"凡在相位十九年，养成天下大乱，而上不之寤也"，道出了"安史之乱"发生的部分因素。

安禄山出生于西域的康国，掌握六种蕃语，父亲是中亚地区的粟特人，母亲为突厥族的巫师。从某种意义上说，安禄山的民族血统及语言背景，折射出唐政权作为胡汉一体化世界性帝国的侧面。唐政权推行募兵制后，边镇招募长征健儿守卫，号召凡军士家属从军，可就近分配土地屋宅。这一规定最适合不习惯农业生产的游牧民族，包括大量来自中亚的粟特人等胡人。[1]陈寅恪先生曾判断，在李唐最盛之玄宗朝之世，东汉、魏晋、北朝时文化最高之河朔地域，其胡化亦已开始。[2]

玄宗放弃主体汉民族而以少数民族戍边的短视政策，无疑大大加速了胡化的进程。唐以长安为首都，西北边防和扩张从来是中央政权主要的关注点，高仙芝、哥舒翰等著名蕃将，长期以来活跃在西北作战前线，朝廷对其监控相对较多。离政治中心较远的东北边疆，奚、契丹等部落时降时叛，自朝鲜半岛上新罗政权坐大脱离后，那里即成为唐政权对外战略的次要地区。坐镇河朔的安禄山因此拥有更大的自主权。施展认为，唐玄宗用安禄山，因其出身寒族，无法像部落酋长一样形成独立于朝廷的力量，但安禄山借助朝廷任命的节度使职位获取正当性，又依照草原传统，将其统领的某些契丹、同罗、奚人部落约八千人收为养子，号"曳落河"（壮士之意），进而整合起余众胡人。[3]玄宗此法反而违背了初衷。

系统崩溃的边缘

公元755年，安禄山矫诏以讨伐杨国忠的名义，动员军队

1　张国刚：《资治通鉴启示录》（下），北京：中华书局，2019年版，第460页。
2　陈寅恪：《隋唐制度渊源略论稿　唐代政治史述论稿》，南京：译林出版社，2020年版，第229页。
3　施展：《枢纽：3000年的中国》，桂林：广西师范大学出版社，2019年版，第189—190页。

十五万，自范阳南下直捣中原。由于内地兵力空虚，叛军一度势如破竹。唐玄宗急派安西节度使封常清率军出战，连遭败绩后退守潼关，封常清及后至的高仙芝，均被监军的宦官诬陷而为玄宗所杀。公元756年，继任守卫潼关的哥舒翰受玄宗、杨国忠逼令，不得已出击作战，结果大败被俘，二十余万唐军全线崩溃。唐玄宗率少数亲随退往蜀中，途经马嵬坡时，愤怒的禁军将士杀死误国的杨国忠，逼迫玄宗下令将贵妃杨玉环缢杀。沿途关中百姓父老，挽留太子李亨以平定叛乱。不久，李亨行至朔方军治所灵武，在部下劝进下即皇帝位，是为唐肃宗，并遥奉71岁的玄宗为太上皇，终结了唐玄宗李隆基的时代。

安禄山攻下洛阳和长安，自称大燕皇帝，但毫无建设新朝运营系统的半点气息。他大肆屠杀唐室宗亲，《资治通鉴·唐纪三十四》中记载，叛军"以为得志，日夜纵酒，专以声色宝贿为事，无复西出之意"。唐肃宗以长子广平王李俶（后改名李豫）为元帅，任用郭子仪、李光弼为统将，从西域、安西和河西等边防前线调回大量军队，并向回纥政权借兵，向叛军发动了反击。公元757年，安禄山被儿子安庆绪杀死，随后唐军收复两京，安庆绪退往邺城，唐肃宗及太上皇玄宗先后返回了长安。

在平定"安史之乱"的曲折进程中，可能由于缺失儒家价值的信仰，臣僚士民对于皇帝和唐政权品牌的忠诚体系受到挑战。尽管尚有平原太守颜真卿、常山颜杲卿等敌后举兵的忠义，以及张巡、许远等血战睢阳以保全江淮财赋之地的惨烈，但叛军所经之地，河北二十四州望风而降。特别是进入长安后，一些大臣竟公开附逆，魏晋之后士族"先家后国"的余响仍在。

唐肃宗作为国家最高统治者，既不信任皇家帝室的血亲，又对朝廷的文臣武将疑心重重，最终造成了宦官势力政治地位大为上升。肃宗下令攻杀了在南方招兵买马的异母弟永王李璘，赐死自己最欣赏的三子建宁王李倓，继续上演玄武门之变以来不停歇的骨肉相残的悲剧。公元758年，郭子仪、李光弼等九位节度使合兵进攻邺城，肃宗竟然不任命统帅，而以宦官鱼朝恩为观军容使监军，结果节度使们各行其是，不但未能攻下邺城，反被降唐又叛的史思明率援军击溃。史思明杀安庆绪后自封大燕皇帝，再陷洛阳，后被其子史朝义杀死。

公元762年，太上皇唐玄宗去世，唐肃宗病危，皇后张良娣图谋废太子李豫，改立越王李系。宦官首领程元振、李辅国调动禁军冲进长生殿，捕杀了张良娣、李系等人。肃宗去世后，太子李豫即皇帝位，是为唐代宗，旋即代宗再向回纥借兵克复洛阳，叛军集团的骨干将领田承嗣、李怀仙等投降。公元763年，史朝义穷途自缢，历时八年的大规模叛乱告一段落。

盛世的断裂

自贞观之治至开元盛世的一百余年间，唐政权成为继西汉武帝、宣帝之后，帝制时期第二次出现的农耕、游牧文明统一的运营系统。无论是领土上，还是思想上，唐政权的开放性、自由性都甚于西汉盛世时期。外蕃只要承认唐皇帝天可汗的地位，即可被认可为天下国家的一部分。同时，外来的祆教、摩尼教和景教等宗教自由地传播，唐代社会儒释道合流，呈现出信仰上的多元。

问题在于这种开放性、自由性，对于运营系统的稳定和平衡构成了挑战。少数民族的首领、贵族得到羁縻都督、刺史的封号，并不等于多民族国家有效的可控的治理方式。儒家思想核心价值主导地位的缺失，削弱了国家的凝聚力、向心力。边镇节度使军政合一的安排，不仅割裂了唐政权对于资源的统一调动，实际上还破坏了郡县制中央集权的统治策略。"安史之乱"的历史巨变，不仅有唐玄宗时期的原因，也是继承了北朝的唐政权运营系统存在重大缺陷的后续反应。"安史之乱"之后，唐政权进入了系统的调整和修复期，但以汉民族为主体、多民族融合的大一统帝国局面未再出现，国家走上了汉民族及边疆少数民族政权各自建设独立运营系统的方向。

第 五 节

唐宪宗：承前启后的中兴

唐宪宗李纯是唐政权中后期重新确立中央集权的皇帝，其统治下出现了"元和中兴"。唐宪宗曾祖父唐代宗、祖父唐德宗在位之时，即启动了一系列统治策略的制度性改革，至宪宗李纯时逐步削平了藩镇，唐政权的中兴经历了漫长和曲折的过程。代宗、德宗大力扩编神策军作为中央政权直接掌控的军事力量，德宗完成了以地税、户税代替租庸调制的两税法改革，这些都为唐宪宗成功平乱，提供了强大的人力和物质资源的保证。宪宗一方面赋予宰相军事指挥权，一方面恢复了以翰林学士为谏官的谏议制度，对于中央政权组织体制做出战略性调整。韩愈等士大夫发起古文运动，即以复古的名义，主张重建孔孟思想的核心价值正统地位，遏制佛教和道教的冲击，一定程度得到了重视儒学的唐宪宗的支持。虽然宪宗在恢复君主专制的统一进程中取得巨大胜利，但他没有根本变革军政合一的地方节度使制度，在他的身后，唐政权仍然走向了下滑。

藩镇割据体制形成

代宗李豫平定"安史之乱"，是以接受安禄山集团中的主要将领反正为前提。代宗先后任命李宝臣为成德军节度使、田承嗣为魏博节度使、李怀仙为卢龙节度使、薛嵩为相卫等州观察使。后薛嵩死，其地盘为田承嗣所并，河北四镇变成三镇，河朔地区成为藩镇割据的中心地带。唐沿袭隋制实行州县两级管理，太宗时全国设立十道、玄宗时增至十五道，道是中央政权不同的巡视、监察区域，而非实际的行政主体。由于安史叛乱爆发，一州之力难以抵抗叛军，内地普遍设立了相连数州的军镇。当时中原地区的藩镇，战后作为与河朔抗衡的武装力量长期存在，而东南诸镇，因无重大的军事需要，故养兵不多，成为中央政权财源之地。西北和西南边疆，玄宗时即已设节度使，为了因应吐蕃、党项和南诏等乘虚而入，各地边镇均置重兵。

这些构成了"安史之乱"后地方藩镇四种不同的类型，其中河朔割据型从安禄山叛军集团演变而来，中原防遏型、东南财源型和边疆御边型出自中央政权系统。[1]

唐代宗虽不具雄才大略，但《新唐书》评价其至少为"中材之主"。他派人暗杀不可一世的李辅国，后又流放程元振，赐死鱼朝恩，宠任宦官的同时又能惩治宦官，避免了君权为宦官所左右。尽管吐蕃军队大举进犯，河西、陇右先后沦陷，一度发生长安失守的险情，但代宗仍能重用郭子仪为帅迅速收复京师，并接纳了郭子仪联合回纥抗击吐蕃的对外策略，基本稳定了唐政权的边境安全。

公元775年，田承嗣公然出兵兼并相州、卫州，代宗下令成德李宝臣、淄青李正己及多处中原军镇对其进行讨伐。李宝臣、李正己等人虽和田承嗣颇有矛盾，但实际并不愿真正击败他，代

1　张国刚：《资治通鉴启示录》（下），北京：中华书局，2019年版，第520—521页。

宗不得不下令诏赦。公元779年，田承嗣死去，遗命其侄田悦继承其位，首开藩镇世袭恶例。不仅原安禄山叛军系统的藩镇成为独立王国，中央系统藩镇的骄横不驯也愈演愈烈，中央集权、君主专制的郡县制统治策略受到了根本挑战。《新唐书·兵志》中记载："由是方镇相望于内地，大者连州十余，小者犹兼三四。故兵骄则逐帅，帅强则叛上。或父死子握其兵而不肯代；或取舍由于士卒；往往自择将吏，号为'留后'，以邀命于朝。天子顾力不能制，则忍耻含垢，因而抚之，谓之姑息之政。"

两税法与神策军

公元779年，代宗李豫去世，37岁的太子李适继承帝位，是为唐德宗。即位之初，德宗即表现出迅速改变现状的迫切愿望。他延续了肃宗、代宗时期制定的各种聚集财力资源的方法，全面发动以两税法代替租庸调制的赋税改革。

"安史之乱"之后，由于战争造成的非正常死亡及民众大量逃亡，唐政权控制的编户人口急剧下降至一百九十三万户，损失达四分之三。可是国家当时正在从事平定叛乱的战争，不得不支出更多的财力资源。当时藩镇的军队在辖区内作战，粮草费用自理，中央政权动员其出征，必须支付名为"出界粮"的补贴。唐肃宗除采取向商人收取重税等短期措施外，还两次提高同等官铸铜币面值，从而导致了货币的大幅贬值。公元758年，肃宗摒弃了唐政权历来的商业自由政策，下令实行盐业的国家垄断专卖，盐价上涨了十一倍。唐代宗重用刘晏革除漕运以及盐政中的弊端，将国家的控制权延伸到全国各地，盐业收入大幅增长。正如

《新唐书·食货志四》中记载，"晏之始至也，盐利岁才四十万缗，至大历末，六百余万缗。天下之赋，盐利居半，宫闱服御、军饷、百官禄俸皆仰给焉"。

德宗推出的两税法，指一年的税分夏季和秋季两次缴纳。此法出自宰相杨炎的建议，税法应根据每户拥有土地数量、每家拥有财产总额，征收地税和户税。这反映了在没有新的土地可供分配及农民逃亡的背景下，均田制实际上瓦解，以家庭人头为单位收取地租、手工业品和征发劳役的租庸调制度已经无法为继。两税法缓解了国家严重的财政困难，唐政权重新获得了较为稳定的收入。假以时日，中央政权或许能积累更雄厚的财力和人力，有助于恢复中央集权郡县制直接统治策略的成功，但是，德宗急于求治，相当仓促地投入了削藩战争。

公元781年，成德节度使李宝臣死，其子李惟岳自称留后，魏博节度使田悦要求代为继任，被德宗坚拒。李惟岳遂联络魏博、淄青，以及山东南道等藩镇一起反叛。随后中央藩镇系统的卢龙节度使朱滔、一度反正的成德镇将领王武俊倒戈，淮西节度使李希烈加入叛乱，黄河下游地区兵火连天，唐德宗不得不调集西北诸军镇征讨，其中泾原镇军士途经长安时，因未能得到赏赐发生哗变。德宗仓皇出走奉天，叛军推据居京师的朱滔之兄朱泚为秦帝，未及逃走的唐宗室七十余人遇害。

公元784年，唐德宗下罪己诏，痛责自己"长于深宫之中，暗于经国之务"，"不知稼穑之艰难，不恤征戍之劳苦"，"天谴于上而朕不寤，人怨于下而朕不知"（《旧唐书·德宗本纪》），宣布赦免除朱泚外的反叛将领，并取消民众所痛恨的垫陌钱、税间架等苛捐杂税。田悦、王武俊及李正己之子李纳接受招抚，朱滔、李希烈拒绝。不久，河北前线返回奉天救援的朔方节度使李怀光又反，和朱泚联合，德宗逃奔梁州，直至公元786年，朱泚、李怀光和李希烈等先后为部下所杀或兵败自尽，大动乱才告一段落。唐德宗的削藩，最后以向河北等各地强藩全面妥协而告结束。

在以后二十年的时间里，德宗继续以各种手段聚敛财力，并大力扩充中央政权直接控制的军事力量——神策军。代宗后期禁止宦官典兵，泾原兵变之后，德宗又将禁军的统帅权交给宦官。神策军后发展成十五万人的战斗部队，外震吐蕃内慑强藩，为中央政权培养军事人才，但也成为唐政权后期宦官势力专政的基础。

元和削藩策略初步成功

公元805年，唐德宗去世，太子李诵继位，是为唐顺宗。王叔文、王伾等顺宗东宫旧属，在柳宗元、刘禹锡等青年官员支持下，一度掌权革除弊政，并试图夺取更多的财权和军权。因为顺宗患有中风重疾，无法正常行使最高统治者的权力，宦官俱文珍等人遂联络朝中反对势力，先立皇长子李纯为太子监国，不久拥戴李纯即帝位，是为唐宪宗。顺宗退位，成为高祖、睿宗和玄宗后的第四位太上皇。

唐宪宗当时28岁，表现出较为成熟的政治智慧。他排斥和流放了"二王"势力的主要成员，次年，将王叔文赐死。但是，宪宗肯定了"二王"等人的多项革新政策，包括罢去宫市，禁止地方正税之外的进奉，释放宫女和起用被贬黜官员等，并迅速在更广和更深的范围内，展开改革。

太宗及玄宗是唐宪宗的崇拜者，登基后即以"嗣贞观之功，弘开元之理"为目标。他反复阅读《太宗实录》《玄宗实录》及《贞观政要》，延续了太宗、玄宗一脉相传宽仁为本的治国路线，并以唐太宗倡导的君德约束自己。除继续扩大代宗、德宗积累的财力和中央军力资源优势外，唐宪宗着手恢复太宗及玄宗前期统治策略、组织体制中的有效制度。

公元806年，宪宗接受元稹的上疏建议，并任命元稹为右拾遗，独孤郁为左拾遗，白居易为盩厔尉、集贤校理，萧俛为右拾遗，沈传师为校书郎。吴宗国教授认为，这意味着谋议制度即翰林学士制度化和谏议制度的恢复，意味着从贞观直到开元时期皇帝兼听纳谏，大臣各尽所能，勇于提出建议传统的恢复。[1]

唐宪宗重建了三省集体宰相作为最高行政首长的制度，他先后任命杜黄裳、李吉甫、裴垍、李绛、武元衡、裴度和崔群等为相，元和的十五年间（806—820年），是贞观、开元后唐政权第三个贤相辈出的时期。《旧唐书·宪宗本纪》中记载，唐宪宗将"军国枢机，尽归之于宰相"，暂停宦官掌握中央军权的做法，把部分军事指挥权交给了进士出身的宰相。这不仅为削平藩镇的战争提供了坚实的组织体制保障，而且是唐中期后治理体系一系列变革的重要组成部分。

根据《旧唐书·宪宗本纪》记录，当时全国四十八处藩镇，凡辖州府二百九十五，县一千四百五十三，其中不向中央申报户口的达十五镇七十一州，仅浙江东西等八镇四十九州，每年向中央输入财赋。公元806年，剑南西川节度部将刘辟反叛，在前

---

1 吴宗国：《说不尽的盛唐：隋唐史二十讲》，北京：
北京大学出版社，2020年版，第170页。

任死后自为留后，并试图兼领东川。唐宪宗依照宰相杜黄裳的主张，坚决以国家法度整肃，动用武力铲平。随后又平定陕西夏绥、镇海浙西两处藩镇叛乱，中央政权声威大震。公元812年，宪宗以宰相李绛的策划，充分利用河北各藩镇之间的矛盾，迫使魏博节度使田弘正归附，削藩形势逐步有利于中央。

公元815年，吴元济控制了割据淮西三十余年的军阀集团后，纵兵四处侵掠。唐宪宗接受宰相李吉甫、武元衡建议，坚定实施讨伐的政策。不久发生前方战况受挫，武元衡被淄青节度使李师道派刺客杀害，部分朝臣主张息兵妥协的事件。唐宪宗坚持独用宰相裴度继续作战的方略，并派裴度亲往淮西前线督战。裴度获得军事元帅的授权后，果断地奏请宪宗撤去军中监阵的宦官，诸将领得以专心军事，由此出战皆捷。公元817年，唐军大将李愬率军雪夜奇袭淮西军阀老巢蔡州，生擒吴元济，削藩战争取得了重大的胜利。成德节度使王承宗、卢龙节度使刘总先后归顺中央，公元819年，唐军最终歼灭了淄青李师道的残余势力。至此，持续六十余年的部分藩镇割据局面，暂时告一段落。

韩愈完善孟子的道统学说

唐政权恢复中央集权统治策略取得一定的成功，这固然体现了最高统治者个人的意志力，同时也是和以天下为己任的士大夫群体合力的结果。隋唐时代开始实行科举制，武则天之后平民知识分子逐步活跃到统治集团的中高层。国家发生"安史之乱"巨大变故，促使广大士人鼓吹治理改革，呼唤重建强大的中央政权。

参加顺宗时"二王"改革的柳宗元、刘禹锡等人，虽然遭到唐宪宗的流放，仍然时刻关心天下的安危忧乐。柳宗元写作《封建论》，全面论证郡县制优越于诸侯分封制，刘禹锡听到淮西藩镇被平定的消息，激动地写下"忽惊元和十二载，重见天宝承平时"（《平蔡州三首》）的诗句。唐宪宗周围的谏官和宰相团队，同为士大夫群体的杰出代表。其中青年谏官们锐气旺盛，在削藩战争的过程中，君臣经常争得面红耳赤。白居易坚决反对宦官吐突承璀挂帅征战，甚至直言"陛下错"，也没有受到宪宗责罚。元稹强烈弹劾不法官吏，平反了多起冤假错案。

多次经历政治磨难的韩愈，被后人尊为"唐宋八大家"文章之首。他提倡文学上的古文运动，即反对魏晋以后华丽的骈文风气，主张恢复先秦和两汉时代朴素的文风，实际上是以复古为招牌，希望排除道教、佛教在信仰上的干扰，再塑儒家思想的唯一权威性。"安史之乱"发生后，一些士大夫进行反思，认为部分官员的附逆投降行为，是唐代社会信仰自由、儒家理念没能定于一尊所致。韩愈特别推崇孟子在儒家思想体系中的地位，并重视五经之一《礼记》中的《大学》和《中庸》两文。他发展了儒家作为中华道统自远古流传的世系，即"尧以是传之舜，舜以是传之禹，禹以是传之汤，汤以是传之文、武、周公，文、武、周公传之孔子，孔子传之孟轲。轲之死，不得其传焉"（《原道》），并将孟子的统治者必须施行仁政的观点融入了儒家体系。他从《大学》中提炼出人生修行的方法，从《中庸》中总结出追求中道的目标，进而将修身、齐家、治国、平天下的个体求索，和儒家道统终极价值结合起来。韩愈改变了汉代董仲舒提倡的天人合一的儒学理论，尤其去除了谶纬的神秘色彩，以他个人的思想创造，尝试重新构建帝制时期治理体系的核心价值。

作为最高统治者，唐宪宗反而对于国家运营的理论并不敏感。他延续了唐政权视儒家教育为官学的传统，一定程度上支持了韩愈倡导的文体革新[1]，但是，宪宗同时保留了唐代帝王既崇佛又信道的风格。公元819年，宪宗已渐重佛事，发起迎奉法门寺佛骨的盛大活动。韩愈毅然上奏《谏迎佛骨表》，表示坚决反对，并要求烧掉佛骨。这引起了唐宪宗的震怒，一度想处死韩愈，后为裴度等大臣所阻止，把韩愈贬至广东潮州。

死于宦官之手

虽然唐宪宗对于宦官势力有所抑制，并且在削藩取得决定性胜利后，宦官监军典兵的大环境需求已经下降，但他仍然把宦官视作平衡外臣的主要工具。太监群体身为阉人没有生育能力，唐玄宗时期始，受到最高统治者的重用，其实是被当作实现皇帝意志的工具。肃宗、德宗、代宗、顺宗至宪宗五代，一般尚能控制宦官势力的膨胀。《资治通鉴·唐纪五十四》中记载，唐宪宗私下评论左神策军中尉吐突承璀："此家奴耳，向以其驱使之久，故假以恩私。若有违犯，朕去之轻如一毛耳。"由于唐政权帝位继承几乎每一朝都会出现状况，因此掌握了神策军的宦官首领拥有越来越多的话语权。新即位的皇帝往往重用从东宫带来的宦官，这就造成了两股宦官势力的冲突。

为了追求长生和成仙，宪宗晚年服用丹药。公元820年，唐宪宗李纯服丹药去世，《旧唐书》《新唐书》记载为宦官陈弘志弑

---

1 李天石:《唐宪宗传》，北京: 人民出版社，2017
　　年版，第461页。

逆。宪宗吸食丹药后出现药物反应，性情脾气极为暴躁，左右太监、宫女动辄得咎，稀里糊涂丢了性命。陈弘志出于恐惧，在宪宗睡梦中将其害死。《新唐书·王守澄传》还记载，"守澄与内常侍陈弘志弑帝于中和殿，缘所饵，以暴崩告天下，乃与梁守谦、韦元素等定册立穆宗，俄知枢密事"，即太子李恒东宫宦官团体的首领王守澄参与了此事。问题在于，王守澄、陈弘志犯下如此滔天大罪，在李恒即唐穆宗登基后，不仅没有受到惩处，反而得到重用。

宪宗的长子早逝后，按照次序该立次子李恽，但其生母出身低微，因此立三子李恒为太子。李恒的母亲郭氏为郭子仪孙女，代宗之女升平公主的女儿，身世相当显赫。不过，唐宪宗却一直拒绝立郭氏为皇后。朝中宦官、文官等势力大致分为两派，一派支持太子李恒，另一派支持澧王李恽，最受皇帝宠信的宦官吐突承璀明显站在李恽一边。贵妃郭氏、太子李恒或者东宫宦官群体，可能出于防止宪宗更换继承人的目标，从而采取谋杀的预防性措施。在这场政变中，澧王李恽及吐突承璀等宪宗东宫时代的宦官全部被杀。

宪宗去世十年之后，穆宗之子唐文宗终于下令将陈弘志杖死，随之将王守澄、韦元素等穆宗东宫时代宦官首领杀死。宪宗十三子唐宣宗李忱即位后，帝位从穆宗系转入宣宗系。宣宗强烈暗示郭太后、穆宗母子谋杀了宪宗，下令停止对穆宗光陵的祭拜，78岁高龄的郭太后企图以自杀凸显宣宗的不孝，被制止后随即暴亡。

唐宪宗李纯离奇的死亡，以及谋杀凶手长期得到庇护，反映出他生前轻视的宦官势力已经坐大。而在他去世后不久，河北三镇又发生叛乱，这多少证明了地方军政首长权力过大等严重的弊端，并未得到制度性的转变。

平民士大夫与唐宋变革

日本学者内藤湖南20世纪初曾提出"唐宋变革"论，之后其学生宫崎市定及一些中国学者丰富了这种论述。简而概之，唐宋变革即政治上从唐代的世袭贵族门阀制度，过渡到宋代的君主和平民士大夫共治体系；经济上两税法取代均田制和租庸调制，从而使农民从土地的束缚中获得一定的解放，促进了商业和手工业的繁荣；文化上贵族文学转变为市民文学，从接受佛教、胡俗外来文化为主，回归儒家的中国传统本位。

这种政治、经济和文化上的变革，反映到国家治理体系的调整层次，即是组织保障体制、资源动员能力和核心价值的再造。"安史之乱"之后，唐政权进入了以削藩为重点的系统修复期，并在唐宪宗元和时期取得了突破。在历史缓慢和曲折的进程中，皇权的家天下和士大夫的天下国家追求，实现了目标上的重合。从这种意义上说，最高统治者和非世袭的士人流官势力结合，既是帝制时期治理体系调整的重要内容，又是唐宋变革的动能之一。

武宗和宣宗：帝国的落日

　　唐武宗李炎、唐宣宗李忱是唐政权晚期能够保持较为稳定局面的皇帝，其良好的治理分别被称为"会昌中兴"和"大中之治"。在这之前，唐穆宗、敬宗和文宗在位期间，河北三镇武人再度割据，宦官势力直接操纵皇帝的废立，外朝文官形成牛李两派朋党相争的态势。唐武宗重用李德裕为相，有所抑制宦官的权力，积极平定少数地方藩镇的反叛，特别是发动大规模的灭佛风暴，客观上增强了国家人力、财力资源的动员能力，有助于中国本土的儒家价值复兴。唐宣宗即位后，继续压制宦官势力，通过整顿吏治、严肃执法强化中央集权、君主专制的权威，收复了"安史之乱"后失陷的河湟地区。

　　唐懿宗、僖宗在位期间，基层爆发大规模民变，黄巢的军队一度攻入长安，造成了全国范围内的地方藩镇自立。中央政权宦官与文官处于尖锐对立状态。当唐昭宗及部分大臣引入朱温等武人彻底铲除了宦官势力之后，实际上唐中央政权也失去了最终生存的基础。

宦官操纵皇帝废立

　　唐穆宗李恒即位不久，推行"销兵"即裁军的政策，削弱地方藩镇的武力资源，并且减轻国家的财政支出负担。他同时还在河北地区推行"两税法"和"榷盐法"，实际上是要把部分财政资源控制权收归中央。这种正确却又操之过急的做法，造成河北三镇再度反叛。卢龙、成德两镇的将领杀死中央派去的节度使，随后魏博也参加了叛乱，并且得到了因裁兵而失去军籍的兵士们支持。中央政权对于河朔地区的军事讨伐失败后，索性采取承认既成事实的妥协政策，任命叛将为当地的节度使。唐政权再次失去了对这一地区的实际控制，一直持续至五代和宋政权时期。

不过，在全国大部分的地区，中央的号令仍能大致实行。裴度、李德裕和牛僧孺等一大批文官被派往藩镇担任节度使。虽有少数藩镇仍存在不服从朝廷的行为，但是整体上而言，"安史之乱"之后困扰唐政权的藩镇割据乱局获得了一定的缓解。

穆宗即位五年后去世。其长子唐敬宗李湛是著名的游乐皇帝，对于身边的太监随意处罚、羞辱，仅18岁即被宦官刘克明等人弑杀。唐文宗李昂为穆宗之子、敬宗之弟，对于宦官首领的跋扈、嚣张相当不满，将外臣郑注、李训引为亲信，策划彻底清除宦官势力。公元835年，李训等人以观赏祥瑞甘露为名，动员文宗率仇士良等宦官首领前往金吾卫衙，试图将宦官们一举斩杀。计划执行过程中出现严重疏漏，被仇士良现场发现，宦官集团发动反击，造成朝中多位宰相及大量官员被族杀，文宗一度形同软禁，是为历史上著名的"甘露之变"。

唐政权后期是继东汉桓灵之后，帝制时代出现的第二次宦官势力专权。宦官继唐德宗时期掌管中央禁军后逐步揽权，不仅被派往各地藩镇监军，还出掌负责传达帝命的枢密院。京师长安城中，内廷宦官所在的北司权力渐重，超过了外朝文官代表正统的南衙。文宗、武宗、宣宗、懿宗和僖宗六十余年间，五位皇帝均为宦官从十六王宅中选立，违背了先帝生前的意愿。东汉后期宦官专权，原因在于皇帝将之作为平衡外戚势力膨胀的工具，而唐代宦官势力的崛起，出现在皇帝对于军队、中央对于地方的集权制度还不完备的背景下，宗室皇子势力受到皇帝的控制和防范，士族势力式微，以科举制为中心的平民士大夫势力尚未独立成型，最高统治者不得不依靠奴才身份的宦官，应付武人藩镇势力对于皇权的威胁。

值得一提的是，唐代宦官貌似不可一世，其实并不改变宦官、皇帝之间家奴和主子的本质。皇帝仍是宦官权力的唯一来源，两者之间的共生关系大于矛盾冲突。在最高统治者的健康、智力和责任心齐全的情况下，皇帝仍能相对独立地行使权力。黄永年先生认为，宦官所为仅能看作家奴参加皇室的内部纠纷，好比大家族里奴婢帮助小主子争产业，而非奴婢权力大到可以反掉整个大家族。那种认为唐后期皇帝都已成为宦官的傀儡的看法，是十分错误的。[1]

朋党之争与武宗灭佛

在唐政权中央的层面，起始于宪宗、穆宗之际，终止于武宗、宣宗两朝，外朝文官的"牛李党争"持续四十余年。陈寅恪先生曾判断，"牛李两党之对立，其根本在两晋、北朝以来山东士族与唐高宗、武则天之后由进士词科进用之新兴阶级两者互不

1　黄永年：《唐史十二讲》，北京：中华书局，2007
　　年版，第179—180页。

相容"[1]。近来大多数学者经过考证，对这种"牛党重科举、李党重门第"的观点持否定的态度。牛僧孺、李宗闵以及李德裕两派势力，分别以掌握内廷的不同派系宦官为后援，看似围绕着政治见解、师生关系、出身和地域等不同因素，其实仅为个人之间恩怨、权位之争。

穆宗、敬宗时期，牛党占有上风。文宗时两党互有胜负，但均未介入试图消灭宦官的"甘露之变"。一般的斗争模式为两党交替进退，即一党在中央为相，便排斥对方为地方外任。双方往往为一些具体的主张和人事争论不休，水火不容。以对待边疆民族政权及藩镇的态度而言，李德裕态度强硬，坚决倡导维护中央集权与国家统一；牛僧孺站在反战和照顾民生的立场，主张采取妥协、息事的方法。李德裕担任剑南西川节度使期间，大力加强西南的边防。修建"筹边楼"，训练士卒，以河中人造弓，浙西人制弩，用全国最精锐的武器装备边军，并且建造防御工事，改善粮食转运系统。

李德裕这一系列措施，相当程度上震慑了南诏和吐蕃政权。南诏当局归还西川工匠、僧道四千余人。公元832年，吐蕃维州守将悉怛谋主动请降，李德裕予以接受，并派兵进驻维州。但是，这时牛僧孺在中央政权为相，他认为这破坏了朝廷与吐蕃之间的和平协议，在征得文宗同意后，下令将悉怛谋送回。吐蕃当局不但将悉怛谋等人残酷杀害，还认为唐政权软弱可欺，反而变本加厉扰边。

公元840年，文宗去世。宦官首领仇士良拥立穆宗之子、敬

---

1 陈寅恪:《隋唐制度渊源略论稿　唐代政治史论述稿》，南京：译林出版社，2020年版，第273页。

宗、文宗之弟李炎即位，是为唐武宗。随即武宗重用李德裕为相，将牛党一派成员全部外放。在李德裕建议和主持下，唐政权击溃了回鹘汗国瓦解后南下的残部，接回前去和亲的穆宗之妹太和公主，维护了边境的安全与朝廷的体面。河南地区昭义节度使刘从谏病亡后，其侄刘稹控制军镇，企图以武力迫使中央任命自己为节度使留后。河东节度使属下的一千五百名士卒发动兵变，攻占太原的节度使衙门。两处叛军相互联系，大有连成一片之势。在武宗的支持下，李德裕从容指挥，调动各地军镇坚决镇压，平定了两地的叛乱，保持了宪宗削藩后中央集权统治相对稳定的局面。

武宗与李德裕外朝官僚的密切配合，使得仇士良等宦官集团的作用被相对边缘化。仇士良不得不申请退休，最后病死在家中。李德裕还在武宗及枢密使的首肯下，改革宦官的监军制度，即明确监军不得干预军政，并严格规定监军的亲兵人数。这些纠正宦官势力过于膨胀的改革，缓和了组织体制宦官内廷与官僚外朝之间的矛盾，整体上有利于恢复君主专制的权威。

公元845年，唐武宗发起了继北魏太武帝、北周武帝后，第三次大规模的灭佛行动，即下令保留全国数十所寺庙，其余寺庙一律毁弃。他下敕不准供养舍利子，五十岁以下僧尼必须还俗。共有二十六万名僧尼及十五万名佛寺雇用的奴婢，直接成为两税法的编户，这无疑扩大了国家控制的人力和财力资源基础。长安城中几乎不见僧尼。武宗灭佛行动展开之际，同时打击了祆教、景教和摩尼教等其他宗教。孙英刚教授认为，武宗灭佛对唐朝世界性帝国的定位是一个破坏，意味着中国已经放弃作为佛教世界主导者的角色，唐朝一直执行的宗教宽容政策从实际上结束了。[1]

武宗禁止佛教及其他宗教的行为，得到了李德裕等多数儒家大臣的支持。"安史之乱"以后，韩愈、柳宗元等士大夫倡导古文运动，其实就是呼吁排斥佛教等外来思想信仰的影响，且将带有阴阳家神秘性的谶纬内容从儒学中去除，恢复世俗主义的孔孟之道为官方唯一的价值。这对于建设稳定和平衡的国家治理体系，无疑存在必须性，因而在士大夫阶层中引发了毁佛兴儒的共鸣。但在另一方面，这一选择也是唐政权运营系统失去混合胡汉的开放性和自由度的原因之一，治理体系回归天下国家的中原本位，更加强调夷夏之防。在唐宋变革的历史潮流中，思想信仰上的多元走向相对单一，代表了国家核心价植的全面保守化。

恢复失陷百年的河湟地区

公元846年，年仅33岁的武宗去世。武宗储子年幼，"诸宦官密于禁中定策"，拥立武宗叔父、穆宗异母弟及宪宗之子光王李怡即位，是为唐宣宗。李怡为宪宗十三子，年龄比文宗、武宗稍长，比敬宗还小一岁。李怡自幼装疯卖傻，以减轻文宗、武宗的猜忌。一般以为，控制了神策军的宦官首领之所以选择光王继位，是看中了他的"不慧"易于掌握。如果武宗的幼子继位，李德裕辅政可能就是大概率事件。

出人意料的是，宣宗即位后表现出相当高深的帝王心术。唐

---

1 孙英刚：《灿烂辉煌的开放世界——隋唐五代》，
　　上海：上海人民出版社，2018年版，第258页、
　　263页、264页。

宣宗登基后的次日，立刻把李德裕罢相，将其贬去偏远的岭南担任节度使，之后一贬再贬，一代名相最后死于海南的崖州。黄楼教授判断，宣宗忌惮李德裕，主要是担心李德裕辅佐武宗诸子夺回帝位。[1]

唐宣宗叔承侄位，礼法上显然不符儒家思想的伦理价值，为此他不得不一再推崇父亲唐宪宗，从而证明自己继位的正统性。宣宗一面重用朝中的牛党人士，一面大量寻找宪宗元和旧臣后代到朝廷任职，以此达到直接承接宪宗一朝的效果。从这个意义上说，宣宗竭力营造对穆宗及太皇太后郭氏参与谋害宪宗的怀疑，可能也是出于否认穆宗一系穆、敬、文、武四帝的考虑。宣宗"务反会昌之政"，不顾国家财政资源的困难，在一定程度上恢复佛教，同样贯穿着敬仰唐宪宗尊佛的精神。

虽然宣宗被称为"小太宗"，对于宦官的嚣张有所压制，注意控制高级官吏的规模，禁止内廷、外朝之间联络交往，严格约束家人，处理身边人的违法行为毫不手软，但是，这些仅仅停留在个案层面，他对中央集权的相关制度、组织体制的各种机构没有根本革新，因此对于治理体系的调整并无实质性贡献。"大中之治"最大的亮点，在于使河湟地区摆脱吐蕃的统治，张义潮率沙州兵民起义，恢复河西走廊及其周边地区，沙州、瓜州等十一州回归国家，张义潮被宣宗任命为沙州防御史、归义军节度使等职。唐政权向西拓疆四千里，重新打通前往西域的道路，成为日落前最后的辉煌。

"安史之乱"发生后，唐中央政权调西北边防军回师平叛，

1　黄楼：《唐宣宗大中政局研究》，天津：天津古籍出版社，2012年版，第67页。

西域、北庭和中原断绝，之后不得不予以放弃。另外，由于安禄山等叛军将领大多具有粟特、同罗、奚人和契丹等少数民族背景，唐政权统治者不再信任胡族血统的武将。长安朝廷之上，汉族以及各少数民族文臣武将济济一堂的盛况不再。唐肃宗向回鹘政权借兵，最终平定了"安史之乱"。面对吐蕃进攻的态势，唐政权采取联合回鹘、南诏共同对付的策略，勉强维持了边境的安全。虽然武宗、宣宗时期，回鹘、吐蕃先后发生内乱而崩溃，国家的外部大环境得到改善，但是，运营系统没有恢复至天可汗的治理格局。随着其统治范围退缩至汉民族聚居区，唐政权从多民族国家治理的运营模式探索，转向了应对中央集权、君主专制策略面临的挑战。这和核心价值转向的逻辑是一致的。

基层势力兴起与黄巢起义

公元859年，唐宣宗去世。宦官集团拥立其长子李漼继位，是为唐懿宗。尽管唐武宗、唐宣宗的政策和人事多呈对立状态，但是，六年多的"会昌中兴"接连十三年的"大中之治"，国家还是保持了相对平静的状态。随着牛僧孺、李德裕等当事人相继去世，文官势力中的朋党之争大致告一段落。宦官势力在唐代中后期特殊的环境里，对于皇权的巩固总体上利大于弊。

唐代后期藩镇造成的动荡，主要不是地方武装割据反抗中央集权的性质，而更多地表现为藩镇内乱。换言之，兵士、将校哗变作乱，和藩镇主帅之间的矛盾和斗争，成为这种封闭性动乱的主因。藩镇的主导权逐步下移至新兴的地方基层势力手中。李碧妍博士发现，河南的地方牙兵阶层、关中禁军中的窨籍豪富，特别是江淮兼具农、商、军、吏多重身份的土豪阶层强势崛起，虽然"藩镇""一名本有"诸侯"的含义，但就藩镇时代的唐廷与"诸侯"观之，君主与贵族共治的意味，正在向君主专制与地方平民社会的崛起方向发展。[1]藩镇作为诸侯的意义正在走向消失，以科举制为组织选才标准的郡县直接治理时代正缓缓而来。即使在反叛的河北地区，至少有魏博、卢龙两大藩镇陷于内乱，藩镇统帅的确立，同样取决于牙兵、边将及土豪势力的博弈。藩镇对于中央政权的威胁，已经不复存在。

唐懿宗去世之后，宦官首领田令孜舍长立幼，拥立年仅12岁的懿宗第五子李儇为帝，是为唐僖宗。懿宗、僖宗时期，南方地区发生多次大规模民变，妨碍正常的经济生活，严重影响了中央政权的财赋收入。公元874年，盐贩王仙芝在长垣起义，粗通文墨的盐帮首领黄巢聚众响应。王仙芝、黄巢等人的盐商身份，透露出围绕着税收及食盐专卖，唐政权和民间基层势力之间的尖锐冲突。

王仙芝战死后，黄巢被推为冲天大将军，展开了流寇式的长途运动作战。黄巢驱军自浙江南行七百余里，从福建、江西直下广州，后又从桂林北上，冲过两湖和江淮，一路杀入了洛阳和长安。唐僖宗及其朝廷被迫逃入蜀中。公元880年，黄巢在长安自称大齐皇帝，但他无法得到广大士人的认可和忠诚，转而又对长安民众进行了大屠杀。黄仁宇先生评论：黄巢渡过长江四次，黄河两次。这位历史上空前绝后的流寇发现唐帝国中有许多罅隙可供他自由来去。各处地方官员只顾得本区的安全，从未构成一种

1 李碧妍:《危机与重构：唐帝国及其地方诸侯》，
  北京：北京师范大学出版社，2015年版，第
  534—536页。

有效的战略将他网罗。[1]

唐僖宗引入突厥系的李克用沙陀军团南下救援，黄巢部将朱温降唐，被赐名朱全忠。这两支部队成为击溃黄巢的主力。公元884年，黄巢兵败被杀。以朱温、李克用为代表的新军阀，通过主帅与军将阶层之间的密切结合，运转高效，驱策麾下士兵作战，不再受骄兵的困扰，成为未来五代十国各国乃至北宋立国的基础。[2]

武人势力成为主导性力量

黄巢起义改变了地方藩镇的结构。中原地区大部分藩镇均被朱温吞并，李克用集团控制河东及西北地区部分藩镇。此外，西北地区部分藩镇被李茂贞占据。南方地区各藩镇与当地势力充分结合，不再向中央政权提供财政资源，形成了若干个小王国。据《旧唐书·僖宗本纪》中记载，唐僖宗返回长安后，"国命所能制者，河西、山南、剑南、岭南西道数十州"。随着川蜀地区藩镇逐步自立，中央政权所能控制的资源，仅存长安及附近少数地区。

朱温追随黄巢造反，后又背叛黄巢，残酷无情、诡计多端，对于唐政权的价值正统性毫无认可。李克用本姓朱邪，被归入外族夷狄的范围，因为平叛有功，和父亲一起被唐懿宗赐姓李氏，

---

1 黄仁宇:《中国大历史》，北京：生活·读书·新知三联书店，1997年版，第125页。
2 仇鹿鸣:《长安与河北之间：中晚唐的政治与文化》，北京：北京师范大学出版社，2018年版，第348页。

性格暴躁、简单，虽有擅杀朝廷防御使自称留后的记录，但是对于唐室品牌尚存敬畏。在消灭黄巢的过程中，李克用的沙陀军团出力最多，贡献最大。公元884年，朱温、李克用两大枭雄相会于汴州上源驿。酒宴散后，朱温以突然袭击的方式，派兵围攻李克用及其亲兵卫队。李克用奋力拼杀，仅以身免。从此以后，朱温、李克用成为一对势不两立的死敌，相互攻伐，形成了分别以汴州和太原为中心的两大军事集团。公元885年，李克用率部进军关中，击败倾向朱温的军阀朱玫、李昌符等，迫使僖宗出走凤翔。

公元888年，再次返回长安不久的唐僖宗去世。宦官首领杨复恭拥立僖宗之弟李晔继位，是为唐昭宗。22岁的昭宗颇有重建中央集权、君主专制统治策略的雄心，即位后着手削弱宦官势力权限，最终造成杨复恭的反叛，被其所杀。昭宗在长安招募了十万中央禁军，在宰相张濬及朱温等人倡议下，下令讨伐西川藩镇及李克用集团。结果前往西川讨伐的王建断绝和朝廷的联系，在蜀中自立为王，讨伐李克用的诸军镇大败而归，中央禁军损失大半。公元895年，李茂贞、韩建及王行瑜等三位节度使进京挟持昭宗，反而是李克用出兵救驾。

唐昭宗曾经动员被长期压制的宗室势力保卫政权，诏令十六王宅的诸王掌管禁军。公元896年，诸王统率的禁军为李茂贞凤翔军所败，不久昭宗随着禁军投奔李克用的途中，遭遇华州节度使韩建劫持，一度被送往华州软禁。残存的中央禁军全线溃散，十一位李唐宗室的亲王及其家人侍从被一起屠杀。在李克用、李茂贞等人对峙的过程中，朱温乘机进一步壮大，降服了河北诸镇，李克用的盟友、幽州节度使刘仁恭倒戈。朱温率军大举进攻李克用，两度兵临太原城下，取得了在北方地区的优势地位。

昭宗返回长安后失去理性，与宰相崔胤策划，将矛头指向实际上唯一依赖皇权的宦官势力，这激发了宦官首领刘季述等人强烈的反弹。公元900年，刘季述等率领禁军发动政变，幽禁昭宗，继而拥立太子继位。朱温意识到这是树立威望的机会，遂支持崔胤将刘季述等人杀死，迎昭宗复位。朱温因此被封为梁王。之后崔胤等残存的文官势力与韩全诲等残存的宦官势力继续冲突。崔胤将朱温的军队引入，韩全诲迫使昭宗前往李茂贞的老巢凤翔避难。于是朱温率军围困凤翔，李茂贞不得已斩杀韩全诲等宦官二十余人，将昭宗交给朱温。

昭宗再次返回长安后，朱温、崔胤等将仅存的数百宦官杀死，至此唐政权中期后兴起的宦官势力全部覆亡。公元904年，朱温杀死崔胤，逼迫昭宗迁往洛阳。随后派人杀害昭宗，另立昭宗之子李柷为帝，是为唐哀帝。公元905年，朱温杀害了昭宗其余九子。在滑州的白马驿，朱温下令将宰相裴枢等三十余位文臣杀死，把尸首扔入河中，唐政权中最后的文官势力集体消失。

公元907年，朱温以接受禅让的方式，迫使唐哀帝退位，终结了二百九十年的唐政权品牌。次年又将哀帝杀害。朱温登基称帝，建立五代中第一个政权，是为后梁太祖。实际上朱温仅为当时势力最大的强藩，北方李克用、李茂贞等节度使从未承认他的正统地位，而是继续沿用唐政权的品牌年号。南方及川蜀地区，淮南军杨行密、荆南军高季兴、湖南武安军马殷、岭南清海军刘隐、浙江钱镠、福建王审知等，都是割据性的独立地方政权，王建在成都称帝，建立前蜀政权。唐中央政权解体之后，国家分裂为多个以武力为后盾的运营系统，历史上称为五代十国。

平衡被破坏的结果

"安史之乱"之后，韩愈、柳宗元等士大夫倡导重建以儒家思想为唯一价值的治理体系转型，直到唐政权崩溃时也没有成功。相较于东汉时国家运营系统中价值观和方法论充分地统一，士人民众忠于儒家精神、忠于皇帝和忠于汉室品牌三者一体，唐代的系统显然缺乏核心价值有力的支撑。这也就是汉代灭亡后，恢复汉室的动员依然风起云涌，而唐代灭亡后，恢复唐室却没有太多号召能量的原因。

尽管唐宪宗、武宗、宣宗等发挥了最高统治者的决定性作用，但是，唐政权中央集权、君主专制的统治能力，并没有恢复到"安史之乱"前的水平。国家丧失了太宗、玄宗时期多民族国家运营治理的局面。唐代中后期，特别是武宗、宣宗时期尚能保持一定程度的稳定状态，主要是组织体制内部宦官、武人与文臣等势力平衡的结果。宦官掌握中央神策军，对于武人藩镇保持震慑作用，文臣主持日常朝政，又对宦官专权形成制约。体制外黄巢的流民大起义，极大破坏了这种平衡关系，唐昭宗急于求治，反而激化了宦官与文官、中央与藩镇之间的矛盾，造成中央政权失去了所有的资源，最后和宗室、宦官及文臣等势力一起同归于尽。

本章小结

隋文帝迅速立国，缺乏宏大的核心价值，隋炀帝过度动员资源，终为唐政权所取代。唐太宗总结出抚民以静、民为国本的理念，强调注重君主个人的品德，身体力行、率先垂范。这种风格又被多位唐代最高统治者模仿，玄宗前期、宪宗、武宗和宣宗等，均在特定的历史大环境下，以太宗为榜样励精图治。唐代皇帝能力有大小、智商有高低，除去改变国号的女皇武则天及敬宗等个别外，其实没有特别离谱的暴君、昏君。以韩愈为代表的士大夫，主张摒弃佛教等外来宗教信仰，倡导重建以儒家思想为治理体系唯一正统的核心价值，实际上是希望士人民众并不局限于忠于皇帝个人，而是要建立对于儒学的信仰，并且和唐政权的天命融于一体。

隋唐帝国起自北朝少数民族政权，军功贵族是组织体制中重要的势力，山东、江南的士族保存相当的影响，共同构成了世袭的功臣利益集团。科举制度虽然形成于隋代，但对于隋政权运营系统几乎没有影响。武则天大量清洗宗室及关陇勋贵后，平民士人进入组织体制的比例逐步增加，特别是在"安史之乱"后的削藩调整时期，已经活跃于统治集团的高层。但是从整体结构而言，唐政权的文官势力，仍然由士族与平民共同组成，唐代仍是宗室、外戚、武人和宦官势力等作用更大的阶段。唐玄宗终结了后宫外戚势力干政的风气，严禁宗室诸王势力结党、觊觎帝位。

为了防范武人势力坐大威胁君权，唐代统治者扶持宦官监军，"安史之乱"之后，更是授权宦官掌握中央禁军。唐代后期宦官势力发展到操纵皇帝的废立，不过，这并不改变宦官作为皇权延伸的本质。

经历了魏晋南北朝的民族大融合，隋唐帝国超越秦汉，力图构建多民族的天下国家治理体系，但未能形成制度完善、机构成熟的运营系统。"安史之乱"之后，唐政权统治者不再信任少数民族武将和首领，国家也失去了对于大部分少数民族区域统治的能力。唐政权作为帝制时期最为开放的运营系统，实际上转向了保守和中原本位，注定不可能继续多民族国家治理的探索。

第 四 章

五代辽宋金对立阶段，是国家治理体系完善的阶段。宋太祖崇文抑武、重用平民士大夫，通过多种权力制衡的制度设计，一定程度弥补了依靠最高统治者个人能力管理的系统缺陷，之后形成君主与士大夫共治天下的统治策略特殊性形式。两宋时代是重现儒家价值的黄金岁月，程朱理学被定于一尊。东北地区契丹族所建的辽政权，发明出一个政权内部两种运营系统的体制，即对于汉民族和契丹等少数民族采用两种不同的组织体制和资源动员方式，为少数民族主导多民族国家的治理提供了方法论。

完善：
五代辽宋金对立阶段

　　五代、两宋和辽金时期是帝制治理体系从粗放走向完善的阶段。虽然天下国家分裂为北方少数民族及汉民族不同统治区域的运营系统，却分别发展出较为成熟的治理体系。五代、两宋是隋唐帝国的延续，而北方辽、金等少数民族政权，开启了元明清多民族帝国的大门。"安史之乱"之后，唐政权进入了运营系统修复和改造的过程，这一目标在唐代没有实现，反而在辽宋金政权对立的时期大致达成。其中宋代的统治者弥补了隋唐帝国时期中央集权相关制度、组织机构设置的多种缺陷，辽代的少数民族君主探索出了一国两制的多民族国家特殊的治理方式。

　　东北地区契丹族兴起建国后，辽太祖耶律阿保机、太宗耶律德光等人，发明了独特的北面官、南面官制度，即在一个国家的内部，形成针对契丹等少数民族和汉民族两种不同的运营系统，包括不同的组织体制和资源动员方式，是对帝制时期多民族国家治理体系的丰富和完善。北方游牧、渔猎民族保持了军功贵族统率国人武装的传统，特别是女真族金政权和继之而起的蒙古政权，其一脉相通的猛安谋克制度和千夫长制度，集生产、作战和行政组织机构于一体，具有兵民合一、军政合一的极大资源动员优势，随后和中原汉地的物质、人力资源结合，迸发出运营系统能量的裂变。辽金元阻止了宋政权统一中国，进而控制北方地区，使进军南方、主导整个中国成为可能。

宋政权统一了除幽云十六州外绝大部分的汉族地区，是帝制时期士大夫心目中的正统政权。宋太祖赵匡胤深刻洞察晚唐五代武人势力干政、中央集权崩溃的恶果，对于运营系统中威胁君主专制的各种可能性，都作出了制度性的预防。他确立了重文抑武、强干弱枝的组织体制原则，将地方的兵权、财权等收归中央，设计出君权、相权和监察权等相互牵制平衡的程序。宋政权以科举制作为选拔官吏的主要手段，规定不得杀害士大夫及上书言事之人，至宋仁宗时将之概括为君主和士大夫共治天下的特殊性统治策略，形成祖宗之法，作为之后最高统治者遵循的准则。宋代回归儒家价值的传统本位，其中程朱理学在南宋理宗时期列为官方的意识形态。

两宋政权创造了帝制治理时期，最为持续的价值、品牌政权和皇帝的三合一忠诚体系，完成了皇帝从个人能力管理朝向制度化管理的历史性转变，有效杜绝了宗室、外戚、权臣、武人篡政的可能性，但是，这也深刻影响到了资源动员的效率，是亡于北方少数民族政权的原因之一。

辽太祖太宗：契丹版的一国两元体制

辽太祖耶律阿保机是契丹政权的创建者，其子辽太宗耶律德光即位后，契丹正式改国号为辽，被部分学者称为帝制时期第一个少数民族征服政权。阿保机在中原以外的非汉人地区建立政权，创造了契丹政权的北面官、南面官制度。耶律德光接收汉人聚居的幽云十六州后，以契丹及其他少数民族为对象的统治机构即为北面官系，以广大汉人为对象的统治机构即为南面官系，实际上形成了一个国家政权内部两种不同的统治策略、组织体制和资源动员方式。辽太祖立国之初即选择儒学作为国家的核心价值，太宗时又设置太学和国子监，实行了科举考试取士制度。

辽政权最高统治者积极参与了五代、北宋前期中原的争夺，并以中华的正统政权自居，同时竭力保持契丹民族的根据地和传统文化，作为对付人口占多数的汉民族的政治资源。这种契丹族、汉族共存的多民族国家政治结构，后来成为女真族金政权、蒙古族元政权和满族清政权的运营系统范例，发展为少数民族统治占较长时间的元明清第三帝国治理体系的重要内容。

契丹及阿保机的兴起

契丹族属于东北地区兼有游牧、渔猎的东胡族系，是建立北魏政权的鲜卑族的旁支后裔。契丹曾臣服北魏政权，被安置于西拉木伦河、老哈河流域，逐渐分为八大部落，后又臣服于中原隋政权、漠北突厥政权。唐政权初期，契丹古八部分化重组，形成了以大贺氏为首的第二次联盟。内附唐政权后，唐太宗设置松漠都督府，任命契丹首领担任左将军兼都督，是为唐政权多民族天下国家羁縻体制的组成部分。之后，契丹对于唐政权长期处于时叛时服的状态。

公元696年，被赐名的大贺氏联盟长李尽忠、部落长孙万荣兴兵叛乱，李尽忠自称可汗，攻陷营州地区，长驱直入河北和辽东，数度重创武周政权大军。虽然武则天联合后突厥军队击溃契丹，但随后数十年里，靺鞨族渤海政权及新罗坐大，唐军在东北地区全面后退，陷入了同后突厥、契丹、奚人和室韦等各族势力的混战。唐玄宗设置平卢节度使，动员军政合一的资源，却意外造成了安禄山胡汉混合集团的崛起。契丹诸部再度进入内争，后来遥辇氏成为联盟之首，"安史之乱"以后，契丹长期被取代后突厥的回鹘政权控制。

公元九世纪后期，漠北回鹘汗国崩溃四散，中原唐政权走向衰亡，这为契丹民族雄起提供了难得的大环境机遇。其中迭剌部为契丹诸部中最强大的力量，世代担任迭剌部夷离堇即军事首长的耶律家族脱颖而出。公元901年，30岁的耶律阿保机被推举为夷离堇，率领契丹民族走上了铁血建国的道路。

后被称为辽太祖的耶律阿保机，与后梁太祖朱全忠、后唐太祖李克用，均为同一时代的枭雄。阿保机采取远交近攻、先易后难的策略，首先征服东北地区奚、鞑靼、室韦和女真等少数民族部落，掳掠了大量人口和财物，以充实契丹继续发展的资源。公元902年，阿保机率大军南下今山西北部地区，虽然被长期割据河东的李克用集团击溃，但仍然带回近十万俘虏和大批羊、马、牛等牲畜。公元903年，阿保机出任位于百官之上的于越，多次率军进击盘踞幽州的刘仁恭、刘守光父子军阀集团，双方互有胜负。公元905年，阿保机亲自前往云州即今天山西大同，和李克用会盟约为兄弟，但是，阿保机并没有追随李克用讨伐朱温，而是采取了同时结交的策略。

公元907年，朱温先后诛杀了唐政权中宦官及外廷的文官势力后，废除昭宗、哀帝皇位，在洛阳以接受禅让的方式，建立了后梁政权。同年阿保机作为迭剌部的耶律家族代表，被推为契丹八部的可汗，派人前往后梁要求册封。公元908年，李克用病逝，临终前交给嫡长子李存勖三支利箭，郑重要求分别射向刘仁恭、阿保机和朱温。后来李存勖消灭幽州刘仁恭、刘守光父子军阀集团，公元923年，李存勖登基称帝，仍沿用唐品牌国号，追尊父亲李克用为太祖武皇帝，历史上称为后唐政权，是为庄宗。后唐大军攻入汴州后，朱温之子、后梁末帝朱友贞自杀而死。李存勖又用两年时间，基本统一了中原、川蜀，"五代领域，无盛于此者"。

以国制治契丹，汉制治汉人

当时阿保机的政治目标，是要废除契丹数百年来的世选可汗制度，从而实行中原王朝的君主专制、中央集权统治策略。他改变了部落联盟会议从迭剌部中推选可汗的传统，三年的任期时间结束，阿保机完全无意放弃可汗的大位。这首先激起迭剌部内部有资格担任大汗的数位兄弟反弹。公元911年、912年和913年，前后发生三次"诸弟叛乱"，阿保机残酷镇压了煽动者和骨干成员，但对弟弟们予以赦免，体现了维护耶律家族统治地位的用心。阿保机还面临除迭剌部以外七部要求更换可汗的威胁。《契丹国志·太祖记》中记载："太祖击黄头室韦还，七部劫之于境上，求如约。"他一度让出可汗之位，自率本部军民居于汉式城郭盐池城。公元915年，阿保机邀请七部首领赴盐池城酒宴，席间将他们全部斩杀。

公元916年，耶律阿保机正式建立契丹国登基为帝，宣布长子耶律倍为皇太子，并不再沿用后梁的年号。这实际上是在天下逐鹿的混战时代，宣示自建帝制世袭的国家运营系统，和中原政权分庭抗礼。阿保机曾两次率契丹精锐军团南下中原，但均为后唐庄宗李存勖所击败。公元924年，阿保机转而向西讨伐吐谷浑、党项诸部，指挥契丹骑兵驰骋蒙古高原，直至将河西、青藏高原的回鹘部落并入版图。公元926年，阿保机挥师东进，一举歼灭绵延二百余年的肃慎系渤海政权。

阿保机不断地征伐南北，将中原农耕和草原游牧两大族群融入统一的政权。契丹国的内部，出现了汉化和契丹化相对而行的现象。阿保机称帝前，已建立不少于三十个汉式城郭，这些城郭的房屋、街市，以及孔庙、道观和寺庙等文化场所，丝毫不逊于中原的城市。阿保机建立了以诸部精选的健勇为基础的亲军队伍，实施汉式的典章礼仪制度。以血缘、血统为纽带的契丹各部，逐步适应新的统治方式和制度体系。[1]阿保机、述律氏皇后重用韩延徽等汉人谋臣，吸收儒生加入统治团队，同时劝导农桑，

---

1 李强：《大辽帝国：阿保机的耶律家族》，北京：
中国铁道出版社，2018年版，第60—61页。

招揽中原逃亡汉民，并且鼓励契丹民众定居农耕，从而壮大了国家人力和物质资源的基础。

公元918年，阿保机下令在西拉木伦河北岸，建造完全中原化的都城上京。《辽史·太祖纪》记载，阿保机在考虑"受命之君，当事天敬神"重大议题时，没有采取多数朝臣敬佛的主张，而是接受了皇太子耶律倍"孔子大圣，万世所尊，宜先"（《辽史·义宗倍传》）的意见，下诏修建了孔庙。阿保机同时命人参考汉文和回鹘文，先后制作契丹大字和小字，以凸显契丹作为统治民族的主体性。

辽太祖时代，一面取消了"兴兵合议"的旧俗，通过设置中央集权的统一军政机构，全面管理宫帐、契丹诸部和亲军，将各级官员向部族、部落联盟集体负责的组织体制，改为直接听命于皇帝；一面另设汉儿司，以中原制度治理境内的汉族民众。这些"因俗而治"的做法，是"以国制治契丹、汉制治汉人"的一国多制统治策略、组织体制的早期实践。

征服东西奚族部落之时，阿保机即学习中原王朝政权对待少数民族的方法，将奚族部落重组，但保留奚族王族五帐，允许奚王府仍然享有相对独立的部落管理权。公元923年，阿保机以次子耶律德光为天下兵马大元帅，攻下了幽州门户平州，即仿照唐制，设置卢龙节度使一职。阿保机在灭亡了被称为"海东盛国"的渤海政权后，考虑到渤海国的政治制度、文化建设大多照搬中原，即国家设有三省六部，地方上实行州县管理等，不适合直接对应契丹的统治，遂改渤海国为东丹国，任命汉化程度很高的耶律倍为东丹王进行治理。东丹国仍然沿用渤海旧制，四位宰相中，契丹人和渤海贵族各占两人。

南面官、北面官两种运营系统

公元926年，中原后唐政权发生政变，一代军事天才后唐庄宗李存勖被弑杀。兵变的将士拥立李克用养子李嗣源继位，是为后唐明宗。同年，辽太祖耶律阿保机在征伐渤海国返回途中病逝。公元927年，耶律德光在太后述律平强势主导下，取代耶律倍登基为帝，是为辽太宗。耶律德光诏令东丹国举族南迁，将生活在松花江流域的靺鞨各部，重置于辽海地区，提升了契丹国家的资源动员能力。耶律倍以朝贡名义渡海前往后唐地区后，太宗一度命耶律倍之妻管理东丹，随后通过中台省直接控制。历史吊诡的是，原渤海部族的南迁，为同为肃慎系的女真民族的成长腾出了空间，两百年后成为辽政权的掘墓人。

公元934年，后唐明宗李嗣源去世不到一年，养子李从珂杀害了李嗣源第三子、后唐闵帝李从厚，篡立称帝，是为后唐末帝。李嗣源女婿、坐镇太原的河东节度使石敬瑭试图灭李从珂而自立，向契丹求助军援，不仅自称儿臣，还许诺将卢龙道、雁门关之北幽云十六州，送给契丹国。公元936年，耶律德光亲率精兵南下，和石敬瑭河东之军会集，大败后唐军队攻入洛阳。后唐末帝杀死闲居的太宗之兄耶律倍后，举家自焚而死。石敬瑭改国号为晋，历史上称为后晋政权，石敬瑭是为后晋高祖。公元938年，石敬瑭将十六州全部人口、土地交割给契丹国。在耶律德光统治下，契丹政权的疆域涵盖长城南北，西至阿尔泰山，东临外兴安岭及朝鲜半岛，北达色楞格河流域，南接幽云。其中汉民族的人口，已经超过了契丹民族的人口数量。

辽太宗耶律德光在位期间，契丹国家北面官、南面官制度逐渐成熟。这是中国帝制时期，少数民族主导的国家运营系统对于君主专制、中央集权和郡县制治理体系的完善。南、北官制管理对象以民族划分，而非行政地区。契丹枢密院设置在皇帝御帐北面，又称为北枢密院，延续太祖时代管理契丹及其他少数游牧部族的方式，以后发展为军、牧和行政管理混合体，并负责皇帝的游牧、巡游等事务，即为北面官组织体制及资源动员系统；汉人枢密院设置在皇帝御帐南面，又称南枢密院，下设吏、户、兵、刑和工五房，直接取自唐政权六部制度，汉儿司升格为中书省，地方上实行州府县管理，以后发展为负责农耕定居人口的编户、税赋等事务，实际等同于中原政权的组织体制及资源动员系统。南北官制的充分结合，形成了以契丹皇权为核心的多民族国家治理体系不同的运营系统。

耶律德光设立太学和国子监，在地方上陆续设立府学、州学和县学，开始实行科举取士制度。不仅汉人儒生进入了国家运营系统的组织体制，契丹人中也出现了越来越多的儒士。虽然太祖、太宗将儒学作为国家官方的意识形态，是希望利用儒家思想调整君臣关系、君民关系和家族关系，以便保证君王对臣下、家长对家族拥有绝对的权力和绝对的权威，但结果是，这种儒学化之路，淡化了汉人与不同民族间的差异，促进了契丹民族集团的汉化。[1]

公元942年，"儿皇帝"石敬瑭病逝，其侄石重贵即位后，希望收回幽云旧地，引发持续三年的大范围战争。公元947年，契丹军队攻入汴京，石重贵全家被俘，后晋政权灭亡。耶律德光正式改国号为辽，身着中原皇帝衣冠，在后晋宫殿内举行盛大庆

1　〔日〕王柯:《从"天下"国家到民族国家：历史中国的认知与实践》，上海：上海人民出版社，2020年版，第145—147页。

典，俨然以中华正统的最高统治者自居。但是，辽政权、辽军并没有真正做好入主中原的准备，耶律德光预先不做军粮筹备，而令军士采取四处抢劫的"打草谷"资源补充方式，洛阳、汴州附近等地被洗掠一空，民众死亡流离，进而纷纷聚义反抗。河东节度使刘知远乘机在太原起兵，建立后汉政权，是为后汉高祖。耶律德光不得不率部退出，病故于北归途中。

五京制与四季捺钵制度

契丹将领们拥立东丹王耶律倍之子耶律阮即位，是为辽世宗。公元951年，耶律阮在南征途中被杀，太宗耶律德光之子耶律璟被拥立为帝，是为辽穆宗。公元969年，滥杀无辜的辽穆宗为近侍所弑，世宗次子耶律贤继立为帝，是为辽景宗。之后，辽政权帝脉均出自东丹王耶律倍一系，而中原后汉政权仅维持了四年，后汉高祖刘知远病故后，其子后汉隐帝刘承祐诛杀旧臣，被镇守邺城的郭威取代。公元951年，郭威建立后周政权，是为后周太祖。公元954年，郭威去世后，养子柴荣继位，是为后周世宗。公元960年，殿前都点检赵匡胤取代了年仅七岁的世宗幼子，建立宋政权。历史进入了宋、辽政权南北长期对立的新时代。

辽太祖耶律阿保机时建造都城，太宗耶律德光正式将其命名为上京，仿汉制称临潢府。太宗并将东丹国都设为南京，后又改为东京辽阳府，升幽州为南京幽都府，后改名析津府。景宗之子辽圣宗时期，建新都中京大定府，辽兴宗时又升大同为西京大同府，至此形成了辽政权的"五京制"。但是，辽皇帝没有将五京作为首都加以使用。

辽皇帝始终坚持四季捺钵制度，即每年的春夏秋冬居住到不同的"行在"。皇帝"四时巡守"时，契丹族大臣及一部分汉人官僚随行，五月和十月各举行一次国事会议后，汉人官僚返回中京，"行遣汉人一切公事"（《辽史·营卫志》），契丹及其他各少数民族集团，则由契丹人的皇帝直接统治。王柯教授把这种一国之内不同的运营系统，称为辽政权的二元政治结构。辽政权最高统治者的目的，就是要将契丹的民族根据地视为对付汉人的政治资源，通过保持这一政治资源，以保持对汉人的威慑力。[1]德国学者魏夫特将中国北方游牧、渔猎民族南下后，吸收汉文化的同时又刻意保持自身民族文化，概括为征服性王朝，并和被全面汉化的北魏政权等渗透性王朝相区别。

中原五代时期，后唐、后晋和后汉政权的皇帝均为沙陀人，曾占据中国帝位二十八年，汉人将领郭威举兵后，沙陀部族集团迅速崩溃，随后被完全同化于中原。究其原因，无外乎沙陀人少，军中不得不大量招收汉人，各级政权多用汉族士人，沙陀士众和汉人通婚，最终沙陀和汉人之间不再有界限区分。后周、北宋取代沙陀部族主导的后唐、后晋和后汉政权，与隋唐帝国取代鲜卑人主导的西魏、北周政权，其过程极其相似。

多民族国家治理的新探索

经过辽太祖、辽太宗几代统治者不断探索，辽政权形成了

---

1 〔日〕王柯：《从"天下"国家到民族国家：历
　史中国的认知与实践》，上海：上海人民出版社，
　2020年版，第142—143页。

以契丹族为统治民族，一个国家内部存在两种不同的运营系统的体制。这种北方游牧、渔猎民族进入中原农耕地区后的历史性创造，适应了统治民族学习先进文明的大环境客观需求，一定程度上照顾了人口占大多数的汉族民众的实际利益，同时又避免了统治民族迅速被汉化，以及因为汉化造成类似北魏政权的统治民族的分裂。更为重要的是，北方游牧、渔猎民族保持了尚武的传统，特别是军功贵族统率国人武装的统治民族资源动员方式，并和中原汉地巨大的物质和人力资源结合起来，产生巨大的运营系统能量，进而使进军南方、统一整个中国成为可能。辽政权和北宋政权形成长期对峙，继辽政权而起的女真族金政权征服了北方，蒙古族元政权、满族清政权不仅统一中国汉地，而且还成为称雄东亚的世界性大帝国。

隋唐帝国第二帝国未能找出治理多民族国家的运营路径，而脱胎于隋唐边疆羁縻地区的契丹辽政权，开启了通往元明清第三帝国的道路，实为帝制治理体系发展过程中的关键性力量。

第二节

宋太祖：最后的篡位者

宋太祖赵匡胤是结束五代十国混乱时期、开创新局的创业帝王，虽然他未能重现秦汉、隋唐帝国的大一统局面，但是，他和他的继任者太宗赵光义，实现了汉地绝大部分地方的整合，无疑代表了士大夫心目中的中华正统。从这个意义上说，仍然可以将宋太祖列为继秦始皇、汉高祖、汉光武帝、晋武帝、隋文帝和唐高祖后，第七位统一中国的最高统治者。

作为帝制时期体制内最后一位篡位者，赵匡胤对国家运营系统中的制度性缺陷进行反思和改变，终结了体制内假托禅让夺取政权的改朝换代方式。他采用"杯酒释兵权"等和平手段，进行了收权、分权和调防等军事制度改革，基本清除了"安史之乱"后武人乱政、篡政的顽疾；又将地方财政权、行政权和司法权收归中央，设立行政、财政和军政分权程序和监察程序，削弱和制衡宰相的权限。之后，宋政权在地方路一级行政区设置功能不同的机构，分别接受中央对应部门的指挥。宋太祖可能还制定了不准杀害上书言事士人的祖训，强调士大夫治国，排斥武人干政。宋政权通过科举制度产生的文官组织体制，创造了符合儒家价值和中央集权、君主专制统治策略的治理体系。

赵匡胤称帝也是大环境的需要

唐中央政权崩溃后，中原地区先后出现后梁、后唐、后晋、后汉和后周等五个以正统自居的政权。除朱温后梁外，其余各政权均出自李克用军事集团系统，其中后唐、后晋和后汉的皇室为突厥别部沙陀族人。中原地区之外，尚存在多个地方性的割据政权。其中统治时期较久的十国，包括南方的前蜀、后蜀、吴、南唐、吴越、闽、楚、南汉和南平政权，以及山西地区作为后汉延续的北汉政权。此外，东北地区契丹政权兴盛成势，西北夏州尚有以党项族为核心的定难军割据政权，即后来称帝的西夏政权前身。

公元950年，后汉邺城留守郭威黄袍加身。郭威立后汉高祖刘知远之侄刘赟为帝，后又将其废黜、杀死。公元951年，郭威建立后周政权，是为后周太祖。刘赟之父、刘知远之弟刘崇割据太原称帝，史称北汉政权。公元954年，郭威病逝，因其诸子均已为后汉隐帝刘承祐所杀，故遗命养子、其妻内侄柴荣即位。周世宗柴荣被称为"五代第一明君"。他击败北汉的进攻，以"十年开拓天下，十年养百姓，十年致太平"（《旧五代史·周书十·世宗纪六》）之志，对内整顿吏治、招抚流亡，采取限制佛教发展、动员僧尼还俗的政策，以增强国家人力、财力资源的动员能力；对外西伐后蜀、南征后唐，一路攻辽势如破竹。

公元959年，在进军幽州的途中，39岁的周世宗病重，不得已决定撤军。《宋史·太祖本纪》中记载："世宗在道，阅四方文书，得韦囊，中有木三尺余，题云'点检作天子'，异之。"这一离奇的事件，似乎促使柴荣免去了郭威女婿张永德的殿前都点检职务，改以33岁的赵匡胤继任禁军最高统帅。王立群教授认为，木牌事件可能子虚乌有，是后世史家杜撰出来神化赵匡胤的天命之说。[1]

从赵匡胤的出身、经历观察，他和五代时最高统治者的武人背景并无特别不同。其父赵弘殷参加后唐庄宗李存勖的军队，被任命为飞捷指挥使，后历经后晋、后汉和后周政权，二十余年都掌管禁军。赵匡胤少时闯荡江湖，从军后追随周太祖郭威。在周世宗率军抗击北汉的高平之战中，他身先士卒冲锋在前，被周世宗一路提拔。周世宗柴荣病逝后，7岁皇长子柴宗训即位，是为后周恭帝。

公元960年正月初一，后周朝廷忽然得到契丹大军南下的消息，立即委派赵匡胤挂帅出征。后周大军行至陈桥驿时，赵匡胤之弟赵光义、死党赵普等人，煽动军士拥立赵匡胤。众将士将事先准备好的一件黄袍，穿在似乎醉酒的赵匡胤身上，齐呼万岁。大军迅速折返汴京，守城的石守信等人立即打开城门。正月初五，赵匡胤以接受禅让的方式即皇帝位，正式建立宋政权，距离后周世宗柴荣去世，仅有半年的时间。

比较隋文帝杨坚，仅以十个月的时间开创隋政权，赵匡胤规划建立宋政权的时间似乎更短。传统史家出于维护赵匡胤形象的考虑，有意隐去了赵匡胤集团事前的密谋和作业，而在五代十国大分裂、大动乱的环境里，幼君不可能维持国家运营系统的稳定，几乎是所有人的共识。赵弘殷、赵匡胤父子两代担任禁军将领，有着良好的人脉、人缘，赵匡胤又和石守信、王审琦等禁军将领，结成"义社十兄弟"的非体制内小团体。周世宗柴荣去世

---

1 王立群:《王立群读〈宋史〉之宋太祖》，郑州：
　　大象出版社，2012年版，第48页。

后，后周政权实际上群龙无首，内乱的风险相当严重。殿前都点检赵匡胤继任，虽不能说天命必然，但确也是大环境的需要。

赵匡胤和拥立的将士们订立了著名的"约法三章"，即不允许伤害后周的皇室、大臣和百姓民众，展现出不同于五代其他武人帝王的品格、见识和治理路径。《续资治通鉴长编》记载："太祖曰：'少帝及太后，我皆北面事之，公卿大臣，皆我比肩之人也，汝等无得辄加凌暴。近世帝王，初入京城，皆纵兵大掠，擅劫府库，汝等无得复然，事定，当厚赏汝，不然，当族诛汝。'众皆拜。"

以分权、制衡和控制为原则的体制改革

宋太祖赵匡胤调整了片面地以暴制暴单一法家的霸道策略，更多采取儒者王道的和平手段，化解新政权可能面临的威胁。他即位后，清洗军中少数拒绝服从的异己，果断镇压了昭义节度使李筠、淮南节度使李重进的反叛，但宋太祖信守善待柴氏子孙的诺言，几乎全盘接收后周政权的大臣，以实际行动进行运营系统儒表法里的包装。

宋太祖接受枢密副使赵普的建议，以请客喝酒、循循善诱的方式，劝说禁军及地方藩镇将领主动放弃兵权。这就是历史上著名的"杯酒释兵权"事件。公元961年，宋太祖同意"义社十兄弟"石守信、王审琦等人辞去禁军将领的职务，改让他们出任地方节度使。他没有采用屠杀功臣等帝王惯招，而是剥夺其军权，又赏赐以田地、府邸和美女，并通过授予高位、联姻等安抚手法，和他们继续保持较为亲密的关系。公元969年，宋太祖再次

以同样方式，解除王彦超等多位地方节度使的职务，任命他们地位崇高而无实权的虚位。

其间，继任的禁军将领张琼被诬告私养家丁等罪名，宋太祖亲自庭审，竟下令以大锤击之。张琼曾在战场上救过太祖，最后竟被迫自杀以证清白，足见宋太祖在武将扩充个人力量问题上的敏感。

宋太祖进行了多项组织体制军事机构的改革，从制度层面防范武人犯上自立的可能性。宋政权将组成中央禁军的两司，即殿前司和侍卫亲军司，拆分成马军都指挥使、步军都指挥使和殿前都指挥使三个衙门，压缩这些部门的官位等级、管辖范围，实际上是有意降低禁军将领的声望和影响，减轻对于君主专制的潜在威胁。宋太祖又将统兵权和调兵权予以切割。禁军三衙负责部队的日常管理与训练，却被剥夺了调动部队的权力。国家调兵权属于枢密院。需要部队出征作战时，枢密院得到皇帝的命令后，下达调兵遣将的指令。通过军政和军令系统的有效分离，真正实现了最高统治者对于军队的直接掌握。中央禁军的职责除保卫京师外，还被外派至地区中心或边境驻守。宋太祖时期，保卫京师和驻守各地的部队分别占一半左右，形成相互牵制。驻守地方的将领、兵士，每三年轮换一次，防止形成割据的条件。

随后，宋太祖着手削弱藩镇节度使的兵权。他亲自校阅中央禁军演练，裁撤其中老弱怯懦者，又下令各地州县，把地方部队中的勇猛战士登记造册，送至京师，用以填补中央禁军中的空额。禁军长期保持精进的常态，地方州县仅留老弱病残。司马光著《涑水记闻》中记述："诸镇皆自知兵力精锐非京师之敌，莫敢有异心者。"

隋唐帝国及两宋时期，继隋文帝杨坚大幅变革地方组织体制机构之后，宋太祖赵匡胤发动了又一轮从中央到地方的集权改制，陆续将各地的财政权、行政权和司法权收归中央。这是针对唐代"安史之乱"后，普遍设立的相连数州的节度使体制最彻底的调整。经过二百余年的曲折发展，节度使制度各种弊端暴露无遗。节度使通过收取赋税，在辖区内自行任免官吏，成为当地掌握生杀大权的土皇帝。《续资治通鉴长编》中记载，太祖曾总结："五代诸侯跋扈，多枉法杀人，朝廷置而不问，刑部之责几废，且人命至重，姑息藩镇当如此耶？"

公元964年，宋太祖下令地方留下少许基本开支，其余所收赋税全部上缴中央，节度使不得以"留使""留州"名义截留。之后又规定地方上的账簿收支必须报中央审核。设置中央直辖的转运使，掌管地方上赋税、费用的收付，并负责相关的审计，事实上剥夺了节度使的财权。

公元963年起，宋太祖逐步恢复秦汉、隋唐前期的州县两级体制，把统辖数州的节度使，降为仅能管理治所地一州的行政主官；又将诸藩镇节度使召至京师，另授级别较高的虚职；同时指派名为临时代理的"权知军州事"，以文官管理一州的军政。州之下的知县一职，中央政权直接挑选京官到地方赴任。宋政权同时规定，知州、知县一地任职以三年为限，禁止连任。州一级再设通判，虽在知州之下，却和知州共同处理政务，享有直接向皇帝汇报的特权，相当于监察长官的岗位。

公元962年，宋政权将死刑案复核终审权收归中央，又在各县设置县尉，将节度使亲随镇将负责治安等事务的功能剥离。公元973年，太祖下诏，将各州的马步院改为司寇院，选派经过科举考试的文官担任司寇参军，终结了地方藩镇对于案件的审判权力。

在中央政权组织体制层面，宋代名义上沿袭了隋唐帝国的三省六部制，其实尚书、门下两省形同虚设，中书省置于禁中行使宰相职权，但中书令却不常设。另置"同中书门下平章事"一职，即同平章事二三人，履行宰相行政的功能。宋太祖设立枢密院，作为国家军事的指挥机关，设立三司使总领户部司、盐铁司和度支司，作为国家财政的主管机关。这就形成了宋政权独特的行政、军事和财政三权分立的组织机构，中书省、枢密院和三司使直接向皇帝汇报，有效分割了隋唐时代宰相的职权范围。宋太祖还借故撤去朝堂议政时宰相的座椅，进一步降低宰相的地位。赵普出任同平章事后，太祖又设立"参知政事"，相当于副宰相的岗位，对宰相进行牵制。

未能完成大一统秩序

宋太祖强化中央集权、郡县制统治策略的同时，开始了统一天下的战争。当时除契丹、夏州等少数民族政权外，各地较大的割据势力尚存南平、后蜀、南汉、南唐、吴越和北汉六处。太祖采取赵普先南后北、先易后难的战略方针，暂时不与割据河东的北汉政权较量，将眼光投向了生产力破坏较少的南方。

当时六大割据政权之外，湖南另有武平军节度使周行逢的势力。周行逢去世后，湖南内乱。其子周保权，以及割据江陵、相邻的南平高氏政权，先后向宋政权乞援。公元963年，宋军以假道为名占领江陵，先灭荆南高氏政权，随后又继续前进，平定湖南的割据势力。公元965年，太祖遣大军分别从北面、东面两个方向，同时进入蜀中作战。蜀兵大溃，后蜀政权孟昶投降。公元

970年，宋军以潘美为统帅，进攻割据岭南的南汉政权。第二年，自立于广州六十七年的南汉政权投降。宋太祖又召南唐政权李煜入朝。李煜不敢前往，称病婉拒。他是一代词坛高手，却没有处理军国大政的才能。公元975年，太祖派曹彬为帅南伐。宋军兵分五路攻入金陵，李煜投降。

宋太祖曾三次出兵进攻北汉政权。公元968年，北汉政权国主更迭。太祖乘机下令出兵，中途遭遇契丹援军，宋军无功而返。公元969年，宋太祖亲征，率军攻至太原城下。北汉政权凭借坚城固守，又得契丹辽国之助，宋军围攻数月不克。正值六月暑天，军中多疫病，太祖考虑撤军。《涑水记闻》中记载，"宿卫之士皆自奋告曰：'蕞尔小城而久不拔者，士不致力故也。臣等请自往力攻，必取之。'上止之曰：'吾搜简训练汝曹，比至于成，心尽力竭矣。汝曹天下精兵之髓，而吾之股肱牙爪也，吾宁不得太原，岂可糜灭汝曹于此城之下哉！'遂引兵而还。军士闻之，无不感激。往往有出涕者"。宋军消耗了北汉大量的储备资源，将城外上万民户随军带还。公元976年，宋军再度出征，又一次兵临太原城下。这时候，却传来宋太祖赵匡胤去世的消息。太祖之弟、晋王赵光义即位，是为宋太宗。

天下再现胡汉分治

根据官史的记载，赵光义继承帝位，得益于陈桥兵变次年制定的"金匮之盟"。母亲杜太后给太祖分析，赵氏之所以能得天下，是因柴氏幼君继位的缘故。为免重蹈后周政权柴氏覆辙，最好的方法是兄终弟及。太祖请赵普手书兄终弟及之盟约，藏于金匮。但是，"金匮之盟"在太祖生前从未公布，而是在太宗即位五年后，由重新担任宰相的赵普予以事后证明。两宋政权时代，民间即有赵光义弑兄"烛影斧声"的传言。按照"金匮之盟"文书中，兄传弟、再传兄之子的原则，有资格继承帝位的太祖两位儿子，一位自杀、一位早亡，赵光义之弟赵廷美被控谋反，死于幽禁之所。宋太宗将宋室帝位转入自己一系，显然不符儒家宗法的价值，但对于走出五代战乱仅十六年的宋政权而言，38岁、经过军政多方面历练的赵光义，仍然是运营系统第二代最高统治者较为合适的人选。

宋太宗继承了太祖统一的事业。公元978年，太宗召吴越政权钱俶入朝。钱俶到汴京后，以两浙十二州之地纳土归附，历时八十六年的钱氏政权终结。另有主政漳州、泉州的平海军节度使陈洪进入朝，上表献两郡十四县，主动结束了割据。公元979年，太宗亲率大军再征北汉，并以伏兵击败驰援的辽军。北汉政权刘继元战至弹尽粮绝，走投无路之际，方始接受投降。宋太宗愤恨不已，下令将太原城夷为平地，以绝割据之后患。

同年六月，太宗从太原城的废墟上，多路进兵攻击辽国，试图夺取已经被割离四十余年的幽云地区。宋军先胜后败，一度攻至幽州城下，不久遭辽援军反击，反而在高梁河一役中被聚歼。太宗身中两箭，和诸将领走散，乘坐一辆驴车逃走。随行的宫中嫔妃多死于乱军之中。

公元982年，辽景宗去世，继位的辽圣宗仅12岁，由30岁的母亲萧太后摄政。公元986年，宋太宗再度组织北伐，命曹彬、潘美和杨业等大将三路进兵幽云，自己留在汴京遥控。结果各部指挥不统一，相互之间不配合，粮草供应又跟不上，仍以全线失败收场。辽军不断南下侵扰抢掠，攻取周世宗柴荣时收复的易州，宋政权恢复幽云十六州的目标实际已不可能。

相比较宋太祖赵匡胤的坚毅、忍耐和持重，宋太宗作为最高统治者的品质稍逊一筹。他长期担任京师的开封府尹，长于行政治理，军事指挥才能存疑。宋太祖生前曾有和平赎买幽云地区的规划，即别设封桩库，将没收割据政权的财物及国家岁入的余留贮存进去，存够三五百缗后，就向契丹赎回幽云地区，如果契丹不同意，则作为军费招募勇士，积极设法攻取。这一方案虽未实施，但也不失为解决问题的一种路径。隋唐政权为跨跃胡汉的大帝国，却并未能形成治理多民族国家的特别运营系统，这是造成"安史之乱"爆发、契丹政权兴起的重要原因之一。宋政权实现了中国汉地的复兴，但无力重现天下国家胡汉多民族混合的景象。宋太宗两次北伐的失败，基本固定了宋、辽两大政权的边界及长期对峙的格局。

士大夫治国与科举制全面推进

宋代国家运营系统组织体制的两大特色，即强干弱枝和抑武重文，至宋太宗时期基本成型。邓小南教授认为，相比太祖较为坦荡洒脱的胸怀而言，太宗对于防范内患、制约"奸邪"的观念要强烈得多。[1]从宋太祖收兵权起，到宋太宗时期，地方藩镇节度使作为大州首长的地位，普遍被文职的知府、知州替代。府州之上设置了路的机构，由监理地方财政的转运使司主持，之后设立

---

1 邓小南：《祖宗之法：北宋前期政治述略》，北京：生活·读书·新知三联书店，2014年版，第271页。

提点刑狱司负责司法审查，经略安抚使司负责军政，宋神宗时还设立提举常平司负责新生财利，转运、提刑和仓司又负有监察官员责任，府州仍可直接向中央政权汇报。这种对于地方政权组织机构的分权制约原则，有效地防止当地势力坐大、藩镇割据局面重现。

宋太祖提倡武臣读书以通治道，大有以儒学君臣大义的秩序伦理约束武人私欲膨胀的用意。他感叹宰相须用读书人，从某种意义上说，预示着数百年来国家重武的风气将被改变。宋太宗对辽战争失败后，将政权稳定作为首要的目标，从而确立了文治的传统。正副宰相的中书省，掌握军令的枢密院，主管刑狱审判的各级机构，都由文臣控制。武人很难进入中央三省至地方州县的组织体制，基本上被排斥到决策层之外。仅三衙等军政执行部门，仍由武臣掌握。

诞生于隋唐帝国时代的科举制，在宋代太宗朝后达到巅峰状态。太祖时期，科举考试最多一次录取进士科三十五人，一般每年录取十人以内，十五年录取一百八十八人，平均每年十三人。偶尔取诸科之士数十或百余人。到了宋太宗时期，科考改为间歇性举行。一般两至三年一科，平均每年进士百人，诸科二百余人。同为进士科，又分"诗赋进士"和"经义进士"。诗赋进士考诗赋与策论，经义进士考经义与策论，考生各展所长，又必须体现治国的识见。

公元977年，太宗即位后的第一次科举考试，录取进士科一百零九人，诸科二百零七人。宋太宗命礼部查阅历年考生档案，找出参加太祖朝十五次科举但未及第者，共一百八十四人，一并予以任用。这次考试，成为帝制时期科举史上的标志性事件，它意味着平民士大夫通过国家的制度性安排，相对公平地进入运营系统组织体制的大门。录取的士人儒生，不仅授受官职的起点高，升迁相对较快，其中有的官至宰相高位。余蔚教授认为，太宗时期的科举创新，填补了中低级文官的大量空缺，直接促成社会阶层的顺畅流动。"文治"压过"武功"的基调得以确立。科举制之全面推进，太宗有开创之功。[1]

被广泛渲染的宋太祖不杀士大夫誓碑的记载，来源于两宋之交曹勋的转述。曹勋随宋徽宗北迁金国，徽宗要求南返的曹勋将太祖在太庙秘密立誓碑事告知宋高宗赵构。密约中要求子孙不得杀害后周柴氏子孙，不得杀害士大夫及上书言事之人，违者不祥。此事《避暑漫抄》《松隐文集》《北狩见闻录》中都有记录，但《宋史·太祖本纪》并未提及。相较于对武人的警惕和防范，宋太祖对于自己驾驭文人的能力，表现出了高度的自信。宋政权开国初期，太祖、太宗充分尊重和优容文人，社会氛围宽松，为儒学价值复兴、士大夫群体兴起创造了条件。无论太祖誓碑是否真实存在，两宋时代确实没有发生过杀戮士人大臣的现象。重用士大夫治国，防止武将专政，宋太宗将太祖巩固中央集权统治策略的种种具体措施，提炼为"事为之防、曲为之制"的政治原则，予以发扬光大，进一步强化制度性的安排。

公元997年，宋太宗赵光义去世。其子赵恒即位，是为宋真宗。之后的宋代统治者和朝堂上的士大夫们，又把太祖、太宗时期施行的法度及其精神总结概括，称之为"祖宗典故""祖宗法度"，并且奉为治国理事之圭臬。[2]

1 余蔚：《士大夫的理想时代：宋》，上海：上海人民出版社，2018年版，第46页。
2 邓小南：《祖宗之法：北宋前期政治述略》，北京：生活·读书·新知三联书店，2014年版，第285页。

从个人能力管理到制度管理

宋太祖赵匡胤是继东汉光武帝刘秀、唐太宗李世民后，帝制治理时期第三位内圣外王的最高统治者。从某种意义上说，宋政权转向文治体现了历史的钟摆效应，是对晚唐五代武人恶政反思后的策略回归。赵匡胤深刻洞察了社会渴望安定的需求，通过文明、理性的方式，妥善处理了前朝宗室、割据政权失败者及功臣宿将等可能的威胁，营造出儒家仁政的帝王形象。宋太祖完善中央集权、君主专制统治制度的策略，弥补了沿袭自秦汉、隋唐帝国运营系统的多种缺陷，成为帝制治理时期，最高统治者依靠个人能力管理转向制度管理的重要节点。宋太祖开创了国家平和、宽仁的政治氛围，对于民间的文化、经济活动不予干涉，客观上为士大夫重建儒学主体地位的思潮提供了舞台。

随着儒生士人越来越多地进入组织体制，参与运营系统的建设和操作，宋政权演变出君主专制前提下"与士大夫治天下"的良性形态。

第三节

宋仁宗：盛治和改革

　　宋仁宗赵祯是帝制时期儒家士大夫推崇的贤君典范。君主与士大夫共治天下统治策略的宋代模式，主要形成于仁宗时期，即皇帝掌握最终的裁决权，将日常政务交付中书省、枢密院的文官系统，又由台谏系统予以监察、审核，君主和士大夫官僚共同遵守祖宗制定的政治规矩。赵祯在位四十余年，政治祥和、经济繁荣，文化、科技高速发展，政治家、文学家和思想家等天下豪杰尽揽朝中。明人李贽评论："钜公辈出，尤千载一时也。"但是仁宗盛治之下，国家仍面临冗兵、冗员等诸多弊端，资源动员能力效率较低，在应对西夏党项政权崛起过程中进退失据。范仲淹等大臣曾主导"庆历新政"的改革，随后宋神宗时期，王安石发动了影响更为广泛、持续的变法，都因运营系统的权力相互牵制而难以形成统一的权威，最终内耗反复、无所作为。

澶渊之盟与东封西祀

　　仁宗之父宋真宗即位初期，契丹辽军多次南下侵袭，河北诸州均成战场，严重消耗宋政权的人力、财力和物力资源。公元1004年，辽军一路攻至河南澶州，萧太后、辽圣宗耶律隆绪亲征。真宗在宰相寇准等人坚持下，渡河北上迎敌。宋辽双方经过数次大战，真宗在稍占优势的情况下，批准了与辽政权的议和条件。辽圣宗以真宗为兄，宋政权每年赠予辽方绢二十万匹、银十万两。这就是历史上著名的"澶渊之盟"。

宋辽两国战略性地缔约，至少实现了隋唐帝国崩溃后天下脆弱的和平，是仅次于大一统最好的局面。对于宋政权而言，利远大于弊。宋政权每年的付出，不及财政收入的百分之一，大大低于战争所需要的各种资源。辽政权稳定了生存必需的部分农耕区域，重点防范大漠高原上的游牧民族，实际上维护了包括宋政权在内的北部中国的安全。不过，以士大夫天下国家的儒家观念出发，宋政权事实上承认了辽国对于幽云地区的统治，又将辽政权视为对等一方，无论如何都是违背价值的方案。隋唐帝国时期，胡汉之别经常表现为同一政权内部不同民族的区分，而到了宋代，华夷之辨已经成为不同政权之间的正统之争。

为了缓解和约带来的所谓耻辱感，公元1008年，宋真宗动用大量的国家资源，浩浩荡荡东上泰山，成为继秦始皇、汉武帝、汉光武帝、唐高宗和唐玄宗后，第六位也是最后一位举行封禅大典的最高统治者。在这之前，真宗自制符瑞天书，设立道场率文武百官接收。《宋会要辑稿》中记载，天书中称，"赵受命，兴于宋，付于恒。居其器，守于正。世七百，九九定"，将宋政权及真宗定位为天命所归的形象。宋真宗后又西赴汾阴祀后土，至亳州明道宫祀太上老君，各地频频献上祥物芝草。东封西祀一定程度增强了士民对于宋政权品牌、皇帝的忠诚度，但也造成人力和财力的浪费。辽圣宗时期，辽政权以掌握太宗从后晋宫中搬回的部分帝王仪物为由，渐以中华正统自居，并不把真宗的封禅当作天命的象征。

君主与士大夫共治的形成

公元1022年，宋真宗去世。十一岁的太子赵祯即位，是为宋仁宗。根据真宗生前安排，尊皇后刘娥为皇太后，"军国事兼权取皇太后处分"（《续资治通鉴长编》）。刘太后垂帘听政十一年间，重用王曾、张知白、吕夷简和鲁宗道等名臣，国家的大政延续了太祖、太宗的既定方针，同时御史台、谏院的监察机制发挥了相当的制约作用。

宋代台谏职能合一，之前台官的主要职能是纠绳百官，谏官负责规谏君主，宋代台谏官既可规谏君主又能监察政府，并且是与政府并行的系统，人事任免不受宰相干预。[1]刘太后施恩贵戚、亲信的封赏，屡屡被大臣在程序上"杯葛"，她希望身着天子衮冕的野心，同样受到士大夫的集体抵制。臣僚言官还不断上书，要求刘太后尽早归政仁宗。邓小南教授认为，开国以来培育选拔的士人，底气蕴蓄，形成了更加响亮的声音。正是太后临朝这一非常时期，酝酿成就了宋政权正常的统治秩序。赵宋的所谓"祖宗家法"，是在救偏补弊的实践中逐渐形成的。对于女后及外戚、宦官专权的制约防范，经历了太后临朝事件后，被归纳为家法的内容。

仁宗从小受到最好的儒学教育。自宋太宗始，御前经筵给皇帝授课，已经成为皇室的家法之一。仁宗宽厚恤民、以德治国的风格，除了天性的善良和纯正，可能和孙奭、冯元等大儒的教育有一定关系。刘太后去世后，宋仁宗获知生母为李宸妃而不是刘太后，急于走出太后的政治阴影，一度罢免多位中书省、枢密院

---

[1] 吴钩：《宋仁宗：共治时代》，桂林：广西师范大学出版社，2020年版，第78页。

宰执大臣及其他官员，但是，这并不影响运营系统业已成熟的制度执行。

经过四代帝王七十余年的治理，士人民众已经建立了对于儒家价值、宋政权品牌及皇帝本人的三合一的忠诚体系。宋仁宗作为家天下的大家长，以天子之名享有最高的尊荣，掌握最终的决策权及人事任免权。通过科举进入组织体制的平民士大夫，以担负天下国家兴亡为己任，成为帝制治理统治集团中的主体力量。中书省、枢密院首长处理国家军政大小事宜，独立的台谏系统对于皇帝、政府分别进行规谏和纠察。三者之间构建起某种相互制衡的关系。这既不同于东晋政权时代，君主处于弱势、被动状态，少数士族门阀专政的所谓共治模式，也不是北魏、隋唐帝国前期，军事贵族、高门阀阅等多数世袭势力支持皇权的策略。

宋仁宗明确表白了遵守祖宗家法的理念。《宋史全文》中记载，当宰相李迪提出御史台人选时，仁宗经人提醒后予以拒绝："祖宗法不可坏也。宰相自用台官，则宰相过失无敢言者矣。"仁宗在宰相的支持下，废除刘太后当年所定的郭皇后之位，却遭到台谏言官们的严辞批评。随后在驱逐两位美人出宫、选立曹氏为皇后等家事上，他不得不采纳臣下共同的意见。宋代的最高统治者，一方面获得了天命的合法性，通过"祖宗之法"维持君主专制的统治地位；另一方面又受制于"祖宗之法"，即儒家的价值观、君主与士大夫共治的特殊方法论，对君权形成正面的制约。

士大夫一定程度上参与了"祖宗之法"的制定。其实，将祖宗家规引入帝制国家的治理，本来就是儒家宗法伦理的思维。经历了"安史之乱"至五代的国家大混乱，重建儒家思想的意识形态主体地位，是宋代士大夫主流的价值共识。中晚唐时期韩愈改造儒学体系，将修身、齐家的私人行为规范和治国、平天下的道统价值追求结合起来，"家国同构"观念逐步深入人心。家是缩小的国，国是放大的家。

宋代士大夫改变了魏晋士族各自以不同理念治家的做法，改以整齐的儒家孝义伦理制定家训、家规。累世同居的大家族屡见不鲜，被称为"义门"引为社会的楷模。江州义门陈氏，制定《陈氏家法》。宋太宗亲笔为它题词"真良家"，并且赏赐"御书"三十三卷，又命建造御书楼，亲笔题写"玉音"匾。到了宋仁宗时期，这个大家族已经拥有人口三千七百多，连续十九代同居共饮，号称"室无私财，厨无异馔，大小知教，内外如一"[1]。从理家到治国，从家规到国法，皇帝、士大夫经历了同样的家国逻辑。

思想自由、商业繁荣

宋政权最高统治者并未采取类似独尊儒术的举动，长期维护思想领域自由、宽松的氛围。对于儒学的复兴运动，基本保持乐观其成和放任的态度。真宗时资助了应天府书院，仁宗时又推动湖学的兴起，但从不以帝王的权威介入学术各派的争论。皇帝本人及帝室子弟，对名儒大师始终保持谦虚、学习的态度。

宋仁宗时期名臣辈出，文学繁荣，无论是先后成为宰辅的范仲淹、富弼和韩琦等人，还是"唐宋八大家"中的欧阳修、苏洵、苏轼、苏辙、王安石和曾巩六人，都是真正的儒生士人。一些士大夫思考自然界和世界的本质，通过对儒家经典的重新挖掘和解释，从而总结出一套完整的世界观和道德观。这些被称为理

1　樊树志:《国史十六讲》，北京：中华书局，2006年版，第160页。

学的学术探索源头可追溯至仁宗时期的"宋初三先生"：胡瑗、孙复和石介。他们同为经学转向理学的开创者，先后在地方开办书院，又被延揽进国子监授徒讲学，从而触发了理学研究的讨论和传播。

宋代延续了中唐以后实行的募兵制和两税法，由于军费等开支巨大，国家通过各种方法增加财力资源。太祖时期，即实行盐、酒、茶、矾、香等民生物资政府专卖。这些被称作"禁榷"的垄断利润，以及其他流通、零售环节的商税，成为田赋实物外重要的收入来源。国家在主要港口设置市舶司，抽取海外贸易的实物。民间业者采冶金、银、铜、锡等矿藏，同样被抽取实物。均由官府统一变现。宋政权工商收入超过农业收入，实际上改变了秦汉帝国以来编户齐民、重农抑商的传统的资源动员方式。国家不限制农业人口自由流动，民众从土地的束缚中得到一定的解放，意外引发了商业和手工业的高度繁荣。

东京开封集中了各式集市、商铺和旅馆两万余家，市民居住的坊破墙开放。朝廷取消了宵禁的惯例，商业、娱乐活动突破了时间的限制。国内的商路四通八达，中原主要城市和东南的各级市镇，市场经济处于前所未有的发达程度。宋代是19世纪前铜产量与铜钱铸造量最高的时代，又曾以年产铁十四万吨的水平在世界前现代国家中高居第一。[1]在传统的农业领域，早稻优良品种占城稻自越南引入，秧马、耘爪、耘荡、龙骨车等生产工具出现，促进种植面积扩大，单位面积产量增加，粮食总量进一步提高。国家的人口迅速增长，从太宗时期三千余万，向一亿的方向

---

1 余蔚：《士大夫的理想时代：宋》，上海：上海人民出版社，2018年版，第270页。

发展。

真宗时期，益州十六户富商联手发行钱券"交子"，仁宗时刘太后下旨改由官方发行。世界上最早的纸币得以出现，意味着铜钱已不能满足国家经济成长的需求，象征宋代进入了盛治的黄金时期。

西夏自创帝制系统

公元1038年，割据西北地区的党项族李元昊自立为帝，定国号夏，历史上称为西夏政权。这年冬至宋政权郊祀，元昊朝贡不至，派使者将称帝消息知会宋仁宗，遂引发大规模宋夏战争。

党项为羌族一支，其中平夏部拓跋思恭崛起于唐政权晚期，因参与平定黄巢起义被赐国姓李，授予定难军节度使，拥有夏、绥、银、宥、静等五州之地，之后形成割据，并向五代中原政权及宋政权称臣。太宗赵光义处置李继捧内附不当，李继迁乘势而起，真宗时期攻陷灵州，宋政权从此与河西走廊及西域隔绝。李继迁之子李德明在位三十年，对辽、宋采取同等的恭顺策略，受辽封为大夏王，受宋封为西平王，西向进攻吐蕃和回鹘控制的区域。至其子李元昊继位后大力征拓，西夏政权以兴庆府为国都，从河西走廊东端西凉扩张至西端的西州，拥有今天宁夏全部及甘肃、青海、内蒙古和陕西部分地区，成为继辽、宋先后立国后，原隋唐帝国治理区域内又一个兴起的政权。

元昊模仿中原政权的组织体制，任用部分汉族士人，创制党项夏国文字，自成以党项人为统治民族的运营系统。公元1040年后，以西夏军队主动进攻延州起始，双方发生三川口、好水川和定川寨三场战役，均以宋军遭受重大损失而告终。但西夏军队也消耗了大量的人力、物力资源，并未获得战略上的优势。

宋军的惨败，在仁宗朝堂上引发主战、主和两派的激烈争论。辽政权当时的皇帝为圣宗之子兴宗，他乘机遣使汴京，要求归还被周世宗收回的幽云瓦桥关南地区。面对辽、西夏政权的共同发难，仁宗和士大夫臣僚仍以息事宁人态度寻求妥协。公元1042年，富弼出使辽国，说服辽兴宗达成新的和议条件，即宋政权岁赐增加银、绢各十万，换取辽国放弃关南的土地要求。辽兴宗还答应要求西夏接受与宋政权和谈。公元1044年，宋夏终于完成和约，宋政权岁赐西夏银七万二千两，绢十五万三千匹，茶三万斤，换取元昊重新称臣的名义。

立国规模较小的西夏同时向辽、宋两大国称臣，构成了三国之间十分独特的平衡关系：当辽政权大规模征讨西夏时，宋政权并不助辽；当宋政权出兵西夏时，辽政权同样出面劝阻。宋辽两大政权保持了较长时间的和平。

儒家大政府体系弊端严重

宋太祖赵匡胤时期，国家养兵三十七万余，禁军十九万余。到了仁宗宋夏战争时期，国家养兵已达一百二十五万，禁军增至八十二万。宋政权建立庞大的军队，除了保障国防的安全，更有"以养兵来救助破产民众"的用意。宋军多招募无业游民及其他贫弱者，虽然某种意义上提供了维护社会稳定的公共政策产品，却是战斗力低下、屡败于外敌的重要原因。宋政权初期组织体制内官员不过三五千人，由于实行官职名称与实际职务分离的官与"差遣"制度，官员不经考核按年资升迁，科举考试又引入大批士人，各种机构相互牵制、叠床架屋，真宗时官员已达一万，后又迅速超过两万。大批官员无所事事，却享受着国家优厚的待遇，不仅官员领取正常的俸禄，还得到恩荫。其中高官的子孙以至异姓亲属等，亦可获得官禄，甚至门客、随从的衣粮，也由国家承担。

冗兵、冗员和冗费等严重弊端，极大侵蚀了宋政权的财政资源。当时六千余万岁入，将近六分之五用于养兵，六分之一用于政府其他开支。虽然国家已经开辟各种财源，但宋政权这种典型的儒家价值大政府运营系统模式仍然陷入了入不敷出的困境。

公元1043年，宋、西夏对峙形势稍缓，宋辽关系转危为安。范仲淹、韩琦从西北前线返京，富弼出使辽国归来，先后被仁宗任命为参知政事及枢密副使等职。欧阳修被任命为台谏官。宋仁宗当时34岁，范仲淹、韩琦和富弼平均43岁，处于年富力强、锐意进取的年纪。范仲淹、富弼应仁宗召对上《答手诏条陈十事》，全面阐述了需要革新的制度和政策。

其中"明黜陟""抑侥幸""精贡举""择官长"和"均公田"，围绕整顿吏治，建立官员考核制度，改变以往论资排辈"磨勘"升迁的惯例，控制恩荫的年龄和范围，受到恩荫者必须重新参加考试。科举考试改为儒家经典和策论的结合，地方长官的选拔以政绩考评为依据，重新规范授予地方官职田的数量和办法。"厚农桑""减徭役""覃恩信""立命令"，主要强调关注、重视民生，即国家主导农业基础设施建设，合并基层衙门以减少民众差役负担，保证君主轻徭薄赋、存恤孤寡的恩泽落到实处，务必立法谨慎、执法严肃。"修武备"指改革兵制，即恢复唐代的府兵制，达到减少募兵成本、提高教战水平的目标。

仁宗没有采纳"修武备"一条，包括韩琦在内的多数执政大臣认为，府兵制将养兵成本转嫁给普通民众，违背了宋政权的儒家核心价值。而其他诸条，宋仁宗先后下诏实行，正值仁宗庆历三年，故历史称为"庆历新政"。

范仲淹等人的改革仅持续一年半左右。由于推行"择官长"，造成地方上官僚颇多不安，而"明黜陟""抑侥幸"之法的实施，又导致"磨勘法密，侥幸者不便"。针对范仲淹等人的流言四起。欧阳修身为台谏官，对于新政大表赞扬，因而被一些人指责为朋党成型。仁宗虽不相信这些议论，但缺乏政治定见，接受了范仲淹等人前往地方任职的请求，不久又取消了部分改革方案，新政最后不了了之。十余年后，范仲淹早已去世，富弼、韩琦又返回中枢为相。年轻的王安石意气风发，两次向仁宗上书，力陈天下之财力日以困穷、国家改易更革之紧迫性。但是，仁宗君臣暮气深重，已经不能激发任何的反响。

王安石变法与体制内部党争

公元1063年，宋仁宗赵祯去世，堂侄赵曙即位，是为宋英宗。四年后英宗去世，其子20岁的赵顼即位，是为宋神宗。公元1068年，王安石入京，君臣一拍即合，拉开了以富国强兵为目标的变法大幕。

王安石变法包括财政增收、军事训练和科举教育三大方面，又以提升国家财力资源最为首要。王安石设立制置三司条例司，用于全国的财政立法，规划一年的预算，任用吕惠卿等新人掌管。随后公布：农田水利法，遣使考察各地农田水利，以加强管理增加税收；均输法，要求地方按照中央所需物资，在辖区内低价处购买，运往京师，以替代各地应缴的钱物；青苗法，限制民间高利贷，于夏秋未熟前改由政府向农民提供半年二分利息的贷款，归还时随税纳还；免役法，允许承担差役的平民缴纳"免役钱"，政府另外雇人服役可增收百分之二十的"免役宽剩钱"；市易法，在京师及各大城市设立市易务的机构，物价低廉时政府平价收购，物价高昂时向社会减价出售；方田均税法，各地大规模丈量耕地面积，根据土地的肥瘠确立不同的税率。

军事资源动员方面，王安石陆续推出了将兵法，即精简军队、淘汰老弱，改变以往"更戍法"时期的部队频繁换防，实现了"兵知其将、将练其士卒"新的安排；保甲法，即以十户为保、五十户为大保、五百户为都保，通过建立基层组织维护治安、训练民兵，试图恢复府兵制；保马法，即民间结成"保"或"社"畜养官马，可以折纳部分赋税，马若死病必须依价赔偿。

体制科举取才方面，王安石的解决方案是更贡举法，即废明经科、废进士科诗赋考试，专试经义策论，并以自己所著《三经新义》作为经义标准；实行太学三舍法，即扩大太学官宦子弟入学名额，以外舍、内舍和上舍的逐级考试递升，直接代替贡举授予官职。

虽然王安石作为著名的经学家，按理是服膺儒家的价值观，但是他的变法以强化组织体制的力量、提高资源动员水准为中心内容，体现的是法家重视国家能力的方法论。这和宋政权立国以来减少与民争利的祖宗之法有着明显的不同，遭到以司马光、欧阳修、苏辙等为首的大部分当朝士大夫的强烈反对，并形成了新旧两党势同水火的局面。

王安石以"天变不足畏，祖宗不足法，人言不足恤"（《宋史·王安石传》）的精神激励、鼓动神宗以君主专制的权威，推进一系列新法的全面实施。尽管变法带来了财政结余，但也引发相当程度的民怨。特别是推行"青苗法"和"保甲法"。由于官员们背负放贷收息的指标，部分民户被抑配青苗钱，乃至强制纳息，而力图实现兵民合一的集中军训，实际上以牺牲民众时间和迁徙自由为代价，这些都令已经习惯宽松治理的宋代社会难以承受。

在王安石"调一天下，兼制夷狄"理念鼓励下，神宗改变国家对外政策，先后对河湟吐蕃、荆湖"蛮夷"、交趾和西夏主动用兵。其中王韶率军西拓二千余里，恢复了唐代陇右节度使辖地，形成对西夏政权的侧翼包围。公元1081年，宋军以二十万大军五路伐夏，于灵州城下遭西夏决河灌营，仓皇而归。公元1082年，宋军在永乐城被西夏围攻，再度惨败。两次重大战争的失利，造成宋政权国家人力、财力资源的巨大损失。

邓广铭先生认为，王安石依靠宋神宗为变法改制的后台，而宋神宗对此事的态度始终是不够坚决的。[1]神宗仍注意并用反对变法的司马光、文彦博等人，坚守朝臣相互牵制"异论相搅"的祖宗家法。王安石两度罢相，神宗在各方反对下也暂停了部分法令。

公元1085年，38岁的神宗去世，年仅10岁的太子赵煦即位，是为宋哲宗。神宗母太皇太后高氏垂帘听政，随后立即召司马光等旧党返朝执政，尽废新法，把新党人士放逐至边远地区，甚至将战争中取得的西夏之地，部分地归还对方。旧党内部分为

1　邓广铭：《北宋政治改革家王安石》，北京：北京
出版社，2016年版，第322页。

洛党、蜀党和朔党，相互攻击。宋哲宗亲政后，以继承父亲神宗遗志为己任，重用新党章惇为相，对旧党领袖进行大肆报复和贬逐。公元1100年，哲宗去世，其弟端王赵佶即位，是为宋徽宗。艺术家气质的徽宗前后反复，一度将被贬旧党人士召回复用，后又变本加厉予以迫害。新党蔡京为相期间，把司马光、苏轼、程颐、黄庭坚和秦观等三百零九人列为奸党，将姓名刻至石碑昭告天下。当最高统治者和朝臣中的某一派成为一党时，其超然的仲裁者地位即不复存在。

仁宗模式适合于承平的大环境

自宋太祖、太宗至仁宗时期，宋政权确立了中央集权君主专制、与平民士大夫共治的特殊统治策略，核心价值上回归了儒家道统的本位。继"宋初三先生"后，程颢、程颐等大儒继续理学研究，主张通过修行达到内心和天道的统一。宋代普遍实行了募兵制，即国家通过一定的财力资源，购买相关人力资源进行国防动员。社会人员流动性增加，城市兴起、工商业繁荣，激发了民间的创造力。四大发明中的印刷术、指南针和火药即出现在这一时期。这些大致构成所谓"唐宋变革论"中的一些基本内容。

宋政权克服了隋唐帝国价值不彰、统治策略相关制度粗疏等重大缺陷，符合当时士人民众的根本需求，如果处于相对封闭、安全的外部环境，仁宗代表的治理模式将维持较长的时间。宋神宗、王安石以富国强兵、恢复汉唐故土为目标，对于运营系统进行改造，全面调整国家的公共政策产品，是基于面临辽、西夏等外部政权的威胁，具备充分的历史正当性。问题在于，宋代重文抑武、承平日久的内部社会环境，并不适合一味施以猛药，加之变革过程中执行出现偏差，确实造成了一定程度的混乱。宋代统治者缺乏汉武帝杀伐果断的气质，士大夫理念不同，一开始即陷入党争，君主与士大夫共治天下的策略实际上受到损害。随着东北地区女真族金政权兴起，外部大环境又发生新的变化，宋政权进入了生死存亡的新时期。

宋高宗的南渡岁月

宋高宗赵构是南宋政权的创建者，是继东晋元帝司马睿之后，又一位到南方延续旧有品牌政权的最高统治者。赵构在帝制治理时期的历史评价上备受争议。他带领宋政权从亡国的边缘擦身而过，至少在金、蒙古等少数民族兵民合一的资源动员威胁下，南宋生存、发展了一百五十多年，但是，他又重用秦桧等主和派，杀害了坚决主张抗金的将领岳飞等人。宋高宗长期在恢复北宋时代的固有疆土和恢复北宋时代崇文抑武的祖宗之法之间纠结，绍兴和议及收罢三大将兵权，即是这种矛盾政策的最后结果。高宗对外坚持以妥协换取和平的安全政策，对内坚决否定北宋王安石之后的变革路线。尽管君主与士大夫共治的统治策略，一段时期内让位于皇帝及其代理人的权相专制模式，但是，祖宗家法中不杀士大夫的承诺依然有效，士人和民众依然保持了对于儒家价值、宋政权和皇帝的持久向心力。以皇权为代表的运营系统依然是稳定的。

金国与宋的较量

公元1115年，即宋徽宗即位后第十五年，东北松花江地区肃慎系女真族崛起，完颜部酋长阿骨打称帝，建立金政权，是为金太祖。女真族金政权以其独特的猛安谋克运营系统，实践了极为高效的兵民合一、军政合一的组织体制和资源动员形式。据《金史·兵志》记载，"猛安者，千夫长也；谋克者，百夫长也"，既是平时进行围猎的组织，又是战时军事战斗的单位，后又从事农业粮食生产，成为女真族国家的基层政权组织。完颜阿骨打以部落联盟长身份，破除原有血缘关系的组合，以三百户为一谋克设百夫长，十谋克为一猛安设千夫长，"壮者皆兵"。

金太祖起兵反辽时，仅二千余名铁骑，后聚集精锐数万，作战极为剽悍勇猛，一举击溃辽政权天祚帝亲自指挥的七十余万大军。公元1116年，攻取辽东京诸州县。公元1120年，又占领了辽上京，天下震动。

宋徽宗欲绍述父兄之志，采取重用蔡京、实行新法的政策措施，汴京的国家库房仓囤盈满，但也激发民间力量的反抗。方腊、宋江等人起义即发生在这一时期。徽宗重用宦官童贯主持对西夏用兵，一度取得较大的优势。公元1119年，宋军攻击统万城惨败，名将刘法战死，童贯却向徽宗隐瞒真实的战况。

在童贯的引荐和策划下，宋徽宗先期瞒着朝臣，派人和金政权秘密取得联系，约定共同出兵灭辽，进而恢复幽云地区，实现太祖、太宗未完成的伟业。公元1122年，金军铁骑攻下辽政权中京，天祚帝逃亡，继而又攻入西京。宋以童贯为帅动员十万之师，依约两度进军燕京，均被辽军击败。燕京反而被金军攻取。虽然经过反复交涉，宋同意给予金政权岁币银绢四十万外，另每年增加钱一百万缗，作为补偿金军攻打燕京的"代税钱"，但金军仍然掳掠当地汉民财物北归。宋军之交割所得，仅燕、蓟六州等地数座空城而已。

公元1123年，主张守约的金太祖阿骨打北归上京途中去世，其弟吴乞买即位，是为金太宗。公元1125年，金军擒获辽天祚帝，尽得原辽政权所属各地。这时距金太祖起事立国，前后不过十年的时间。辽太祖八世孙耶律大石率部分契丹骑兵西撤，后在西域、中亚等地重建辽政权品牌，历史上称为西辽政权。

宋徽宗和童贯等人，偷偷策应云、平等州军民归宋的举动，很快成为金军背盟南侵的借口。公元1125年，金军分东西两路南下，迅速包围太原，长驱直入地攻下汴京。宋徽宗匆忙退位南逃，太子赵桓即位，是为宋钦宗。宋政权答应了巨额赔偿，并同意割让太原、中山和河间三镇后，金军获得黄金三十余万两、银一千二百余万两和绢上千万匹等，暂时解围北归。宋钦宗接受了多数朝臣的意见，拒绝交割河东三镇，遂引发金军第二次南下。

太原苦战九个月失陷后，宋军主力部队溃散。公元1127年正月，金军终于攻破汴京外城，宋钦宗赴金军大营谈判被扣。金军立前宰相张邦昌为楚帝管理汉地，又将徽钦二帝及宗室、嫔妃、宫人、工匠及部分大臣等尽数北迁，令其充作奴役，施以凌辱。金军撤离前，大肆搜罗各种财物及皇家礼器、典籍，汴京城内外死伤无数，一派火光狼藉。钦宗即位时改年号靖康，历史上这场空前的悲剧因而被称为"靖康之难"。

南宋武将势力上升

康王赵构当时仅20岁，为徽宗第九子、钦宗异母弟。金军第一次南下时，他以亲王身份随宰相张邦昌等人，被派往金军充当人质。当晚遭遇义军劫营，赵构举止镇定沉静，被金人怀疑不像亲王而放回。金军第二次南下时，赵构奉命前往金军求和，一度滞留河北。汴京被围之后，他受命为河北兵马大元帅，试图断绝金军退路。徽宗、钦宗被掳往北方后，赵构即在河南应天府接受士民之请称帝，是为宋高宗，意味着南宋政权时代的开始。

当时河南等前线政权解体，各地民变武装四起，高宗君臣南下驻节扬州，致力于宋政权运营系统的重建。但是，张邦昌放弃楚政权伪品牌，随后被废黜、贬死，高宗恢复一百六十余年的宋室品牌，这两件事遭致金军又一次南下征伐。公元1129年，金军统帅完颜宗弼连破江淮之地，高宗被迫南渡镇江，径直奔逃至杭州。后一度北上建康布防，金军南渡追击后，又继续流亡到杭州、越州（绍兴）和明州（宁波），渡海赴舟山群岛的定海，最远南漂驶入温州。公元1130年金军北撤，始返回越州、杭州。宋高宗改杭州为临安府，之后正式确定其为南宋政权新的国都。

在草创南宋政权、一路逃亡的过程中，高宗经历过两起对于崇文抑武祖宗之法产生深刻认识的事件。宋高宗在应天府时期，太学生陈东、士人欧阳澈上书批评。《三朝北盟会编》中记载，陈东要求主战派李纲复相，指责高宗"不当即大位，将来渊圣皇帝归来，不知何以处"，欧阳澈"语侵宫掖"，竟被高宗下令斩首于市。陈东曾在宋钦宗时联合太学生上书，力主处死蔡京、童贯等造成国家巨祸的徽宗朝"六贼"。又在汴京被围时，率领数百名太学生赴皇宫请愿，要求重用李纲抗击金军，一时造成相当的风潮。高宗并不是正常顺序的帝位继承人，杀害陈东、欧阳澈前不久，逃归南宋的大臣曹勋，刚向他传达了宋徽宗转述太祖不杀上书士人的誓约。[1]陈东、欧阳澈死后，士人"识与不识者皆为

1　王曾瑜：《宋高宗传》，北京：中国书籍出版社，
　2016年版，第36—37页。

流涕"，尚书右丞许翰辞职抗议。两年后，高宗为二人恢复名誉，下诏追悔自己的行为。

公元1129年，宋高宗第一次驻节杭州时，苗傅、刘正彦发动兵变，强迫他退位太上皇，改立高宗三岁幼子即位。虽然守卫平江（苏州）的大臣张浚，率武将韩世忠、张俊和刘光世勤王救驾，高宗得以复位，但高宗之后始终把武将专政视为和女真金政权侵袭同等严重的挑战。

公元1130年后数年间，宋、金作战重点一度移向关陕西线战场。为了减轻东部淮海战线宋军的压力，张浚主动组织了大会战，并事先知会河东的金军。虽然富平之战宋军五路溃败，失去了作为反攻基地的陕西，但随后大将吴玠指挥和尚原、饶风关和仙人关三场大战，取得了保卫川蜀的决定性胜利。而在中部、东部战场，岳飞及韩世忠、张俊和刘光世统率的部队各成体系，和金政权扶持的刘豫伪齐部队形成拉锯、对峙状态。当时伪齐以绝大部分军力，攻击河南等地宋军困守的孤城，从而使宋军取得了部署两淮防线的时间，并南下扫荡各地的民变、流寇武装。岳飞率部与江西、荆襄的李成、孔彦舟等叛军作战，南下洞庭剿灭了规模较大的杨幺集团。韩世忠远赴福建、广西平叛。南宋政权的统治区域趋于稳定。

在和金军、伪齐、流民的多年作战中，宋军改善了兵将分离导致指挥能力下降的缺陷，又加入部分民变、流寇武装中的优秀分子，各大军团的实力、战斗力大为提升。其中吴玠部队来源于原北宋政权组织的陕西军，韩世忠、张俊和刘光世的部队，出自高宗称帝后重建的御营军，岳飞的部队是保卫汴京的宗泽军瓦解后的一支残余。随着各大军团分别被称为吴家军、韩家军、张家军、刘家军和岳家军，主帅、将领和兵士之间的私人纽带关系极大增强，这不能不引起宋高宗及士大夫大臣的疑虑和恐惧。

南宋初期，武将政治地位大为提升，不仅担任按例由文臣出任的各级重要岗位，还自选将佐僚属，移罢地方州县长吏。张俊、刘光世、韩世忠及吴玠、吴璘兄弟等诸多将领，普遍占有肥沃的田地，有些参与了商业营利活动，迅速成为巨富。李纲等人之前一度提出恢复唐代藩镇体制的建议，被一心重建中央禁军的高宗拒绝。

当时岳飞、韩世忠等南宋军团和金齐联军互有攻伐，一度稍占上风。公元1136年，刘豫以征发民夫的签军制度，动员三十万军力南下，又为南宋军队所败。张浚中枢主政后，赴江淮前线视察，试图整合互不隶属的前线军团战力，其实不无隐含"谋收内外兵柄"的用意。张浚第一步罢免了刘光世兵权，起先高宗、张浚意属岳飞统领之，后又反悔，改为张浚都督府直属。结果岳飞一气之下要求辞职，以为母亲守丧为名上了庐山。刘光世部下郦琼发动兵变，挟持三四万淮西军及十万民众投降伪齐，酿成著名的"淮西之变"。宋高宗将张浚罢相，又不得不一再诏令岳飞复职，实际上更坚定了通过与金政权议和，实现第二次"杯酒释兵权"、严防武人犯上的祖宗之法。

在疆土和家法之间选择家法

宋、金议和前后持续进行了数年时间。公元1135年，金太宗去世，年仅15岁的太祖嫡孙完颜亶即位，是为金熙宗。金政权放弃了进入中原后最初的策略，即追杀宋室唯一继承人宋高宗，设立代理人统治汉地。公元1137年，金统治者废黜伪齐刘豫政权，在汴京设立行台尚书省直辖。公元1138年，宋金一度达成协议，黄河、淮河之间的陕西、河南及山东等伪齐旧地，由金政权交还南宋。不久完颜宗弼等主战派发动政变，清除了主和的完颜宗磐、完颜挞懒等人，夺回了河南、陕西等地。公元1140年，宋军在川陕、荆襄和淮东三条战线发动反击，又以岳飞、刘琦统率的中路军最为突出。继刘琦取得顺昌大捷后，岳飞率军先后克复蔡州、陈州、郑州和洛阳，并在郾城、颍昌两场战役中大败金军，对汴京形成战略包围。宋高宗及担任宰相的秦桧唯恐损害议和目标，连下金牌强令岳飞班师。

公元1141年，宋高宗压制多数朝臣的不同意见，授权秦桧接受了金政权相当苛刻的条件，即宋向金政权称臣，割让河南、陕西大部地区，岁贡银二十五万两、绢二十五万匹。双方分界线比之前实际的控制线更为南退。金政权同意送回宋徽宗灵柩及亲母韦氏。当时高宗使用绍兴年号，历史上又称之为"绍兴和议"。

和金政权确定和谈内容后，宋高宗、秦桧立即召张俊、韩世忠和岳飞三大将入朝，分别任命为枢密使、副使，通过明升暗降的方式解除其兵权，又命三大将的副校统率军队，直属枢密院，诸道总领军马钱粮官节制诸军。随后岳飞、韩世忠又先后被免去了枢密副使的职务。岳飞作为独当一面的统帅，是在抗金战争中成熟起来的一代军事天才，他的横空出世充分证明了抑武的祖宗家法存在着束缚创造力的严重弊端，且是北宋政权屡败于外敌的原因之一。岳飞忠于宋政权和皇帝，但他个性鲜明率真，明确反对宋金议和，又上书高宗要求预立皇嗣，无形中成为宋高宗推行议和、抑武阶段性目标的障碍。

公元1142年1月，即在宋金和议完成一个月后，高宗下旨以毒酒赐死岳飞，把岳飞长子岳云、部将张宪斩首。不久秦桧又指使台谏弹劾枢密使张俊，将其罢免。《建炎以来系年要录》记载，高宗感叹道："唐藩镇跋扈，盖由制之不早，遂至养成。今兵权归朝廷，朕要易将帅，承命奉行，与差文臣无异也。"宋高宗通过对金政权的妥协、退让，以承认失去将近三分之一疆土为代价，换取恢复太祖抑制武将的祖宗家法，从而重建了较为稳定的宋政权运营系统。

宋高宗在疆土和家法之间最终选择家法，其实也受制于南宋政权资源控制和动员的局限性。南宋延续了北宋时代的募兵制，国家规模缩小而赋税减少，养兵成本却不断增长，构成一对难解的矛盾。南宋政权不断发明新的税种，通过大量发行纸币并贬值的方式敛财，收入五分之四用于养兵，仍然不能在人力资源动员上占有优势。宋金作战的重点是骑兵决定胜负，南宋政权在军马采购上明显处于下风。其中西南夷渠道购入的川马质量较低，从大理转运的吐蕃马又数量有限，造成南宋军队进攻能力无法大幅度提升。而从宋政权的立国价值而言，自毁长城擅杀大将，甚至称臣割地，无论如何都违背天下国家的儒家思想。

绍兴体制下的统治策略

为了压制朝堂上铺天盖地的反对声音，宋高宗重用秦桧长期担任宰相，实际上以皇帝与其钦定的唯一代理人掌控相权的独裁模式，取代了君权、相权和监察权制约的君主与士大夫共治的统治策略，虞云国先生将这种变化称为"绍兴体制"的确立。[1]

绍兴和议签订后，秦桧至死占据相位且兼任枢密使，集军政大权于一身。他任用亲信担任台谏官，将行使监察的言官变成

---

1 虞云国：《南渡君臣：宋高宗及其时代》，上海：
  上海人民出版社，2019年版，第10—12页。

打击政敌的工具，并以执政官的位置作为奖励，但即使亲信出掌高位，两三年后同样发动台谏予以替换，避免任何人形成新的势力。对于政见不同，特别是反对议和者全部贬逐，对赵鼎、李光、胡铨和张浚等名臣，秦桧不惜罗织罪案进行迫害，株连家人子孙，唯恐其被召回复用。秦桧等人将宋高宗塑造成少康、周宣王、汉光武帝、晋元帝和唐肃宗后的中国历史上第六位中兴圣君，把自己打扮成帝王之师，和高宗相互题词、作跋背书。

在高宗默许下，秦桧先后任令其兄、子主持秘书省，全面垄断国家著史的权力，规定民间书坊未经申报不得刊印异说书籍。对于私人著史、藏书，以及私下妄议朝政的行为，鼓励相互揭发和举报。大批士人因言获罪，分别被处以降职、罢官和贬逐的责罚。王曾瑜教授认为，中国历史上比较正规意义的文字狱，实始于宋高宗绍兴时，为明清文字狱之嚆矢。专制统治者愈是理亏心虚，就愈要乞灵于极端措施，以杜人之口。[1]

对于北宋政权"靖康之难"的反思，宋高宗接受了多数人认定的归罪于蔡京集团实行新法的观点，一方面为司马光等旧党人士平反，一方面彻底否定了从王安石开始的变法探索。《建炎以来系年要录》记载，高宗明确宣布，"祖宗之法，思虑已精审，讲究已详备，不必改作，天下自治"，实际上关闭了南宋时代任何变革的可能性。公元1155年，秦桧死去，宋高宗罢黜了秦桧的亲故死党，平反了部分冤假错案，但对于绍兴体制确定的策略及公共政策却不容许有任何的非议。

其时金政权内部发生政变，完颜亮杀死金熙宗，自立为帝。公元1161年，完颜亮撕毁宋金协议，率六十万四路大军大举南下，在采石矶被督师的中书舍人虞允文率少数宋军所败，随后被

1　王曾瑜：《宋高宗传》，北京：中国书籍出版社，
2016年版，第280—281页。

部将杀死。金太祖之孙、东京辽阳府留守完颜雍被推举为帝，是为金世宗。公元1162，宋高宗将皇位传给养子赵昚，自己退位为太上皇。赵昚即位，是为宋孝宗。

维护祖宗之法是多数人的观点

宋高宗作为南宋政权的最高统治者，沿袭了北宋政权统治策略中抑武重文、制约平衡制度的基本精神。即使岳飞等武将的军事实践已经证明，这种制度安排和机构设置实际上相当严重地损害了资源动员的效率，至少不适合反击外族军事行为的战时体制，但是，宋高宗宁愿自毁长城，甚至牺牲半壁江山承担骂名，也要维护绝不允许武将坐大的祖宗之法。以他后来主动退位，也不反对为岳飞平反的行为来看，似乎不能简单地认为宋高宗的坚持完全是为了防止钦宗南归威胁自己的帝位，他看重的还是保证宋政权系统更为持久地运营。

事实上，自北宋神宗时期始，以王安石为代表的变革路线，即以富国强兵、恢复汉唐故土为目标，与司马光为代表的恪守祖制、维持现状的保守路线，展开了激烈的冲突，涉及组织、资源，以及相关制度和政策等多个方面。问题在于，如果宋徽宗不重用蔡京推进新法，对外不采取积极的进攻性政策，北宋是否能够避免发生"靖康之难"？或者说，如果赋予武将更多的权力，甚至恢复唐代中后期的节度使藩镇体制，两宋政权是否可以延续三百年以上的时间？

宋高宗对于王安石变法的否定，其实已代表了当时大部分士大夫的普遍看法。从这个意义上讲，如果维护祖宗之法是一种错误的决策，责任也不应该由宋高宗赵构个人独自承担。

金世宗与宋理宗：文治的迷思

金世宗完颜雍是帝制时期第一位创造了治世的少数民族皇帝，历史上将世宗及其孙子章宗的统治，分别称为"大定之治"和"明昌之治"。一方面完颜雍推动与南宋政权议和，裁减军队兵员，免奴为良和轻徭薄赋，北方出现了繁荣局面；另一方面世宗进行猛安谋克制度的改革和重建，竭力要求保留女真民族的风俗和文化，禁止女真人穿汉服、习汉语。金世宗、金章宗均推崇儒家文化，世宗下令将儒家经典都翻译成女真文，被世人称为"小尧舜"，章宗以中国的正统政权自居，是金国汉化的顶点。南宋理宗赵昀时期，将程朱理学确定为官方的统治理论，理宗亲政后，实行组织体制内部更化措施，恢复了君主与士大夫共治天下的统治策略，意识形态在国家运营系统中发挥了巨大的凝聚作用。

不过，金、宋统治者文治的辉煌，仍抵不过高原游牧民族疾风骤雨般的攻击。当成吉思汗率领蒙古铁骑改变历史之际，金、宋两大政权的崩溃均未能幸免。

和平是最大的仁政

女真金政权以猛安谋克制度立国，仅以十余年的时间，迅速灭亡辽国，攻入宋政权首都汴京。金政权一度分别立张邦昌、刘豫为大楚、大齐皇帝，先后管理部分占领的北宋地区。这时女真尚处于军事贵族割据的阶段，金政权不得不采用任命汉族士人管理这一特殊运营系统。完颜亮杀害熙宗自立为帝后，继承了金熙宗实施汉制、加强中央集权的统治策略。他将都城强行迁往幽云地区的燕京，取消汴京行中书省等机构，大肆屠杀不服从命令的太祖、太宗子孙，都是为了建设唐宋模式的组织体制，树立君主专制的权威。完颜亮有着较高的汉文化水平，他反复阅读《晋书》，对于前秦天王苻坚相当欣赏，故而急于灭亡南宋，混一海内。这可能就是他撕毁与南宋和约、发动战争的心理动因。

公元1161年，金世宗完颜雍继位之后，对内团结各派女真贵族，包括原忠于完颜亮的部分官员，改变了完颜亮时期一味镇压杀戮造成的离心状态。对外世宗首先迅速平定了北方契丹族民众的起义，随即叫停了对于南宋政权的军事进攻。

当时南宋孝宗判断金国内部混乱，重新任命张浚为相发动北伐。金世宗迅速调集大军反击，迫使南宋政权同意议和。双方就土地、岁币、名分及送还金国逃往南宋人员等问题，展开了艰难的谈判。《宋史·孝宗本纪》记载，宋孝宗指示，"四州地、岁币可与，名分、归正人不可从"。与之相反的，是金世宗在名分上表现出了相当的弹性，但在疆土问题上寸步不让。公元1164年，双方重订和约。金、宋君臣关系改为叔侄关系；岁贡改称岁币，银绢各减五万两匹；疆界除维持绍兴和议的规定，宋另外割让数州之地。历史上称之为"隆兴和议"。

金世宗被比作"尧舜""汉文帝"类型的贤君，主要的原因在于他采取了结束战争状态、与民生养休息的内外政策。这对于数十年来陷于战乱之苦的中原各族民众而言，无疑已经是天大的仁政。宋、金恢复和平之后，金世宗亲自下令，将前线士兵的数量从十七万减至六万左右。大量男丁复员返乡，不但减轻了国家财政资源的负担，也照顾了普通民众家庭的生计。世宗颁布免奴为良的法令，将大批奴隶解放为自耕农，解决了国家农民劳动力紧缺的问题。金政权对土地兼并与强占农田的行为进行了限制。1187年，国家出面把官宦之家的非法土地，分给贫苦无地之人去耕种。金代大儒赵秉文所著《滏水文集》中记载，金世宗在位期间，"税不及什一，两税之外，一无横敛。不数年间，仓库充实，民物殷富，四夷宾服，以致大定三十年之太平"。

汉化和女真本位的冲突

不过，金代社会的和平与安逸，严重动摇女真民族艰苦尚武的精神，特别是冲击了猛安谋克这一金政权立国最根本的制度。金政权进入辽宋故地后，逐步实施路府、州、县三级的郡县制统治策略，通过恢复辽宋政权的科举取士制度，补充组织体制内部人才的不足。对于女真族依然保留兵民合一的猛安谋克制度，以国家分配官田的形式，供女真军民共同屯田。分到了土地的猛安谋克户无心耕作，将土地租给汉人耕种收取租金，过起了饮酒作乐的奢侈生活。随着时间的推移，猛安谋克的作战能力大幅下降，失去了创业时"战时为兵、闲时为农"的初心。

金世宗为了扭转这一方向，连续出台政策进行改革。他下令禁止猛安谋克户出卖土地，不允许租给汉人耕作，重新确立猛安谋克的户数、继承制度等。制止猛安谋克与汉族农民混居，对于无田、少田的猛安谋克实施计口授田的政策。公元1184年，金世宗命令女真宗室诸王分别统率各地猛安谋克户，希望重振女真国人武装的雄风，作为巩固金政权的核心力量。

女真族群南迁汉地，受到更高级的汉文明影响是不可避免的。金代统治者学习儒家经典、采用中原政权的组织体制，本身就引领了这种潮流。问题在于，金要与宋对立，就不能不努力保持作为自身基本依靠对象的女真人的民族特性。于是既要汉化，又要在许多方面维护女真人的传统。[1] 金世宗采取了一系列措施阻止汉化的趋势。他诏令禁止女真人采用汉姓，禁止女真人在服饰衣着上仿效汉人，要求女真人使用自己的语言和文字。他还倡导兴办女真太学和各地女真语学校，创立女真进士科，组织人将四书五经等儒学著作，以及《汉书》《新唐书》和《贞观政要》等史籍，全部翻译成女真文，作为女真语学校的教科书。

公元1189年，金世宗完颜雍去世，太子完颜允恭早逝，太孙完颜璟即位，是为金章宗。21岁的章宗是金代诸帝中汉化程度最深的统治者，自幼崇尚儒学，擅诗词、精绘画和通音律。他延续世宗盛世的局面，实行尊孔的仪式与礼乐制度，制定了金代第一部较为齐全的法典《泰和律》。章宗以极大的热情参与金政权德运的讨论，亲自决策金朝采用继承大宋火德的土德，这表明金朝已经以正统王朝而自居。[2]

金章宗没有能阻止汉化和猛安谋克制度遭到破坏的趋势，金代承平四十余年，整个社会出现奢靡散漫之风。他在位的晚期，南宋的军队主动发起了进攻，更严重的是，成吉思汗已经统一了

1　李锡厚、白滨：《辽金西夏史》，上海：上海人民
　　出版社，2020年版，第268页。
2　孙骁、王丹：《极简金代史》，北京：团结出版社，
　　2021年版，第150页。

蒙古诸部，一场巨大的风暴即将袭卷而来。

南宋权相政治与金政权败亡

宋孝宗即帝位后，以高宗的名义下诏为岳飞平反，一度表现恢复旧山河的雄心壮志。北伐失败、"隆兴和议"后，孝宗不得不回归高宗时期的"绍兴体制"。为了防止再度出现类似秦桧专权的情况，宋孝宗频繁易相，以确保君主专制的地位，但他放宽了士人上书、言论的尺度，君主与士大夫共治的统治策略有所恢复。作为南宋唯一欲有所为的君主，宋孝宗曾坦承短期内恢复中原已无可能，但仍寄望于君臣协力一改国弱民贫的局面。[1]

这一时期南宋社会农业、工商业繁荣，经济重心南移长江流域，海外贸易远至波斯湾、地中海和东非等地。陆游、辛弃疾等诗词大家活跃一时。公元1187年，81岁高龄的太上皇宋高宗去世。公元1189年，即北方金章宗即位的同一年，孝宗退位为太上皇，其子赵惇即位，是为宋光宗。

光宗患有严重的精神疾病，在皇后李氏挑唆下，和太上皇孝宗关系恶化，引发士大夫朝臣的强烈不满。公元1194年，孝宗去世，宋光宗竟然缺席葬礼。宗室赵汝愚、外戚韩侂胄等大臣，动员高宗的皇后、太皇太后吴氏主持，立曾孙、光宗之子赵扩为帝，是为宋宁宗。光宗退位为太上皇。韩侂胄排斥了赵汝愚，以及与之结盟的理学大师朱熹等大臣后，逐步控制了朝中的军政大权。

---

1 虞云国:《南宋行暮——宋光宗宋宁宗的时代》，
上海:上海人民出版社，2018年版，第3页。

韩侂胄是南宋继秦桧后的又一位权相，他通过追夺秦桧王爵、改谥"缪丑"等举动，制造北伐中原的舆论氛围，从而增加自己长期掌权的合法性。公元1205年，韩侂胄仓促发动了对于金政权的战争，金章宗迅速组织军队反击，川蜀吴家军第三代吴曦叛变，金军得以集中主力专注东线，三路宋军全线溃败。金章宗乘机提出以韩侂胄首级作为议和条件。公元1207年，礼部侍郎史弥远和皇后杨氏等人密谋，在韩侂胄早朝途中，派人将其杀死。公元1208年，宋宁宗将韩侂胄首级函送金政权，双方签嘉定和议。宋金侄叔改为侄伯关系，岁币银绢从二十万两匹增至三十万两匹，另宋政权支付犒军银三百万两。

宋金双方嘉定和议缔约不久，北方形势发生了突变。金章宗去世后无子，由其叔父完颜永济继位，史称卫绍王。公元1211年，成吉思汗统率蒙古铁骑突然向金政权发起进攻，深入金国腹地，前锋直抵中都。海陵王完颜亮时期，征调为金政权守边的契丹人南下征宋，即破坏了与蒙古接壤的北方边境民族之间的生态平衡。世宗、章宗时期，金政权在边界大规模修筑边堡，配备驻军守卫，以边壕将其连接。但是，这条经常被风沙填平的防线过于漫长，守军力量相当分散，实际上无力阻挡蒙古军队集中进攻。金章宗三次发动对于高原诸部的讨伐，打掉和削弱了部分经常扰边的部族，反而有助于成吉思汗最终统一蒙古诸部落。

随后金政权发生内乱，卫绍王为宦官所杀，章宗庶兄被迎立为帝，是为金宣宗。蒙古铁骑连续南下，河北、河东等地大都沦陷。公元1214年，金宣宗从中都燕京迁都汴京，不久中都陷落，女真族起源地东北与河南被一分为二。河东、河北等地猛安谋克全体南迁，汉地民众纷纷结社自保，部分武装降蒙，部分武装暂时归宋。金宣宗不得已，分封九位地方武装头领为公爵，实际上默认了山东、河北部分地区的割据状态。这充分反映出经过百年的统治，汉地民众并未建立对于金政权品牌的忠诚体系。金政权同时与蒙古、西夏和南宋处于战争状态，亡国的命运已经不可避免。

史弥远取代了韩侂胄在朝中的专权地位，主要的内外政策均采取与韩侂胄相反的方向，包括重新为秦桧恢复名誉，一味对金政权采取妥协的策略。公元1215年，迫于朝野强大的压力，南宋政权决定停交每年的岁币。金宣宗基于失之于蒙取之于宋的思维，公元1217至1222年间，三次向南宋政权发动全面进攻，均被宋军击败。但是，史弥远没有同意宋军乘势北上，宋宁宗君臣在守、和、战三策中反复争论，始终未形成明确的策略。史弥远以为其提供粮食及后方基地的方式，支持山东境内反金武装，希望以最小的成本获取最大的收益，结果李全等所谓的忠义军经过争斗坐大后，又将矛头指向南宋政权。

公元1224年，宋宁宗去世，史弥远与皇子赵竑不和，再度联络杨皇后矫诏，立另一远房宗室子弟赵昀为帝，是为宋理宗。史弥远得以继续大权独揽。同年金宣宗去世，其子完颜守绪继位，是为金哀宗。公元1232年，在蒙古军队凌厉的进攻面前，金哀宗逃离汴京出奔蔡州。公元1234年，宋、蒙联军攻破蔡州城，金哀宗自缢身亡，遗骨被一分为二，分别由宋、蒙将领带回国内。而在稍早的时候，史弥远死去，前后掌权二十六年，是南宋权相专政时间最长的一位。

程朱理学定于一尊

宋理宗原名赵与莒，是太祖长子赵德昭的十世孙，与皇室血缘较为疏远。其生父仅为山阴县一小官，与普通平民生活无异。宁宗的太子去世后，宁宗的堂弟沂王之子赵竑被立为皇子。赵与莒已经17岁，先被史弥远等人选为沂王之子，更名赵贵诚，宁宗染上重病之际，又在史弥远操作下被立为皇子，再度改名为赵昀。

宋理宗从平民化的帝系旁支，一跃而成为最高统治者，充分证明了宋政权运营系统的稳定性与坚韧性。尽管秦桧、韩侂胄和史弥远等文官出身的权臣，通过控制台谏而揽权，实际上破坏了宋太祖确立的组织体制内相互制衡的程序，但是，忠于儒家思想、品牌政权与皇帝的三位一体的信仰体系依然无法动摇。最高统治者的赵宋血统仍是决定性因素。理宗继位后，另一皇子赵竑被改封为济王居住湖州，次年在一场乌龙的拥立闹剧之后，可能遭到史弥远打压而自缢。

宋理宗赵昀亲政后，作出了主动进攻河南的重大决策。宋军先后占领汴京、洛阳和应天府，一度将防线推至潼关、黄河，历史上称为"端平入洛"。在内政上，理宗以郑清之为相，大量召回被史弥远排斥的贤才，罢黜一批史弥远的党羽亲信；积极整顿财政，严格执行国家的食盐专卖制度，通过回笼印旧币来抑制通货膨胀。其中对国家及后世影响最大的作为，应是他继续服膺理学的思想，以皇帝的权威将理学确立为统治国家的理论。

两宋政权以儒家思想为立国价值，虽然长期保持自由争论的形式，但统治者的介入越来越明显。宋神宗时期，以王安石父子著《三经新义》作为科举考试标准，荆公新学一时成为主流。

王安石强调内圣外王，论述调和佛道、兼采诸子，实质上是突出"外王"的治国平天下结果。同一时代的程颢、程颐兄弟继续理学探究，其实更注重"内圣"的自我修炼。高宗南渡之后，一度采取对程氏理学、荆公新学调和中立的态度。孝宗时期气氛相对宽松，朱熹的道学派集理学之大成，将"理""天地之性"和"王道"，具体论证为天、士人和政权的最高价值和终极目标。而以陆九渊为代表的心学，以及吕祖谦、陈亮等人代表的浙东事功学派同样自成体系。

韩侂胄专权期间，由于朱熹等在朝道学家为赵汝愚辩护，韩侂胄怂恿宁宗将道学定性为"伪学"，公开将五十九位名流党人列入伪学之籍，对坚持理念的大臣、太学生进行迫害，将其罢官、逮捕或流放。历史上称这一事件为"庆元党禁"。史弥远执政之后，又反其道而行之，正式将道学派的理学价值整合为国家的意识形态。朱熹的《论语》《孟子》集注被定为太学教材，理学的代表人物进入组织体制成为高官。不过，济王赵竑自缢而亡后，朝廷中的理学家认为史弥远负有重大责任，与史弥远发生严重的意见冲突。史弥远利用手中的权力，将理学家们一一贬谪去边远的地方。

理宗维护了史弥远身后的地位，但是，他也把被史弥远贬逐的理学家召回。理宗诏令撤去了王安石陪祀孔庙之位，改以理学的先驱周敦颐、程颢和程颐为正统。宋理宗亲著《道统十三赞》，对于伏羲、尧、舜、禹、汤、周文王、周武王、周公、孔子、颜子、曾子、子思和孟子等十三位儒学道统传承的圣人，各作一赞表示敬仰。张金岭教授认为，这表明宋理宗接受了以往理学家的思想体系，承认理学家所定的儒学真传道统。理宗向社会昭示了他接受理学、信奉理学并把理学作为官方统治思想的意志。[1]

战火中的共治岁月

宋理宗时期，南宋政权运营系统面临的最大挑战，莫过于大环境中外部蒙古军队的入侵。"端平入洛"后不久，蒙古军队即发动反击，宋军缺乏粮草、骑兵迅速败退。南宋最后四十五年的抗蒙战争，是两宋政权立国以来最为英勇和壮烈的年代。至少理宗亲政至贾似道当政前的二十余年里，宋理宗一面容忍理学家为主的文官在朝堂上不同的意见，一面大胆使用在前线英勇作战的武将及文人出身的统帅，南宋政权出现了战火中君主与士大夫共治的时光。

蒙古铁骑从四川、荆襄和淮东三条战线攻宋，除了淮东宋军"守外虚内"略占上风外，长江上中游战略据点的争夺极为惨烈。蒙古军攻占四川长江北岸大部分城市，兵部侍郎余玠沿嘉陵江、渠江、涪江和长江两岸，依山建垒、据险设防，先后筑起二十余座兵民合一的城堡，完成了以重庆为中心的立体防御体系，非常有效地阻止了蒙古铁骑的进攻。其中作为重庆前哨的合州钓鱼城，孤城坚守达三十六年之久，蒙古蒙哥大汗死于城下。

一代名将孟珙固守中部荆襄防线，将防线推进至汉水，拱卫着整个下游的安全。公元1246年，孟珙去世后，推荐贾似道接任。贾似道为理宗的贾贵妃之弟，先后任荆襄与两淮两大战区的统帅。1258年，率军驰援战争形势严峻的荆襄防线，在鄂州保卫

1 张金岭：《宋理宗研究》，北京：人民出版社，2008年版，第234—235页。

战中发挥了重要作用。《元史·世祖纪》中记载，正在荆襄指挥的忽必烈对贾似道评价较高，曾感叹"吾安得如似道者用之"。之后贾似道奉诏进京，得到了晚年宋理宗的高度信任，成为南宋政权出现的第四位权相。

贾似道在身后遭受骂名，和他推行"公田法"与"打算法"有一定的关系。所谓的"公田法"，即是在民间土地较为集中的两浙六个府州中，推行每户限田百亩的政策，超出部分由政府回购作为公田，所有公田的收入，一律充作军粮。这一政策增强了国家财政资源的动员能力，部分缓解了军粮不足的矛盾，但也触动了体制内外部分官户、富民势力的利益，遭致相当的反弹。

所谓的"打算法"，即是对领军将领们进行财务审计，凡是发现钱粮用于非正常的军费支出，即追究当事者的责任。这一政策对于节省国家巨额的军费开支、抑制武将势力的气焰起到了某些作用，但是，贾似道在执行过程中，掺杂了个人的好恶恩怨，重点打击部分资深的、以及和自己有隙的将领，造成向士璧、曹世雄等抗蒙大将被迫害致死，一大批战功卓著的武将遭到贬逐。最为严重的是，潼川安抚副使刘整受到上司审计的威胁，竟以泸州等十五州及三十余万户投降蒙古。刘整随后向忽必烈献计重点攻击襄阳等亡宋之策，帮助蒙古方面训练海军，负面影响极大。

公元1264年，在位41年的宋理宗去世，其侄赵禥即位，是为宋度宗。贾似道受封"平章军国重事"的名号。公元1274年，经过长达六年的残酷血战，襄阳终于陷落，受到贾似道信任的守将吕文焕及其家族投降。同年宋度宗去世，仅4岁的儿子赵㬎即位，是为恭帝。公元1275年，贾似道不得不率军亲赴长江迎敌，十万大军一触即溃。贾似道大败而归后被贬逐，流放途中被人杀害。蒙古元军顺流而下临安，将恭帝、太后等人掳去燕京。

临安陷落前夕，经文天祥提请，恭帝兄弟益王赵昰、卫王赵昺已被送出城外。陈宜中、张世杰和陆秀夫等大臣，先后立益王、卫王为帝，辗转于南方各地继续抵抗。公元1279年，宋、元双方在广东南海边崖山进行最后一战。文天祥先前被俘，后赴燕京就义，张世杰乘乱突围，后赴海溺亡。陆秀夫背负8岁幼帝赵昺蹈海而死，后宫、军民及士人纷纷随之殉国，《宋史·瀛国公纪（二王附）》中记载，"七日，浮尸出于海十余万人"，成为帝制治理时期，品牌政权倾覆之刻空前绝后的一幕。

资源不足是亡国的主要因素

金政权、南宋政权的国家运营系统分别实行文治，均以中国的正统自居，已经建立了价值观、方法论、组织和资源相对稳定的结构。如果没有大环境中蒙元铁骑的外力介入，两大政权可能会长期持续。金、宋政权最后的败亡，主要还是在军事资源上明显弱于蒙元。这种差距包括马匹装备、士兵体能、作战意志等多个方面，在人类的冷兵器时代，不仅不能凭借文治弥补，相反，文治在某种程度上反而削弱了民族尚武的精神，从而扩大了双方资源上的差距。

金世宗推行儒家价值的仁政，是帝制时期少数民族统治者，主动融入中原政权创立的国家治理体系的又一范例。宋理宗确立理学思想作为官方的意识形态，对于元明清帝国的统治理论影响深远。针对儒家理学最终成为南宋政权官方的价值，刘子健教授曾经认为是得不偿失的，即新正统成为专制政体的附和依从，压抑了成长的动力和多元化的发展。[1]不过，从治理体系的角度而言，士大夫与统治者共同倡导的价值，反而是最具生命力的因素。南宋政权最终悲壮的落幕，其实也证明了当初妥协和退让的政策，只是维持运营系统的一种手段，一旦和平的方式已经绝望，君主与士大夫并不缺乏奋斗至死的勇气。

1　〔美〕刘子健著，赵冬梅译：《中国转向内在——两宋之际的文化内向》，南京：江苏人民出版社，2002版，第17页。

本章小结

两宋是中国儒家思想全面复苏的时代。不过和两汉时代不同的是，这种复苏的进程，并不是由官方简单推动的。宋代的最高统治者，大都尊重学术和信仰的自由，儒学不同的派别长期争论和激辩，最终由官方将程朱理学列为国家的意识形态。最高统治者经营家天下，和士大夫修身齐家治国平天下的追求，达成目标上的一致，由此盛唐转型至两宋，实现了国家运营系统价值观和方法论的高度统一。陈寅恪先生曾言："华夏民族之文化，历数千载之演进，造极于赵宋之世。"正是指这样的历史背景。而且，女真族金政权进入中原后，迅速融入了汉化与崇儒的潮流，出现了大定之治、明昌之治等局面。

经过黄巢起义的冲击，以及五代十国时期的混战，残存的士族门阀已经式微。宋政权倡导文治，排斥了功臣武将家族世袭控制政权的可能性，魏晋南北朝、隋唐时期传统的士族及军功贵族垄断政权的生态终结。当时印刷技术已经普及，士农工商各阶层掌握知识文化的成本降低，国家通过科举考试制度，不问出身及门第，从而实现平民士大夫体制内外的流动，一定程度避免了阶层和利益集团的固化。宋代最高统治者的君主专制，相对于隋唐帝国贵族把持朝政、藩镇武装割据的状态，确实得到了极大的增强。另一方面君主与士大夫共治天下的策略，又在保障任何人不得觊觎帝位的前提下，以祖宗之法和儒家道统的名义，对于君权的正确行使作出了相应的制约，从而保持了国家运营系统的良性作业。

两宋、辽金时期，国家又形成汉民族与少数民族南北对峙的局面。两宋政权虽被认为中国正统，但在和辽、金及西夏等少数民族政权交往过程中，经常处于下风。辽金统治者同样自命正统，辽代南北面官、金代猛安谋克与汉制共存的系统，都是对于多民族国家治理体系的探索。在汉唐故地的东亚大陆广阔空间里，同时还存在着高昌回鹘、吐蕃和大理等多个政权，通过压倒性的武力资源征服，在当时是实现大一统唯一的形式。辽金、两宋政权运营系统先后倾覆，大环境中的外力侵入是最主要的原因。这也是不以人的意志为转移的时代的宿命。

第 五 章

　　元明清帝国时期为帝制治理体系固化的阶段。元代实施因俗而治的统治，但是，蒙汉两种统治制度相互冲突，运营系统未能形成明确的价值。明太祖大规模屠杀功臣势力，废除丞相制度，剥夺了士大夫儒家道统的解释权，将君主专制发展为君主独大的特殊形式。清康熙帝、乾隆帝等充当君师合一的最高统治者角色，设立南书房、军机处等内廷机构，分别置满汉大臣于奴才和秘书的角色，出现了君主一人独裁的统治策略特殊形式。清代构建以满治国、兼以多元的运营系统，八旗军力除拱卫京师之外，分别驻守国内要镇或边疆重地。在汉地、东北及内外蒙古、青海、西藏和新疆等少数民族边地，分别施以不同的统治理论、策略、组织体制和资源动员方式。

固化：
元明清第三帝国

元明清第三帝国，即大一统的元朝、明朝和清朝，是帝制治理体系走向成熟、固化和最后衰亡的阶段。元明清超越了秦汉、隋唐的国家规模，逐步探索出帝制治理体系多民族国家运营系统的特殊形态。蒙元政权征服西辽、西夏、金、吐蕃、大理和南宋，是帝制时期第一次由少数民族建立的大一统国家。明太祖一度以"驱逐胡虏，恢复中华"为价值号召，但在明政权建立之后，又遵奉元政权历史上的正统地位。清政权收降了漠南蒙古成吉思汗的嫡系残余，进关平定大动乱的割据局面，继承了元明两代的治理遗产。元明清帝国的历代最高统治者，建立起了帝制时期最为压迫、最为专制和最为保守的运营系统，短期内大大加强了中央集权、君主专制策略的国家统治力度，而从大环境转换的历史长河观察，这种体系无疑扼杀了社会的思辨力和创造力。面对大航海工业化时代的外来挑战，清政权最初的应对表现出无知和盲目。

元世祖将蒙古政权的政治中心迁至汉地，一度"附会汉制"，但没有将儒家思想作为国家的核心价值。元仁宗时期恢复科举，将考试范围局限于朱子注四书五经的内容，后被明清两代政权效法。

元政权构建多民族国家因俗而治的不同运营系统，在岭北蒙古故地、汉地、吐蕃和西南少数民族地区，分别采取相应的统治策略和组织体制。身兼大汗和皇帝的最高统治者，通过改造怯薛、达鲁花赤等制度，实际上将草原上的主奴关系带入政权的运营。元世祖实施蒙古、色目、汉人和南人四个等级的民族政策，延续了早期屠杀和掠夺的思维，无休止地进行战争和扩张，将部分纳税人户，作为皇亲公主及文武功臣的私人收入，以滥发纸币等通货膨胀方法占有公共资源。蒙元政权崇尚武功，疏于运营系统各方面的制度建设，帝位继承长期处于内争和混乱的状态。

明太祖沿用元政权职业世袭的恶政，将民众分为农民、军人和工匠三大类及更多的小类，通过户籍登记的黄册制度、土地登记的鱼鳞册制度，牢牢禁锢在特定的土地上。明代统治者将科举考试内容局限在忠于君主伦理的八股文上，在朝堂上公开廷杖大臣，剥夺士大夫儒家道统的解释权。明太祖时期，废除了丞相制度，有计划地大规模屠杀功臣，设立锦衣卫机构监视臣民，之后明成祖诛杀反对他篡位的士大夫十族，设立宦官主持的东厂机构，将中央集权、君主专制发展到相当野蛮的程度，形成了以君主独大为统治策略的明代模式。明代中期之后，以卫所制度为核心的兵民合一、轻徭薄赋的资源动员方式受到极大挑战，嘉靖帝、万历帝等懒政数十年不上朝，士大夫势力以坚持道统自我激励，进而形成党争，反映出系统的运营已经脱离了制度设计者的想象。

清政权以兵民合一的八旗运营系统创业，历经太祖、太宗、顺治、康熙、雍正和乾隆六位帝王的前赴后继，创造了帝制治理多民族国家运营的巅峰状态。清政权借鉴元代因俗而治的模式，建立起以满治国兼以多元制度的运营系统，即以八旗军力分别驻防京师、国内重镇和边疆要地，直接管理或监视各民族、各地方，在满洲旧地、前明汉区、内外蒙古、青藏高原和天山南北，根据不同民族和宗教进行不同的治理。清政权在主体汉族地区，发展出君主一人独裁的统治策略，保证以皇帝为核心的满洲亲贵势力占据绝对主导地位。康熙帝、乾隆帝等充当君师合一的最高统治者角色，施行以程朱理学为内容的科举考试，以入仕资格换取汉族士大夫的效忠，垄断明清易代的历史解释权。设立南书房、军机处等内廷机构，将满汉大臣分别置于秘书和奴才的角色。随着西方列强的冲击和人口的增长，清政权的朝贡体系价值、轻徭薄赋资源动员等祖制思维，反而成为变革的巨大障碍。帝制治理体系盛极而衰，在被动的转型中迅速崩溃。

元世祖：因俗而治，蒙汉相杂

　　元世祖忽必烈是第一位以少数民族身份统一中国的最高统治者，开创了帝制时期继秦汉、隋唐帝国后的又一次大一统时代。他是大蒙古国的第五位大汗，又是元政权的第一位皇帝。忽必烈利用汉地资源夺取大汗之位，一度重用儒士，附会汉制，将政治中心迁至大都，效法中原王朝创立元政权，开辟了汉唐之后最为辽阔的疆域。元世祖最终未将儒学作为国家的核心价值，对于蒙古旧地、汉地、吐蕃和大理等区域，采取因俗而治的统治策略、组织体制和资源动员方式，一面沿袭封亲王的蒙古传统，一面确立仿照汉制的行省制度。元世祖以征服世界为己任的游牧民族背景，决定了他的思维不可能等同于以往的中原皇帝。忽必烈继续向海外发动大规模战争，重用色目人以理财的名义榨取民间财富，实行蒙古、色目、汉人和南人分四个等级的民族政策，通过怯薛、达鲁花赤等蒙古旧制，控制、监视组织体制中的汉人官僚集团。这些做法，既造成元政权国家运营的高度压迫性和掠夺性，又产生了相当程度的混乱和散漫。

千夫长制度与分封策略

　　蒙古族可能起源于东胡系的蒙兀室韦。继匈奴游牧军事专制政权之后，再次统一了漠北、漠南的广阔草原。公元1189年，铁木真成为蒙古乞颜部可汗，逐步统一蒙古诸部及高原上其他部落。公元1206年，铁木真在鄂嫩河畔被贵族大会推举为汗，是为成吉思汗。

大蒙古国创建后，成吉思汗发展了军政合一、兵民合一的千夫长制运营系统，即把草原部众分为九十五个千户，任命有功之臣担任世袭的千户长，千户之下设百夫长、十夫长。千户长负责分配牧场、征收赋税和统领军队，是基层生产、行政和军事单位长官。牧民被限制在特定的牧区内，所有成年男子战时自备战马、兵器和粮食，由千夫长、百夫长带领出征。千夫长之上又设万夫长作为军事统帅。成吉思汗用地域代替血缘，打破了旧有的氏族部落制壁垒，在草原习惯的基础上制定《大札撒》法典，从而确立家长制的汗权至上统治策略。他以"共享富贵"的原始需求作为价值动能，孛儿只斤黄金家族高居金字塔形组织体制顶端，把蒙古游牧民众改造成以作战为职业的军事集团。

千夫长制度的十进制军事国家组织体制，是北方游牧、渔猎民族的传统。匈奴、乌桓和柔然等政权都采用过这种方式。成吉思汗实际上借鉴了金政权的猛安谋克系统，又从贵族、功臣中选拔优秀子弟，设立直属大汗的宿卫禁军，即为怯薛。日本学者杉山正明认为，游牧民以个人、家庭、氏族、部族的四重结构扩展组织性和集团性，凭借骑射和高速而自如的铺开力，在近代之前的世界形成了最好的战斗力和决胜力，一旦联合起众多的部族集团，组成更大型的军事联盟，定居社会是难以抗拒的。[1]

---

1 〔日〕杉山正明著，乌兰译：《蒙古帝国与其漫长的后世》，北京：北京日报出版社，2019年版，第42页。

公元1209年，成吉思汗率军进入河西，西夏政权不得已纳土称臣。公元1211年之后，成吉思汗三度伐金，攻克燕京及黄河以北大部分地区。千里之地几成废墟，民众被屠杀殆尽，府库被洗掠一空。随即成吉思汗以复仇的名义转向西征。公元1218年，蒙古军队攻灭西辽政权。公元1219年，成吉思汗亲率大军远征，耶律楚材《西游录》中记载当时的场面："车帐如云，将士如雨，马牛被野，兵甲赫天，烟火相望，连营万里。"蒙古铁骑仅用了数月就西行几万里，攻入中亚强国花剌子模，之后一支南下追击逃敌至印度河流域，另一支进入突厥族所建的钦察国，击败钦察和俄罗斯联军。

成吉思汗一路采取屠城、掠夺等政策，设立达鲁花赤（掌印者），作为督官统治西域各地，又将有才能的工匠带回本土。他归来后，再度征讨背盟的西夏政权，公元1227年，病死于西夏灭国的前夕。这次西征历时六年，客观上打通了儒家、伊斯兰和基督教三个文明区域，而成吉思汗内心最真实的动因，仍是希望占领更多的领土，以便为自己的后代经营更辽阔、更理想的地盘。[1]

成吉思汗西征后分封子弟，依照幼子守产的旧俗，将蒙古故地、中原等封给幼子拖雷，这成为日后拖雷一脉坐大的重要原因。又封长子术赤于咸海、里海以北，即康里及钦察旧地，封次子察合台于阿姆河以北、伊犁河西南及葱岭南北，即西辽旧地，封第三子窝阔台于原乃蛮旧地，三者分别为钦察汗国、察合台汗国和窝阔台汗国之发端。成吉思汗生前指定第三子窝阔台继承汗位，之后根据亲中选贤的原则，经库里勒台宗室贵族大会推举程

1　朱耀廷：《成吉思汗传》，北京：人民出版社，2004年版，第388页。

序确认。窝阔台之子贵由、拖雷长子蒙哥先后继承汗位，其间经历了流血的斗争，帝位从窝阔台系转入拖雷系。

这一期间，蒙古军队灭亡金政权，攻伐高丽，同时在西亚、欧洲和中国南方两大方向发起攻势。其中窝阔台大汗时期，西征大军平定花剌子模余部，焚毁莫斯科、基辅等城，分两路长驱直入波兰、罗马尼亚和匈牙利，进入奥地利境内，从而极大地扩大了钦察汗国领土。蒙哥大汗时期，西征大军又征服波斯北境的伊斯兰教国木剌夷，攻陷巴格达，杀伊斯兰教哈里发，进军叙利亚及阿拉伯半岛，在波斯、叙利亚及小亚细亚之故地，建立了伊儿汗国。

忽必烈"以汉法治汉地"

忽必烈出生于公元1215年，是成吉思汗之孙、拖雷之子和蒙哥之弟，这一年蒙古军队正攻入金政权的燕京。他早年仅为亲王时即接触到汉地的思想和文化，《元史·世祖本纪》中记载："帝在潜邸，思大有为于天下，延藩府旧臣及四方文学之士，问以治道。"公元1251年，蒙哥担任大汗后，忽必烈被任命为漠南汉地的总管，遂在今天内蒙古、河北之交的金莲川建帐开府，独立处理军政事务。

当时会集在他周围的决策及实务集团，包括蒙古王族将领、西域理财专家、汉地谋士儒生及佛道伊斯兰等宗教人士。其中汉族策士之中，又分为以刘秉忠为代表的河北邢州吏治群体，窦默、姚枢及许衡为代表的正统儒学群体，以及汉地世侯、文士等金政权遗士群体等。忽必烈注意倾听儒家思想和郡县制治理结合的中原王朝统治经验，对于中国历代统治者的帝王之道产生浓厚兴趣，并从他控制的邢州、河南及关中地区开始，进行试行汉法的实践。

所谓"以汉法治汉地"，实际上是改变蒙古贵族无视治理、一味强取的习惯做法，恢复中原政权正常的组织体制及资源动员方式。窝阔台大汗时期，耶律楚材即提出过"以儒治国""定汉制"等多条建议，成立中书省等中央官僚机构，制止了对于汴京的屠城决策，又一度恢复科举考试，但后来没有被全面坚持。关于忽必烈的这次改革，姚枢曾有概括性总结，《元史·姚枢传》中记载，"其法，选人以居职，颁俸以养廉，去污滥以清政，劝农桑以富民。不及三年，号称大治"。即选用汉族官吏管理汉族地区，将贵族、军人的分封制度改为汉地国家的传统郡县制模式，官员领取一定的俸禄，而不是公私不分，掠夺纳赂以自肥，国家鼓励民众从事农业生产，而不能片面征税竭泽而渔。忽必烈任用北方理学大师许衡为京兆提学，一定程度上重建了儒学教育。公元1252年时，金代末代状元、学问家元好问等人觐见忽必烈，郑重建议他接受"儒学大宗师"的称号，忽必烈欣然同意。这意味着汉地儒生士人希望寻求政治上新的靠山，对于忽必烈而言，在汉地尊重儒学、附会汉制，至少不违背蒙古政权在欧亚各地摸索出来的因俗而治的原则。

公元1253年，蒙哥大汗命令攻伐大理以包抄南宋政权。忽必烈率大军进驻六盘山区，准备假道吐蕃进攻大理。早在公元1247年，窝阔台之子阔端和藏传佛教萨迦派领袖萨迦班智达在凉州会面，蒙古政权承认萨迦派在藏地的统治地位，政教合一的吐蕃政权接受归附。蒙哥大汗派使者入藏清查户口，划定疆界。忽必烈南下藏区时，阔端、萨迦班智达均已去世，年仅17岁的萨迦班智达之侄八思巴，曾经参加过凉州会盟，已继任为萨迦派的法王。八思巴在军中为忽必烈夫妇举行了密宗喜金刚灌顶仪式，忽必烈尊八思巴为上师，承诺"吐蕃之事，悉听上师之教，不请于上师不下诏命"。(《萨迦世系史》)

忽必烈千里奔袭大理国，采纳姚枢禁止妄杀的建议，结束了南诏自立后云贵地区六百余年的割据局面。大理王段兴智被俘归降后，被蒙哥大汗继续任命为大理总管。

蒙古政权长期保持游牧民族帐居野外的传统，成吉思汗时期并无固定的都城，窝阔台大汗将宫殿汗庭设于草原深处的哈刺和林。忽必烈在金莲川开府，其实仅是增加了几座大帐，这显然不符合中原王朝汉民族的习惯。公元1256年，忽必烈命刘秉忠仿照各国都城，在滦河之畔营造新城及王宫，取开平之名。金亡后汴京被焚毁，唯独瑰伟特绝的熙春阁幸存。忽必烈命令将熙春阁建筑材料运至金莲川，用以修建开平城前殿，并仿金政权正殿"大安殿"取名大安阁。[1]忽必烈施行汉制、建造宫城，造成蒙哥大汗的极大不满，引发一场针对京兆、河南等地财赋检查的钩考运动。虽然经过忽必烈亲往解释，蒙哥暂时消除怀疑，但他仍一度被解除了兵权。

以天下正统王朝自居

公元1259年，忽必烈获准来到对南宋作战的荆襄前线，随后得知蒙哥大汗病死于四川钓鱼城下，哈刺和林的宗室亲王欲拥

1　朱耀廷、赵连稳：《元世祖忽必烈传》，北京：北京大学出版社，2009年版，第62页。

立幼弟阿里不哥继任，遂与宋军议和引军北返。公元1260年，忽必烈在开平召开部分贵族参加的库里台大会，宣布自己为蒙古大汗，采用汉制的中统年号。一个月后，阿里不哥也在和林召开库里台大会即大汗位，双方爆发了长达四年的争位之战。

尽管阿里不哥获得四大汗国多数嫡系宗王的支持，但忽必烈还是取得了最终的胜利，这应该得助于他控制了汉地巨大的财力和人力资源。忽必烈北上进攻的军队除了蒙古骑兵，还包括汉人世侯统率的汉军，军需物资源源不断从汉地得到补给。阿里不哥所处的漠北地广人稀，和林地区粮食供应严重依赖汉地，一旦被忽必烈封锁粮道，军民中出现饥荒不战自溃。

这期间发生了山东汉人世侯李全之子李璮兵变，南宋军队乘机北进。虽然其他汉人世侯未予响应，忽必烈迅速指挥军队击败叛乱，但是蒙古政权平定中原之初，分封归附汉人武装而形成的军政合一世侯体制，随即被逐步撤销。忽必烈首先实行兵民分治，"管民官理民事，管军官掌兵戎，各有所司，不相统摄"（《元史·世祖纪》）。之后规定汉人世侯子弟不得预政，诏令"罢诸侯世守"，以迁升转任的方法，革除蒙古政权州县官世袭的弊端。这实际上取消了类似唐代中后期藩镇的地方专制，试图重建中原政权郡县制治理的传统。

公元1264年，忽必烈颁布了《建国都诏》，将开平府加号上都，并在燕京修复宫室、规划新城，命之为中都。公元1271年，忽必烈以汉制立品牌国号"大元"，盖取《易经》"大哉乾元"之意，忽必烈是为元世祖。他以多民族的天下正统自居，又追尊成吉思汗为元太祖。公元1272年，元世祖决定改中都为大都，作为全国的首都，将上都降为陪都。他可能把辽政权的五京制和四时按钵制作为参照，确立了上都的春夏巡幸制度。即以大都君临天下、以上都笼络草原，探索多民族国家不同的治理形式。

公元1276年，元军攻下南宋政权行在临安，将投降的宋恭帝及皇室送往大都。元世祖几乎留用了南宋政权全部官员，继续维持临安城的繁荣。恭帝被封为瀛国公，之后被送入藏地学佛诵经。公元1280年，文天祥被押解至大都后，元世祖亲自前往狱中劝降，表现出了相当的敬意。从某种意义上说，元世祖这些行为，是他受到了儒家王道仁政思想影响的反映。蒙元军队先后灭亡了西辽、西夏、金朝、吐蕃、大理和南宋，元政权在汉唐故土上实现了空前的统一。

成吉思汗确立了汗权至上的统治策略，配套幼子守产、库里台选汗和"裂土分民"的诸王分封等相关制度，这和中原王朝中央集权、郡县制统治策略有着很大的不同。蒙古诸王直辖封地和千户，在封地内集军政、财政和司法大权于一身。其中蒙古大帐以西，成吉思汗嫡子受封的汗国被称为西道诸王，之前他还将蒙古大帐之东之地分封给自己的兄弟，他们又被称为东道诸王。拖雷系的蒙哥取代窝阔台系成为大汗，即得益于幼子守产掌握主要资源的制度。忽必烈在开平召集库里台大会，参加的宗王人数有限、地位较低，相当于自立为蒙古可汗，除了其弟旭烈兀的伊儿汗国外，四大汗国中其他三国都不予承认。

公元1268年之后，窝阔台之孙海都联合蒙古西道三汗国，公开抨击元世祖留汉地、仿汉制的政策，发兵攻击支持世祖的伊儿汗国，并一度攻入旧都和林，天山南北遂成为双方数十年的战场。公元1287年，继承了蒙古东部、辽宁等封地的成吉思汗幼弟后代乃颜，反对元政权设置行省等的中央集权改革，联络数位东道系诸王反叛。已经72岁高龄的元世祖不得不北上亲征，率蒙、汉及钦察、高丽等多个民族联军将其击败。可能随元世祖出征的马可·波罗在《马可·波罗游记》中叙述，世祖以蒙古不流血处死贵族的方式，下令把生擒的乃颜捆绑裹入毡毯，反复抛甩拖曳至死。

因俗而治的多民族国家运营系统

元世祖沿袭分封诸王的蒙古传统，根据"以亲御疏"的原则，先后在漠北、汉地、吐蕃和云南等地分封诸皇子，又对包括皇子在内的亲王陆续削去实权。即以地方行省统辖其封地编户，将兵权收归中央政权军籍，形成封藩不治藩的宗王出镇制度，以军事镇戍、军政监察和战时代表可汗出征为责任。元政权设置枢密院掌管全国军事，撤销尚书省，以中书省统管全国政务。

除大都周围地区称为"腹里"直辖外，各地陆续设立十个中书省的派出机构，即岭北、辽阳、陕西、甘肃、河南江北、江浙、江西、湖广、四川和云南行中书省。其中岭北行省主要置于漠北旧地，依然保持千户制的蒙古传统。汉地行省逐步固定为路州县之上的地方政权组织。云南行省等采用了土司制度进行管理，即任用当地少数民族首领进行世袭统治，这和唐宋羁縻政策的朝贡模式不同，元政权通过编户齐民征收强制性赋税，有效行使了国家的主权和治权。吐蕃藏地由管理全国佛教的宣政院直辖，元世祖将藏传佛教定为国教，扶持萨迦派统一分裂了四百余年的吐蕃，建立政教合一的地方政权，并在藏地驻扎军队、征取赋税。以萨迦派法王八思巴为帝师，命其兼任宣慰使，其下设本钦官负责俗民事务。

元世祖忽必烈声称"四海一家，因俗而治"，其实是将中央集权统治策略下的多民族国家特殊性治理形式制度化，即在不同的民族地区，实行不同的组织体制和资源动员方式。对于各民族的思想文化和宗教信仰，一般不予干涉。他接受"儒学大宗师"称号，但并不以儒家思想为国家运营系统的核心价值，也没有恢复科举考试；他以藏传佛教为国教，但并不要求蒙古贵族民众改变信仰。他对于道教不以为然，但也没有迫害的行为，仍然加封各派首领。蒙古军队西征后，大量阿拉伯人、波斯人和中亚各族人来到中原，元政权统称其为色目人，不仅促进了伊斯兰教的传入，还逐渐形成了回民族；被称为景教的基督教得到广泛传播，一些蒙古王族贵族成为信徒；公元1294年，罗马特使带着教皇致世祖的信件来到大都，公元1313年，天主教中国教区成立。

作为成吉思汗嫡孙，元世祖虽然开创了一代中原王朝，但身上仍不免打上蒙古传统的深刻烙印。特别是李璮叛乱之后，忽必烈对于汉族大臣失去信任。元政权根据征服地区的先后，实行蒙古人、色目人、汉人和南人四等的民族压迫政策。其中汉人指原金政权控制人的女真人、契丹人和汉人，南人指原南宋政权控制下的汉人。蒙古人在组织体制各级机构中居于长官的地位，如中书省、枢密院及御史台等，汉人、南人连副手也不可得。地方政权之中，元世祖规定，"以蒙古人充各路达鲁花赤，汉人充总管，回回人充同知，永为定制"（《元史·世祖纪》），府、州、县在府尹、州尹和县尹之上，以及在诸王、驸马封邑，部分中央机关及军队中，皆置非汉人的达鲁花赤，即以蒙古人掌握军政决策，汉人官员负责日常行政事务，色目官员控制财经大权。

达鲁花赤原意为镇守者和掌印者，并不做具体的治理工作，但对行政官僚有着直接监督的权力。另外怯薛作为大汗皇帝身边的亲兵，其高层参与汗廷政治的谋划。施展教授认为，怯薛、达鲁花赤与大汗之间有着一种主奴关系，元朝皇帝将草原上的主奴关系带到帝国的君臣关系之中，其中的影响具有双面效应。皇帝可以肆行己意，个人性的专制权力获得前所未有的提升，但官僚体系的常例性运行因此受损，反过来皇权作为制度性专权的能力也遭到严重削弱。大元的统治便是很矛盾的既专制又宽松。[1]

扩张、敛财，滥用资源

元世祖继承蒙古贵族征服世界的目标，延续了分封亲王、贵戚和功臣投下的政策，相当程度上消耗了国家的人力、财力资源。元世祖以高丽为征东行省，公元1274年、1281年两次征战日本列岛，均因遭遇海上飓风而几乎全军覆没。公元1292年，元军又越洋进攻爪哇岛，仍以失利败退告终。蒙古军队一度征服安南，要求其进行编户齐民出役纳赋，遭到拒绝后两度出兵讨伐，又由于不适应当地的热带气候被迫撤军。公元1283年，元军自云南攻击缅甸蒲甘王朝，虽迫使其臣服，但并未直接并入缅中行省。

蒙古政权自成吉思汗时期起，即以共享利益作为战争的动员，对于宗王、驸马姻亲和千夫长等勋臣，进行土地、人户大规模赏赐，属民向领主承担赋役。进入汉地后，窝阔台大汗再度分封，规定封户除负担国家的徭役、赋税外，还须向投下领主交纳五户丝，即"每二户出丝一斤，以供官用；五户出丝一斤，以与所赐之家"（《元史·耶律楚材传》），这被称为五户丝制。元世

1 施展：《枢纽：3000年的中国》，桂林：广西师范大学出版社，2018年版，第250页。

祖对于封地的行政建制做出调整，保留了封地的食邑特征。随着南宋政权的消亡，他又将分封制推行至江南，要求诸王、驸马在封地的民户每户交纳中统钞五钱，又称为"江南户钞"制。

为了满足蒙古统治者战争和封赏的需要，元政权不得不将敛财和搜刮，作为除镇压民众反抗之外维护运营系统最重要的职能。这是帝制治理历史上较为罕见的现象。元世祖即位后，沿用耶律楚材制定的财政和赋税制度，又重用色目人阿合马专权二十余年，大肆进行财力、物力资源的无限征集。阿合马初期通过官办冶铁、垄断盐业等方式，一度使国家财政状况得到改善。南宋政权灭亡后，元政权在南方地区推行中统宝钞的纸币，《元史新编》记载，阿合马将"诸路平准库金银，尽数起赴大都，以要功能"，即大量印行无本之钞，造成货币贬值，物价飞涨，实际上是变相剥夺民众的资产。阿合马甚至在全国实行"扑买"制的包税方法，把某一地区的税收承包给当地税官。虽然国家的税收得到保证，但承包人任意加税、四处征取，造成紧张的社会气氛。阿合马以理算、钩考为名，打击异己、聚敛私财，对此，中央政权的内部，不仅以太子真金为后台的汉化义理派官僚强烈不满，一般贵族、官员同样怨声载道。

公元1282年，元世祖依两都制惯例前往上都，千夫长王著等人起事，将留守大都的阿合马杀死。元世祖镇压了大都暴动，把阿合马开棺戮尸，随后任用卢世荣、桑哥继续从事敛财活动，最后为平众怒而将他们赐死，表现出最高统治者高深的帝王心术。

继承人制度：蒙汉模式并存

公元1294年，正值80岁高龄的元世祖忽必烈去世。太子真金先死，真金第三子铁穆耳即位，是为元成宗。公元1307年，元成宗去世，至1333年元顺帝即位期间，二十六年间更换了八位帝王，依次分别为武宗、仁宗、英宗、泰定帝、天顺帝、文宗、明宗和宁宗。元世祖仿照汉制确定皇太子继承制，但在形式上又必须经过库里台选汗大会认可，这两者之间的矛盾，造成元代最高统治者更替处于无序的状态。诸王频繁参与争位，后宫、权臣操纵帝位废立。其中，武宗海山、仁宗爱育黎拔力八达兄弟为世祖曾孙。武宗在位时，击败漠北海都残部，窝阔台汗国归降，蒙古各汗国重新承认了元政权皇帝正统的大汗地位。

公元1315年，南宋灭亡三十六年、金灭亡八十一年之后，元仁宗恢复了组织体制的科举考试制度，以程颢、程颐及朱熹所注的"四书五经"为考试的主要内容。虽然取士人数较之南宋时代大为减少，但至少为汉族儒生入仕提供了路径。

两种策略的对立与冲突

元世祖忽必烈奠定了元明清第三帝国的规模，但从国家统治策略的制度层面而言，他基本上只能算是过渡性的人物。忽必烈可能借鉴了辽政权南面官、北面官治理体系的特殊形态，以"因俗而治"的方法论，发展出统一多民族国家不同的运营系统。忽必烈既采取设立行省、汉式官制和太子继承等中原王朝的做法，又保留了分封诸王、库里台大会选汗等蒙古旧制，表现出一种蒙汉相杂的对立和冲突。元政权对于思想、信仰等不予干涉，但国家也没有明确的政治价值。在蒙古的疆域里，不问区域及政权，各式各样的人种、语言、文化、宗教几乎都在未受国家限制的形式下，形成了"没有意识形态的共生"。[1]元世祖长期不恢复科举取士制度，坚持在原大蒙古国范围内选择蒙古人、色目人做官，从事扩张、镇压和敛财活动。这些都构成了元政权治理体系无法进入稳定的主要原因。

清代史学家赵翼评论："元世祖混一天下，定官制，立纪纲，兼能听刘秉忠、姚枢、许衡等之言，留意治道，固属开国英主，然其嗜利黩武之心，则根于天性，终其身未尝稍变。"（《廿二史札记》）可谓一针见血的概括之言。

---

1 〔日〕杉山正明著，周俊宇译：《忽必烈的挑战：蒙古帝国与世界历史的大转向》，北京：社会科学文献出版社，2017年版，第241页。

第二节

明太祖的恐怖政治

明太祖朱元璋是帝制时期，继秦始皇、汉高祖、汉光武帝、晋武帝、隋文帝、唐高祖、宋太祖和元世祖之后，第九位统一中国的帝王，又是汉高祖刘邦之后，第二位起于平民阶级的最高统治者。朱元璋早年以驱逐胡虏为反元的号召，采纳"高筑墙、广积粮、缓称王"（《明史·朱升传》）夺取政权的策略，从而在各反元集团中脱颖而出。明政权建立后，朱元璋遵奉元代的正统地位，把元政权的压迫性弊政延续和发挥。明政权继承了民户、军户和匠户三分的职业世袭制度，通过黄册制度、鱼鳞图册等户籍、土地登记安排，将人力、财力资源禁锢在特定的土地上，建立起仿照游牧民族的兵民合一动员方式。朱元璋恢复了文官势力主导组织体制的传统，但又把科举考试内容局限于忠君的八股文上，公开在朝堂上廷杖士人大臣，其实剥夺了士大夫儒家道统的解释权。他有计划地大规模屠杀功臣势力，废除丞相制度实行大权独揽，设立锦衣卫特务机构监视臣民，把国家控制延伸到社会生活的各个方面。

这些千古未有之措施，将中央集权、君主专制的统治策略，发展到恐怖和野蛮的程度，奠定了明清两代国家运营系统的基本调性。

红巾军中的一方诸侯

朱元璋出生于1328年。5岁之后，进入元顺帝妥懽帖睦尔统治的时期。顺帝是元武宗海山之孙、明宗长子和宁宗长兄，13岁时被权臣伯颜等人从广西迎回大都为帝。伯颜掌权后废除了科举制度，重申汉人、高丽人和南人不得执有兵器，禁止汉人学习蒙古文及色目文，相当于断绝了汉人在体制内的上升之途。《元史·刑法志》中规定，"诸蒙古人与汉人争，殴汉人，汉人勿还报，许诉于有司"，"诸蒙古人因争及乘醉殴汉人死者，断罚出征，并全征烧埋银"。公元1340年，元顺帝与伯颜侄脱脱合谋发动政变，驱逐伯颜，实现亲政，一度推行恢复科举等改革措施，但是，元代统治策略中蒙汉制度相杂、缺乏立国价值等结构性矛盾没有得到任何改善。蒙古亲王、贵戚和勋臣等拥有封地，元政权又仿照汉制设立行省路州县等行政机构，蒙古贵族享受权利却无需承担政治责任，一味穷奢极欲，极大消耗了国家的资源。元代统治者看重实际利益而忽视政治理想，民间社会无法形成对于品牌政权、皇帝的忠诚和认可。

公元1344年起，河南、两淮等地发生大面积灾荒。旱灾、蝗灾接踵而至，黄河决口，到处都是流离失所的灾民。元顺帝虽下罪己诏，但国家纸币贬值财政破产，元政权无力救济灾民，遂引发大范围的农民起义。公元1348年，方国珍首义于浙东海上，元军无法镇压改以招抚，方国珍占据温州等地，成为一方割据势力。公元1351年，韩山童、刘福通以混合明教的白莲教为号召，韩山童自称宋室之后，动员被征发治理黄河的河工造反。韩山童被捕杀后，刘福通在颍州发动起义，立韩山童之子韩林儿为小明王，国号大宋。起义军头裹红巾，一度发展至数十万人。大江南北民变武装四起，蒙古铁骑承平日久失去战力，元政权不得不征召地方义军进行镇压。

吴晗先生将元末的群雄分作两个系统，一是红军系，一是非红军系。红军系分东西两支，东支以淮水流域作中心，小明王是东支的共主，郭子兴是濠泗滁和一带的头目，西支以汉水流域作中心，从徐寿辉到陈友谅，以及割据川陕的寿辉部将明玉珍。非红军系如东吴张士诚、浙东方国珍。红军系有政治目标，和蒙古政府无法妥协，势不两立。非红军系便不同了，起事的动机是个人，无原则，也无终极目标，蒙古政府招抚条件合适就投降，不满意再背叛。[1]

相较于汉高祖刘邦出身基层官吏，朱元璋生长于彻头彻尾的赤贫之家。他原名朱重八，是濠州凤阳县人。16岁时正值大灾荒之年，父母、大哥等人死于瘟疫，不得已入皇觉寺过起半饥饿的小和尚生活。五十天之后，寺庙内粮食已尽，朱元璋被迫走上了乞讨化缘的道路。整整三年最底层的流浪求生经历，造就了他阴冷、残酷和厚黑的性格。朱元璋晚年在《皇陵碑》中描述："居未两月，寺主封仓。众各为计，云水飘扬。我何作为，百无所长。依亲自辱，仰天茫茫。既非可倚，侣影相将。朝突炊烟而急进，暮投古寺以趋跄。仰穹崖崔嵬而倚壁，听猿啼夜月而凄凉。魂悠悠而觅父母无有，志落魄而侠佯。西风鹤唳，俄淅沥以飞霜。向如飘蓬逐风而不止，心滚滚乎若沸汤。一浮云乎三载，年方二十而强。"公元1348年，他返回皇觉寺学佛识字。公元1352年，在儿时伙伴汤和劝说下，朱元璋参加了郭子兴领导的红巾军。

1　吴晗:《朱元璋传》，海口：海南出版社，1993年版，第73页。

朱元璋思路清晰、作战勇敢，很快被郭子兴提升为亲兵。郭子兴还将干女儿马氏许配给他，马氏即后来的马皇后。朱元璋回到家乡招兵七百余人，其中徐达等二十余人被选为他的亲兵，后来大多成为明政权的开国功臣。不久，他率汤和等二十四名亲兵南下独立发展，通过招降地主武装、征集灾民等方式，将队伍发展至三万人，并一举攻下了滁州。当郭子兴在内讧中失败，带领一万余部前来会合时，朱元璋一跃而成军中的二号人物。

公元1355年，郭子兴病死，其嫡长子郭天叙、妻弟张天祐被小明王政权任命为都元帅、右副元帅，朱元璋虽然屈居第三为左副元帅，但实际上成为了真正的决策者。朱元璋率大军渡长江南下后，利用元降将陈埜先的反复，借刀杀人除去了郭天叙、张天祐等人，不久借故处死了郭子兴的小儿子郭天爵。公元1356年，他指挥部队攻入虎踞龙盘的集庆，即后来的南京城，将之改名为应天。当时，朱元璋年仅29岁，投身红巾军不过短短的四年，俨然已经是一方的诸侯。

应天创业政权的运营系统

朱元璋在战争中学习战争，在治理中学习治理，既能倾听他人的意见，又有无师自通的感悟。他在夺取政权的过程中，采取了一系列争取士人民众认同的制度和政策，逐步构建起价值、策略、组织和资源相匹配的军政运营系统，这是他最终在元末群雄中胜出的最主要原因。朱元璋较早理解了读书人的作用，竭力做出礼贤下士的姿态。早在部队进攻滁州的路上，定远人李善长即献计以汉高祖为榜样，知人善任不胡乱杀人，朱元璋深以为然，将之纳为核心智囊。攻下应天及附近地区后，他开始有意识地寻访各地读书人，罗致为帅府的参谋、幕僚。这些人在地方上颇有名气，招揽他们意味着可以收服更多的民心。

公元1359年，朱元璋军队占领婺州，军旗上的金牌刻有"奉天都统中华"，即把恢复中华当作传播的口号。他聘请当地十三位儒家学者为他讲解经书及历史，建立了以孔孟经典为教育内容的郡学，随后又将刘基、宋濂等名士请到应天入伙，并建礼贤馆予以广泛宣传。虽然出于利用刘福通红巾军牵制元军主力的需要，朱元璋继续遵奉小明王大宋政权为正统，但其实已悄悄地以儒家思想代替明教作为新的动员价值。

在元末诸多的农民武装中，朱元璋最为懂得以仁义王道去赢得普通民众的支持。大军渡江后，朱元璋即禁止部队滥杀和抢掠。他接受了常遇春、胡大海等将领建议，逐渐取消了"稍粮""检刮"等元末诸军通行的军粮资源采集方式。所谓的"稍粮"，即形式上张贴告示，招安乡村百姓自觉缴纳粮草，相当于有纪律地文明抢劫；所谓的"检刮"，就是直接到民众家中抄掠。

朱元璋拥有了自己的占领区后，开始实行屯田政策。公元1358年，他任命康茂才担任营田使，专门负责兴建水利工程。又命令诸将领在各地方开垦荒地，以产粮的多少进行奖罚。经过数年的经营，屯田的效果相当显著，军粮的供应大为提升。他重新设计了征兵制度，建立万户府统领兵民，抽取壮丁编成民兵，农时耕田，闲时进行战斗演练，既能维持地方治安，又能选拔精锐从事专门的作战。实际上是结合屯田政策，实施类似于北方游牧民族兵民合一、作战与生产合一的资源动员方式。

在军粮、兵源充足的前提下，朱元璋推行百分之十的"十一税"，一定程度上减轻了民众的负担。他承认了贫民对于逃亡地主土地的实际占有，动员小农参与针对大地主的土地核实，从而纠正地主瞒报土地、少交赋税的现象。这些措施使根据地内的土地分配平均化，大大刺激了小农的生产热情。[1]

朱元璋相当接受李善长的法家思想，授权他根据将领的功过进行奖罚，并秘密窥探将领们的忠诚。[2]朱元璋通过严刑峻法，不仅仅把部队打造成一支守纪律、听指挥的勇敢之师，同时为树立起个人绝对的专制权威打下基础。胡大海之子胡三舍等人犯酒禁被查，有官员劝说，考虑到胡大海正在前线作战而予以赦免，朱元璋却说，宁可胡大海反了也不可坏了号令，亲手将胡三舍等人杀死；朱元璋之侄朱文正是其大灾荒之后得以幸存的亲人，屡立战功但又胡作非为，朱元璋以"不谏阻"之名杀掉他的几位亲信部下，将其解送凤阳守墓。朱文正逃跑被抓回，朱元璋亲自将其鞭打致死。朱元璋自己重视知识分子，却规定不允许部下养士，他的外甥李文忠曾将几位儒生收至门下，朱元璋得知后，立即下令将这几位儒生押至应天，或当众处死或发充书吏。

应天成为朱元璋的大本营后，他立即着手进行政权的组织体制建设。首先借鉴了元政权模式，相继设置了江浙等处行中书省、提刑按察司、营田司和行枢密院等机构，分别对应行政、司法、农事水利和军事指挥等职能。随着根据地不断扩大，朱元璋又在中心城市设立负责军事的枢密分院，之下再设军政合一的翼元帅府，直接管理地方的行政和民兵力量，作为军队作战的后备和补充。朱元璋军政集团以淮西故旧为组织核心，其中李善长相

1　张宏杰：《倒退的帝国：朱元璋的成与败》，重庆：重庆出版社，2020年版，第62页。

2　〔法〕马骊著，莫旭强译：《朱元璋的政权及统治哲学：专制与合法性》，长春：吉林出版集团股份有限公司，2018年版，第107页。

当于汉政权开国时丞相萧何的角色，徐达、常遇春等多位武人，均成为独当一面、攻城掠地的统帅。以刘基为代表的浙东儒生文士加入后，营造出了集团的合法性及统治基础。

相较于汉高祖刘邦性格中大度和宽容的一面，朱元璋始终以怀疑、猜忌的心态看待文武属下，并琢磨各种技术性的牵制手段。比如在前线作战的将领，其家眷全部留在应天做人质，地方长官必须派一儿子到应天充当侍卫。此外朱元璋还在每个城市委派亲信担任情报收集人，不允许部队在原籍地服役。[1]

统一天下的策略

"高筑墙、广积粮、缓称王"，是徽州老儒朱升对于朱元璋问策的回应，这成为帝制时期夺取政权策略的经典案例。所谓高筑墙、广积粮，其实强调根据地建设及资源的累积，是朱元璋一贯思想的总结，而缓称王是指在反元各派力量之中保持低调。当时元政权已分崩离析。河南及淮北等地，尽为红巾军系统的刘福通小明王军队占有。朱元璋名义上遵奉小明王政权，实际上避免与元军主力接触。江南地区元军力量薄弱，分散在各个孤立的据点。

朱元璋政权东面，是以苏州为中心的张士诚割据集团，朱元璋攻取了富庶的浙江东部后，又与浙南的方国珍割据集团相接。张士诚、方国珍等人并不属于红巾军系统，以保境安民、富贵享

---

1 〔法〕马骊著，莫旭强译：《朱元璋的政权及统治哲学：专制与合法性》，长春：吉林出版集团股份有限公司，2018年版，第110页。

乐为满足，没有强烈的问鼎天下之志。朱元璋政权西面，是雄踞今湖北、湖南等地的徐寿辉及陈友谅红巾军西支主力。徐寿辉是天完政权名义上的皇帝，为白莲教早期首领彭莹玉所立，见识和能力都有限，后被部将陈友谅杀害。陈友谅即大汉政权帝位，实力位居南方各民变武装之首，但他公然弑主自立，动员的合法性存在较严重的疑问。徐寿辉的部将明玉珍在重庆另建政权。陈友谅在与朱元璋的几轮交战中，多次发生部将投降事件。

在朱元璋和陈友谅军队较量过程中，北方的形势发生变化，刘福通红巾军被元大将察汗帖木儿全面击败。朱元璋一面两次遣使赴汴梁疏通，送上重礼和亲笔信，表示愿意归附元政权；一面出兵援助被张士诚围困在安丰的小明王韩林儿等人，将小明王迎至滁州暂住。小明王封朱元璋为吴国公。公元1363年，陈友谅领军攻击南昌，朱元璋率徐达、常遇春等二十余万大军救援，引发历史上规模空前的鄱阳湖大水战。鏖战最激烈之时，陈友谅被流箭射死，胜负其实已经分出。公元1364年，朱元璋进爵为吴王。随后朱元璋发起了讨伐张士诚的战争，1367年攻破苏州城，将其消灭。这期间朱元璋派人接小明王渡江，船至长江之中突然进水沉没，小明王大宋政权至此消失。

朱元璋遣大军南下，先后征服明玉珍集团、福建陈有定集团，控制两广。北方阔阔帖木儿和孛罗帖木儿两大拥元集团发生内战，元顺帝和其太子陷入宫斗怪圈，几乎坐视朱元璋统一了除四川、云南以外的南方地区。

公元1368年，朱元璋正式建立明政权即帝位，是为明太祖。定年号洪武，至死未再改变，这后来成为明清两代帝王的定例。朱元璋将国号品牌定为大明，可能是表达与小明王政权的某种继承关系，颇有独占元末红巾军起义价值动员成果的意味。元末大动荡时期的白莲教，是糅合了明教、弥勒教等多种教义的民间结社方式，其中明教原为源于波斯的摩尼教，崇尚光明，唐代经西域传入中原后，因为鼓动黑暗就要过去、"明王"即将出世，多次成为民间反体制动员的口号。朱元璋暗示"明王"已经出世，又在明政权立国后，将明教、白莲教等列为"旁门左道"，严厉禁止。朱元璋大军北伐前夕，公布宋濂起草的讨元檄文，以"驱逐胡虏、恢复中华"作为传播号召，公开倡导恢复儒家礼义秩序的道统，同时把红巾军称为已被扑灭的妖人。

徐达、常遇春等率北伐军，在平定了山东、河南和陕西等地后，一路势如破竹，攻入大都。元顺帝仓皇北逃上都。公元1368年，明军又占领上都，元顺帝退往漠北。明政权和北元残余势力形成长期对峙的局面。公元1371年，朱元璋派汤和等将领进攻四川，明玉珍之子明升投降，大夏割据势力二世而亡。公元1381年，蓝玉、沐英率部消灭了孤悬云南的蒙元梁王集团，收复云南。公元1387年，冯胜、蓝玉率部迫降北元太尉纳哈出，控制了辽东及东北其他地区。至此，明政权实现了天下核心区域再度统一，其统治下的诸地，包括原北宋、西夏、南诏政权及部分辽政权的范围。以主体汉民族的角度而言，明太祖立国的规模，已远超过宋太祖赵匡胤，逼近秦汉第一帝国、隋唐第二帝国的武功。

赤裸裸地把儒学、士大夫作为统治工具

明太祖形式上恢复了儒家思想立国价值，恢复了科举、举荐和国子监等养士和取士制度，恢复了以士大夫为主体的组织体制文官传统，但是，他的内心对于儒家思想和士大夫毫无尊重，完

全将其作为维护君主专制策略的工具。这与汉武帝刘彻颇为相似，而不同于与士大夫共治的两宋政权运营系统。明太祖规定国子监、各级学校的教学内容，除了御制《大诰》即皇帝亲撰所杀官民罪状、大明律令外，限于君臣父子的四书五经范围。科举考试同样以四书五经为题，文体略仿宋经义，必须以古人的口吻说话，只取朱子的注疏，体裁排偶，谓之八股。任何忠君和尊古以外的思想，一律被视为异端邪说。

公元1372年，明太祖阅读《孟子》时发现"民为贵、社稷次之、君为轻"的叙述，竟然大发雷霆，立即诏令"罢免孟子配享孔子庙"。刑部尚书钱唐进宫劝谏，被他命侍卫射伤。虽其后又将牌位恢复，但明太祖朱元璋还是想出了删改《孟子》原文的方法。共计删去八十五条，包含民贵君轻、大臣可以不尊重皇帝及仁政之类的论说，这些都不得作为科举考试的内容。

相较于两宋政权不杀士大夫及上书言事之人的坚持，明太祖则是对于士大夫既杀又辱，一改战争时期礼贤下士的做法。他虽号称"复汉官之威仪"，却保留殿前杖责大臣的蒙古主奴关系习俗，将廷杖发展为一种象征绝对君权的制度。刑部主事茹太素爱提意见，早年曾上万言书，太祖嫌他啰嗦，将他按到地上痛打，最后借故处死。大理寺卿李仕鲁是著名理学家，反对太祖的崇佛政策，被他命令侍卫在殿前摔死。永嘉侯朱亮祖父子、工部尚书薛祥皆死于廷杖之下。御史王朴履行进谏职责，言语上冒犯了朱元璋，被太祖推出斩首。国子监助教金文徵说服吏部尚书余熂，迫使国子监祭酒宋讷退休，太祖获悉后，立即处决金文徵、余熂及相关教官。

明政权建立之初，太祖寻访元朝遗民出仕，江西夏伯启叔侄，苏州姚润、王谟等人"被征不仕"，结果"皆诛而籍其家"

（《明史·刑法志》）；当明政权逐渐巩固，太祖强调蒙元、朱明之创立相替均为天命所系，奉元政权为正统王朝，又厌恶曾出仕元政权而又投明的士人，连刘基曾在元代为官都被认为"大节有亏"，最终把他赶回乡里，任政敌将他害死。

太祖当过乞丐和和尚，以造反起家，凡是臣子表章中出现"光""秃""僧"及"贼"寇"等字眼，都会触犯他的禁忌。甚至"生"字近音"僧"，"则"字在淮西方言中发音与"贼"同，也会让相当多士大夫为此丢了性命。太祖还将文字狱扩展到文学作品中，看到谁写的诗文让自己不舒服，就把作者抓来杀掉。明初"吴中四杰"之首高启，以"龙盘虎踞"一词形容魏观的府治，太祖以为此语只可用来形容帝王之居，非他人能用，故将高启腰斩。[1]

将君主专制策略渗透到社会各方面

在明太祖朱元璋的领导下，明政权通过高度平均性、固态性和统一性的管理，将中央集权、君主专制的统治策略贯彻到社会生活的各个方面。这在帝制时期的历史上，绝对是空前之举。太祖通过大规模的强制性移民、清洗地主富户等方法，一面把农民从人多田少的窄乡移到人少田广的宽乡，帮助失地的穷人获得生产资料，一面将富家强迁至首都应天，并制造各种冤假错案，"一时富室或徙或死，声销景灭，荡然无存"（吴宽《匏翁家藏集》卷五一《跋桃源雅集记》）。王莽新政时期，王莽所追求的井田制

1　张宏杰：《倒退的帝国：朱元璋的成与败》，重庆：
　　重庆出版社，2020年版，第193—194页。

理想，在朱元璋手中似乎部分实现。

明政权延续元代的职业世袭制，除了占人口绝大多数的农民之外，另分为工匠和军户两大类。其中工匠又分为裁缝、厨子及船夫等若干小类。所有的职业代代世袭，既不允许随便改变，也不允许离开固定的居住地。明太祖在基层创立了周密的里甲制度，十户编为一甲，一百一十户编为一里，每家每户相互作保连坐，一人犯法株连众多。太祖严格规定民众种植粮食和其他经济作物的品类、数量，规定民众日常礼节和服饰的标准，规定民众家庭生活和文娱活动的内容，等等。黄仁宇先生认为："朱元璋的明朝带着不少乌托邦的色彩，它看来好像一座大村庄而不像一个国家。中央集权能够到达如此程度乃因全部的组织与结构都已简化，一个地跨数百万英亩土地的国家已被整肃成为一个严密而又均匀的体制。"[1]

公元1381年，明太祖下令将在江南地区试行的黄册制度广为推行，即在全国范围内实行户籍登记制度。黄册其实为户口总册，每户必须在国家提供的清册上，详细记录本户籍贯、丁口、年龄、田宅和资产，由里长、县、府和布政使司层层造册上报至户部。因户口总册封面用黄纸故称黄册，国家十年进行一次数据更新，作为维护职业世袭、禁止自由迁徙和征赋派役的工具。太祖在应天玄武湖中的岛屿上，建立戒备森严的库房存放黄册，以示黄册制度对于统治的重要性。公元1387年，明太祖又决定在全国普遍丈量土地，以粮区为单位，记载每块土地的数量、质量及田主姓名，并绘制成图造册上报。因所绘田亩形状极像鱼鳞，称

1　黄仁宇：《中国大历史》，北京：生活·读书·新
　　知三联书店，1997年版，第183页。

其为鱼鳞图册，主要作为征收赋税的依据。

明代军户和民户、匠户平行，民户属于户部、匠户属于工部，而军户属于都督府不受行政系统管辖。明代军户来源，除了当时义军子弟及归附的其他势力兵士，另有谪发的罪犯和垛集强征的民户。军户的身份世代相袭。明政权在军事重镇设卫，较次要的地方设所，军户派男丁去卫所服役，尚需自己负担军装、口粮、交通及娶妻等各种费用。卫所军需不足部分，国家通过授予商人食盐专卖的权利，召募其免费将粮食运至边地。当时部分军户想摆脱军籍，一度出现逃亡现象。国家掌握了黄册资料对照后，即杜绝了买通官员改换户籍的漏洞。朱元璋自夸养兵百万而不费百姓一粒米[1]，实际上是以牺牲民众基本自由为代价，参照隋唐府兵制及北方游牧政权千夫长等制度，在农耕文明的环境下，延续战争时期兵民合一、低成本高效率的资源动员方式。北宋时代王安石兵制改革多年未果，明太祖通过暴力、强迫的方式部分地解决了。

大规模屠杀功臣

在明太祖时期，中央集权、君主专制的统治策略发展至恐怖政治的阶段，较之帝制历史上汉武帝刘彻、武则天暴政时期，有过之而无不及。除了《大明律》中规定的正刑，各种残酷刑罚及凌迟等死刑执行方式五花八门。根据太祖自己的著作《大诰》《大诰续编》《大诰三编》《大诰武臣》统计，所列凌迟、枭示、

---

1 许倬云：《说中国：一个不断变化的复杂共同体》，
  桂林：广西师范大学出版社，2015年版，第157页。

种诛有几千案，弃市以下有一万多案。所杀的人，从开国元勋到列侯裨将、部院大臣、诸司官吏到州县胥役、进士监生、经生儒士、富人地主、僧道屠沽，以至亲侄儿、亲外甥，无人不杀，无人不可杀，一个个地杀，一家家地杀，有罪的杀，无罪的也杀，"大戮官民，不分臧否"[1]。

先后发生的胡惟庸案、空印案、郭桓案和蓝玉案等最大四案中，空印案和郭桓案是明太祖以清除官场弊端及反贪腐的名义杀人，而胡惟庸和蓝玉案，他则是有意识地大规模屠杀功臣。太祖出身赤贫的底层背景，对于贪污纳贿的官员怀有天然的本能痛恨。明律规定，受贿六十两以上即斩首示众，还要处以剥皮之刑。不过明太祖疾风暴雨运动式反腐，未免也造成大量的冤假错案。所谓的空印案，指各地方派计吏赴户部汇报财政收支账目，其中若有分毫差误，即被驳回重填。为了避免来回奔走折腾，进京计吏一般带有盖过官印的空白文册，遇有部驳随时改填。这种做法，其实已成为官场惯例。公元1382年，太祖发现后大发雷霆，下令处死户部尚书及各地布政司主印长官数百人，受杖戍边者数千人，其中大部分是无辜的。公元1385年，太祖怀疑户部侍郎郭桓与北平二司官吏伙同贪污，兴起大狱将户部侍郎以下官员全部处死，追赃时波及一大批地主富户，被杀者达数万人。

公元1380年，明太祖诛杀丞相胡惟庸，表面上的原因是胡骄奢专权，其实是展开了清洗功臣，防止他身后出现强人的计划。胡案前后持续十年，造成大批功臣宿将被冤杀，牵连达三万人，封侯的功臣就有二十余人，以开国第一功臣李善长被处死灭

1　吴晗：《朱元璋传》，海口：海南出版社，1993年版，第151页。

族达到高潮。太子朱标提出规劝，遭到他严厉训斥。公元1393年，朱标早逝之后，明太祖又发动对大将军蓝玉的清算，诛其三族，军队中的高级将领几乎被一网打尽，连坐牵连一万五千余人。除汤和等少数功臣幸免外，浙东、淮西文臣武将势力基本上被摧残殆尽。清代史学家赵翼认为："独至明祖，借诸功臣以取天下，及天下既定，即尽举取天下之人而尽杀之，其残忍实千古所未有。"（《廿二史札记·胡蓝之狱》）

废除丞相制度，实现君主独大

明太祖大开杀戒的同时，进行中央集权、君主专制策略相关制度及组织体制的调整。公元1376年，明太祖废除行中书省，陆续设立十三个承宣布政使司，置左右布政使主管一省行政和财政，另设提刑按察使司主管司法，都指挥使司主管军队，原行省权力被三个机构取代，直属中央政权。公元1380年，胡案发生后，明太祖罢中书省、废除丞相制，吏、户、礼、兵、刑、工六部直接统属于皇帝，成为帝制时期君主专制统治策略最为极端的机构配套。同时改大都督府为中、左、右、前、后五军都督府，分领在京卫所及各地都司。五军都督府管理军籍、日常军政，但无调兵权；兵部管理军士升迁，但无统兵权，军队最高指挥权直接统属皇帝。

明太祖建立了刑部、大理寺和都察院的三法司体系，相互牵制和制衡。他还仿照前朝之诏狱，设立锦衣卫军事特务机构，凌驾于刑部、大理寺等司法机构之上，对臣下及民众从事监视和侦察，继而进行逮捕、囚禁和刑杀。

明太祖坚持延续元代的亲王出镇制度，将二十余位儿子分封到各地，虽规定不能干预地方政务，却拥有各自的护卫。每逢重大战事，太祖命诸王节制功臣诸将。其中较年长的秦、晋、燕、宁诸王，逐渐担负起驻守北方军镇的责任。公元1398年，71岁的明太祖死去，临死前发布"责殉诸妃"令，相当于恢复了已被废除了上千年的殉葬制度，即命令诸妃为他殉葬，除张美人须抚养四岁女儿外，其他四十余位侍奉过他的妃子全部被迫自杀。朱标之子皇太孙朱允炆继位，是为建文帝。仅过了一年多，即发生燕王朱棣对抗中央政权的战争。

朱元璋的两面性

在帝制治理时期的历史上，朱元璋被认为是最为残忍的暴君，但他又和秦始皇、汉武帝有着很大的不同。朱元璋实行君权独大的统治策略，一手控制空前严密的官僚组织体制，却并未横征暴敛、过度动员国家的资源。相反的是，朱元璋关注底层民众的生活，实行轻徭薄赋和免租的政策，国家兴修水利、鼓励农桑，保障贫困人口最基本的吃饭、穿衣需求。明政权养兵成本极低，官员俸禄相当有限，较好地控制了财政资源的支出。所以赵翼评论，"盖明祖一人，圣贤、豪杰、盗贼之性，实兼而有之者也"。

朱元璋简单粗暴地改造儒家的价值观，又将严刑重典、以猛治国的法家方法论发挥到极致，两者逻辑上完成高度统一。经历了蒙元少数民族的百年统治之后，士人民众除了屈从明政权的暴力压迫外别无选择，从这个意义上说，朱元璋创建的明政权国家运营系统，仍然是稳定和高效的。士大夫虽然被降级为接近奴才的地位，却不得不对明政权、皇帝及被阉割过的儒家价值表示效忠。黄仁宇先生评论，朱元璋的设计，最低限度在短期内确实有效。他牺牲了质量以争取数量，于是才将一个以农民为主体的国家统一起来。[1] 之后明清帝国经历将近六百年的过程，基本上运行在朱元璋所构建的政治系统之内。

1　黄仁宇:《中国大历史》，北京：生活·读书·新
　　知三联书店，1997年版，第184页。

第三节

明成祖和他的儿孙

明成祖朱棣是帝制时期唯一藩王夺位成功的皇帝。一方面，作为计划外产生的最高统治者，朱棣发明"诛十族""瓜蔓抄"等残酷刑罚，刷新了人类对于野蛮和恐怖的认知，至少延缓明政权运营系统回归文治二十年的时间。另一方面，朱棣长期生活在元代故都，更为理解蒙元政权统治者的武功。他将首都从南京迁至北京，以天子戍边守卫国门的魄力，解决强藩可能挑战中央集权的矛盾，避免了明政权迅速沦为北宋衰弱的命运。朱棣南征交趾，设立哈密卫和奴儿干都司，五次征伐蒙古高原，七次派郑和出海西洋，试图建立以汉民族为主体的多民族帝国运营系统，但也过多消耗了国家的资源。

明成祖及仁宗、宣宗时期，内阁代替丞相的制度逐步成型，太监掌管东厂特务机构，以司礼监的名义代表皇帝批红，士大夫文官势力和宦官势力分别得到了加强。至明英宗时期，一度出现宦官专权。仁宗、宣宗恢复息兵薄赋、休养生息的儒家传统价值和政策，国家度过了运营系统失衡的风险期。

明代的藩王制度

明太祖不愿意异姓功臣将领久掌兵权，考虑到抵御北方边境北元残余力量的威胁，以及防止国家出现元末各派武力割据的可能，培养自己的儿子似乎成为太祖唯一的选择。朱元璋抛弃唐宋时代亲王不就藩的中央集权郡县制基本原则，将上书谏言的官员下狱治罪，实施了汉晋时代及元政权的亲王分封制度。

公元1370年、1378年和1391年，明太祖三次共分封二十五位儿子、侄子为藩王。公元1378年后，已经成年的皇子陆续离京就藩。其中长城沿线广宁、大宁、北平、宣府、大同、太原、西安、宁夏和甘州等地，分封九位亲王御边守卫，又被称为"塞王"。各王国设置护卫部队，《明史·诸王列传》中记载，"护卫甲士少者三千人，多者至万九千人。隶籍兵部"。太祖不允许藩王统辖封地，禁止藩王征税及接触地方官员，但授予其战争状态中指挥附近卫所官兵的权力。明代以每卫五千六百人为单位的卫所为基层军事组织，分别隶属各省都指挥使司，各省都指挥使司又隶属中央的五军都督府。这种亲王分封制、卫所制相结合的明代初期的军事指挥制度，和蒙元政权宗王出镇制度类似，而后者正是造成元代最高统治者更替无序的原因之一。

燕王朱棣为明太祖朱元璋第四子，既是第一批分封的九位亲王之一，又是御边的九位塞王之一。虽然朱棣为了证明起兵夺位的合法性，自称是马皇后所生嫡子，但吴晗等多位学者考证，其生母其实应为碽妃。[1]公元1380年，20岁的朱棣赴北平就藩，太祖同意他使用元大都时代的宫殿开府，可见他在太祖心中占有较重的位置。公元1390年，朱棣和驻防太原的晋王朱棡，奉太祖之命分兵出击蒙古高原，合围北元丞相咬住，以及平章乃儿不花的

---

1 晁中辰：《明成祖传》，北京：人民出版社，2008
   年版，第10页。

大军。朱棣冒雪急进，逼降元军，《明太宗实录》记载，擒获"乃儿不花及其名王酉长男女数万口，羊马无算，橐驼数千"。《明太祖实录》记载，朱元璋闻之大喜曰："清沙漠者，燕王矣。朕无北顾之忧矣。"皇子以统帅身份出征获得成功，进一步触动了太祖对于功臣宿将的杀机，形成他放手大屠杀的条件之一。

公元1392年，皇太子朱标去世。《明太宗实录》中记载，太祖曾考虑立燕王为储君，而为翰林学士刘三吾劝阻。考虑到朱元璋在嫡庶长幼宗法价值上的顽固立场，这种说法为朱棣夺位后指使史官作伪的可能性较大。朱元璋主持制定的《大明律》中，严格规定每家的产业必须由嫡长子继承，迟迟不立嫡长子须受杖八十的惩处。只有当大老婆年满五十而不生育，才能立小老婆的儿子。而即使立小老婆的儿子，也必须立她的大儿子，否则与不立嫡子同罪。这也从侧面解释了朱棣起兵夺位后，坚持自称为马皇后而非碽妃之子的原因。

明太祖立朱标之子朱允炆为皇太孙，相当忧虑朱允炆年少、柔弱的书生个性，再次以蓝玉案为突破口，将尚存的淮西勋贵大部分处决，连跟随朱棣出征漠北的颍国公傅友德、定远侯王弼也未能幸免。朱元璋的手段毒辣而残忍，将蓝玉处死剥皮，许多官员被凌迟，这些都成为后来朱棣处理反对派的负面示范。

建文帝崇儒、削藩失败

22岁的建文帝朱允炆即位后，在太常寺卿黄子澄、兵部尚书齐泰和翰林侍讲方孝孺等南方士大夫的辅助下，迅速实现向儒家价值观和法家方法论的中原政权传统转变，即一面以方孝孺主导，实施以《周礼》为蓝本的官制改革，推行减刑、减税等重视民生的德治仁政；一面由黄子澄、齐泰全权负责，立即全面展开对分封诸王的削藩政策。日本学者檀上宽认为，削藩旨在强化皇权，而重视民生、强调民本必然伴随着皇权的相对弱化。两者之间达到平衡，政权就会稳固。建文政权的悲剧在于，两种政策完全出自不能相互配合的决策者。两种政策互不协调、各自发展。在这种情况下，削藩最终引发了"靖难之变"。[1]

建文帝失败更为直接的原因是，他的削藩政策过于粗糙和仓促。一年之内连续废除周王、湘王、齐王、代王和岷王等五位藩王，削去爵位废为庶人，其中湘王举家自焚。又准备对实力最强的燕王朱棣动手，极短的时间内激化了矛盾。建文帝倚重的黄子澄、齐泰和方孝孺等人，均为儒臣书生，内战爆发之后，没有制定出通盘的军事策略，而朱元璋几乎已将能征善战的开国将帅残杀殆尽，中央政权控制的资源未能得到高效的动员。南京城破之时，各地竟无勤王之兵。

公元1399年，朱棣仅凭借八百护卫起事，迅速控制了北平城。他以遵祖制、清君侧为号召，将齐泰、黄子澄等主持削藩的大臣列为诛杀对象，把造反的部队命名为"靖难之师"。朱棣熟知兵略，作战中身先士卒，两度击败北上讨伐的建文帝大军。随后双方在山东、北直隶一带多有拉锯，互有胜负。公元1402年，朱棣改变军事策略，不再纠结一城一地之争夺，而是亲率精锐冒险奔袭南下，长驱千里直入南京。燕王军士攻进皇宫时，大内一片火海，建文帝下落不明。朱棣居京师而号令天下，各地遂不战

1　〔日〕檀上宽著，王晓峰译：《永乐帝——华夷秩序的完成》，北京：社会科学文献出版社，2015年版，第103页。

而定。不久朱棣即皇帝位，改年号永乐，是为明成祖，又被称作永乐帝。

禁锢思想、酷吏治国

明成祖大肆封赏追随自己夺位的将士谋臣。对于大多数降附的建文帝时期旧人，他一般尚能宽容任用，其中也有人成为之后治理的名臣。但是，对于守节不屈的士人大臣，成祖表现出了胜于明太祖的残忍和暴虐的本性。黄子澄、齐泰等人被磔杀，全家老小遭族诛，妻女姐妹被发配至教坊司充作官妓，遭到令人发指的蹂躏。方孝孺严拒起草即位诏书，除方氏宗族九族外，还将其朋友门生列为第十族，共八百七十三人被残酷杀害。御史大夫景清图谋行刺成祖，九族被灭外，街坊邻居遭到牵连，"转相攀染，谓之瓜蔓抄"（《明史·景清传》）。据《七修类稿·建文忠臣》中统计，张榜于朝堂的殉难大臣达一百二十四人之多。

明成祖夺位之后，部分士大夫拒绝合作、视死如归，既是对建文帝恢复仁政德治理想的支持，又是对儒家宗法秩序道统价值的忠诚。成祖即位伊始，一面组织三千文人雅士，编撰成涵盖经史子集及天文、医卜、技艺的百科全书《永乐大典》，共计二万二千八百七十七卷，一面又疯狂屠杀、迫害建文遗臣，充分反映了他利用儒家思想作为立国价值，而他自己并不遵循的虚伪本质。这和明太祖朱元璋的行为如出一辙。

明成祖经常把玄武门之变夺位的唐太宗李世民挂在嘴边，唐太宗写作《帝范》十二篇教导太子李治，他同样为太子朱高炽编撰《圣学心法》，唐太宗时期曾编纂《五经正义》，他也命翰林院学术编纂"四书五经"的解读本《四书大全》《五经大全》和《性理大全》。实际的结果是，明代皇帝自太祖、成祖始，大多数皇帝，和唐宋统治者强调以君德垂范的治理风格大相径庭。而完全站在朱子立场上的三本"大全"，被钦定为国子监及地方学校的标准教科书，作为科举考试的内容，实际上将人们的思想禁锢在"朱子学"中。太祖建立政治、经济上的专制体制，明成祖永乐帝完成了思想文化方面的统治体系。[1]

建文帝实行削藩政策，纠正亲王分封制度的弊端，本质上是维护太祖朱元璋推崇的中央集权、君主专制的法家方法论。朱棣当时站在藩王的立场上，以削藩违反祖制而发动靖难之役。朱棣一成为永乐皇帝，即转变为更积极的削藩政策推进者。即位之初，明成祖先恢复了周王、齐王、代王和岷王的旧封，随后逐步削去大部分掌握兵权亲王的护卫，或直接废之为庶人。成祖将塞北御敌的亲王改封内地，取消诸王节制武将的权力，重申严禁诸王干预地方事务，基本上解决了藩王参与军事指挥系统的遗留问题。

明成祖是继汉武帝、武则天之后，又一位使用酷吏治国的最高统治者。太祖晚年下令焚毁锦衣卫刑具，把犯人移交刑部。胡党蓝党都已杀完，又下令以后一切案件都由朝廷法司处理，内外刑狱公事不再经由锦衣卫。[2]这也可视为太祖定下的成例。明成祖夺位后，立即恢复锦衣卫诏狱，任用纪纲为锦衣卫指挥使，同时还偏信都察院左副都御史陈瑛等人。成祖把监视臣僚作为巩固君

---

1 〔日〕檀上宽著，王晓峰译:《永乐帝——华夷秩序的完成》，北京：社会科学文献出版社，2015年版，第190页。

2 吴晗:《朱元璋传》，海口：海南出版社，1993年版，第179页。

主专制权威的手段之一，鼓励互相告发之风，连太子朱高炽也在被侦查的名单上，造成解缙等许多大臣遇害。最终为平息众怒，明成祖又将纪纲、陈瑛等酷吏杀死，这和汉武帝、武则天的做法如出一辙。

缺乏多民族国家治理的策略设计

明太祖针对北元残余集团及东南倭寇的侵扰，制定了以防御为主的对外策略，通过修筑长城和颁布禁海令，将明政权确定在保守和非竞争性的运营系统之内。这与隋唐两宋的开放性不可相提并论，也和元代的扩张策略不同。太祖颁布的《皇明祖训》中，明确把日本、朝鲜和安南等十五国列为"永不征伐"之地，其中多为东南亚沿岸国家。成祖武力篡位，将建立功业、万邦来朝视作证明自己合法性的来源，对于太祖所立的祖制做出改变。

公元1405年始，明成祖派遣内官监太监郑和为统帅，六次率领大型船队出使南洋及印度洋各国。第一次出航时即规模巨大，《明史·郑和传》中记载，"将士卒二万七千八百余人，多赍金币。造大舶，修四十四丈、广十八丈者六十二"。前三次终点站为印度半岛南端古里，之后穿越半岛南端，抵达波斯湾沿岸，和阿拉伯半岛及非洲东岸诸国发生交往。郑和可能背负寻找建文帝的秘密任务，更多的时候，他主要是对各地国王及首领宣读永乐皇帝诏谕，代表成祖进行册封和赏赐，邀其到中国朝贡。永乐一朝，先后三十余国遣使朝贡，共有四位国王七次来访，其中三位病死在中国。郑和还将南洋华人海盗集团首领陈祖义、袭击船队的锡兰国王擒获带回，明成祖下令把陈祖义斩首，赦免并放回了锡兰国王。

公元1406年，安南国篡位的胡氏父子一再挑战明政权，成祖遂乘机动员数十万大军南下，迅速灭亡其政权，一度实现了元世祖忽必烈未能达成的征服目标。明成祖正式颁"平安南诏"，改安南为交趾，设布政使司、按察使司和都指挥使司三司，任命汉族官员为三司长官，确立府州县各级体制，并配置卫所。随后当地反抗暴动不断，明军陷入二十余年的苦战。

元顺帝北遁后，明太祖多次派大军和北元残余力量作战，之后北元分裂为东面的鞑靼即蒙古本部、西面的瓦剌即卫拉特部，以及靠近中原的兀良哈部。其中力量最弱的兀良哈部归附，明太祖设立朵颜三卫，归宁王朱权指挥。明成祖发动靖难之役之时，得到了朵颜三卫的支持。公元1402年，鬼力赤以非成吉思汗黄金家族身份篡位为鞑靼可汗，正式终止了元政权的品牌称号。公元1408年，大将阿鲁台杀鬼力赤，迎立元宗室本雅失里为可汗，断绝了和明政权的联系。明成祖对蒙古诸部采取扶弱抑强、保持平衡的策略，随着鞑靼对于瓦剌的作战取得越来越大的优势，成祖派大将丘福率师十万征伐，结果全军覆没。

公元1409年，明成祖以太子留守南京，太孙朱瞻基留守北京，亲自统率五十万大军北上，深入蒙古高原大漠，历时五个多月，给予鞑靼部以重创。随后西面的瓦剌部得到喘息和发展，日益强盛。公元1414年，明成祖携太孙朱瞻基同行，再度动员五十万大军冒雪北进，击溃瓦剌马哈木的主力。

之前，明成祖在西北哈密赐封当地蒙古贵族为忠顺王世守，公元1406年，决定设置哈密卫。《明史·哈密卫》中记载，"以其头目马哈麻火者等为指挥、千百户等官，又以周安为忠顺王长史，刘行为纪善，辅导"。哈密卫等西北七卫作为军事重镇，保证了西域各国及地区朝贡道路的畅通。

据《大明一统志》统计，至公元1409年，明成祖已在黑龙江、乌苏里江的广大流域，即以女真族为主要居民的地区，设置了一百三十二个卫。公元1411年，成祖第一次北征阻止了鞑靼部对于东北的袭扰后，正式建立军政合一的管理机构奴儿干都司。明成祖时以都指挥同知为最高长官，后设都指挥使，均属于流官。当地驻扎数百名军士，两年一轮换。都司下属的卫所官员一般为当地少数民族首领，其任免、升降和承袭皆由明政权决定，卫所听从调拨，向明政权缴纳贡赋。

明成祖兼有中原统治者天下国家思维，以及蒙元大汗扩张的本能，而较少考虑多民族国家治理体系的相关制度设计。他在规划以明政权为中心的藩属国家朝贡体制过程中，采取"厚往薄来"的原则，即以赏赐远大于进贡的利益诱惑，换取藩国对于天下正统名义上的承认。郑和下西洋花费巨额的人力财力资源，但并没有得到任何经济、安全上的回报。成祖甚至没有取消明太祖时禁止民间自由贸易的封海政策。明政权对于哈密卫及奴儿干都司下属卫所实行羁縻统治，实际上是照抄隋唐帝国时代的少数民族政策，主要是依靠少量驻军维持，并不是一种结合当地价值和方法的治理形式。一旦驻军撤离，归附的局面往往难以为继。

明政权延续了元代在西南少数民族地区实行的土司制度，公元1413年，明成祖诏令成立贵州布政司，开启了帝制时期改土归流的先河，即结束大小土司各自为政的世袭局面，将民众转变为中央政权控制下的编户齐民。值得注意的是，明政权在一些地区开始的改土归流，和它在另一些地区确立土司制度，从时间来说几乎是同步进行的。很有可能明政权从一开始就把土司制度作为一种过渡性措施，其最终目标仍为"变其土俗同于中国"。[1]

迁都北京与成立内阁

公元1409年，明成祖第一次北征蒙古之前，以巡视为名常驻北京。秦汉、隋唐帝国时代，以中原地区长安和洛阳作为国都常态。北京为唐代安禄山驻节的边地，属于被后晋石敬瑭割让给契丹政权幽云十六州的一部分。辽、金和元政权的时代，分别将北京定为国都或陪都，是北方民族同时统治游牧、农耕两种文明区域的中心。明成祖削藩将长城沿线的塞王改封内地，无疑削弱了对于游牧、渔猎区域进取和防卫的动能，而他以君主专制的绝对权威力排众议，耗费数百万人力及无法胜数的物力财力资源营建北京，通过浚通大运河保障南粮北运，以"天子守国门"的魄力，解决了设立强藩可能会对中央集权形成挑战的压力，客观上大为拓宽了古代中国地理概念的外延，是元明清成为连续性帝国的标志性事件。

公元1421年，明成祖正式迁都北京后，接连三次兴师动众亲征蒙古，甚至攻击内附而摇摆的兀良哈部三卫。这种大规模战争的行为，无助于多民族国家治理体系的形成和完善。

明太祖朱元璋废除丞相制君权独揽后，曾挑选较低级别的文人担任殿阁大学士，协助他批阅奏章。明成祖从翰林院中选择文士入阁，相当于设立内廷秘书处，这就是内阁机构的由来。明成

---

1 〔日〕王柯：《从"天下"国家到民族国家：历史中国的认知与实践》，上海：上海人民出版社，2020年版，第175—176页。

祖改变了太祖严禁太监干政的做法，不仅重用郑和等宦官出使或监军，还任用宦官秘密刺事。迁都北京的前后，明成祖正式成立宦官掌管的东厂特务机构，对于外廷的锦衣卫形成制约，除了皇帝本人，任何人都在其监视之下。帝制时期最高统治者依靠秘书和奴才治国，是明代中央集权、君主专制统治策略发展到空前程度的畸形产物。

仁宣之治，士大夫和宦官并用

公元1424年，明成祖永乐皇帝死于第五次亲征蒙古途中。皇太子朱高炽即位，改年号洪熙，是为明仁宗，又被称作洪熙皇帝。仅过了九个月，明仁宗去世，长子朱瞻基即位，改年号宣德，是为明宣宗，又被称作宣德皇帝。仁宗、宣宗时期，明政权恢复了被中断的建文帝时德治的儒家价值，国家进入拨乱反正、休养生息的轨道。仁宗即位伊始，立即为方孝孺等建文忠臣昭雪，诏令"建文诸臣家属，在教坊司、锦衣卫、浣衣局及习匠、功臣家为奴者，悉宥为民，还其田土"（《明史·仁宗纪》）。仁宗还为先朝被诛杀的大臣追加封号，并给其男性后代甚至未成年的孩子预授官职。

明成祖统治期间，营造北京、修筑长陵和开通大运河，以及兴建武当山建筑群和南京报恩寺，另加南征北讨和六下西洋，八项巨型工程或活动，粗略估计动员人力六百万以上。当时编户总人口约为五千万，这已占到全国成年男子的三分之一左右，而国家财政来源为有限的农业田赋收入，明政权不得不采取延长服役期限、压低劳役酬值的方式，确保工程完工，同时大量发行纸币补充经费，最终结果是民夫工匠得到的宝钞急剧贬值。[1]明政权以暴力、高压的手段，对资源进行极限动员和榨取，不可能无限期持续。

明仁宗果断叫停了消耗极大的工程，终止对外战争和下西洋，甚至考虑迁返南京，其实是仿效汉武帝晚年政策转变的守成做法，避免国家出现秦二世、隋炀帝时期的崩溃局面。宣宗即位后，保留了北京为国都，决定把明军从安南撤回，在郑和最后一次巡海之后，下令将舰船全部封存。

明政权自仁宣之治始，中央集权、君主专制统治策略的恐怖性和野蛮性有所减弱。仁宗、宣宗鼓励大臣净言进谏，尽量礼遇儒生士大夫。国家科举取士制度进行改革，采取分区域出卷、按比例录取的方法。仁宗时期，保证南六十北四十，宣宗时期之后，又改南、北卷为南、北、中卷。以录取百名为例，南取五十五，北取三十五，中取十。北卷地区包括直隶、河南、山东、山西和陕西等十二省府，中卷地区包括四川、云南、贵州和广西等省区，南卷地区包括浙江、江西、湖广、福建和广东等十六省府。这一做法改变了由于文化差别而造成会试南士偏多的现状，保证了各地区士人都能较平衡地进入组织体制，对于扩大明政权统治集团基础的意义重大。

明太祖时期规定，儒生一旦通过科举进入体制，即享受全家免除徭役终身的权利，并可以少缴赋税，庇荫子孙在一定时期以内免除徭役。作为官员的预备人员，如举、贡、监、生员等人，具有一定范围的优免徭役特权。虽然较之两宋时代的君主和士大

---

1 赵中男:《明朝的拐点：永乐皇帝和他的子孙》，
上海：东方出版中心，2020年版，第185—190页。

夫共治策略，明代士大夫在皇权面前的地位大幅下降，但是，仍拥有阶级上升的路径，明代士人表现出对明政权运营系统的高度向往，并不断出现为坚持道统而与最高统治者抗争的例子。

明仁宗、明宣宗保留了内阁制度和重用宦官的做法，并以此为基础，确立了不同于秦汉、隋唐及两宋时代的中央集权、君主专制的决策程序。仁宗通过授予阁臣三公三孤及尚书等虚衔的方式，提高大学士的官位品秩，将处理政务的主要方式，从君臣朝会改为批答奏章。仁宗、宣宗委托内阁代为草拟处理的意见，称之为票拟，皇帝保留批红的决策权。这就形成了内阁议政、皇帝决策和六部执行的运营机制。

之后宣宗委托有文化的太监代替自己批红，批红即对内阁草拟的意见表示同意或不同意，同时宣宗违背明太祖不允许太监识字的祖训，要求翰林先生教授年轻宦官，最终形成明代正常的运营机制之外，司礼监掌印太监代表皇帝行使批红权的惯例。仁宗、宣宗还派身边的宦官到各省、军镇担任镇守太监，由此宦官取得了部分军队的监督权和指挥权。一旦最高统治者出现幼弱、昏庸或倦政的情况，掌握了批红权、特务机构及部分军权的宦官势力完全有能力反客为主，明政权也成为继东汉、唐代后期之后又一个权阉频出的朝代。

公元1435年，明宣宗朱瞻基去世，9岁的太子朱祁镇即位，是为明英宗。随着仁宣时期的老臣及太皇太后张氏去世，太监王振逐渐总揽朝局。英宗在王振怂恿下迎战瓦剌。公元1449年，在土木堡之役中英宗被蒙古军队俘虏，这意味着明政权和北方民族的作战已出现力量翻转。

明代皇帝的两种类型

明成祖永乐帝朱棣是帝制治理时期，继秦始皇、汉武帝和唐太宗之后，又一位被后人称为大帝的最高统治者。他延续了明太祖朱元璋君主专制统治策略的野蛮性和恐怖性，又仿效元世祖忽必烈好战和扩张的对外政策，从而确立了高度专制的明政权，其立国规模堪比汉唐。而被朱棣推翻的建文帝，以及承继朱棣的儿孙明仁宗、明宣宗，虽然成为最高统治者的时间较为短暂，却在一定程度上重建了儒家仁政文治的价值，回归朱元璋减税薄赋、内向保守的资源动员方式。明政权先后经历了太祖、建文帝、成祖、仁宗和宣宗五位皇帝，终于奠定了相对固定的国家运营系统。即在保持战略防御及海禁的封闭环境中，以朱子的儒家思想为立国价值，与君权独大的法家方法论构成统一。守旧而享有一定特权的士大夫作为组织体制主体，进行有限度的资源动员。

尽管明代的专制和内向备受后世批评，但相较于两汉之间的王莽篡位，两晋之间的八王之乱、永嘉之乱，唐代中期的安史之乱，两宋之间的靖康之耻，明政权的治理体系反而较为稳定，这无疑值得深入研究。

明世宗：革新与停滞

　　明世宗嘉靖帝朱厚熜是明政权在位时间最久的统治者之一。明代中期，英宗、景帝、宪宗、孝宗和武宗统治的八十余年间，士大夫文官势力的话语权提升，某些特定的时间段内，出现了宦官势力坐大的现象。朱厚熜按照宗法伦序以藩王入继帝位，却在关于父母称号的礼议之争中，打击了坚持道统价值的士大夫朝臣。明世宗裁抑宦官势力和外戚势力，清理庄田、调整科举考试的内容，前期采取了一些革新措施，又不断通过控制内阁首辅、钳制言官和滥施廷杖等方法，将君主专制的绝对权威发挥到极致。即使居于深宫修道，二十余年不举行朝会，依然牢固掌握运营系统的决策大权。嘉靖中期之后，北方蒙古族及东南沿海倭寇侵扰加剧，反映出对方要求开放贸易的深层次经济需求，同时暴露了坚持祖制的明政权资源动员不足，士大夫势力失去了处理国家危机的能力。直至明穆宗隆庆帝即位，明政权运营系统停滞的状态才有所改善。

文官、宦官相互制衡

　　"土木之变"发生后，蒙古族瓦剌部首领也先以明英宗为人质，大举进逼北京。兵部侍郎于谦挺身而出，联合众臣拥立英宗之弟郕王朱祁钰为帝，是为景帝，遥奉英宗为太上皇。于谦等大臣诛杀太监王振全族，积极组织防卫，击退了蒙古军队的围攻。明英宗被释放归来后，景帝将其安置在南宫软禁。公元1457年，景帝病危，大将石亨、宦官曹吉祥联络徐有贞等人发动政变，迎立英宗复位，于谦等有功之臣被冤杀，景帝去世后仅以亲王礼葬之，即为"夺门之变"。之后徐、石、曹等擅权横行，分别被英宗流放、下狱和处死。英宗重用李贤等士大夫朝臣，废止了嫔妃殉葬的制度。

公元1464年，明英宗朱祁镇去世，太子朱见深即位，改年号成化，是为明宪宗，又被称作成化皇帝。宪宗平反于谦冤案，恢复了朱祁钰被英宗取消的帝号。他镇压了广西、宁夏等地的纷争，平定荆襄百万流民的暴动，通过建立郧阳府和行都指挥使司，完善流民进入编户齐民的国家户籍体制。明军两次出兵东北，扫荡建州女真根据地，翻越阴山，奇袭蒙古鞑靼部王庭。宪宗之所以被后世评价不高，可能和他重用汪直等宦官、创设西厂特务机构有关。他还设立属于皇家的私田，不经过吏部组织体制的正常程序，径直授予某些人官职，这又被称为传奉官。

公元1487年，明宪宗朱见深去世，太子朱祐樘即位，改年号弘治，是为明孝宗，又被称作弘治皇帝。《明史》中评价："明有天下，传世十六，太祖、成祖而外，可称者仁宗、宣宗、孝宗而已。"（《明史·孝宗纪》）孝宗发扬了仁宣时期以德治国宽仁的儒家价值，尊重和听取组织体制中士大夫的意见，信任刘大夏等纯正直臣，坚持轻徭薄赋、厉行节约和控制边防等各项支出的资源动员方式，被誉为和汉文帝、宋仁宗并称的帝制时期的贤君之一。

公元1505年，明孝宗朱祐樘去世，15岁的太子朱厚照即位，改年号正德，是为明武宗，又被称作正德皇帝。武宗年少任性，不满意士大夫朝臣对于君权的掣肘，重用宦官刘瑾进行反制。刘瑾大张旗鼓审计国家财政支出，清丈军屯土地，设立内行厂特务机构，同时依仗皇帝宠信迫害异己、打击朝臣，公然贪污和纳贿。武宗接到举报后，终将刘瑾凌迟处死，又改为宠信江彬等武将，连续四次劳师出巡。正德期间，先后发生安化王、宁王的藩王反叛事件，其中南昌宁王朱宸濠之乱规模较大，但迅速被南赣巡抚、倡导知行合一的心学大师王阳明击溃。

士大夫为坚持道统而抗争

公元1521年，明武宗在南巡北归的途中，落水后得病而死，年仅31岁。武宗没有子嗣，唯一的幼弟早已夭亡，上推至孝宗朱祐樘一辈，四弟之子兴王朱厚熜最接近帝脉。内阁首辅杨廷和等大臣根据《皇明祖训》中"兄终弟及"的原则，选立朱厚熜为皇帝，得到了皇太后张氏的同意。之后朱厚熜即位，改年号嘉靖，是为明世宗，又被称作嘉靖皇帝。问题在于，世宗以外藩而不是太子的身份继统，是否应该先过继给孝宗夫妇为后，又如何追尊自己生身父母的封号？这就在宗法礼仪上发生了争议。杨廷和等大多数士大夫朝臣坚持认为，世宗必须以孝宗朱祐樘为父，张太后为母，而以自己的生身父母为皇叔父母。年仅16岁的明世宗嘉靖帝不仅予以拒绝，还要求尊封父母为帝后。

明太祖任意删改《孟子》著作、废除丞相制的行为，实际上是要从价值观和方法论的高度，保证无任何制约的君主权威。而在明政权转向文治的运营过程中，国家的行政权开始向内阁和六部转移，言官议政无所不包。这一时期宦官势力崛起，某种意义上仍可视为君权的延伸，其荣辱进退全在皇帝的一念之间。这和东汉时代宦官捕杀党人、唐代宦官操纵皇帝废立，应当不可相提并论。

明代最高统治者拥有廷杖大臣的特权，宪宗、武宗均有大量廷杖大臣的记录。其中正德时期，群臣伏阙谏阻武宗南巡，武宗下令廷杖一百四十六位大臣，死者达十一人。士大夫大臣为了坚守道统价值的正当性，对皇帝的行为进行规劝和阻止，甘愿冒着生命危险前仆后继，和皇帝抗争到底。牺牲者被士人视为烈士，受伤不死者不但受到景仰，之后还会有起复升迁的机会。另一方面，站在皇帝一边的官员往往被认为是佞臣奸人，从而为天下人所不齿。在明世宗和杨廷和等多数大臣关于大礼议的反复争执中，张璁、桂萼等少数较低级别官员，论证出世宗诉求的合理性，几乎到了被众人围攻殴打的地步。

公元1524年，反对为世宗生身父母上尊号大礼的二百余位官员，集体伏跪左顺门大哭，非要世宗改正大礼不可。明世宗再三传旨不退，遂命锦衣卫将一百三十余人逮捕下狱，随后下令四品以上停俸，五品以下当廷杖责，共造成十六人伤重去世。大礼议事件中明世宗全面达成目标，意味着部分儒臣以道统名义制约君权的失败，两宋时代君主与士大夫共治的特殊策略不可能重现。张璁、桂萼等人从礼法中的孝道出发，支持世宗继统而不继嗣的主张，撇去迎合、讨好皇帝的因素，相比较僵硬的礼教其实更符合人性。

李晓鹏博士考证，明成祖、仁宗和宣宗去世后，被称为一代贤臣的杨士奇、杨荣、杨溥"三杨内阁"，实际上主持了三位皇帝的殉葬，没听说他们对殉葬说过一个"不"字。理学家官僚主张强化"君臣父子、尊卑有序"的宗法体制，也并不代表历史的进步。[1]正德、嘉靖时期，陈献章、王阳明等对南宋陆九渊创立的心学体系进行了改造，认为天理不是脱离人心而存在的东西，人人都可以通过内心理解天道，要求打破理学家对于天道的解释权，实际上反映了被明太祖朱元璋删去的孟子人本思想。虽然没有王阳明对于大礼议之争的观点记载，明世宗也没有将立下平叛大功的王阳明召入京师重用，但是，张璁的观点至少和心学思想有共通之处。

从某种意义上说，大礼议之争的最后结果，助推了心学兴起及对于程朱理学的批判。这就形成了明代中晚期独特的现象，即明政权仍以朱子理学为国家的意识形态，理学家官僚对王阳明及泰州学派进行政治打压，而以心学为代表的思想价值迅速蔓延，并影响到组织体制内的士大夫。

革新策略及其终结

由大礼议所引起的人事变更和观念更新，使革新成为嘉靖前期主旋律，形成了只有革新才是忠君爱国的新观念。[2]在明世宗嘉靖帝的支持下，张璁从观政进士一路升迁至内阁首辅，成为革新诸臣之首。张璁、桂萼等大礼议新贵，打着效法洪武祖制的旗号，对于资源控制、组织保障中累积的弊端做出了某些改革。针对勋戚家族、王府内宦强占庄田、造成国家额田和赋税资源下滑

1 李晓鹏:《从黄河文明到"一带一路"》，北京：中国发展出版社，2016年版，第190—191页。
2 田澍:《嘉靖革新研究》，北京：中国社会科学出版社，2015年版，第92页。

的现状，世宗下令户部清查庄田，凡强占民田者，俱还原主。他还根据户部建议，进一步要求查革王府以山场湖陂荒地为名强占的农田。

公元1530年，桂萼入阁之后，曾建议丈量土地，清查新增农地及编审徭役，即将税粮和徭役各审定交银若干，统一征收，这种强调均平的"一条鞭"赋役制度改革，在嘉靖时期仅在部分地区短暂地自行试办。

嘉靖革新以组织体制的治理为中心内容。

首先，调整国家的科举取士制度，即中央派员主持各地考试，要求应试文章文风朴实，鼓励考生对于儒家经典阐出独立的见解，间接否定了将朱子注释作为唯一的标准。张璁等人同时推行"三途并用"和"内官外放"，选官除了录用进士之外，举人、贡生也得到提拔，把京师的官员调到地方锻炼。

其次，进行言官、监察系统整顿。特别规定言官缺乏地方工作经历，不能直接改任中央的职位。开创"科道官员互相弹劾"的形式，六科给事中和御史之间允许相互监督和检举，御史弹劾官员必须有证据。

再者，裁革镇守各地的内臣宦官势力。永乐时期之后，太监作为皇帝的耳目，出镇南京、各省会中心及边防要地，除为皇家采办各种物品外，还监督当地官员，担任监军，过问当地司法。李贽著《续藏书》之《内阁辅臣·太师张文忠公》中记载，张璁"数数言中贵人暴横状，上为悉裁革镇守、监枪、市舶之类，后先殆尽"。

最后，清理外戚封爵制度。除了有功于国家的勋戚之后外，革除了外戚世袭的弊端。即使世宗生母蒋氏家族，封为玉田伯，也仅许其子终身。

明世宗是继明太祖、成祖之后，又一位作风强硬和果于处罚、杀戮大臣的皇帝。对于组织体制中代表士大夫势力的内阁六部、言官监察两大系统，以及内廷宦官系统，他采取了分别对待处置的方法。

世宗充分洞察阁臣之间的矛盾和倾轧，通过频繁更换首辅的方式，达到君权独揽、绝对掌控的目标。嘉靖一朝四十五年，先后换了二十三任内阁首辅，有的人几进几出，其中较有影响者，包括杨廷和、张璁、夏言、严嵩和徐阶等人。嘉靖时期涌现的文臣武将人才济济，尚有曾铣、杨继盛、朱纨、胡宗宪、戚继光、俞大猷、海瑞、高拱和张居正等多人，但是，被世宗冤杀者也不在少数。世宗厌恶言官们提出不同的意见，除了指使张璁制定言官规范予以约束外，屡次以廷杖、诏狱等手段，残酷打击直谏的言官。公元1527年，凭借京察及言官互纠的机会，三个月中罢黜二十五名御史，造成"台署为空"的局面。

世宗一面裁抑宦官势力，防止出现太监个人专权的现象，一面又命司礼监掌印太监负责皇帝安全和监视东厂，以提高其地位，从而对内阁、六部的士大夫朝臣进行牵制。

自世宗即位后，北方蒙古族及东南沿海倭寇的侵扰日益严重，至嘉靖中期达到高峰，对明政权的稳定造成相当困扰。而这一阶段，明世宗将注意力聚焦追求个人的长生不老，一味迷信道家斋醮之事，深居宫中"专事静摄"，甚至虐待宫女获取炼药的原料。公元1542年，十六名宫女串联勒死世宗，虽事败被凌迟处死，但世宗从此移居西苑修道求仙，不再举行朝会，对于犯颜直谏的大臣严厉处罚，边镇将帅动辄得咎。

随着世宗日渐怠政废事，嘉靖前期的革新路线无法继续，但他又始终大权独揽，士大夫朝臣难以发挥应有的作用。年过六十的严嵩这一年进入内阁，之后又扳倒复出的首辅夏言，协助世宗处理朝政二十余年。严嵩以其子严世藩为帮手，竭力赞助世宗修玄，悉心撰写斋醮仪式上的青词表章，从而博得世宗的宠信。通过揣摩帝意、掌握世宗的喜怒情绪，铲除异己专擅一时。

北虏南倭，极大消耗国家资源

明宪宗成化后期，蒙古部落大规模入据河套地区，即由西套宁夏平原、后套平原和前套平原构成的河套平原。其天然的草场和盐池，成为蒙古游牧民族南下攻掠汉族农耕区域的根据地。武宗正德时期，达延汗统一蒙古各部落。至嘉靖时期，对明政权北边构成威胁的外患，主要为达延汗小王子长孙卜赤、吉囊、俺答三部。蒙古骑兵几乎每年犯边侵扰，其中公元1524年和1533年，两次引发大同明军的兵变。公元1540年后的连续三年，河套蒙古大举进犯山西地区，"杀掠百万，计费帑金六百万"（支大伦《皇明永陵编年信史》卷三）。明世宗起用熟悉边事的翟鹏为宣大总督，形势曾经有所缓和，之后俺答部再度入掠，翟鹏即被世宗逮捕入狱而死。

公元1546年，时任陕西三边总督的曾铣提出收复河套的建议，得到了内阁首辅夏言及世宗的支持。曾铣一度率军袭击河套，小获胜利。公元1548年，严嵩利用世宗的迷信心理，将曾铣复套的奏议，和山崩、风霾等灾害消息，一并呈给正在举行祈祷长生斋醮的世宗，致使世宗态度大变。曾铣即被认为擅开边衅，不久遭罗织罪名下狱，斩首西市。夏言很快受到牵连，被尽夺官阶弃市。严嵩再次成为内阁首辅。

公元1550年，蒙古俺答汗率军长驱直入，京师北京第二次被围，酿成重大的"庚戌之变"。俺答进军途中，一路大掠村落居民，焚烧田舍，但他并无夺取皇位之意，因而没有攻城。明世宗十余年来第一次出席朝会，除了指责臣下，全无自省之意。俺答退兵之后，世宗即将兵部尚书丁汝夔、右侍郎杨守谦作为替罪羊，斩首西市。

实际上，明代蒙古族自北元政权天元帝脱古思帖木儿败亡后，已经没有一个部落首领再有雄心，以规取中原为己任而兴兵南下。俺答的真实目的，在于以武力迫使明政权通贡。[1]所谓的贡市交易，包括国家的朝贡体制，即明政权对于周边各族采取"厚赐薄贡""厚往薄来"的方针，少数民族统治者通过入贡而获得丰厚回赠；还包括民间互市贸易，即在边境地点以少数民族马、牛、羊、驼等牲畜，换取汉地的茶、帛、铁器及其他日用品。孝宗弘治晚年至嘉靖前期，即公元1504年到1532年，明蒙双方朝贡关系中断将近三十年。之后蒙古部落要求恢复通贡，俺答先后五次遣使提出通贡之请，都被世宗顽固拒绝。

"庚戌之变"以后，双方达成开设马市的协议，但马市进行不过一年，明政权即将马市关闭。明世宗既不采用武力政策夺取河套，又不实行和平手段恢复贡市，致使北部边疆长期战争不断。严嵩曲意奉承，处处迎合，蒙古军队兵临城下之时，他还在专心致志撰写青词。公元1551年，锦衣卫经历沈炼上书皇帝，以"十疏罪"弹劾严嵩，被处以廷杖、贬斥塞外，后为严嵩所害。公元1553年，谏臣杨继盛继续上书，批判严嵩"五奸十大罪"，

1　胡凡：《嘉靖传》，北京：人民出版社，2004年版，
　　第379页。

遭下狱杖责，最终被斩于市。

嘉靖时期所谓东南沿海的倭寇内犯，和明政权实行朝贡体制下海禁政策有着较大的关系。明政权禁止民众私自出海与国外贸易，仅保留朝贡体制下官方的勘合贸易通道，分别设置宁波、泉州和广州三个市舶司管理。公元1523年，日本国大内义兴和细川高国两大家族遣使率船，前后来到宁波朝贡。期间细川一方贿赂市舶太监，得到了更优的待遇，引发两大家族大打出手，遂造成世宗诏令关闭宁波市舶司，中断了日本的朝贡。东南沿海民众历来有出海贸易的传统，明政权完全封锁合法的渠道，反而刺激了走私贸易迅速泛滥。为了对抗明政权的抓捕镇压，走私海商逐渐组成武装的集团，除了一些没有经济来源铤而走险的底层民众，部分富豪大户、沿海戍军也加入其中。日本作为走私贸易的生意对象，浪人、武士还大量加入武装海商集团，这可能是"倭寇"的由来。

当时世界正处于全球化大航海时代的初期，葡萄牙商船已远涉重洋而来，并在粤闽浙沿海进行贸易，漳州月港及宁波海外的双屿岛等地，成为了武装海商集团及葡萄牙等多国商人的交易基地。公元1548年，总督闽浙军务的朱纨实行严厉的海禁和连坐政策。针对葡萄牙人将双屿岛改造为畸形繁荣的化外飞地，他采取了武力剿灭和坚决捣毁的做法，用木石填塞港口的水道。随后葡萄牙商船行至漳州，朱纨率部迎击，共俘获了九十六人，将他们全部处死。朱纨刚直铁腕的作风，得罪了受益于走私贸易的闽浙大族，遭到弹劾后，被明世宗下令逮捕问罪，不得不自杀而死。

之后徽商王直在各海商集团中称雄一时，不仅拥有大量船只，还配备了大炮等新式武器。他在日本平户建立根据地，向明政权提出通商要求，遭到拒绝后，即大规模劫掠浙东沿海。公元

1553年，被称为"倭人入寇"的王直集团大举进攻，连舰数百，"蔽海而来"。公元1555年，总督海防的张经督师大战倭寇，取得了重大的胜利。不久张经遭严嵩亲信赵文华弹劾，被世宗下令处斩。胡宗宪担任平倭统帅时间最久，他通过结交严嵩父子及赵文华，取得了世宗的信任和授权，一方面重用戚继光、俞大猷及谭纶等人积极作战，一方面又采取安抚策略进行劝降。公元1557年，王直受抚就擒后，胡宗宪迫于舆论及世宗压力，违背承诺将其处死。之后数年，戚继光、俞大猷等继续和王直余部进行死战，明政权付出了相当沉重的资源代价。

樊树志先生认为，平倭总督胡宗宪之所以会乞灵于"招抚"一手，就是看到了围剿难以奏效，不得不另谋出路。而"招抚"必须以开港通市作为交换条件，开放海禁便成了无法绕开的话题。[1]其时广东官员以特例的方式，将澳门租借给葡萄牙商人。但是，这种公共政策的讨论，在明世宗价值僵硬、君权独大而又不见朝臣的统治时期，其实无法正常地展开。无论主张收紧或是放开海禁，忠于儒家价值、明政权和皇帝的士大夫大臣，往往都难得善终。公元1562年，在次辅徐阶的影响下，明世宗终于将严嵩革职为民，其子严世藩被治罪充军，后被斩首于市。胡宗宪受到牵连先被撤职，1565年再次被捕，在狱中自杀身亡。

穆宗恢复儒家价值治国

国家边防军费开支巨大，世宗为求仙道大兴土木，皇族、官

---

1 樊树志：《晚明大变局》，北京：中华书局，2015
年版，第59页。

员和太监数量增加，加之卫所屯田兵制逐步崩溃，国家不得不改采取募兵制，"戚家军""俞家军"等乘势而起，至嘉靖的晚期，明政权财政已经严重入不敷出。公元1549年时，太仓银库岁入二百万两，而政府开支为三百四十七万两。后来开支多达五百万，少则三百万，岁入不抵岁出之半。公元1553年，超出政府入三百七十三万两。[1]世宗批准了限制宗室人口和岁禄增长的《宗藩条例》，同意某些地方官员进行的一条鞭赋役改革，但明政权运营系统整体处于停滞的状态。

公元1566年，户部主事海瑞事先准备好棺材，冒死向明世宗呈上《治安疏》，严词指责他"一意修玄""侈兴土木""二十余年不视朝，纲纪弛矣""嘉靖者，言家家皆净，而无财用也"。又对他以刑赏督率臣下、只许臣下顺从进行批判。明世宗最终没有核准海瑞的死刑判决，仅几个月后，即服用丹药中毒而死。世宗子裕王朱载垕即位，改年号隆庆，是为明穆宗，又被称作隆庆皇帝。

明穆宗隆庆帝对于世宗中晚期的弊政相当了解，即位之初，立即停止全部道教仪式，将世宗身边的道士下狱论罪，释放或召回海瑞等因言获罪的朝臣，对于夏言、曾铣和杨继盛等诸多的死难者，逐一平反昭雪、恢复名誉，抚恤和录用其后人。公元1567年，明政权有限度地取消海禁，允许民众前往东、西二洋贸易，东南沿海民间贸易趋向繁荣，大量白银流入，所谓的倭寇销声匿迹。公元1571年，穆宗封俺答为顺义王，同意与俺答通贡互市，在长城附近多地开设场所，进行民间互市贸易。明政权每年节省

1　张海英：《沉暮与新生：明》，上海：上海人民出版社，2018年版，第173页。

军费六七十万两，北方边防稳定数十年。这一时期，海瑞等地方官员继续探索粮、役合征的一条鞭法。国家回归到较为正常的治理体系。

穆宗恢复了仁宗、宣宗和孝宗时期儒家传统的价值，但对于君主专制的法家方法论理解不深。他将国家政务交给徐阶、高拱和张居正等士大夫朝臣处理，却未能阻止他们之间的内斗。

朱元璋创立的系统已脱离实际

明世宗朱厚熜在明政权新的历史时期，延续了朱元璋、朱棣野蛮和恐怖的君主专制统治策略。他未如明太祖、明成祖保持终生勤政，中后期迷信道术无法自拔，但他始终君权独揽，将士大夫势力玩弄于股掌之间。明政权立国接近两百年，需要供养的皇族、士大夫和宦官等特权阶层，占有大量农田而不承担赋役，其中皇族人数以每三十年翻倍的速度增长，卫所逃亡人数占在籍兵士百分之七八十以上，朱元璋以黄册制度、鱼鳞图册为依据的资源动员方式，已经完全脱离了实际。嘉靖晚期，国家运营系统已严重失衡，所幸"北虏南倭"未以推翻明政权为目标，除地震外国家没有发生较大灾害，小股的农民武装难成气候。

世宗去世之后，明政权出现了一段皇权衰弱的时期，内阁首辅张居正因缘际会，启动了运营系统的改造。

第五节

深居宫中的明神宗和崛起的努尔哈赤

明神宗万历帝朱翊钧是明政权由盛转衰时期的最高统治者。临朝之初,朱翊钧支持张居正强化国家组织和资源能力的改革,一度使明政权出现了中兴的迹象。神宗亲政之后,以清算张居正作为重建君主专制权威的契机,随之在储君选立等议题上和士大夫朝臣处于对立,发展到数十年取消朝会等所有官方活动。万历中期前后,明政权同时赢得了三场大规模战争,即扑灭宁夏蒙古军人的叛乱、援助朝鲜抗击日本丰臣秀吉的入侵,以及平定苗疆地方土司的自立,国家资源的消耗创下新的纪录。明神宗派出征税太监直接控制财富,在各地引发民变,实际上遭致儒生朝臣集体反对。士大夫势力陷入了相互攻击和党争泥潭,明熹宗朱由校即位后扶持宦官势力,运营系统发生了道统和君权冲突的价值混乱局面。

这一时期,东北地区努尔哈赤后金政权崛起,以女真民族的认同为立国价值,创造了八旗制度独特的统治策略和组织体制,通过兵民合一、军政合一的高效率资源动员方式,迅速成长为新兴的皇权。

张居正改革的法家本质

公元1572年，明穆宗隆庆帝朱载垕去世，10岁的太子朱翊钧即位，改年号万历，是为明神宗，又被称作万历皇帝。隆庆朝仅为六年时间，一共换了三位内阁首辅，徐阶遭言官批评退休后，曾任穆宗裕王时期讲官的高拱再度入阁，随后升任首辅，成为隆庆时期主导朝政的人物。张居正在嘉靖时期即向世宗上《论时政疏》，力陈国家组织体制"血气壅阏""臃肿痿痹"之弊端，隆庆时期进入内阁，渐对高拱霸道专横的作风深为不满。穆宗去世后，张居正秘密联络司礼监掌笔太监冯保，争取到神宗生母李太后的支持，一举罢免高拱，从而登上了内阁首辅的位置。

樊树志先生认为，张居正其实是法家思想的信奉者。他遵循申不害、韩非的法治主义，综合名实，信赏必罚，雷厉风行，大刀阔斧，扫除廓清，大破常格，无所顾忌地推行新政。[1]张居正结交具有批红权的冯保，通过抬高宫女出身的李太后的地位而获充分信任，并担任仅十岁神宗的帝师，实际上取得了近似最高统治者的权力。这种情况不仅明政权历史上绝无仅有，即使实行丞相制度的隋唐时代，以及君主与士大夫共治的两宋时代，也没有一位大臣掌握到"宫府一体"的权力。

年少的神宗对于弹劾张居正的言官，分别处以革职、充军和下狱的处分。公元1577年，张居正的父亲在老家去世。按照儒家孝道礼仪的丁忧制度，在职官僚必须辞职回家守孝二十七个月，特殊情况下可由皇帝下令"夺情起复"，即继续留在工作岗位上。张居正可能出于留恋权位的考虑，和冯保联手策划，由神宗出面

1　樊树志:《新政与盛世》，北京：中华书局，2018
　　年版，第92页。

强令夺情，这招致了部分朝臣的强烈非议和反对。张居正代替皇帝票拟谕旨，对上书弹劾的大臣进行廷杖及革职，实际上站在了士大夫代表的道统对立面。《定陵注略·大臣党比》中记载，张居正曾自称，"吾非相，乃摄也"。这种特别的权威，一度压制了被改革触犯利益的文官势力反弹。

在年少的神宗支持下，张居正新政首先聚焦革除运营系统组织体制的弊端。公元1573年，张居正推出了"考成法"，各衙门除了例行公事外，立文册两本，一本送六部备注，一本送内阁备注，公事办完一件注销一件。以内阁督察六科，六科督察六部、都察院，六部、都察院督察巡抚、巡按，建立起从上而下的考成系统。其中重点之一为层层考核，月有小考，年有大考，将所有的工作落实到具体的部门、具体的人身上；重点之二是内阁总揽六科和都察院等言官监察机构。明代六科的首长给事中仅为七品衔，却可以纠劾封驳相对应的六部二品衔大官。张居正把六科职能扩大，成为内阁控制六部的工具，既提高本来作为顾问机构内阁的权力，又约束了言官上书的自由度，使之必须考虑建议的可行性。

张居正根据"综核名实、信赏必罚"的原则，出台了"公铨选""专责成""行久任"和"严考察"的吏治整顿政策，即讲究官员的用舍进退，一切以事功实绩为标准，强调官员用人必须充分给予事权，规定官员不宜频繁调动，要求对官员定期考察、随事考成或探访告诫。考成法及其后续政策的推进，保证了全国性的行政指挥系统通畅，变因循颓靡为雷厉风行，中央政权一声令下，万里之外"朝令夕行"。

针对明政权财力资源严重不足的现状，张居正采取了多项开源节流的方案，包括抑制国家财政与宫廷财政的支出，暂停大规模工程；强化北方边防重镇的赋税管理，要求军队屯田自给；限制宗室、官员的各种特权利益，减少生员的定额；强化户部的管理功能，整理征收赋税的簿册等。公元1578年，即张居正丁忧"夺情起复"的第二年，张居正以明神宗名义诏谕各地，在福建试行"清丈田粮"，继而在各地全面展开。在强大的政治高压之下，查出了数量巨大的隐匿田地，国家控制的纳税田地比清丈前增加百分之三十五。

公元1581年，张居正结合桂萼、海瑞等人的赋役改革的经验，在全国范围内统一实施一条鞭法的赋役制度。其主要内容包括，将田赋和各种名目的徭役合并征收，把部分丁役摊入田亩；农民可以出钱代役；田赋中除国家需要征收的米麦外，其他所有实物改为以白银交纳；赋役由粮长、里长办理改为地方官吏直接征收。一条鞭法将过去分别征收的田赋、劳役和杂税合而为一，以"计亩征银"的货币税制代替劳役、实物税制，是帝制时期唐代"两税法"之后，国家资源动员方式的重大改变。朱元璋将民众固定束缚在土地的做法，一定程度上得到改善，而通过清查土地和实施一条鞭法，国家太仓银库岁入翻番，在层层考核的组织体制推动下，明政权资源动员能力得到大幅提升。

考成法和清丈田地、一条鞭法推出的同时，张居正大力整顿边防和教育，保障改革必需的稳定环境。他将浙江戚家军北调至华北蓟州，将李成梁调至辽东，防止蒙古、女真等部落侵袭，确保北方边境的安全。公元1575年，张居正向神宗提出，选择方正博学之士担任主管教育的官员。他特别不许学生"群聚徒党""虚论高议"，下令"不许别创书院"。这实际上是要求统一舆论，不许士人儒生对于改革说三道四。公元1579年，张居正又以神宗的名义发布诏令，尽毁全国的书院。各地共取缔六十四处书院，民间书院自两宋时代兴起，历经蒙元时代及明太祖、成祖的恐怖政治，居然在万历时期张居正手中终止。

张居正早年对王阳明心学产生过浓厚兴趣，但他大权在握后采取排斥的态度。泰州学派的代表之一何心隐，讲学时批评张居正专制朝政，湖北地方官得到张居正暗示后，将其逮捕下狱，最后拷打致死。心学思想家中最为激进的李贽曾撰文纪念何心隐。黄仁宇先生评论，张居正在政治上找不到出路，其情形类似于李贽在哲学上找不到出路。[1]张居正在推行新政的过程中，没有形成新的理论作为号召，不得不继续维护程朱理学的立国价值，禁止思想上各种不同的声音，通过加强中央集权的传统方法，保证改革方案自上而下一一落实。

公元1582年，张居正病逝。已经二十岁的明神宗朱翊钧亲政。不久张居正盟友冯保被神宗解职抄家，发往南京闲住。在部分言官弹劾下，神宗下令革除张居正生前一切政治荣誉，封锁查抄张府，造成其子张敬修自缢，多人饿死。张居正身后被清算，固然是他得罪的政治势力的反扑，但神宗对他威权震主的愤怒应为主因。朱东润先生认为，张居正所揽的大权，是神宗的大权，张居正当权便是神宗的失位，这是最显然的逻辑。[2]问题在于，随着驱逐张居正在朝廷中的亲信，平反所谓遭到张居正迫害的各种案件人事，张居正改革除一条鞭法之外，大部分措施都被陆续废止。从上而下的士大夫官僚摆脱了考成法的约束，恢复到较为舒适和安全的状态，对于内阁朝政的消极批评超过积极的建议。

---

1 黄仁宇：《万历十五年》，北京：生活·读书·新
   知三联书店，1997年版，第237页。
2 朱东润：《张居正大传》，北京：人民文学出版社，
   2006年版，第379页。

三大征造成财力困难

明神宗万历帝天资聪颖，具备君权独大的最高统治者决策能力。他颇为轻视内阁首辅的作用，厌恶言官议政，信任宦官又不允许某位宦官坐大。神宗王皇后无所出，宫女王氏生皇长子朱常洛，神宗宠爱的郑贵妃生皇三子朱常洵，神宗意欲立朱常洵为太子，又担心大臣反对，故迟迟未予立储。这种违背儒家宗法祖制的做法，果然引发士大夫朝臣集体的抗议。公元1586年，首辅申时行正式上疏要求立朱常洛为太子，这就是被称为"争国本"的严重君臣对立事件，自此始持续十五年。其间多次发生大臣被贬斥和杖责的事情，影响朱常洛正常的帝王教育。

公元1587年始，神宗经常借口身体不适取消朝会，之后发展为不见大臣，不搞讲习经筵，不参加太庙祭祀的大典。他效法祖父世宗嘉靖帝通过批阅奏章处理政务，而且仅处理他认为需要处理的部分。著名的万历三大征，即明政权分别在宁夏、朝鲜和西南进行的三场大规模战争，应当取决于神宗的拍板决策。

公元1592年，宁夏边镇的蒙古籍将领哱拜，联络河套蒙古部落首领著力兔台吉发动叛乱，一度攻下宁夏四十七堡，陕西震动。哱拜原为蒙古鞑靼人，降明后曾屡立战功。叛乱的发生和扩大与明政权边镇大吏赏罚不明、拖欠兵饷有一定的关系，中间又有蒙古部落集团的加入。明军一度攻势失利，有大员提出招安方案，遭到神宗痛斥。之后明政权调集七镇兵马进剿，历时九个月，终于收复了宁夏。

同一年，日本丰臣秀吉发动侵略朝鲜的战争，出于维护朝贡藩属体制的考虑，神宗决定出兵援朝，但因情况未明，首批入朝部队三千余人全军覆没。公元1593年，明军取得平壤之战胜利，将日军压缩至釜山一线。公元1597年，双方议和活动失败。日军再度发起攻势，明军兵分中、东、西和水上四路迎战。这年八月，丰臣秀吉去世，明、朝联军乘机进军，日军大败撤退。援朝战争历时七年获胜，虽然粉碎了丰臣秀吉"假道入明"、实现"大东亚构想"的规划，但明军损耗严重，多位将领阵亡。

公元1599年，西南播州地区苗族土司杨应龙发动叛乱，綦江失守，重庆危急。自唐代以来，杨氏家族在播州世袭统治已历二十九代。杨应龙袭任宣慰使后，多次和中央政权发生冲突。明神宗不得不从各地大规模调兵，历时一年将其消灭。战后明政权在当地改土归流、设府编民，号称唐宋以来一大伟绩也。

被认为是万历朝盛事的三大战争，除了驻守东北地区的辽镇兵马被大量抽调，间接造成建州女真努尔哈赤集团崛起外，至少在国家资源的消耗方面，和明政权的衰亡存在着联系。《明史·陈增传》中记载："宁夏用兵，费帑金二百余万。其冬，朝鲜用兵，首尾八年，费帑金七百余万。二十七年，播州用兵，又费帑金二三百万。三大征踵接，国用大匮。"张居正的改革，一度使国家太仓银库出现盈余，而短短几年的时间，一千多万白银损失，再度使明政权财政陷入困境。

起用宦官势力聚财

当时世界进入大航海时代已经一个世纪，葡萄牙、西班牙和荷兰商船东来，中国凭借丝绸、瓷器等独特的产品，始终处于贸易顺差的地位。美国学者弗兰克估计，16世纪至17世纪中叶，中国占有了世界白银产量的四分之一至三分之一。[1]这种外向型的贸易需求介入，将原先面对国内市场的生产，转化为面对国内外两个市场。万历时期江南地区的商业和手工业高度发达，大量耕地改种收益较高的棉桑等经济作物，湖广地区取代苏湖地区，成为新的天下粮仓。

居于深宫的明神宗可能并不了解世界大势的变化，但对于通过征收工商税开辟新的财源，具有相当的敏感性。神宗既不和阁臣正常讨论税收产品的调整，也不经过组织体制正当的征税渠道，而是任命身边宦官充当矿税太监。其中税监派往工商业城市、交通枢纽，负责向商人、市民收税，开矿太监派往矿山组织开采，两者经常合为一体。所有矿税收入直接缴纳皇宫内库，而不是进入国家的大仓。

明神宗起用宦官势力聚敛，可能想弥补国家财力资源动员能力的不足，但宫中太监并不掌握征税、开矿的专业知识或技能，随意设关、重复征收及盲目开采等弊端百出，严重冲击社会的经济秩序。在缺乏制度监督的情况下，部分矿税太监中饱私囊。当时曾有官员夸张地估计，内库最后的收入，仅为太监搜刮财富的十分之一。神宗遭遇到了各种不同观点的士大夫朝臣一致反对，中央官员不断上疏劝谏，某些地方官员暗中抵制矿税太监的行为。全国多地发生了抗税民变，有些地区的民众暴力抗税，甚至出现儒生士人的参与和组织。临清、武昌、景德镇、苏州，以及云南等地，都发生了民众示威的事变。其中苏州丝织机户集体罢工示威，云南民众烧毁税监衙门，将尚膳监监官杨荣处死，引起

1　〔德〕贡德·弗兰克著，刘北成译：《白银资本：重视经济全球化中的东方》，成都：四川人民出版社，2017版，第407—408页。

神宗的高度震惊。

公元1602年，明神宗忽然病危，一度同意罢去矿使税监。首辅沈一贯回到内阁拟旨。第二天神宗有所恢复，又派太监到内阁索回前旨。沈一贯将圣旨送还，被士大夫朝臣批评媚上、缺少风骨。

神宗身体状况较差，无力日理万机，又不愿放手臣下。比较起世宗嘉靖帝冷酷、杀伐果决的风格，明神宗的妥协性稍强。他较少杀戮大臣，使用廷杖的频率也不高。公元1601年，神宗终于册立长子朱常洛为皇太子，封三子朱常洵为福王，向臣下做出让步。公元1605年，他同意停止开矿，并把各地所征银两，一半解进内库，另一半解进户、工二部。

实际上神宗采取的是怠政、回避的方法，对于臣下大多数的奏章不予处理，特别是不予补充大量官位缺额，造成部分组织机构处于半瘫痪的状态。而且，由于最高统治者经常性缺位，士大夫官僚互不相让，形成了不同派别的党争。当时在朝的主要有宣党、昆党及以地域关系划派的齐、楚、浙等五党，另外部分革职在野的士大夫以无锡东林书院为中心，议论朝政左右舆论，又被人称为"东林党"。朝中五党虽相互攻击，又都以东林党为敌，神宗对于各派的争吵不闻不问，基本持未置可否的态度。

后金政权的八旗系统

明神宗晏处深宫三十余年，自毁张居正改革的成果，这一时段差不多就是建州女真努尔哈赤集团兴起的三十年。明政权先后设辽东都司和奴儿干都司治理东北，全盛时期下辖数百个卫所，势力一度达到外兴安岭、库页岛等地。除辽东南部多为汉民族聚居外，大部分区域牵涉女真、蒙古和朝鲜等复杂关系，以渔猎为主的女真诸部分布最广。明政权以女真部落首领或酋长担任都督、都指挥、千百户及镇抚等职，允许世袭并管理自己的部族，虽然是羁縻自治的性质，但父死子继、官职晋升必须得到明政权的委任。

努尔哈赤往上六代自明成祖永乐时期始，都接受过明政权的正式册封。公元1405年，其六世祖猛哥帖木儿曾随明使赴南京，觐见明成祖朱棣，被封为建州左卫指挥使。这是建州女真名称的由来。[1] 努尔哈赤本人曾到北京进贡，明政权的官印和敕书，是其统治本民族的权力来源之一。努尔哈赤家族二百余年作为中原之臣的事实，以及女真民族先人创建金政权入主北部中国的历史，对于后金、清政权发展中的目标及核心价值，具有重要的逻辑和情感连接上的意义。

努尔哈赤年长明神宗万历帝四岁，为建州女真一小部落酋长，明政权册封的世袭都督。公元1583年，努尔哈赤祖父觉昌安、父亲塔克世被明军误杀，虽然明政权表示歉意，任命他为建州左卫指挥使，但是，努尔哈赤从此走上了复仇和统一女真各部的道路。这一年五月，努尔哈赤以祖、父两代所遗十三副甲胄起事，经过五年的征战，基本统一了建州女真各部。之后又逐步统一野人女真、海西女真诸部。明神宗当时聚焦三大征特别是援朝抗倭的战争，对于努尔哈赤极力笼络，相继封他为建州左卫都督佥事、都督和龙虎将军。努尔哈赤为了避免两线作战，始终对明

1　阎崇年:《森林帝国》，北京：生活·读书·新知
三联书店，2018年版，第126页。

政权称臣并按时朝贡。

在努尔哈赤起兵、开国和最终征伐明政权的过程中，他将女真的民族认同作为动员的核心价值。公元1599年，努尔哈赤命人创制女真文字，以蒙古字母拼写女真语言，被后世称为无圈点满文即老满文，为女真成为统治民族路途上的划时代事件。

努尔哈赤创立的八旗运营系统，融统治策略、组织体制和资源动员方式为一体，源于女真十人为一牛录单位、其中一人为总领的围猎习俗。努尔哈赤改造为三百人设一牛录额真（佐领），五牛录设一甲喇额真（参领），五甲喇设一固山额真（都统），每个固山都有属于自己颜色的旗帜，初以黄红白蓝四旗，后又扩展至八旗，分别称正黄、正红、正白、正蓝、镶黄、镶红、镶白和镶蓝各旗。努尔哈赤任命子侄贝勒为世袭的旗主，和旗民为主奴关系，旗主对于下属的财产人身拥有支配大权。牛录是社会最基层的行政和军事组织，平时狩猎或部分从事农耕，战时自备粮草、马匹和武器，每户至少出一男丁随旗主出征，战争所掠获的财物和奴隶，以及新征服区域的土地，都由汗、旗主分配给每户旗民。国家没有其他的赋税和徭役。这种兵民合一、军政合一的制度，和金代的猛安谋克制度、蒙元时代的千夫长制度一脉相承，是帝制时期游牧、渔猎部族制造全民战争机器最为有效的手段。

公元1616年，努尔哈赤自立为汗，正式创立后金政权，以天命为年号，定都赫图阿拉。他为自己家族创设"爱新觉罗"之姓，取女真语"金族"之意，表明继承历史上的金政权。后金政权建立最初两年，努尔哈赤保持低调，对于明政权及朝鲜封锁消息。

公元1618年，努尔哈赤正式发布"七大恨"讨明檄文祭天，凝聚女真军民对于中原政权的仇恨。后金八旗军突袭抚顺，继而攻取清河，辽东地区处于危急状态。明神宗在深宫获悉前线军情，处置奏章尚算及时，但仍没有出面主持朝会，也拒绝以内帑支援辽饷。公元1619年，明军四路大军会攻赫图阿拉，努尔哈赤以"任你几路来，我只一路去"的作战策略，四天之内速歼三路明军四万余人，取得了著名的萨尔浒大战胜利。这是帝制时期朝代交替，新兴皇权对于旧有中衰政权的一次决定性胜利。神宗下令逮捕战役负责人杨镐，起用熊廷弼实施防守策略，暂时使局势转危为安。

文官党争与宦官专政

公元1620年，明神宗在位四十八年后去世。太子朱常洛继位，改年号泰昌，是为明光宗，又被称作泰昌帝。仅过去二十九天，光宗即去世。十六岁的皇长子朱由校继位，改年号天启，是为明熹宗，又被称作天启帝。

万历、泰昌和天启三朝更换之际，围绕着"梃击""红丸"和"移宫"三大案处理，所谓东林党和非东林党两派发生激烈的冲突。其中的"梃击"案，是指万历晚期有男子持梃闯入太子宫，被捕后称受到郑贵妃宫中太监指使，东林人士要求深究，非东林阵营以持梃人为疯子结案；"红丸"案发生在光宗重病之时，鸿胪寺主官进献红丸，造成光宗次日暴亡，东林人士要求严办，非东林阵营反对；"移宫"案发生在熹宗即位前后，光宗生前宠幸的李选侍欲留居乾清宫，被杨涟、左光斗等东林党的大臣抗议驱离，非东林阵营意见相左。

明熹宗天启帝前期，一大批万历时期遭革职的大臣陆续返回，出现了被称为"东林方盛"的情况。但他们将过多精力用于争论三大案的是非，追究前朝官僚的责任，党争清算愈演愈烈。熹宗可能觉得难以驾驭，反而更多信任太监首领魏忠贤，部分非东林阵营大臣投奔依附他，遂结合成势力强大的阉党集团。杨涟上疏弹劾魏忠贤二十四罪，被称为东林党的大臣上疏弹劾者达七十人，熹宗均不予理睬。公元1625年，魏忠贤操纵东厂炮制冤案，先后将杨涟、左光斗等十二位大臣下狱，严刑拷打致死。他又尽毁国内书院，仿照北宋时代的旧例，将三百零九位朝臣士人列为"东林党人"，刊布于天下。魏忠贤组织编修《三朝要典》，将前期"梃击""红丸""移宫"的处理全部翻案。当时士大夫势力已经严重分裂，宦官势力加入，作为国家的最高统治者，明熹宗天启帝实际上站在阉党一边，部分士大夫大臣以道统价值为激励，处于君权的对立面。

天启时期的党争及阉党专政，影响了国家统治的政策推行和组织人事安排，对于与后金政权的作战造成相当的伤害。辽东前线频繁换帅，将帅不和各行其是，摇摆于防守和攻击策略之间，缺乏长期的规划。

明神宗去世后，熊廷弼遭到无端弹劾而去职，朝廷改派并不知兵的袁应泰出镇辽东。公元1621年，努尔哈赤乘势进攻沈阳和辽阳，明军贸然出战而溃败，数日之内，后金军队横扫辽河以东七十余城。后金政权下令剃发归顺，先后迁都辽阳和沈阳，逐步进入农耕地区。朝廷再度起用熊廷弼为辽东经略后，又任命王化贞为辽东巡抚，熊、王二人意见不同、每事必争。公元1622年，努尔哈赤进攻河西地区，占领辽东巡抚驻地广宁，熊、王等人退入关内，俱被下狱问罪。公元1624年，大学士孙承宗自请赴辽东督师，与袁崇焕等将领一起，先后修复大城九座，堡四十五个，练兵十一万，在山海关外筑起四百余里的防线。公元1625年，狱中的熊廷弼遭诬陷和东林党牵连，被处斩"传首九边"，孙承宗不断遭到阉党攻击后辞职。继任的高第尽撤关外诸防，仅袁崇焕拒绝撤离，孤守山海关外宁远城。公元1626年，努尔哈赤率军进攻宁远，袁崇焕率军民誓死抗击，首次以西洋大炮重创后金军队。努尔哈赤不得不下令撤兵，不久染病在沈阳去世。

君权、士大夫势力价值对立

明政权万历、泰昌和天启三朝超过半个世纪，又以明神宗万历帝在位四十八年，统治时期位列明代诸帝之首。国家三大征之后，明神宗捕捉到了民间工商业为财力资源动员所带来的机遇，但他既不能洞察大航海时代环境的改变，也没有采取符合统治策略相关制度要求的资源控制方式，这就造成了君权和文官士大夫势力的尖锐对立。明神宗隐身深宫三十余年，最大的失误在于放任儒臣官僚形成朋党的局面，发展到熹宗天启时期，已经相当程度损害到士人和民众对于儒家价值、明政权和皇帝本人的忠诚体系。

努尔哈赤后金政权征伐过程中，虽然任用了个别的汉族官吏，但对于汉族民众，总体上仍然采取传统的屠城和掠杀政策。这说明至少在努尔哈赤时期，后金政权尚无入主中原的目标和规划，但是，明政权运营系统暴露出来的内部关系失衡，为关外地方政权成长为天下政权提供了历史的可能性。

明思宗殉国与皇太极、多尔衮建国

明思宗崇祯帝朱由检是帝制时期少数以身殉国的末代统治者之一。他一心勤政图治，依然无法阻止明政权运营系统的崩溃。朱由检清除了魏忠贤的宦官势力，以"重典绳下"治理涣散的组织体制，但没有能改变士大夫官僚朋党相争、忠诚下降的趋势。明政权当时尚能控制的国家资源，不足以支撑同时应付内外两场战争的策略，但思宗既不决定和清议和，也不安排中央政权南迁，几乎坐等亡国的来临。

皇太极改女真为满洲，改金为清并称皇帝，宣示和明政权对等的以满洲为主体的多民族国家。皇太极与漠南蒙古结盟，多次进军汉地掳掠，招降明政权的将领、文士，实际上已经做好夺取天下的资源准备。清政权进入北京之后，接收了明政权中央各部及大部分汉族官吏，俨然占据价值合法性的高地，遂逐一战胜民变武装集团及南明政权，重新统一了全国。

两条战线的挑战

公元1627年，明熹宗天启帝去世，朱由校无子，遗命五弟信王朱由检继承帝位。朱由检改年号崇祯，是为明思宗，又被称作崇祯皇帝。思宗年仅17岁，颇有中兴明政权之志。即位不到三个月，即有步骤有分寸地剪除魏忠贤及其死党势力。魏忠贤控制东厂揽权数年，被阿谀者称为九千岁，在各地建有供奉的生祠，党羽遍布宫府朝野。但是，这些都是建立在熹宗信任和放手的基础上，一旦帝位易人，皇帝的态度改变，曾经不可一世的魏忠贤便迅速崩溃了。明思宗崇祯帝根据言官的弹劾，下令为遭受阉党迫害人士昭雪，拆除所有魏忠贤生祠，将其免职抄家，发往凤阳看管皇陵。随后又派锦衣卫官兵前往捉拿，魏忠贤被迫自缢身亡。

思宗将魏忠贤一党定为逆案，逐一清理阉党骨干，召回之前被革职流放的士大夫朝臣，一时被称为一代英主。这也从另外的视角证明，帝制时期的宦官势力，仅能作为皇权的附属和延伸存在。

明思宗多次下令禁止士大夫党附，希望可以革除组织体制朋党之争的弊端。但是，大环境的急速转变，已经不能够提供整顿所需要的时间成本。后金政权的进攻及陕西民变接踵而来，国家陷入外患内忧的极大危险。后金政权努尔哈赤去世后，其第八子皇太极被推选为大汗，改年号天聪，向明政权继续挑战。当时后金军队受阻于袁崇焕等将领固守的锦州、宁远防线，皇太极决心另辟战场。公元1629年，皇太极向西绕道蒙古，突破明军防守薄弱的宣府、大同地区，长驱直入至北京城外。袁崇焕不得不率军回京驰援。明思宗曾对袁崇焕充满期待，委以五年复辽的重任，但袁崇焕性格粗略，并不适合高层的政治生活。他处死跋扈的将领毛文龙，已经引起思宗的疑虑，而皇太极巧施反间计，遂造成思宗误信袁崇焕和皇太极之间存在密约。袁崇焕被逮捕下狱后，思宗最初并无处决之意，但有朝臣将袁崇焕与党争纠缠在一起，终于促使他下令"依律磔之"（《明史·袁崇焕传》）。明思宗自毁长城，之后皇太极多次率军深入内地掳掠，重点消耗明政权的军事资源。

明政权对后金作战十年，前后耗银六千万两，加之皇室宗藩浪费等，国家入不敷出。[1]公元1628年，陕西地区发生大旱，颗粒无收，走投无路的饥民多次发动起义。当时驻扎陕西的边防部队拖欠士兵军饷，朝廷为减少开支裁撤驿站，造成驿卒失业。边军、驿卒大量加入饥民起义的队伍，明政权又无力安顿被招安的民众，导致暴动的规模不断扩大。民军向山西等地发展，产生了以驿卒出身的李自成、边军出身的张献忠为领袖的两大主力。

公元1633年，闯王高迎祥率众渡过黄河，南下河南、湖广和四川等省。公元1635年，民军诸首领在河南荥阳召开大会，兵分五路直捣中都凤阳，焚烧了明太祖朱元璋的祖坟。起义者这一极端的举动，反映出当国家不再能出台相关政策，保证社会成员最低限度的温饱和安全的生活，底层民众对于明政权品牌和皇帝的切齿痛恨。

公元1635年，明思宗命洪承畴为西北五省总督，卢象升总理北直隶、河南、山东、湖广和四川五省军务，南北夹击农民武装。高迎祥被俘遭杀害后，李自成继称闯王。不久皇太极率部突破长城喜峰口要塞，思宗急调卢象升北上，民军遂获得喘息的机会。公元1637年，明思宗接受兵部尚书杨嗣昌先平定内乱的方针，以五省总理熊文灿招抚张献忠等多股农民军，以洪承畴及陕西巡抚孙传庭围歼李自成主力，一度取得重大胜利。张献忠于谷城投降，李自成仅率少数亲随，逃入商洛山中。

---

1 李文治：《晚明民变：底层暴动与明朝的崩溃》，
  北京：中国电影出版社，2014年版，第4页。

杨嗣昌提出了与皇太极议和的方案，派使节秘密接触后，获得了正面的回应。明政权推翻元朝少数民族统治而立国，以两宋向辽、金妥协为耻，强调夷夏之辨的价值取向，导致这一方案遭到坚持道统教条的儒臣们坚决反对。明思宗不愿意直接表态，未能及时做出决策。公元1638年，皇太极派其弟睿亲王多尔衮联合蒙古军队，又一次突破长城要塞，卢象升战死。思宗严令洪承畴、孙传庭北上，孙传庭以耳疾推辞被投入监狱，最后未能对农民武装斩草除根。

清朝运营系统成型

皇太极成为大汗之后，积极对外用兵，不断开拓疆土累积资源。除了七次向南进军明政权控制的区域外，后金政权向北征服黑龙江女真及其少数族群，东控朝鲜半岛，西和漠南蒙古结成联盟。皇太极两次征讨明政权藩属朝鲜王国，和朝鲜国王签下"兄弟之盟"和"君臣之盟"，迫使朝鲜接受清政权册封，改用清政权的年号。皇太极遵循努尔哈赤的遗训，即一面征服蒙古诸部，一面实现满蒙联盟，以上层联姻、尊重藏传佛教信仰及编旗自治等方式，将剽悍的蒙古族收服为进取中原的帮手。公元1635年，皇太极派多尔衮攻伐名义上的蒙古大汗，即成吉思汗嫡系后裔察哈尔部的林丹汗，获得历史上元代的"传国宝玺"。林丹汗兵败后西逃，病死于青海，其妻、子投降，这标志着漠南蒙古已经完全归附。

皇太极将女真族名改为满洲，意谓原女真诸部、辽东汉人、蒙古和朝鲜等族，已经形成了新的民族共同体。他又把国号金改为清，这也许存在避免汉族民众联想到历史上金政权侵略的考虑，但是更大的可能性，应该是得到了宝玺之后，自认为是天命所系的一种反应。公元1636年，皇太极即汗位后第十年，正式登基称帝，改天聪年号为崇德，是为清太宗。清政权正式立国，宣示和明政权对等的以满洲为主体的多民族国家认同。

清太宗皇太极时期的清代国家，包括明政权原奴儿干都司、辽东都司，以及漠南蒙古的绝大部分地区。皇太极逐步调整了对于汉民族的屠杀、敌视政策，推行满汉分屯别居，一定程度上缓和了满汉民族矛盾。在满洲八旗的基础上，皇太极发展了蒙古八旗和汉军八旗，不同的仅是后者的都统并非世袭，而是皇帝本人任命和自行掌握。努尔哈赤时期，后金政权实行大汗专制、诸王议政会议共同主政的统治策略，皇太极继承汗位，即是由努尔哈赤年长诸子组成的四大贝勒会议推举产生。皇太极为强化君主专制的权威，终止了四大贝勒并坐，改为大汗"南面独坐"制度。他仿照明政权，设立三院、六部、都察院和理藩院等机构，吸收范文程等汉人谋士参与决策。

清政权控制了漠南蒙古后，大为增强了满洲铁骑作战所需要的马匹资源，切断了明军的战马供应。皇太极积极招降汉族将领和知识分子，这不仅提升了清阵营人力资源素养，部分降将还带来从澳门葡萄牙人那里学来的红衣大炮制造技术。公元1641年，明清两军在锦州、松山一线展开激战，皇太极亲自奔驰前线，终于取得决定性的胜利。除宁远等四城外，明军在山海关外防区全线崩溃。洪承畴兵败被俘，经皇太极亲自劝说后变节。

亡国之际，大部分文武攀附新朝

崇祯时期，明政权所能动员的人力和财力资源，根本无力应付内外两场大规模的战争。中原灾荒民变四起之时，明政权仍在加征"辽饷""剿饷""练饷"，超过正赋的数倍。公元1639年，张献忠在谷城再度起兵。李自成率部自商洛山进入河南，不但饥民跟随达十余万人，甚至有少数士人加入。思宗处决熊文灿后，任用杨嗣昌亲自督师围剿。公元1641年，张献忠摆脱明军追击后，奔袭军事重镇襄阳，处死襄王朱翊铭，李自成攻下洛阳，处死福王即明神宗第三子朱常洵，农民军队发展超过百万人。杨嗣昌惊惧而死。

明清两军锦州、松山对决之际，皇太极曾主动试探和谈之议，明思宗同意兵部尚书陈新甲等少数阁臣所请，和清政权秘密商议和谈具体条件，但陈新甲在操作过程中疏忽，致使和谈信件在邸报上曝光，引起朝堂上一片丧权辱国的指责之声。思宗竟屈从舆论改变初衷，将和盘托出的陈新甲作为替罪羊处死。[1]

思宗是明政权太祖以来最勤政的皇帝之一。他更正了明世宗嘉靖帝、明神宗万历帝多年不朝的旧习，革除明熹宗天启帝将朝政甩手的弊政，不但亲自批阅奏章，还认真参加例行的经筵与日讲。明思宗严以律己，要求文武臣下"提起精神，殚靖忠国"，但他过于以"重典绳下"的结果导向进行惩罚，引发了君臣之间的离心离德现象。据统计，崇祯一朝十七年，内阁大学士前后任用五十人，兵部尚书换了十四人，刑部尚书换了十七人，共有两位阁臣、七位总督和十一位巡抚被诛杀。

---

1 樊树志：《大明王朝的最后十七年》，北京：中华
书局，2007年版，第227—234页。

明政权组织体制内部，朋党之争的情况并未终止。其中以生员探讨科举制艺名义成立的复社，确有原东林被难遗孤加入，其入仕之后，不可避免地和原来倾向阉党的分子发生冲突。思宗一度相当信任的内阁首辅温体仁，即被一些人士认为和阉党余孽一丘之貉，而受到复社成员支持上台的内阁首辅周延儒，最后因谎报军情被思宗下令致仕自尽。崇祯朝后期，明政权坠入了前方将帅动辄得咎、朝堂之上报喜不报忧的怪圈。由于士大夫之间的门户之见，加之价值取向成为决策过程中的主要影响因素，国家始终无法对内外之变形成正确可行的策略。至少部分大臣对明政权品牌和皇帝失去了信心。

公元1640年后，华北诸省除旱灾蝗灾之外，又发生大规模鼠疫，这给了李自成农民武装极大的机会。李自成乘势提出"均田免赋"及"不当差、不纳粮"（《明史·李自成传附李岩传》）等口号进行动员，先向南进军湖广，攻下襄阳。公元1643年，李自成在襄阳自称新顺王，北上进取关中。稍早时，明思宗重新起用前陕西巡抚孙传庭，一再催促他出潼关进攻，结果孙传庭主力部队在汝州惨败，不久他在潼关战死。公元1644年阴历正月，李自成在西安建立大顺政权，分两路进兵北京，一路之上明军基本不战自溃。内阁大学士李建泰代帝出征，最后竟向民军投降。

思宗曾经倾向迁都南京，这可能是当时唯一能避免覆亡的方案，但在主张坚守宗庙社稷的大臣们反对下，他又改变了主意。北京陷落之后，明思宗下令后宫嫔妃自尽，亲手砍杀、砍伤女儿，来到煤山自缢身亡。当时仅有四十余位大臣殉节尽忠，大多数的原明朝文武百官则急于攀附新朝。[1]

清继承明中央政权组织体制

公元1643年，即明思宗崇祯帝殉国的前一年，清太宗皇太极突然病逝。根据诸王贝勒会议的共同推选，6岁的皇太极第九子福临被拥立为帝，改年号顺治，是为清世祖。睿亲王多尔衮和郑亲王济尔哈朗共同辅政。多尔衮为皇太极之弟、努尔哈赤第十四子，经历过征伐蒙古、朝鲜及松锦战役等多次考验，又曾被皇太极安排负责吏部，成为满洲统治集团的实际核心。

李自成集团进入北京后，忙于以暴力逼迫原明政权官僚交出金银财物，充作大顺政权军饷。当时宁远守将吴三桂勤王之师退居山海关附近，李自成等人掉以轻心，大将刘宗敏还霸占吴三桂爱妾陈圆圆，这直接促使了吴三桂向清政权求助。多尔衮接到吴三桂的密信后，做出了入主中原的关键性决策。公元1644年阴历四月，正当李自成率部在山海关和吴三桂大战时，多尔衮突然率满蒙铁骑加入，大顺军队全线崩溃。李自成退出北京前，在武英殿即皇帝位，占据北京前后不过四十二天。

清军进入北京城之后，多尔衮立即宣布为明思宗崇祯帝发丧。《大清世祖章皇帝实录》记载，多尔衮发布了范文程起草的告示："且天下者，非一人之天下，有德者居之。军民者，非一人之军民，有德者主之。我今居此，为尔朝雪君父之仇，一贼不

---

1 〔日〕冈田英弘、神田信夫、松村润著；王帅译：
《紫禁城的荣光：明清全史》，北京：社会科学文献出版社，2017年版，第193页。

灭，誓不返撤。"六月，世祖顺治帝入居紫禁城，再度举行登基大典，公开宣示明政权已亡，天命已转移至清政权，试图占据统治天下的合法性高地。一度向大顺政权俯首的前明政权官僚，又一次臣服于清统治者。汉学家魏斐德认为，思宗当时拒绝了南迁的建议，这对清占领北京时的形势产生了深远的影响。清比较完整地接管了明朝的中央政府，遂拥有了他们颇为缺乏的东西，由此接收了明朝几乎全部汉族官吏，依靠他们管理天下并最后征服南方。明思宗崇祯帝的决定，还导致诸多皇室宗亲之继承权利的暧昧不定，以致派系倾轧削弱了南明政权。[1]

多尔衮指挥清军逐步平定河南、山东等地，以主力进攻退入关中的李自成集团，而对于南明政权采取军事策略上的守势。多尔衮大量礼遇和招降前明政权的官僚、将领，甚至连名声较坏的大顺政权丞相牛金星，归降后其子也被任命为地方小官。清政权入关后，不再把归降汉人编入八旗，前明政权的降军另组为绿营，作为国家的常备武力。当时北方地区的国家治理已经崩溃，各路民军及军阀建立的流动军事政权，对于民众的生命财产构成了极大的威胁。乡村社会历来保持士绅宗族自理的传统，各地因此普遍组织地方武装自卫。出于对恢复社会秩序强烈的要求，这些乡村自治体宁愿选择更有能力统一国家的清政权。山东、北直隶、河南和山西等地，大部分前明政权官员及地方武装降清，多尔衮甚至同意宽免和在较长时间内减免税赋，作为对整个山东地

1　〔美〕魏斐德著，陈苏镇、薄小莹等译：《洪业：
　　清朝开国史》，南京：江苏人民出版社，1995年
　　版，第228页。

主集团投诚的奖励。[1]

公元1645年，清军攻破潼关，李自成被迫放弃西安，退往湖北一带，随后在通山县九宫山被地方武装杀害。张献忠入川后建立大西政权，由于得不到士绅民众支持而疯狂屠杀。公元1647年，张献忠从成都北上途中被清军射杀。李自成、张献忠余部大多奉南明政权为正统，继续进行反清斗争。

南明政权未能凝聚抗清的价值

明思宗殉国一个月后，神宗之孙、福王朱常洵之子朱由崧在南京即皇帝位，改年号弘光，历史上称为南明政权。依照宗法伦序的祖制，朱由崧无疑是最适合的选择，但部分东林、复社人士考虑，朱由崧祖母郑贵妃为"梃击"等案中东林阵营的对立面，主张以立贤原则拥戴非神宗嫡系的潞王朱常淓。兵部尚书史可法作为南京文臣之首，可能内心倾向于东林党人，和凤阳总督马士英密议拥立桂王的折中方案。顾诚先生认为，史可法在定策问题上犹豫不决，朱由崧为登上大宝，不得不乞援于江北四镇诸将，以致本来无功可录的武将一个个以定策元勋自居，造成武将挟制朝廷、无意进取的局面。[2]

马士英入阁担任首辅，史可法不得不自请江北督师，而史可法又驾驭不了跋扈自雄的四镇诸将。东林、复社人士大喊大嚷

1　〔美〕魏斐德著，陈苏镇、薄小莹等译：《洪业：清朝开国史》，南京：江苏人民出版社，1995年版，第403页。
2　顾诚：《南明史》，北京：光明日报出版社，2011年版，第40—41页。

"秦桧在内、李纲在外"，一年内发生"大悲""伪太子"和"童妃"三案。最具实力的左良玉军阀集团驻守武昌，竟以清君侧的名义同室操戈，沿长江顺流而下攻向南京。这些都和北宋末年各地勤王之师风起云涌的局面大相径庭，反映出弘光政权未能形成凝聚各地军民抗击清政权的共同理念。史可法、马士英等人采取的"联虏平寇"的策略，即联合清廷剿灭民军而平分天下，根本是对大环境及对多尔衮决策能力的误判。

公元1645年，多尔衮击溃大顺军主力后，即遣清军长驱南下。史可法兵败殉国，江北及左良玉残余集团诸藩镇均叛变。清军渡江后，弘光政权土崩瓦解，赵之龙、钱谦益等大臣打开南京城门迎敌，江南绝大多数州县纳土而降。弘光帝朱由崧出逃后被俘，又被押解回南京，《明季南略·弘光拜豫王》中记载，"夹路百姓唾骂，有投瓦砾者"。清政权真正触碰各阶层人士心理底线的政策，是多尔衮颁布强迫汉民剃发易服改行满俗的命令，这不仅引发江南士绅的激烈反对，也促使部分已经投降的文官武将重新投入反清活动。江阴、嘉定和昆山等地士民自发起义，遭致清统治者血腥屠城。这与其说是复兴明政权的运动，不如视为对儒家礼仪价值的坚守。

南明弘光政权覆亡后，潞王朱常淓监国，随即降清，鲁王朱以海、唐王朱聿键先后争取大位，互不相让。之后清军南追，鲁王流亡海上，改年号隆武的唐王被俘遇害。公元1646年，神宗之孙、桂王朱由榔在广东肇庆即位，改年号永历。桂王政权延续了隆武时期起始的联合民军抗清策略，一度号令通行西南多省，但终究内受朋党、军阀制约，外遭洪承畴、吴三桂等降将协同满洲八旗进攻，最终被迫退入缅甸境内。公元1662年，永历帝朱由榔在昆明被吴三桂绞杀。

明、清资源力量的逆转

明思宗朱由检被意识形态的教条绑架，作为大动荡时代的最高统治者，他缺乏战略家必须具备的策略弹性，始终无法聚焦国家有效的资源，做出审视大环境后符合实际的调整。明代运营系统君权独大，大部分最高统治者君德不彰，这也是士大夫追求价值正确和朋党利益的原因之一，直接导致了士大夫对明政权品牌和皇帝的忠诚体系崩坍。北京、南京相继陷落之际，大量官僚士人改换门庭，较快实现了新旧运营系统的转换。虽然世界已经进入大航海时代，明清易代的模式，依然是传统的儒家文明闭环中改朝换代的最后一次。

从表面上来看，仅仅二十万满洲铁骑，迅速征服了拥有六千多万民众的广大地区。其实，清政权入关之后，几乎完整地继承原明政权的中央组织体制，掌握了国家财政的征收，战争支出不再依赖八旗军民自筹，大批原明军、民军投降并加入清军。比如洪承畴、吴三桂及制造广州大屠杀的尚可喜、耿继茂等人，都是具有相当作战经验和能力的前明将帅。无论是财力还是人力资源，清政权的综合能力，都远在关内各种抵抗力量之上。野蛮而富有生机、效率的清八旗集团，战胜了治理体系出现极大缺陷的明政权，成为了统治中国的决定性力量。

第 七 节

最后的康熙大帝

清圣祖康熙帝玄烨开创了帝制时期最为持久的盛世。他决定性地拓展了努尔哈赤、皇太极和世祖顺治帝的基业，之后世宗雍正帝、高宗乾隆帝发扬光大，把多民族国家治理的运营系统推向成熟。康熙帝以平三藩、收台湾完成对汉地的统一，又以汉地巨大人力和财力资源，继续统一漠北、漠西蒙古，以及广阔的藏区。继辽、元等政权之后，清政权构建起最为稳定的以少数民族为统治主体兼以多元的运营系统，一面通过八旗子弟驻防京城及国内要地，监视、震慑当地的军政当局，一面在东北、汉地、蒙古和西藏等区域，采取符合当地习俗的统治价值和策略。康熙帝大力倡导朱子理学，垄断儒家经典及明清易代历史的解释权，制造文字狱压制思想上的不同声音，这既是延续明太祖朱元璋之后高度专制的君主权威，又烙上了满洲少数民族统治的特征和缺陷。康熙帝多次减免各地赋税，推行轻徭薄赋的公共政策，雍正时期更是宣布摊丁入亩，取消了人头税，这些体现儒家仁政思维的措施，相当程度上反映了最高统治者争取汉族民心的考虑。

康熙帝晚年一味宽仁，造成组织体制松散，影响到了资源的动员，雍正帝即位后予以了纠正。

多尔衮和顺治帝

多尔衮入关之后，指挥了对李自成、张献忠集团及南明政权的军事行动，世祖顺治帝到北京再行登基后，多尔衮被正式封为摄政王，公元1648年，多尔衮将皇太极长子豪格下狱治罪，自称皇父摄政王，实际上行使最高统治者的权力。在他的主导下，清政权沿袭了明代中央六部等大部分组织机构设置，分设满汉尚书，恢复科举考试，保留诸王议政会议等满洲制度。多尔衮革除了一些前朝弊政，诸如取消三饷等苛捐杂税，废撤了东厂、锦衣卫等特务机关，但他又下达剃发易服的命令，极大地激化了满汉之间的矛盾。

清政权在京畿地区大量圈占土地，又在北京内城圈占全部官房民舍，分给八旗官兵及其眷属，将大量农田变成皇庄、旗庄，强迫内城的汉人限期外搬。旗人可以不工、不农、不商，可以奴役失地投充的农民，清政权还规定国库给八旗按人、按月终生发放钱粮，专门制定了捕捉逃亡奴仆的法律。多尔衮仿效金代安置猛安谋克的做法，给京城民众带来灾难性动荡，也给清政权埋下困扰和隐患。[1]

公元1650年，多尔衮坠马去世，不久被顺治帝下令剥夺生前封典，毁墓鞭尸。14岁的顺治帝亲政后，较为注重对南明将领的招降，最后终结了永历政权。在"首崇满洲"的前提下，重视内三院满汉文臣的作用，后又将之改为内阁，成立翰林院，有意识地任用汉族官吏。

公元1661年，24岁的世祖顺治帝患天花去世，生前与孝庄

---

[1] 阎崇年：《森林帝国》，北京：生活·读书·新知
三联书店，2018年版，第175页。

太后商量，遗命已出过天花的第三子玄烨继位，由索尼、苏克萨哈、遏必隆和鳌拜等异姓贵族共同辅政。8岁的玄烨改年号康熙，是为清圣祖，又被称作康熙皇帝。在满洲亲贵起草的十四条世祖遗诏里，否定了渐习汉俗、重用汉官等顺治朝政绩，这种反复充分展现了满汉融合的复杂性和长期性。四辅臣体制恢复"独崇满洲"、贬抑汉臣及崇武抑文的政策，之后索尼去世，苏克萨哈为鳌拜所害，逐渐形成了鳌拜专擅朝政的局面。公元1669年，16岁的康熙帝亲政两年之后，秘密召集少数宫廷侍卫，一举擒拿鳌拜，将其下狱治罪，实现了最高统治者的乾纲独断。

平定三藩，收复台湾

康熙帝亲政后最大的挑战莫过于三藩之乱。多尔衮及顺治帝等满洲集团统治者，为了笼络吴三桂等前明降将效命疆场，先后封吴三桂为平西王镇守云南兼辖贵州，尚可喜为平南王镇守广东，耿仲明之子耿继茂袭位靖南王镇守福建。三藩拥有相当的军事实力，在其辖地自行收取赋税，推选和节制地方官吏。这种模式类似汉初分封异姓王和唐中期后节度使割据，尽管还不是名义上的裂土分疆，但已经成为清政权在汉地推行中央集权统治策略的异己力量。公元1673年，康熙帝在御门听政会议上做出撤藩决定，遂引发吴三桂集团全面造反之变。尚可喜之子尚之信，耿继茂之子耿精忠，以及台湾郑成功之子郑经等响应。四川、陕西等多地降清的前明军旧部参加，计有总督一人、将军一人、巡抚五人、提督八人和总兵二十余人，战火一时燃遍了大半个中国。

吴三桂以反清复明为号召，恢复汉家衣冠服饰，伪称拥护前明"三太子"。各地汉族民众确实有蓄发易服自发起事者,但他毕竟是杀害南明永历帝的直接凶手,缺乏真正凝聚士民效忠的核心价值。吴三桂年高老迈暮气深重,攻下湖南之后,不再跨长江而攻中原,实行割据南方半壁而不是统一中国的策略。反清各军相互猜忌各行其是,缺乏自上而下的全国性指挥系统。

康熙帝在战争的历练中决策能力渐趋成熟,在叛军一度占有优势的情况下,他从未处罚当时力主撤藩的大臣,坚拒五世达赖喇嘛提议与吴三桂集团和谈平分天下的主张。清政权始终控制华北、江南的大部分地区,拥有的人力、财力资源均在吴三桂集团之上。尚之信、耿精忠及西北诸部受挫后投降,形势出现逆转。公元1678年,67岁的吴三桂改国号周,在湖南衡州自立为帝,同年病死,传位于其孙吴世璠。公元1681年,清军攻入昆明,终结了历时八年的三藩之乱。1683年,康熙帝以施琅为将,派遣水师渡海攻入台湾,郑经之子郑克塽纳土归降,至此实现了汉地完全的统一。

击败噶尔丹,主导西藏政权

直接对康熙帝构成威胁的,尚有漠西蒙古准噶尔汗国的崛起。清太祖努尔哈赤、太宗皇太极制定了满蒙联盟的长期策略,漠南蒙古即内蒙古地区归附后,接受了清政权编旗、联姻等政治安排。漠北喀尔喀三部(外蒙地区)、漠西蒙古厄鲁特四部,以及依附于蒙古贵族的藏族地区,虽然他们名义上向清政权保持着进贡和受封的臣服关系,但包括今天的新疆、青海和西藏的广大地区,仍然处于蒙古诸部直接控制的状态。

公元1247年，代表蒙古国的阔端、代表西藏佛教力量的萨迦班智达凉州会盟后，蒙藏两大民族逐步建立了一种特殊的亲密关系，即藏区接受蒙古贵族的军事统治，蒙古诸部先后接受了藏传佛教的宗教信仰，之后又树立了达赖喇嘛黄教领袖的权威地位。明清易代时期，被称为四卫拉特的厄鲁特四部，即准噶尔部、和硕特部、土尔扈特部和杜尔伯特部，大致在天山以北、阿尔泰山以南区域游牧，四卫拉特松散的盟主、和硕特部首领固始汗移帐青海，击败了支持红教的喀尔喀蒙古势力，随后深入西藏，扶植达赖五世共掌军政大权。

噶尔丹为准噶尔部首领之子，出生时被认定为活佛转世，后赴西藏出家学佛，颇受达赖五世的赏识。公元1670年，准噶尔部发生内乱，在达赖五世、第巴桑吉嘉措等西藏政教领袖允诺和暗助下，噶尔丹回到准噶尔部，还俗并成为台吉。他以兴盛黄教为核心理念，迅速征服了卫拉特各部。公元1678年，噶尔丹称可汗，向南攻陷信仰伊斯兰教的维吾尔族地域，向西讨伐哈萨克等族的中亚草原，后又利用喀尔喀外蒙部落内部的矛盾，转身向东征伐，渐露统一蒙古诸部，进而和清政权争夺天下的长期目标。

针对噶尔丹和沙皇俄国军队勾结的情况，康熙帝指示清军，率先反击东侵的俄军。公元1685年，清政权满、蒙、汉和达斡尔联军，千里奔袭黑龙江上游地区，收复了被俄军占据了二十余年的雅克萨城。清军毁城撤离后，俄军又卷土重来。公元1686年，清军兵分两路围攻雅克萨城，再度重创俄军。公元1689年，经康熙帝同意，索额图等大臣代表清政权，第一次以中国皇帝的名义，与俄罗斯代表在尼布楚城谈判，重新确定了两国之间东段的边界。康熙帝没有坚持中原政权朝贡体系的话语传统，双方按照主权对等的方式进行。《尼布楚条约》的签订，一度遏制了沙皇俄国对于亚洲的入侵，为清政权解决噶尔丹集团的扩张解除了后顾之忧。

康熙帝三次亲自统率大军北上，深入漠北征伐准噶尔，并亲自主持喀尔喀蒙古贵族会盟。公元1690年，两军在乌兰布通附近遭遇，康熙帝发高烧被迫回銮，噶尔丹遭受清军重创之后逃遁。公元1691年，康熙帝为处理喀尔喀各部的内部纠纷，亲自来到内蒙古多伦诺尔，喀尔喀蒙古三大部及内蒙古四十九旗王公贵族以康熙帝大帐为中心，举行了连续六天的大会。在多伦会盟的过程中，康熙帝通过请罪、众议、赦免、赐宴、封赏、大阅、建寺和编旗等形式，平息喀尔喀两部的积怨和纷争，推广清政权的编旗、封爵和法律制度[1]，实际上依照内蒙古的模式，废止三部旧有名号，将喀尔喀蒙古直接纳入清政权统治的地区。

公元1696年，清军三路大军越过大漠分进合攻，康熙帝亲自指挥中路。其中西路军在昭莫多狙击噶尔丹，依照康熙帝预授的"下马步伐"之策，击杀噶尔丹之妻阿奴等数千人。噶尔丹仅率二十余骑夺路而逃。公元1697年，康熙帝再度第三次亲征，途中得知噶尔丹去世的消息，即不战班师回京。

游牧民族占有兵民合一、擅长骑射的先天优势，准噶尔又从俄罗斯引进火器等先进武器，军事资源上至少并不逊于清军。噶尔丹等准噶尔蒙古贵族，结合了西藏黄教的宗教势力，设立宰桑制，将一切权力收归汗庭，改行集权制统治和动员策略，一度建成数百万平方公里的草原王国。满洲作为东北的渔猎民族，康熙帝时期八旗尚保持一定的战斗力，并控制了汉地巨大的人、财、

1　阎崇年:《康熙大帝》，北京：中华书局，2008年版，第104页。

物资源，可在受到消耗后迅速重新补充。清王朝结合了农耕民族后，资源和组织体制的稳定性，相较于流动的游牧政权，其整体上的优势依然明显。

噶尔丹去世后，原先另立山头的侄子策妄阿拉布坦继任台吉，继续称雄西域及中亚诸地。公元1717年，他派遣贵族大将大策凌敦多布带领六千勇士，从伊犁取道叶尔羌，《清史稿·西藏列传》中记载，"绕戈壁，逾和阗南大雪山，涉险冒瘴，昼伏夜行"，历经八个月长途跋涉，攻下黄教之都西藏拉萨，取代了和硕部固始汗系七十余年的军事占领。

之前西藏地区曾处于混乱的状态。五世达赖圆寂后，第巴桑吉嘉措秘不发丧达十五年之久。公元1705年，固始汗之曾孙拉藏汗以青海的蒙古骑兵，杀死了桑吉嘉措，另立第巴。这一期间，先后出现了三位六世达赖喇嘛，分别是桑吉嘉措拥立的仓央嘉措，拉藏汗拥立的伊喜嘉措，以及和硕部青海诸台吉拥立的噶桑嘉措。康熙帝一度采取调解团结的政策，设置驻藏大臣常驻拉萨，协同处理拉藏汗与青海诸台吉的和硕部的内部不和。公元1713年，他又依册封达赖之例册封班禅，作为对达赖系统独大的牵制。

准噶尔军队杀死拉藏汗后，康熙帝作出了兴兵安藏的重大决策。公元1718年，入藏清军轻敌遭遇伏击，相持月余全军覆没。同年，康熙帝力排众议，以皇十四子胤禵为抚远大将军王，统率三路大军进军青藏，并护送噶桑嘉措赴拉萨布达拉宫坐床。康熙帝解决了达赖转世灵童之争的难题，随后清军长驻西藏地区，组成了中央主导的西藏地方政权，这标志着西藏进入了清政权直辖的版图。

帝制时期自两宋金元诸政权以来，女真满洲族、蒙古族、藏族及汉族等民族经历了长期的战争和融合，至前清时代，先以满蒙（漠南蒙古）联盟的方式征服汉地，继而又以满汉对决蒙（漠西蒙古）藏的方式，终于初步收获了阶段性平衡的结果，为近代中华民族概念的形成奠定了基础。

儒家权威与君臣的主奴关系

清政权在汉地以暴力血腥的手段，强迫汉族士民剃发易饰，改行满俗，又推崇孔孟之道，将儒家思想作为统治的核心理念，折射出清统治者自视华夏正统却又内心自卑的状态。公元1677年，康熙帝在他早年读书的南斋设立南书房，聘请汉族儒臣士人读史论经、切磋诗文，后又发展为起草诏书、代笔书法。公元1679年，康熙帝特设博学鸿词科取士，多方延揽各地汉族名士进入组织体制，对于黄宗羲、顾炎武等大儒拒不赴试，康熙帝依然予以宽容。这些政策措施缓和了满汉之间的对立，但经历了三藩之乱的康熙帝内心深处，对于汉族士民仍抱有深深的怀疑。[1]公元1684年，康熙帝南巡经过曲阜孔庙，亲行三跪九叩大礼，至南京后亲赴孝陵，祭拜明太祖朱元璋，十五年后又亲题"治隆唐宋"之碑，这些具有高度政治含义的动作，无不宣示"自古得天下之正莫如我朝"的思想。

康熙帝颁《孟子庙碑》，将孟子封为亚圣，推崇朱子理学作为官方的意识形态，他从儒家经典中研究最高统治者的求治之

---

[1] 姚念慈：《康熙盛世与帝王心术：评"自古得天下之正莫如我朝"》，北京：生活·读书·新知三联书店，2015年版，第60—61页。

道，又以"知行合一"的理念要求臣下，周围聚集一批理学名臣，其实亦不乏垄断儒家思想解释权的考虑，从而把自己放到了儒家的最高权威的地位。

从入关前追求满洲族群的认同立国，演变为尊崇儒家思想的核心价值，本质上都是为了从心理上最终征服广大的汉族士民。清代是高度禁锢士大夫思想自由的时期，通过八股文考试的科举制度，清政权以入仕换取汉族儒生的效忠，把儒家价值机械地简化为僵硬的忠君教条。康熙帝相当重视历史上关于正统王朝的论述，去世前的一年，尚在亲自安排历代帝王庙的规划格局，其中特别礼遇辽、金政权的统治者，这实质上是强调同为少数民族入主中原的清政权的合法性。康熙帝对于《明史》的编撰特别关注，多次从固有的思维模式出发，竭力搜索万历朝以后衰亡、天命转移的证据，以此证明努尔哈赤起兵及清军入关顺天应人。清政权统治者以胜利者的傲慢姿态独占明清易代的历史叙述，将赤裸裸的民族屠杀，美化为天命所归的成汤革命，任何人有不同意见即被视为异端而遭致惨祸。

康熙帝即位之初，富商之子庄廷鑨刊行《明史辑略》，书中尊奉南明诸帝年号，而不采用顺治帝年号，将努尔哈赤称为建州都督。遭告发后，辅政四大臣过问，将庄氏全家及作序、刻印、售卖者和地方官等七十余人处死，上百人被流放充军。公元1711年，又发生《南山集》及《滇黔纪闻》案，著者戴名世、方孝标等人，否定顺治朝的正统地位，康熙帝亲自处理，将戴名世处斩，已死的方孝标斫棺锉尸。

以皇帝为核心的满洲八旗亲贵集团，在国家运营系统中占据绝对主导地位，是清政权中央集权、君主专制统治策略最主要的特征。满洲宗室贝勒、亲贵勋臣组成议政王大臣会议，是清政权早期最高中枢机构，皇帝作为八旗共主拥有最终的决定权。尽管之后仿照明制设立了内阁和六部，汉族士大夫循科举之途进入高层，但满洲子弟始终处于首要。内阁、六部分设满汉大学士、满汉尚书，其中满洲官员参与决策和监督，汉族官员主要负责办事执行。

自努尔哈赤时期始，君主与旗民即是一种主奴关系，所有的旗民都向皇帝自称奴才，满洲八旗地位最高，其次为蒙古八旗，再次为汉军八旗。旗民之中尚有掳掠来的汉人奴隶称为包衣，清代的包衣外放为封疆大吏者亦不在少数，而汉族官僚的实际地位比包衣还不如。两宋时代实行君主与士大夫共治策略，明代君权独大，仍有部分士大夫坚持道统抗争，到了清政权时代君主一人独裁，汉族士大夫完全沦为附庸。康熙帝设立南书房，清一色选用汉族文臣，最终成为仅服务于皇帝个人的内朝机构。阎崇年先生评论，南书房官员与康熙帝的关系，可以说是亦师、亦友、亦臣、亦奴。[1]

以满治国兼以多元的运营系统

康熙帝对于幅员辽阔的多民族国家的治理，坚持一国之内不同的文化价值并存，实行以满治国兼以多元的运营系统共治的模式。清政权统治边地的少数民族，并不存在文化落后导致的自卑，心态上反而相对放松，也不要求这些边地少数民族剃发易饰改采满俗。在蒙古诸部及藏区，康熙帝继续推崇黄教，在西北

1　阎崇年：《康熙大帝》，北京：中华书局，2008年版，第74页。

回族聚居区，清政权尊重民众的伊斯兰信仰，最高统治者以中国之主君临天下，身兼八旗共主、蒙古大汗和藏传佛教保护者多种角色。所谓的以满治国，指作为清政权最重要统治力量的二十余万八旗兵力，将近一半作为禁旅八旗拱卫京师，另外一半作为驻防八旗，分驻全国各重镇要津和边疆重地，共在各地设立十余个驻防将军职位，或直接管理或监督各地方各民族的组织机构。

所谓的多元运营系统，是指在东北地区，在人口占绝大多数的汉地十八省，以及在内外蒙古、西藏等少数民族地区，清政权采取不同的各具针对性的统治策略。清政权其实拥有两条平行的组织体制线路，一条作为嫡系的八旗子弟系统，一条属于内阁六部的各地官僚集团系统，以及属于理藩院体系的各边疆自治单位系统，而皇帝则处于金字塔的塔尖。

在努尔哈赤、皇太极创业的东北地区，设置盛京将军、吉林将军和黑龙江将军直辖，清政权遵循满洲军事体制为主及旗民分治原则，严禁关内汉人移居东北。

在广大汉民聚居的核心地区，设置江宁、荆州、杭州、福州、广州、西安、成都和宁夏等处驻防将军，统率八旗子弟世代镇守，震慑、监视当地的军政要务。清政权沿袭明制建立省府县三级地方体制，除直隶、四川单设总督外，其他一般的两省或三省设立总督，各省分别设置巡抚，督抚之下又设置负责民政、财政的布政使，负责司法、监察的按察使，以及负责本省绿营军的提督、总兵等人。督抚分疆而治互相牵制，各自直接听命于皇帝。两司、绿营名义上受督抚节制，其实分别向中央各部汇报。督抚多用满人、旗人，根据康熙帝创立的密折独奏制度，所有的督抚、两司和提镇官员，均有权直接向皇帝点对点地密折呈报。

在北方边疆游牧的内外蒙古地区，清政权设置绥远、乌里雅苏台等地驻防将军，监督管理蒙古诸部，对于内外蒙古各部落采取联姻、编旗和会盟等模式。清政权皇帝与蒙古王公贵族世代保持姻亲关系，通过盟旗制度重新划分了蒙古诸部的组织体制，各旗之间严格划定旗界，严禁越界游牧。每旗设札萨克一人管理旗务，旗的上层组织为盟，盟长和副盟长各一人，由理藩院报请皇帝任命。康熙帝五十余次出塞巡视蒙古，创立"木兰秋狝"制度，即每年在热河行宫的木兰围场举行秋狝大典，例行会见蒙古王公。清政权对蒙古的管理与以前各朝代对边远少数民族地区的管理，如唐代设立的都督府州等有本质的不同，后者由中央政府赐予当地民族首领名号，仅是在名义上服从中原王朝，实际上并没有实行直接统治与管理，而清政权拥有对蒙古地区的完全主权和统治权。[1]

在青藏高原上的西藏地区，康熙帝时期首次设立驻藏大臣，并驻扎军队，对于藏族区域进行监管，清政权支持达赖和班禅建立政教合一的自治体制，以藏传佛教特有的转世方式实现传承。

实践儒学的仁政理想

重视农业、关注民生，从而赢得广大汉族民众的认同感，甚至产生感恩戴德的心理，是康熙帝实践儒家仁政的重要心理动能。康熙帝亲政后，陆续废止满洲贵族圈地及汉族民众的投充，将大批圈占土地变为更名田，分给无地或少地的民众耕种。作为游牧民族的后代，康熙帝仿效农耕文明治理体系的贤君典范汉文

---

1 侯杨方:《盛世 康乾》，北京：中信出版社，
   2019年版，第58—59页。

帝，亲赴先农坛行亲耕之礼，并祭祀先农之神。针对黄河倒灌入淮，黄淮之水涌入大运河严重影响漕运的水患，康熙帝将之视为和"三藩"同等重要的大事处理。他先后六次巡视黄河，重用靳辅、于成龙等能臣廉吏，几经反复，历时二十余年持续努力，终于大功告成。

康熙帝时期，历经削平三藩及准噶尔汗国等大规模战争，财力资源的消耗较大，国家一度无法全面实施轻徭薄赋的政策，但康熙帝仍注意避免扰民，反对在正常的税赋外增加民众的负担。尽管鼓励民众开垦了大量荒地，但康熙帝对于丈量土地、交纳钱粮保留了态度，认为这将加剧与民众之间的矛盾。对于包括河患在内的自然灾害导致的民众生活困难，清政权采取了蠲免钱粮、组织赈济和平抑米价等多种政策措施。当康熙帝了解到，国家蠲免江浙等旱灾区的举动，被百姓称为"自古未有"之德政，他立即将频繁蠲免的政策作为清政权得国之正的依据而予以考量。公元1710年，全国共蠲免赋税已经超过一亿两白银，康熙帝仍然决定在登基五十周年之际，宣布三年内全国通免一周。《圣祖仁皇帝实录》记载："蠲免天下地亩、人丁新征、旧欠共银三千二百六万四千六百九十七两有奇。"

康熙晚期，全国人口超过一亿，国家每年财政收入三千多万两白银，每年人均承担的赋税不到半两白银。公元1712年，清政权推出以上一年度人丁数作为征收丁税的固定数的政策，之后"滋生人丁，永不加赋"。

康熙帝注重宽仁治国，以宽容之心对待民众、大臣和诸皇子，这是他读经阅史、服从儒家王道理性的结果，但亦导致某些弊端。康熙帝对于死刑的判决慎之又慎，全国每年勾决不过几十人，在位最后十年完全停止勾决，死刑率创帝制时期之最低。他较少杀戮文武大臣，《圣祖仁皇帝实录》记载，"立志待大臣如手足，不论满、汉、蒙古，非大奸大恶，法不可容者，皆务保全之"。他还反感上级对待下级苛刻，康熙时期官场气氛较为宽松。这些都在一定程度上导致吏治腐败，一些官员贪污受贿，借用公款之风泛滥，从中央到地方财政亏空严重。康熙帝虽下令要求归还挪用款项，却并不严厉处罚。

亲政之初，康熙帝即改变王公亲贵公推接班人的满洲祖制，改以嫡长子继承模式，预立皇二子胤礽为皇太子，之后照顾满洲组织体制的习俗，命成年后的皇太子及其他诸皇子分别建立府第，参与国家的军政机要。结果发生皇帝和太子派势力之间的矛盾，以及太子和其他皇子势力之间的矛盾。康熙帝两度废立太子，又一心要保全自己的子孙，故而身心交瘁。

公元1722年，已经统治中国六十一年的清圣祖康熙帝去世，他创下帝制时期最高统治者在位最久的历史。去世前不久，康熙帝遗命皇四子胤禛继承帝位，是为清世宗，改年号雍正，其又被称作雍正帝。

雍正帝的治国策略

清世宗雍正帝即位后，对外继续对青海等地用兵，进一步加强多民族国家的边疆治理，对内整顿组织体制内部的消极松懈，改革国家的资源动员方式。公元1723年，青海蒙古和硕特部罗卜藏丹津联络诸台吉发动叛乱，雍正帝以年羹尧、岳钟琪等为帅，兵分数路，迅速将叛军击溃，逼迫罗卜藏丹津逃往准噶尔。清政权在西宁设立办事大臣，处理当地蒙古族、藏族事务，将以往和硕特部控制的青海纳入中央直接统治。雍正帝一度从西藏撤军，之后西藏发生叛乱，他又恢复驻军，归至驻藏大臣管辖。在西南少数民族区域，雍正帝任用鄂尔泰大规模推进"改土归流"政策，即全面废除世袭的土司制度，改为清政权直接任免流官，标志着中央集权的策略在这些地区的确立。准噶尔汗国策妄阿拉布坦去世后，其子噶尔丹策零继位，多次挑衅清政权。雍正帝派遣岳钟琪及多位满洲将领率军征伐，其间经历和通泊之战全军覆灭的严重挫败，不得不与对方划界议和。

雍正帝登基仅一个月，立即下令全面清算钱粮，展开了从上而下的惩治贪污、严查财政亏空的吏治整顿。无论王公贵戚、高官勋臣，一旦查实贪污公款造成亏空，一律予以革职罢官、抄没家产。针对地方政权加征火耗被留为官员私用的弊端，雍正帝采纳了"耗羡归公"、发放官员养廉银的收支分列方案。公元1724年，雍正帝下旨清理官僚儒生的赋役特权，革除"宦户""儒户"名目，禁止他们将亲族田产挂靠自己名下逃避赋税，后又规定，仅允许免本人一丁差徭，违者治罪。

公元1723年，雍正帝做出历史性的决策，即从次年起，在全国范围内逐步推行摊丁入亩的赋税征收方式，把固定的丁税摊入田亩之中，实际上取消了已经实行数千年的人头税。此举被认为引发人口大幅增长，促进了移民、垦荒和外来农作物的广泛种植，增强了清政权的经济能力。

康熙朝晚期，围绕着最高统治者继承权之争，诸皇子及八旗亲贵形成了不同的拥立集团，这实际上影响了君主专制的权威。雍正帝在内外站稳脚跟后，随即对皇八子胤禩一党的主要成员进行清洗。其中皇十四子胤禵被从青海前线召回，发往康熙帝景陵监视居住。皇九子胤禟、皇十子胤䄉及胤禩先后被削爵拘禁，随后胤禟、胤禵死于圈禁地。年羹尧、隆科多作为雍正帝的心腹宠臣，也因骄狂跋扈、作威擅权，分别被赐自尽和监禁终生。雍正帝根据自己的经历，发明了秘密立储的制度，即生前不预立太子，而是以遗诏的方式在其去世后宣布。这避免了诸皇子结党争位，又保证君权独断，选择最有能力的皇子继承大统。

较之康熙帝，雍正帝在统治策略及立国价值的政治技术层面，又有新的推进。公元1729年，为应对与准噶尔汗国的战争，雍正帝成立了"军需房"，之后发展为军机处。皇帝挑选亲信臣僚充当军机大臣，以秘书型的内朝机构凌驾于议政王大臣会议及内阁之上，实现了君主个人高度的决策集权。公元1730年，雍正帝亲自编著《大义觉迷录》一书，驳斥汉民族中心的论调。以新正统论控制思想，确立多民族统治观点。他利用曾静策动岳钟琪反清一案，宣扬满族是儒家文化的继承者，君臣之伦大于华夷之辨，打击汉族不满异族统治的情绪。[1]

钳制思想，保证顺民的温饱

清圣祖康熙帝是继秦始皇、汉武帝、唐太宗和明成祖之后，第五位被称为大帝的最高统治者，又是继汉光武帝、唐太宗和宋太祖之后，第四位帝制时期内圣外王的最高统治者。在元明清帝国时代，康熙帝继往开来的清政权，实质上延续了辽、元政权多元的、因俗而治的多民族国家运营系统，并将之发扬、完善，同时又保留了明政权高度专制和压迫的统治策略，继续以朱子理学

1　常建华:《清朝大历史》，北京：中华书局，2020年版，第43页。

为国家的核心价值。一方面实行思想上的禁锢，一方面实行轻徭薄赋的措施，尽可能推出各种制度和政策，保证为顺民提供温饱和安全的最基本生活。康熙帝饱读儒家经典，以少数民族帝王的身份，将帝制时期农业文明的闭环治理推上高峰。

康熙帝通过北京的传教士，对天文学、数学等西方科学技术有所了解，对于欧洲近代工商业并非一无所知，但是他没有深入研究，仍坚守重农抑商的传统政策，晚年更下令实行矿禁和海禁。这和同一时代俄国彼得大帝主动拥抱西方治理体系的态度，形成了鲜明的对照。

乾隆帝的盛世自恋

清高宗乾隆帝弘历是帝制时期实际执政时间最久的皇帝，他承接了康熙帝开创的盛世局面，并试图以康熙帝的方法继续维持。乾隆帝最终击败准噶尔部，平定大小和卓叛乱，将多民族国家治理扩展至西域新疆地区。他组织编撰鸿篇巨制的《四库全书》，以儒家思想正统自居，同时又屡兴文字之狱，创下君主专制统治全面进入思想领域的纪录。乾隆帝继续以轻徭薄赋、蠲免钱粮作为清政权树立合法统治的手段，但是，随着人口数字不断增长，民众生存的基本需求日益受到挑战，八旗子弟的生计出现困难。乾隆时期，西方诸国先后完成治理运营系统更新，之后又发生工业革命，进而在全球范围内控制资源、瓜分市场。

乾隆帝无视世界上其他治理体系的存在，拒绝了解西方国家送上门来的工业化信息，反而强调恪守骑射等满洲传统，采取闭关锁国的政策，将清政权的国家运营系统，固化在保守、僵硬和脆弱的状态之中。

以严刑峻法代替宽仁之政

公元1735年，清世宗雍正帝胤禛去世，王公大臣公布遗诏，宝亲王弘历继位，是为清高宗，改年号乾隆，又被称作乾隆帝。

虽然是以秘密立储的方式产生，其实朝野早就清楚弘历的接班人地位。乾隆帝上台伊始，即大力强化皇帝一人独裁的中央集权、君主专制的统治。他完善了康熙、雍正时期的奏折独奏制度，即四品以上官员用折匣将奏折直呈皇帝，要求除大臣、九卿、科道之外，准许部属参领及翰林等奏折言事。

公元1737年，乾隆帝恢复了军机处的设置，军机大臣由雍正时期三人增为六人，鄂尔泰、张廷玉等重臣皆列入其中，军机章京由十人增为十六人，规定皇亲宗室不得进入，首席军政大臣必须是满人。乾隆帝将雍正时期统管前线军务的军机处，改为统管全国一切军政事务，但军机处仍不设衙署，军机大臣、章京都是兼职，保持皇帝秘书的角色。经乾隆帝发展、改进后的军机处，既有利于高度集中皇权，又便于皇帝有效行使皇权。朱元璋废除相权三个半世纪以来，始终困扰明清最高统治者的中枢辅政机构问题，至此终于得以解决。[1]

乾隆帝一度实行儒家思想的宽大之政，先后召回皇十叔胤祹、皇十四叔胤禵等遭到雍正帝压制的亲贵，对于满汉大臣失职的处罚一般较轻。但是，在宽大的原则之下，部分官员迅速陷入懈怠，贪污、挪用公款之风抬头。鄂尔泰、张廷玉两大前朝遗留的重臣，分别成为满汉大臣依附的对象。公元1745年左右，川西藏地大小金川地区发生叛乱，乾隆帝即遣清军大举进剿，两年多的时间，先后用兵二十余万，耗银两千余万两，居然屡遭败绩。公元1748年，和乾隆帝感情深挚的皇后富察氏去世，按照满洲习俗，官员在帝后之丧的百日内不得剃发，但还是有多人违制。乾

---

1 杨珍:《历程 制度 人:清朝皇权略探》，北京:学苑出版社，2013年版，第50页、第53页。

隆帝对于皇后之丧的"大不敬"事件相当愤怒，两位总督被勒令自尽，百余位高官受到严厉处分。因为金川战败，乾隆帝又下令将陕甘总督张广泗处死，亲往前线指挥的首席军机大臣讷亲被赐自尽，赐一等公庆复自尽。他以严刑峻法代替了宽大之政，乾隆朝反而成为清代杀戮高官最多的时期，反映出乾隆帝在最高统治者的实践中，对于法家方法论的感悟。乾隆帝还以多种方式打击鄂尔泰和张廷玉党羽，鄂尔泰去世后，又重点打击、羞辱年迈的张廷玉，直至张廷玉病死，鄂尔泰牌位也被撤出贤良祠。

多元制度的新疆方案

清政权两度平定大小金川的战争，是雍正朝改土归流政策的延续，持续进行了二十余年，位列乾隆朝所谓"十大武功"之中。清政权曾采取"以蕃制蕃"的策略，鼓励周边各部族的土司联合，去攻打最强的大金川。随着大小金川的土司之间出现妥协，可能影响到川藏地区的稳定，乾隆帝遂下令再度镇压。公元1771年后，清军先后动用十万大军，耗银七千多两，历时四年，其间发生较大的惨败，终于征服了仅五百平方公里的高原险峻之地。王柯博士认为，清政权之所以实行改土归流政策，虽然也有强化统治的目的，但同时还有一个目的就是想通过改土归流来证明清王朝是中华而非夷狄，与占国民最大多数的汉人立场相同，具有统治中国的正当性和合法性。[1]

1　〔日〕王柯:《从"天下"国家到民族国家：历史中国的认知与实践》，上海：上海人民出版社，2020年版，第186页。

乾隆帝即位之初，曾延续雍正帝与准噶尔部议和的政策，双方维持了二十余年的和平局面。噶尔丹策零去世后，诸子争位内斗，最终名将大策凌敦多布之孙达瓦齐，在前大汗策妄阿拉布坦外孙阿睦尔撒纳的帮助下，取得了大汗之位。随后达瓦齐和阿睦尔撒纳反目为仇，阿睦尔撒纳率部归降清政权。乾隆帝亲往避暑山庄接见阿睦尔撒纳，作出了立即征伐准噶尔的决定。公元1755年，清军以阿睦尔撒纳等部引导，分两路向天山以北准噶尔核心地区挺进，迅速攻下了伊犁。达瓦齐被送到北京后，被乾隆帝宽赦得以善终。乾隆帝以厄鲁特四部的旧例分治，分封四部汗王，这和阿睦尔撒纳欲成为准噶尔大汗的野心冲突，遂引发阿睦尔撒纳叛变，以及准噶尔归附各部重新反叛。乾隆帝不得不再度出师准噶尔，将准噶尔各部逐一荡平。公元1757年，阿睦尔撒纳逃入俄国境内后病亡。历经康熙、雍正和乾隆三朝七十余年，清政权终于宣告平准大业的结束。

天山之南信仰伊斯兰教的维吾尔民众聚居之地，当时被称为回疆地区，噶尔丹时期遭到准噶尔征服，其政教合一首领作为人质长期被扣在伊犁。准噶尔覆亡后，清政权将大和卓波罗尼都、小和卓霍集占释放。大小和卓兄弟先后返回后，不愿意臣服于清政权，杀死清政权的使者自立。清军孤军深入一度被围，大小和卓控制了天山之南大部地区。公元1758年，乾隆帝派大军从乌鲁木齐出发平叛，一路追击至帕米尔高原。公元1759年，波罗尼都、霍集占逃往巴达克山国被杀。准噶尔、回疆等地共二百余万平方公里土地，纳入了清政权的有效管辖。葛剑雄教授认为，清朝统一中国的大业至此完成。[1]

清政权将天山南北统称为新疆地区。公元1762年，乾隆帝正式任命旗人担任伊犁驻防将军，此为新疆地区最高军政长官。清政权根据新疆民族的不同情况，分别采取郡县制、札萨克制和伯克制等统治策略。在乌鲁木齐及以东地区，实施与内地汉区相同的州县制，鼓励内地民众移民垦荒；在北部哈萨克、蒙古诸部落，以及哈密、吐鲁番维吾尔地区，实行札萨克即旗长制度；在南部回疆地区实行伯克制度，即对当地的头人进行互不隶属管理，令其直接向伊犁将军汇报。乾隆帝废止了伯克世袭的做法，规定高级伯克不得在其出生地任职。清政权尊重当地伊斯兰教的宗教价值，但不允许和卓、阿訇等神职人员干政，严格执行政教分离的原则。乾隆朝时期，清政权在新疆地区确立的统治策略，是其在内外蒙古、西藏、青海之后，多民族国家以满治国兼以多元的运营系统的又一重要组成部分。

全面继承康熙朝的各种制度、政策

公元1773年，清政权在全国范围内征集图书，展开了编纂《四库全书》的浩大工程。这是乾隆帝炫耀文治、强化儒家立国的标志性事件，也是继康熙朝、雍正朝先后编纂《古今图书集成》《全唐诗》及《朱子全书》《康熙字典》后，乾隆帝直接领导的帝制时期最大丛书的编修。《四库全书》分经、史、子、集四大类，共计将近八万卷，约八亿字，号称集历代文化之大成，规模

1　葛剑雄：《统一与分裂：中国历史的启示》，北京：中华书局，2008年版，第59页。

超过《永乐大典》3.5倍。

在这旷古未有之盛事背后，乾隆帝以暴力、野蛮的手段，大肆收缴民间有碍清统治的书籍。据统计，至少有一千万份明代档案被全部销毁。编纂《四库全书》期间，清政权共焚书二十四次，毁掉书籍五百三十八种，计有一万三千八百六十二部以上，实际上和修入《四库》的书相当。[1]乾隆朝发生过一百三十余起文字大狱，一些知识分子被残酷处死，而大多数人仅因牵强附会、望文生义的理由。

经乾隆帝提议，清政权编纂完成《钦定国史贰臣表传》，将有功于清的洪承畴、祖大寿和钱谦益等多位前明将帅官僚列为贰臣，反而为抗清而被冤杀的袁崇焕平反，大肆表彰卢象升、史可法等为明政权尽节死难的忠臣。乾隆帝把忠于儒家价值、明政权和皇帝的晚明士大夫作为敬仰的对象，这实质上是要求清代的士人臣僚培养自身忠于儒家思想、清政权和皇帝的气节。乾隆帝自视为儒家道统的最高权威，追求治理体系价值观和方法论的统一，将清政权统治的合法性，和儒家忠君的伦理思想进行完美结合，并不惜把曾经帮助清政权夺取天下的前明官员打入异类。

清王朝奉行以满治国，八旗亲贵主导国家运营系统，汉人士大夫在组织体制中处于次要的地位。在失去了代表儒家道统的高度之后，清代儒生士人不再存有和君主抗争的勇气，而是满足于通过科举获得功名，享受免除差役、豁减税粮等各种特权。清代的学者从事研究，主要在语言、音韵、训诂和舆地等方面，其中著名的乾嘉学派以考据为特色，既脱离实际事务，也不追求核心

1　冯贤亮:《从康乾盛世到惊天巨变：清》，上海：
　　上海人民出版社，2018年版，第133页。

价值的探索。

乾隆帝继承了祖父康熙帝的仁政之策，坚持轻徭薄赋的资源动员方式。清政权税赋较轻，国家进行大规模军事征战，以及兴建大型工程，都以不增加民众的负担为前提。乾隆朝库银常年保持在六七千万两，公元1772年，库银达到空前的八千万两。乾隆帝蠲免钱粮、救济灾民，积极兴修水利，这些均符合他接受的较完整帝王教育中的儒家价值。

乾隆帝初登大位时，即一次性免除各地积欠的十年以上农业税，随后又宣布免除雍正朝之前所有积欠的钱粮。乾隆实际执政的六十余年间，先后五次普免全国钱粮，共计白银一亿四千万两，粮食一千二百万石，乾隆朝减免农业税总数超过二亿两白银。乾隆帝对于水旱灾害相当关注，不惜以巨款救济。公元1785年，曾发生全国性灾害，乾隆帝动用赈灾银两超过一千四百万两，占国家全年财政总收入三分之一还多。[1]乾隆帝继续黄河、淮河的治理，各地主要河道得到有效整修，极大地保障了农业生产。

粮食供应不足与海禁政策

清代人口增长爆炸，乾隆前期已达一亿五千万，中期超过两亿，到了末期接近三亿。这固然是盛世社会长期保持安定、国家取消人头税的结果之一，但也激发了对粮食产量的极大需求。清政权积极鼓励民众移民垦荒，内地耕地开垦殆尽后，又招徕民众

---

[1] 张宏杰:《饥饿的盛世：乾隆时代的得与失》，长沙：湖南人民出版社，2012年版，第108—109页。

前往新疆乌鲁木齐等地屯垦。乾隆帝明确规定，国家不把新垦的荒地作为农业税的来源。乾隆中期之后，全国粮食产量的增长低于人口增长的速度，形成民众基本生存需求的隐忧。清政府研究和推广番薯、玉米等来自美洲的农作物，乾隆帝亲自劝谕，利用这些作物高产耐旱、适应性强和对土地要求低等优势，在全国范围内广泛种植，一定程度上支持了人口的持续增长。

清政权一度延续明代的海禁政策，康熙帝收复台湾之后，开放了对外贸易，在广州、厦门、宁波和江苏云台山设立四个外贸口岸，但外商按照惯例仍然愿意在广州贸易。公元1717年，康熙帝下令禁止沿海民众前往南洋贸易，造成一部分人失业。福建、广东地区地狭人稠，粮食供应不足，出现了民众抢米等不安定事件。进入雍正时期后，公元1727年，闽、粤两省官员建议，重新开放两地民众出海贸易，最终得到了雍正帝的首肯。公元1755年，英国商船频繁出入宁波港贸易，引起乾隆帝警觉，遂又下令将通商口岸集中于广州一地。清政权不允许中外商人直接交易，也不允许外商和官吏直接沟通，交易必须通过粤海关下属半官半商的机构十三行代理。康熙帝晚期曾下令禁止天主教传播，雍正帝时期，又将传教士驱赶至澳门，或送至广州统一管理。这些外交上的政策反复和障碍设置，都是对国家封闭型治理体系的高度维护。

至清前期，世界进入大航海时代已经二百余年，西方诸国商人、传教士出入中国并不鲜见，澳门实际上成为航线上的重要据点。但是，清政府最高统治者及士大夫固守传统朝贡体系的观念，对于迎面而来的其他文明国家缺乏了解的兴趣，甚至分不清楚各国之间的差别。

英法美西方工业列强兴起

西方基督教文明治理体系列强在全球崛起，始于大航海时代的海外殖民。为了打破伊斯兰体系的奥斯曼土耳其对东西方贸易的垄断，以打通和中国、印度航道为目的远洋探索，意外地发现了美洲新大陆。全球贸易的积累及对美洲财富的掠夺，造就了葡萄牙、西班牙等消费型殖民帝国的兴起。初具资本主义经济形态的工商业重心，从地中海沿岸的意大利城邦转向了大西洋沿岸国家。原属哈布斯堡王朝西班牙一部分的低地荷兰，它的造船业、渔业、纺织业和海外贸易相当发达。在反对教廷权及西班牙君权的运动中，城市商人、手工业者和追求商业利益的新贵族结合，组成民主的联省共和国，甚至在国家完全取得独立之前，有赖于资本主义银行、证券制度支撑，荷属东印度公司的三桅杆武装商船，已开始横行于从美洲大陆到好望角、印尼群岛和中国台湾的海洋上。

这一时期，欧洲历经文艺复兴、宗教改革，以及地理大发现后的全球化视野，直接促使重塑西方文明体系的启蒙运动兴起，即科学的理性和思想的自由，为现代民族国家运营系统的形成，奠定了价值观和方法论的基础。公元1618年至1648年，即中国明亡清兴期间，欧洲三十年宗教战争，决定了新教和天主教的平等地位，以民族国家而不是教廷或者封建贵族作为民众效忠政治主体的理念成为主流。

后来居上的英国凭借海岛相对独立的环境，是最早实现以新教为国教的民族国家。十七世纪下半叶，中国的清政权八旗征服汉地的数十年间，英国发生了代表国教的君主专制和代表清教运动的议会民主之间的长期武装斗争。经过处死查理一世、推翻克伦威尔专政及旧王朝复辟等反复，最后以君主立宪主导的光荣革命妥协收场。公元1689年，即康熙帝期间，英国议会通过《权利法案》，规范了人民和国家之间的权利义务。新贵族及崛起的资产阶级通过代议制民主的统治策略，达到了私人资本扩张和海外殖民的国家目标。英国地处大西洋航运中心，作为继西班牙、荷兰后最大的殖民帝国，以瓦特发明蒸汽机为契机，加之资金、劳动力和创新的制度保障等多重因素，促成了工业革命在十八世纪下半叶，即中国的乾隆朝时期发生。热能代替了人力和畜力，影响制造、铁路、军事装备及稍后的电力等多个行业，英国成为人类历史上第一个工业强国。

公元1776年，英国在北美的部分殖民地独立成为美国。华盛顿有机会成为国王，或者像克伦威尔那样的独裁者，但他却和美国的立国先贤一起，构建了以行政、立法和司法分立为统治策略的治理体系，以美利坚作为境内各民族效忠的国家共同体。公元1789年，法国发生政治大革命，宣布取消一切封建贵族爵位，规定公民有投票的权利和纳税的义务，忠于法国而不是国王，法国转变为完全意义上的现代民族国家。

英法美等国有不同的历史环境，国家治理运营系统的外在形式有所不同，但基于主权在民理念的立国价值，均来源于启蒙运动伏尔泰、孟德斯鸠、卢梭、洛克和霍布斯等人的思想。国家通过制定宪法，强调保护私人产权和个人权利，规范国家、政府和个人之间的契约关系。基督教文明体系国家核心价值的改造，没有改变列强在海外殖民的进程中，对殖民地物资及人力资源掠夺的事实，包括无偿使用非洲黑奴的劳动力。以英国为代表的工业化国家掌握了大量的战略资源，大大增强了它们海外扩张和竞争的能力，从而为追求利润服务。

拒绝两种体系平等地交往

公元1793年，英国政府特使马戛尔尼勋爵率领七百余人的代表团来到中国。马戛尔尼携带大批代表欧洲先进科学技术的礼品，诸如天体运行仪、地球仪、蒸汽机、棉纺机，以及榴弹炮、卡宾枪和巨型战舰的模型等，以向乾隆帝祝寿的名义，希望达成建立大使馆、清政权改善外贸体制及实现自由贸易等意愿。

对于东方传说中儒家体系大国的认知，英国等西方国家经历了从仰慕到轻视的过程。文艺复兴后启蒙运动的思想家们，对于儒家价值中不同于欧洲神权的人文思考，以及通过科举制选拔治理人才的组织体制相当欣赏。伏尔泰在他的小礼堂中供奉孔子画像，他称中国是"举世最优美、最古老、最广大、人口最多和治理最好的国家"[1]。马戛尔尼使团经过近距离和多方位观察，这些英国人惊讶地发现，中国大部分普通人生活在贫困中，中国军事装备和海防设施相对落后，中国高效率的政治治理，建立在不公正和暴虐的专制统治基础上。[2]

清政权官员要求马戛尔尼使团向乾隆帝行三叩九拜大礼，实质上是拒绝两国之间的平等交往，这是坚持朝贡体系的天下国家共主思维。从某种意义上说，这是强调清王朝儒家文明的优越性，而将英国视为周边的蛮夷民族，有助其强化统治的合法性。乾隆帝没有兴趣了解英国礼品背后的科学意义，也无意改善和增强自身军事装备资源。作为来自少数民族的最高统治者，乾隆帝

---

1 张宏杰:《简读中国史》,长沙:岳麓书社,2019年版,第273页。

2 〔英〕约翰·巴罗著,李国庆、欧阳少春译:《我看乾隆盛世》,北京:北京图书馆出版社,2007年版。

再三教导其子孙尊重祖制，特别要恪守包括骑射在内的满洲传统。对于人口占绝大多数的汉人可能掌握先进的军事技术，乾隆帝相当警惕和敏感，为此不惜拖延清军热兵器的更新，国家没有再出现制造和修理火器的兵工厂。

闭关锁国与恪守祖制

随着时间的推移，驻防京师及国内要地的八旗后代，逐渐丧失了尚武精神，不仅失去兵民合一的特征，而且相当部分人的生计依靠国家照顾。清政权对于汉人为主的绿营缺乏信任，造成国家常备军事力量很不充分。

公元1796年，乾隆帝即皇帝位已经超过六十年。为了不超过其祖父康熙帝六十一年的纪录，85岁的乾隆帝宣布禅位。皇十五子颙琰即位，并改年号嘉庆，是为清仁宗，又被称作嘉庆皇帝。乾隆帝成为太上皇之后，实际继续行使清政权的最高统治权。同年，四川、湖北和陕西边界爆发大规模的白莲教起义。当地为深山原始森林地区，聚集了上百万前来垦荒、从事小生产的流民。清代人口增长和农业资源不足的矛盾，在民间宗教的教义催化之下，迅速演变为反系统、反体制的暴动。太上皇乾隆帝调兵遣将，动员十七省十万以上军队，经过三年的时间，起义军的规模反而越来越大。公元1799年，89岁的乾隆帝去世，创下帝制时期最长寿君主的纪录。

嘉庆帝亲政后，立即诛杀了乾隆帝的宠臣和珅，掀起了又一轮清理腐败、整顿吏治的循环大剧。嘉庆帝花费了二亿余两白银，重新调整军队指挥体系，在八旗、绿营作战能力大幅下滑的情况下，首次动员汉族士大夫组织团练，至1804年底，终于将白莲教起义扑灭。

自乾隆朝晚期开始，清政权各地先后出现财政亏空。随着贸易顺差白银的流入，物价上涨了数倍，人口剧增造成的社会压力没有随着白莲教起义被镇压而解决。嘉庆帝忠实地执行恪守祖制的守成策略，一方面拒绝增加民众的农业税赋，一方面又在乾隆帝开放广东矿禁的政策基础上后退，断绝了通过发展工商业吸纳人口、拓展财源的可能性。嘉庆帝采取以身作则、带头节俭的方式处理危机，虽然符合儒家社会仁君的标准，实际上是将矛盾往后拖延的消极态度。公元1816年，英国击败了拿破仑法国后，又派遣阿美士德使团前来访问，不但未能实现建交、通商等诉求，连嘉庆帝的面也没见上。

极度自恋的君主一人独裁策略

清高宗乾隆帝是帝制时期，继秦始皇、汉武帝、唐太宗、明成祖和康熙帝之后，第六位被称为大帝的最高统治者。他亲自撰写《御制十全记》，叙述其一生十全武功，又自称"千古第一全人"，反映了其内心极度的自恋。清王朝以少数民族的武力入主中原，学习汉族政权的价值观和方法论，又吸收了多元的、因俗而治的多民族国家治理模式，创造了八旗驻防各地、君主一人独裁的大一统政权。地域空间之广超越汉唐宋明时代，时间之久胜过同为少数民族的元政权，为现代中国多民族国家疆域版图的确定，以及中国人和中华民族概念的最终形成，起到了重要的基础性作用。至乾隆中期，至少在中国农业文明治理体系的地理范围，清朝达到了盛世的巅峰状态。

　　清政权最高统治者严禁汉族士大夫将其视为夷狄，同时又和汉族士大夫一起，将英国等西方诸国视为朝贡体系之外的夷狄，表现出对儒家治理体系的自我崇拜，陷入了从自卑走向极端自大的固执和迷思。从某种意义上说，这就注定了两种治理体系碰撞的结果，以及清政权衰败的命运。

道咸大碰撞

　　清宣宗道光帝旻宁、文宗咸丰帝奕詝父子统治时期，清政权与英国为代表的西方治理体系国家发生两次鸦片战争，期间爆发了清代规模最大的太平天国起义。英国以少数军力打开中国的大门，强迫道光帝同意签署割地、赔款和开放五口通商的《南京条约》，将清政权从天下国家朝贡思维的梦幻中，带入现代民族国家契约的逻辑之列。虽然明清两代统治者闭关锁国的政策已经失败，但道光帝、咸丰帝依然坚持华夷之别的驼鸟观念，没有采取任何主动改变的策略。太平天国起义集团以拜上帝教作为价值动员的工具，其实仍然是表达传统社会中农民阶级诉求的代表。洪秀全等人思想价值、行为策略的混乱和矛盾，注定其不可能成为变革时代的领导力量。

　　以曾国藩为代表的汉族士大夫势力乘势而起，打破了满洲八旗亲贵势力对于组织体制的高度垄断。英法联军攻占北京并焚烧圆明园，间接造成了咸丰帝的病亡，根本上改变了儒家文明治理循环运营的外部大环境。这终于促使晚清统治集团中的部分精英，以及民间最早觉醒的部分士大夫，开始直面帝制时期以来未有之历史大变局。

守成之君遭遇大环境的改变

公元1820年，清仁宗嘉庆帝颙琰病逝，皇太子旻宁即位，改年号道光，是为清宣宗，又被称作道光皇帝。他继承了清代统治者勤政节俭的传统，革新盐政和漕运，开放了民间采矿。如果不是遇到大环境的转变，道光帝至少是一位兢兢业业的守成之君。

乾隆帝将天山以南回疆地区纳入有效管辖后，喀什噶尔的和卓家族多次发动旨在恢复统治的叛乱。出生在浩罕国的大和卓波罗尼都之孙张格尔，长期在南疆地区活动，数次向清军发起袭击。其中公元1826年，张格尔利用部分民众的民族及宗教情绪，一度攻陷喀什噶尔、英吉沙尔、叶尔羌及和阗四城。道光帝调集吉林、黑龙江、甘肃和四川等多省军队，共计三万六千余人，万里远征广袤的地区，花费上千万两白银，最终平息事变，生擒张格尔，确保了新疆地区较长时间的稳定。

清政府和英国之间的第一次鸦片战争，其实是双方严重贸易不平衡的结果。英国工业革命后，对于远东中国市场的需求大幅提升。问题在于生活在农业社会的大清民众，对于英国生产的美观、昂贵又不耐用的工业品，如毛绒织品、呢绒、印染棉布、白布和棉纱等并不喜欢，也缺乏必需的购买力。相反英国自中国进口的茶叶数量飞速增长，尽管英国将印度的土产运到中国，仍不能抵付中国茶及丝、土布等出口。[1]

为了平衡贸易逆差，东印度公司鼓励印度佃农种植罂粟，生产鸦片运往中国市场。尤其在东印度公司不再垄断鸦片生意后，

---

1 彤新春：《晚清中国道路：多元博弈下的抉择》，
  北京：社会科学文献出版社，2014年版，第20—
  21页。

英国商人的私人投资激增，鸦片迅速超越棉花成为对中国贸易的基础。十九世纪最初十年，流入中国的白银尚达两千六百万两，三十年代之后，随着鸦片消费量增加，三千四百万两白银流出中国。英国政府采取支持的态度，因为以鸦片的利润购买茶叶，不仅可偿还东印度公司债务，还能支付英国皇家的税收。这一税收占了英国财政的六分之一。[1]

英国对于仅允许广州通商并必须通过十三行代理的规定强烈不满，清政府高额的税费征收和勒索，以及不透明的刑讯逼供式的司法制度，都被英国认为妨碍了英国工业品进入中国市场。

东西两大治理系统的历史对决

考虑到鸦片对于经济、军民体质等多方面的危害，道光帝采纳了林则徐等人全面禁烟的政策主张。但是，无论是作为最高统治者的道光帝，还是被称为民族英雄的林则徐，或者是遭到污名化的所谓投降派琦善、奕山和奕经等人，对于儒家文明治理体系以外的世界不具备基本的了解，无法理解禁烟给英国贸易扩张造成的伤害，也不可能对于双方军事的组织保障和资源动员能力，做出大致准确的预估和判断。

相较于英国政府的全球化战略，即不惜通过战争的手段，迫使清政权加入西方制定的国际秩序，打开拥有四亿人口的巨大市场，道光帝交待的解决方案，是务必杜绝鸦片又不可挑起衅端，

1　〔美〕魏斐德著，梅静译:《中华帝国的衰落》，
　　北京:民主与建设出版社，2017年版，第126—
　　127页。

甚至要求中断双方的通商关系，背后隐含着希望以和平的手段，维护天朝体系的闭关锁国战略。哪怕到禁烟运动全面展开后，林则徐在广州组织翻译班子，了解英国所处的位置面积、人口军队及舰船等基本信息，但也没有意识到战争已经迫在眉睫。

这场规模不算太大的战争，其实是两大文明治理体系国家之间的对决，是代表工业革命最新成果、领地遍布五大洲的第一殖民帝国，对于占据儒家农业文明高地、领土上千万平方公里的东方封闭帝国的挑战。公元1839年3月，钦差大臣林则徐来到广州，采取中止贸易、封锁商馆及限制外国商人等手段，迫使英国商务总监义律代表商人上缴鸦片两万余箱。6月3日，林则徐在虎门岸边，点燃了焚烧鸦片的熊熊烈火。英国政府接到义律等人报告后，外相巴麦尊及内阁做出了向中国派遣远征军的决定。公元1840年4月，英国议会经过激烈辩论，通过了英国商人鸦片赔偿案和战争军费案。

中英双方的资源比较

公元1840年6月，英国军舰云集广州海面。至1842年7月，双方在南京签下和约，战争共经历了三个阶段。第一阶段，英国军舰从广州经厦门北上，攻占定海，8月，直抵天津海口。经道光帝派遣琦善劝说，英军折返广州。公元1841年1月，英军攻击虎门外大角、沙角炮台，单方面宣布《穿鼻草约》成立，并武装占领香港岛。第二阶段，道光帝下令将琦善免职，宣布向英国宣战，派遣奕山赴广州主持军事。英军率先攻占虎门炮台，5月，又包围了广州城，奕山被迫同意签署《广州条约》，答应撤军和赔款。第三阶段，8月，接替义律的英国全权代表璞鼎查率军北上，先后攻陷厦门，以及定海、镇海和宁波等浙东三城。道光帝派遣奕经组织反击，结果遭遇大败。公元1842年5月，英军攻占海防重镇乍浦，之后进入长江，攻击吴淞炮台，上海、宝山等地陷落。7月，英军攻占镇江，8月，英国军舰出现在南京下关江面，直接威胁清政权南北漕运大动脉。钦差大臣耆英代表清政权接受英国全部条件，不再敢提出异议。

英国海军舰船从最初的十六艘，增加至二十五艘，另有运输船六十艘。战争之初，英陆地作战部队约四千名，加上海军舰船上官兵三千余名，总兵力七千余名。战争结束时，英海、陆总兵力增加到约二万名。[1]清军水师算不上正式的海军，虽然数量上拥有上百艘之多，但最基本的特点就是船小。清军八旗兵二十万，绿营兵六十万，但清军不是一支纯粹的国防军，而是同时兼有警察、内卫部队、国防军三种职能。其中国防军的色彩最淡，警察的色彩最浓。抽调是鸦片战争中清军集结的唯一方法。

英军已处于初步发展的火器时代，而清军仍处于冷热兵器混用的时代。清军使用的火器，主要不是中国发明研制，而是仿照明代引进的西方火器样式制作，比英军落后二百余年。[2]英国远征军凭借优势的海军资源，在中国近海如入无人之境，完全掌握了战争主动权。英军实行集中使用兵力的原则，创造出局部的综合优势，将分散驻扎的清军一一击破。

1　茅海建：《近代的尺度：两次鸦片战争军事与外交》，北京：生活·读书·新知三联书店，2018年版，第52页。

2　茅海建：《天朝的崩溃：鸦片战争再研究》，北京：生活·读书·新知三联书店，2017年版，第56—57页，第31—32页。

除此之外，英国当年财政收入为15540万两白银，对中国战争花费1263万两。清政权当年财政收入仅为4000万两白银，战争花费达到3000万两。[1]这既证明了英国工业文明的财力资源优势，从另一个侧面，又透视出清政权战争过程中资源使用的浪费，以及组织体制中的种种弊端。

系统变革参照物的产生

清政权和英国签订的《南京条约》中规定，割让香港岛，赔偿白银共计二千一百万两，开放广州、福州、厦门、宁波和上海五处为通商口岸，英国派设领事。1843年，双方进一步签订《中英五口通商章程》及《虎门条约》，英国取得领事裁判权、协定关税、租界和单方面的最惠国待遇。耆英等清政权官僚对于西方体系的法律制度一无所知，签下严重损害主权的不平等条约还不自知。公元1844年，清政权和美国、法国分别签订《望厦条约》和《黄埔条约》，除割地赔款外，美法两国大致取得和英国相同的权利。耆英还答应开放天主教、基督教的教禁，允许西方传教士建造教堂。

清政权以中国的名义，与英美法及荷兰、比利时、丹麦、普鲁士、西班牙和葡萄牙等国一一签约，是帝制时期以儒家正统自诩的政权首次被强行拉入西方治理体系的运营逻辑。平行世界中完全不同的价值观、方法论、组织体制和资源动员方式等，之后成为中国帝制运营系统变革的重要参照系。这一时刻，被后代的

---

1 张宏杰:《简读中国史》, 长沙: 岳麓书社, 2019
  年版, 第285—286页。

历史学家认定为中国近代史的开始，其实也是古代帝制运营系统走出历史循环的起点。

道光帝对于一系列对外条约"气忿至极"，深感愧对列祖列宗，终身无法释怀。在他临终之时，下诏称其死后不配享天坛，也不升祔太庙。道光帝战后没有实行任何变革的政策措施，对于西方经济势力、文化思潮的逐步进入，基本上采取消极、无奈和掩耳盗铃的态度。

林则徐在广州时，曾组织翻译英国出版的《四洲志》，对五大洲三十余国的地理、历史和政治进行介绍。公元1843年，林则徐的好友魏源编纂出版详解世界各国的《海国图志》，提出了"师夷长技以制夷"的主张。曾任福建巡抚的徐继畬虚心向外国人学习，写作出版《瀛寰志略》一书，不仅介绍了各国的风土人情、发展沿革，还对基督教、伊斯兰教和佛教等其他文明治理体系做出评价。但是，这些了解和学习西方的声音，遭到绝大多数满洲八旗亲贵、汉族士大夫的抵制和批判。林则徐在广东目睹了西洋的利枪利炮，深知一味"剿夷"中国将没有出路，却不敢违背当时清议而牺牲自己名誉，勇敢提出改革主张。[1]公元1850年，清宣宗道光帝去世，皇四子奕詝即位，改年号咸丰，是为清文宗，又被称作咸丰皇帝。

太平天国运动的兴起

咸丰帝即位不到一年，远在南方的广西爆发了太平天国起

1　蒋廷黻:《中国近代史》，武汉：武汉出版社，2012年版，第18—19页。

义。洪秀全为多次科举考试落第的客家籍秀才，曾接触一些基督教圣经教义，要求加入未果后，自创拜上帝会，自称上帝次子、耶稣之弟。洪秀全、冯云山等人利用土客籍在资源争夺上的矛盾，在广西桂平偏远山区传教，吸收大批客家底层民众参加，其中韦昌辉、石达开等富农举家入会。烧炭工杨秀清、萧朝贵通过降神附体的民间宗教仪式，模仿上帝天父、耶稣天兄下凡，掌握了组织的实际领导权。

金田起义后，太平天国建立了以洪秀全为天王、杨秀清等人依次为东南西北翼王的领导体制。洪秀全编造了上帝痛打孔子的故事，否定儒家思想的正统地位，动员教众横扫乡间一切寺庙道观，实际上是以经过改造的基督教义作为外壳，进行价值动员，加入民间秘密宗教。早期加入拜上帝会者，必须将财物交给组织，起义后加入者，必须烧毁宅舍以示决心。太平天国实行兵民合一的组织体制和资源动员方式，男女分营而居，共同学习教义教规、军事知识，共同行军、训练和作战，严格执行公用共享的天朝圣库制度，即所得财物全部交由组织统一分配。洪秀全等人还曾制作《天朝田亩制度》等文件，将土地公有、平均主义作为未来理想社会的目标。

早期太平天国以宗教信仰为中心的价值、策略、组织和资源的整合能力，造就了该运动短期内势不可挡。太平军一路杀出广西、攻入湖南，大量流民及各种反清会门人士踊跃加入，虽然桂林、长沙未克，南王冯云山、西王萧朝贵战死，但并不影响其蓬勃进军的势头。公元1853年，太平军一举攻下武汉三镇，随后水陆并进、舟船万艘，连克九江、安庆和芜湖，五十万大军直下金陵。

相比较而言，清政权立国二百余年积弊日久，八旗军力早已衰弱，以汉人为主的绿营不被充分信任，将不知兵、兵不习战，存在着严重吃空饷的现象。咸丰帝两年内更换九位钦差大臣，先后调动十省军队，耗银二千万两以上，仍然节节败退。多位封疆大吏死于非命，一些地方政权处于瘫痪状态，金陵城破之时，满城八旗二万余人被杀。洪秀全、杨秀清等人改金陵为天京，派出北伐和西征部队，又击破了清军江南、江北大营的围攻。北伐军偏师深入，一度攻至天津附近，最终为僧格林沁蒙古骑兵所败。西征军在翼王石达开等将领指挥下，经历了曲折、反复，控制了安徽、湖北、湖南和江西等省多处地区。

太平天国政权在其统治区域收缴钱粮，动员一般民众加入。占领天京后，将居民财物没收归入圣库，取消商品买卖，规定夫妻男女分馆居住，强迫民众从事无偿的体力劳动。统治高层大兴土木、广选女色，生活迅速奢侈腐化，洪秀全进入天王府后未出一步。天国内部等级森严，对于部属及民众的处罚，其残酷程度较之清政权有过之而无不及。这些相当于以事实证明，拜上帝教追求的价值号召不可持续。

洪秀全、杨秀清等人在天京提出反满的口号，以恢复蓄而不剃发的习俗为标志，进行汉民族主义动员，并模仿历代王朝开科取士，但没有能吸引到被清政权压制的汉族士大夫参加，产生的实际动能有限。太平天国独特的宗教信仰及对儒家思想的轻视，促使士大夫选择站在清政权一边。

湘军与厘金：兵权、财权资源的转移

担任过礼部侍郎的曾国藩在湖南老家丁忧守制，响应咸丰帝帮办团练的谕旨，训练出一支有别于八旗、绿营的新式湘军。曾国藩以捍卫儒家名教价值为号召，通过选用湘籍儒生出任军官，招募湘籍乡民作为兵源，从而建立起上下同心、兵将相习的指挥体系。湘军经过数月严格的整训，配备了一定比例的轻、重火器，首创长江水师，随即在两湖战场与太平军进行苦战。公元1854年10月，湘军占领被太平军控制的战略重镇武汉，取得了阶段性的胜利。曾国藩领导的湘军崛起，是清代被边缘化的汉族士大夫进入体制中心的起点。虽然当时各地反清运动风起云涌，计有北方的捻军起义、东南沿海的天地会起义、贵州苗民起义，以及云南的回民起义等，但汉族士大夫与满洲亲贵集团结合为中上层联盟，形成了对于底层势力及其他少数民族集团的对决。

咸丰帝出于防范汉族大臣拥兵自重的考虑，迟迟不授予曾国藩督抚实职，一定程度造成湘军发展的困难。随着清政权与太平军交战的反复，咸丰帝不得不倚重曾国藩等汉族士大夫的指挥，最终授予其两江总督的实职。从这个意义上说，太平天国运动直接颠覆了清政权以满治国的统治策略。

清代皇帝坚守轻徭薄赋的祖制，每年征收农业税仅四千余万两白银，国家承平的时期，与支出的官俸军饷大致相抵。太平军兴之后，清政权财政陷入了严重的危机，咸丰帝不得已推行大钱、银票和宝钞，然而采取通货膨胀的方式仍不能缓解前线军费的困难。公元1853年10月，苏北江北大营派官兵到水陆要冲设置关卡，对过往的货物按其价值强行派捐，当时被称为"行厘"；另对开店销货的商家按销售额强行派捐，当时又被称为"坐厘"。咸丰帝及中央官员并不理解开征商业税的实质意义，同意各战区督抚酌量抽厘。在中央财政无力支付军费的情况下，厘金成为各省督抚控制的主要财源。其中湖南、湖北两省政权由湘系掌握，搜刮到的银两自然大力支持湘军。茅海建教授评论，厘金与湘军，是咸丰一朝的两大变局，它们挽救了清王朝的危亡，可是，财权和兵权，这两项在任何国度中都极为重要的权利，渐渐地落到了地方督抚手中，开启了晚清中央权轻、地方权重的新格局。[1]

公元1856年，太平天国内部爆发了血腥的内讧。东王杨秀清逼宫谋位，北王韦昌辉奉诏诛杨，杀害了东王部下两万余人。翼王石达开闻讯组织征讨，洪秀全杀韦迎石回京主政，又任命两位兄长为王进行牵制。石达开率部分精锐之师负气出走。天国的这一巨变，给予了清政权长江流域战场上喘息的机会，但是，更为严重的外患随即而来。

组织体制改革的开始

广州城外的英国舰队，借口清军捕捉香港注册的"亚罗"号商船上的中国嫌犯，炮轰广州城，掀开了第二次鸦片战争的序幕。"亚罗"号事件之前，法国神甫潜入广西传教被处死。法国以此为理由，派出舰队参与对清政权的军事行动。公元1858年1月，英法联军攻陷广州，两广总督叶名琛被俘，最后死于印度加尔各答。

第一次鸦片战争开放五口通商后，厦门、福州和宁波的商贸并未繁荣，广州虽一度市面活跃，但民众反英意识强烈，坚拒英国人入城。仅上海得地理之便，进口商船云集，广州洋行相继迁

1　茅海建:《苦命天子:咸丰帝詝》，北京：生活·读书·新知三联书店，2006年版，第121—122页。

来，英美法等国设立租界，广州发展为全国最大的城市。英法再度对清政权发动战争，主要目的是希望通过全面修约，迫使中国进一步开放，允许外国公使进驻北京，进入西方列强主导的资本主义体系。这一诉求得到了美国的支持，美国虽婉拒英国出兵的要求，但承诺在修约问题上与英法一致。俄国不顾在克里米亚战争中和英法对峙，参加了英法美的联合行动。

公元1858年4月，四国公使随英法舰队来到天津大沽口外，要求清政权派员谈判。5月，英法联军攻陷大沽炮台。6月，桂良代表清政权签下《天津条约》：允诺公使驻留北京，以西洋礼节觐见皇帝；增开多处通商口岸；外国人凭"执照"可往内地游历、通商和传教；修改海关税则；赔偿英国银四百万两，法国银二百万两；对于单方面的最惠国待遇、领事裁判权、协定关税和保护传教等，作出了更为详尽的规定。

咸丰帝对增加口岸、内地游历和战争赔款等勉强可以忍受，反而对于公使驻京、以西洋礼节觐见耿耿于怀。咸丰帝遇到了与乾隆帝、嘉庆帝时期英国使团来访时同样的问题，坚持外国人必须以三叩九拜大礼觐见皇帝，实际上是坚持儒家文明体系的天下朝贡体制地位，如果接受外国人以西方礼节觐见，实际上意味着接受西方文明体系国家"平等"外交的要求。道光帝被迫签下《南京条约》《望厦条约》《虎门条约》，又将条约原件存于广州两广总督官署，对于外国使节避而不见，采取了关起门来自称天朝的自欺欺人态度。围绕着重议公使驻京的上海关税谈判，以及公使进京换约路线的争执，实际上是咸丰帝固守天朝独大体系的最后的挣扎。

公元1859年6月，僧格林沁亲王率蒙古精锐驻防大沽口，击溃了进京换约的英法联军，却激发后者更大规模的反弹。公元

1860年，英法联军攻占舟山、大连湾及烟台等地，8月再度攻陷大沽口登陆，占领天津。咸丰帝为泄内心的愤怒，一度密令扣押巴夏礼等谈判代表，结果遭致联军野蛮的报复。僧格林沁所部几乎全军覆没后，英法联军长驱直入北京，咸丰帝率嫔妃及肃顺、载垣和端华等大臣逃往热河，留下其弟恭亲王奕䜣留京处理洋务。10月，英法联军洗劫了著名的圆明园后，放火焚烧之，成为西方治理体系扩张历史上可耻的一幕。恭亲王奕䜣代表清政权和英法签订《北京条约》，除承认《天津条约》各项外，还同意割让九龙半岛，增加天津为通商口岸，赔偿英、法两国的白银分别增至八百万两等。经咸丰帝同意，奕䜣又同俄国签订《北京条约》，其中规定了中俄东部、西部边界重新划线，东西两地相加，清政权损失领土多达一百五十万平方公里。

奕䜣在和西方列强直接沟通的过程中，了解到了对方真实的需求，知晓其无意以推翻清政权为目标，在太平军进逼上海的时候，英法又分别出兵帮助清军协防。奕䜣率先提出了调整组织体制适应大环境变化的奏折，即设立总理各国事务衙门统一负责外交事务，南北口岸设立负责通商事务的南洋大臣、北洋大臣，分别由两江总督、直隶总督例兼，在北京设立"同文馆"，选拔青年学习外语等。咸丰帝批准了这些建议。

公元1861年8月，饱受内忧外患折磨的咸丰帝在热河咯血去世，年仅6岁的唯一皇子载淳继位，是为清穆宗。咸丰帝遗命肃顺、载垣和端华等八位大臣赞襄政务，代阅奏折、代拟圣旨，并由慈安皇太后及皇帝生母慈禧皇太后盖章确认。肃顺为咸丰朝后期朝臣中的核心人物，在重用曾国藩等汉族士大夫决策中发挥了关键性作用，但肃顺个性张扬跋扈，在代行最高统治者皇权的问题上，与两宫皇太后发生了严重的冲突。11月，两宫皇太后携小皇帝返回北京后，即和恭亲王奕䜣联手发动政变，将肃顺、载垣和端华等人处死，形成了两宫垂帘、亲王秉政的新领导体制。慈禧太后叶赫那拉氏、恭亲王奕䜣等人推翻咸丰帝生前的政治安排，将肃顺为载淳拟定的祺祥年号改为同治，穆宗又被称作同治皇帝。这一重大的历史事件，同时为清政权国家运营系统的改革创造了新的可能性。

被耽误的系统变革

清政权是帝制时期最为讲究尊崇祖制的朝代，北宋时代王安石在宋神宗支持下变法，明代张居正进行改革，这种自上而下的运营系统自我改造，在清代直至咸丰晚期也没有发生。清宣宗道光帝作为最高统治者的君德，其实不亚于汉文帝、宋仁宗等儒家传统社会的贤君典范。文宗咸丰帝面对复杂和危险的局面，最终采取了对外妥协、集中力量对付太平军的策略，其应变能力远高于僵化的明思宗崇祯帝。

道光帝、咸丰帝被后人诟病，完全是因为大环境的变化超出了数千年来人们固有的认知，而不仅是他们个人的责任。清政权耽误了将近二十年的时间，放弃了主动革新的机会。汉族士大夫势力崛起及商业税开征，是清政权在太平天国强烈冲击下，运营系统自下而上的调整，至于总理衙门、南北通商大臣的设立，更是清政权被强行拉入西方治理体系轨道的被动反应。这种消极的应付、无奈的妥协，构成了晚清时代系统变革的主要方式，也是清政权和德国、日本等其他后发工业化国家不一样的地方。

慈禧太后，帝制的终局

慈禧太后叶赫那拉氏是清穆宗同治帝载淳、清德宗光绪帝载湉时期的实际统治者。她接受了和汉族士大夫共治的策略，平定太平军、捻军及各少数民族的起义，对于奕訢及地方督抚与西方列强交往、发展军事工业为主的洋务运动，慈禧基本认可。清政权收复新疆地区，建成亚洲第一的北洋舰队，一度创下了帝制时期最后的中兴之局。随着在与法国及日本、德国和俄国等后发工业化国家较量中败北，清政权内外要求变革的呼声高涨，虽然戊戌变法的范围基本局限在组织体制和资源动员的层面，但已经造成了相当的混乱。慈禧终止了改革引起的纷争，却将国家带上了和西方治理体系各国严重冲突的道路。

庚子国变之后，慈禧太后希望通过新政延续清王朝的统治，同意废除上千年的科举考试制度，最终施行召开国会的代议制统治策略，但慈禧缺乏对国家治理体系更新的全面思考，在被动取消了旧有的价值观和方法论之后，没有能力提供新时期清晰和有效的解决方案，反而激化了满洲亲贵集团与北洋系、体制内外立宪派和革命党等各种势力的矛盾。慈禧未能选择合适的接班人，她去世后仅三年，清王朝即轰然倒塌了。

满汉共治的策略

辛酉政变之后，慈禧太后、议政王奕䜣继续倚重曾国藩的湘军武装力量。曾国藩受命统辖江苏、安徽、浙江和江西四省军务，巡抚、提镇以下均受其节制。曾国藩坚持首先控制长江中上游，面对太平军另辟浙江、江苏战场的策略，曾国藩派左宗棠率部分新招募的"楚军"进入浙江，要求李鸿章回安徽筹建淮军投入上海保卫战，始终以湘军主力沿长江东下进逼天京。

反观洪秀全从未在其占领区域实行良性的治理，无力集中优势消灭清军有生力量，天京内讧之后，尽管尚有陈玉成、李秀成两位青年将领勉力支撑，但天京不可能在清政权的围攻下长期生存，陷落仅是时间的问题。洪秀全族弟洪仁玕被封干王后，曾提出效法西方治理体系的《资政新篇》，主张实行工业化和中外自由通商等，但天国政权既没有组织实施，也不可能将之化为实际动员的价值，而洪秀全先前以宗教包装平均主义的农民阶级诉求，在现实政治中难以实现。公元1864年7月，湘军占领了天京，在此之前洪秀全已经病逝，太平天国运动失败。

在清政权与太平天国殊死搏斗的十余年中，以满治国的运营系统为满汉共治所取代。咸丰中期之前，满旗、蒙旗和汉军执掌地方实权，以1837年为例，十名总督中七名为旗人，二十名巡抚中八名为旗人；至1864年，在十名总督中汉族官员占七名，十五名巡抚全部由汉族官员担任。曾国藩掌握地方筹饷、领兵实权后，大批保荐部属将领、属吏及其幕僚。随着湘淮军转战南北，全国绝大多数督抚出自湘淮系。仅就湘系集团而言，官至总督、巡抚、尚书、侍郎、提督等职者达数十人之多。他们改变了以往督抚与布政使、按察使各司其职、互为监督的定制，将两司降为属官,由其部将担任,封疆大吏实际包揽了军事、财政、司法和官员任免等地方实权。[1]

对于湘系军政集团的急剧膨胀,慈禧等满洲亲贵采取了一些抑制措施,即同意曾国藩裁撤复员湘勇,五十余万的湘军留存不过十万人。在部分省份恢复绿营额兵,通过扶持沈葆桢、左宗棠和李鸿章等人的政治地位,起到平衡曾国藩湘系领袖的作用。

公元1865年,北方地区反清多年的捻军流动武装,在山东菏泽设伏歼灭了穷追不舍的蒙古骑兵,一举击杀僧格林沁,朝野震动。慈禧、恭亲王等人不得已,指派两江总督曾国藩北上剿捻。曾国藩率部分湘军、淮军和其他军队,实行沿岸构筑堤墙的河防围堵策略,修寨查圩、坚壁清野,但未取得快速歼灭的结果。公元1866年,慈禧作出决策,改派李鸿章取代曾国藩为帅剿捻。李鸿章继续沿用曾国藩以静制动的方案,不断划小包围圈,最后将东西两支捻军消灭。清政权没有大规模裁撤淮军,反而将之部署在从天津至上海的江海要地,以李鸿章为代表的淮系势力随之而起。

清军陆续镇压了贵州苗民起义、云南回民起义,又以较大兵力处理关中地区的回民抗争。公元1866年,左宗棠受命出任陕甘总督,率领部分湘军进攻西北的回民部队,历时七年,大致恢复了陕甘青宁的治理秩序。

1　李喜所、李来容:《中国近代史:危局与变革》,
　　北京:中信出版社,2017年版,第106—108页。

洋务运动局限于系统的修补

经历了两次对外战争的惨败，特别是英法部队参与了镇压太平军的作战，曾国藩、李鸿章和左宗棠等大员对西方舰炮利器、战略战术认识深刻，主持中枢的恭亲王奕䜣在慈禧太后认可下，提出了兴办洋务的新政策。《筹办夷务始末·同治朝》中记载，奕䜣明确指出，"治国之道，在乎自强，而审时度势，则自强以练兵为要，练兵又以制器为先"。这些以发展军事工业优先的资源布局调整，成为洋务运动早期的主要内容。

公元1861年，曾国藩率先在安庆设立军械所，生产子弹、火药等，成为洋务运动中最早开办的军事工厂。1865年，李鸿章分别在上海、南京设立江南制造总局和金陵机器局，1866年，左宗棠在福州马尾设立福州船政局，至公元1894年甲午战争爆发前，洋务派共创建了三十余家军工企业。为了解决资金紧缺的情况，洋务派又创办了数十家投资少、利润回报高的民用工业。其中规模较大者包括轮船招商局、开平矿务局、天津电报总局、上海织布局和汉阳铁厂等，分为官办、官督商办和官商合办三种形式，又以官督商办为主。随着洋务运动兴起，国家出现了私人投资的近代工商业，以缫丝、纺织、面粉、造纸和火柴等轻工业为主，包括部分采矿、修造等重工业。

根据奕䜣的奏请，清政权设立总理各国事务衙门及南北通商大臣，终止了理藩院及礼部的部分功能。这是运营系统组织体制中机构的较大改变，意味着清政权从天朝体系朝贡体制的思维，调整为和西方体系各国平等交往。总理衙门参照军机处临时体制，由皇帝直接控制，凌驾于内阁六部之上，是办理外交及洋务新政的最高机构。凡与西方各国相关的外交、通商、教育、关税、国防和交通等多种事务，大都为总理衙门负责。总理衙门之下还设置海关总税务司署，统一管理上海、天津、广州和福州等地税务司，聘请英国人赫德担任总税务司，增加了清政权的财税收入。南洋、北洋通商大臣作为两江、直隶总督的固定兼职，分别负责南北不同地区的对外通商事宜。其中李鸿章担任直隶总督、北洋大臣二十五年之久，不仅主导北方沿海的通商、海防、关税和军事工业等地区事务，实际上参与清政权的外交与国防决策，成为之后北洋系军政势力坐大的远因。

公元1875年，英使馆翻译马嘉理在云南旅行被杀，清政权派遣候补侍郎郭嵩焘赴英道歉，任命其为驻英公使，随后全面启动了国家驻欧美日各国使馆的建设。

洋务派购买、制造西式枪炮的同时，积极聘请英、法等外籍教官，传授西洋战法，训练洋枪队和炮兵，淮军、湘军等部队的作战能力有所提高。除了北京、上海和广州等地开设同文馆，培养国家紧缺的翻译、外交人才，洋务派还在各地开设以军事学堂为主的新式学校，又以福州船政学堂、天津水师学堂等影响较大。虽然科举考试为中心的教育制度尚未改变，但以军事、科技和外语为学习内容的新式教育出现，某种意义上开创了风气之先。

公元1870年，经过曾国藩、李鸿章联名奏请，清政权同意了向西方派遣留学生计划，出国学习军事、船政和机械制造等先进科学技术。其中福州船政学堂选派了刘步蟾、林泰曾和严复等数十位学生，赴英、法等国学习海军军事，北洋武备学堂选派段祺瑞等五位学生，赴德国学习炮兵技术。这些都为儒家文明治理体系的转型，提供了人才和思想上的准备。

同光中兴与慈禧独尊

公元1865年始，中亚浩罕国军官阿古柏率部侵占新疆大部分地区，得到了英、俄等国支持，俄国乘机占领西部重镇伊犁。东部海域除了英、法等国军舰游弋，日本渐有崛起的势头。围绕着有限财力资源的分配，清政权出现了海防与塞防之争。李鸿章等海防派认为，东南沿海已成御敌的重点，出兵新疆缺少实际的价值；左宗棠等塞防派认为，新疆的得失关系蒙古及北京安全，西北守塞方针不能放弃。慈禧、奕䜣等人经过权衡，决定塞防、海防并重，通过借款和海关、厘金等税款解决塞防海防军费。一面命左宗棠为钦差大臣，督办新疆军务，另一面命李鸿章、沈葆桢分别督办北洋和南洋的海军建设。

公元1876年，左宗棠率师三路出征新疆，他采取先北后南的方针，首先收复北疆大部分地区，随后进入南疆，歼灭阿古柏主力，连续克复库尔勒、喀什及和阗等地，阿古柏被迫自杀。经曾国藩之子曾纪泽以特使身份赴俄交涉，清政权收回了伊犁地区。左宗棠奏请在新疆正式设置行省，强化了国家中央集权的统治能力。公元1879年，李鸿章在天津成立北洋水师营务处，启动组建北洋水师。1885年，清政权成立总理海军事务衙门，海军正式成为国家的军种之一。李鸿章先后从英、德等国购入多艘铁甲船、快船及鱼雷艇，修建旅顺和威海卫两大军港。至1888年，已拥有各类舰船二十五艘，总吨位超过三万九千吨，规模位居世界第六、亚洲第一。北洋水师引入英国海军体制，将英国海军章程直接翻译改造为《北洋水师章程》，聘请英国军官担任教练。清政权收复新疆，以及北洋水师成军出海，标志着洋务运动的最新成果，在当时被称作同光中兴，实际上成为帝制消亡前最后的回光返照。

同治一朝，慈安、慈禧两宫太后垂帘，恭亲王奕訢在军机大臣文祥、桂良等人辅佐下主持朝政，充分依靠曾国藩、李鸿章和左宗棠等汉族地方督抚的力量，形成了满汉共治、中央和地方分权的统治新策略。公元1865年，奕訢和慈禧一度发生冲突，被革去了议政王头衔，慈禧太后在决策过程中的话语权有较大提升。公元1875年，亲政仅一年的同治帝载淳去世。清穆宗同治帝无子，慈禧选择咸丰帝七弟醇亲王奕譞之子载湉继位，改年号光绪。载湉仅有4岁，其母亲为慈禧之妹，是为清德宗，又被称作光绪皇帝，两宫太后继续垂帘听政。公元1881年，慈安太后去世，两宫垂帘转变为西宫独尊。

公元1884年，慈禧利用中法战争清军前期的战败，革去恭亲王一切差使，并且罢黜全体军机大臣。自从雍正帝设立军机处以来，全体改组还是第一次，史称"甲申易枢"。慈禧太后代行最高统治者皇权，暗中鼓动清流派言官屡屡发动弹劾，有所钳制地方上汉族疆臣的权力，却对于国家运营系统各方面的转型毫无思考。姜鸣教授评论，中法战争之后，朝廷上下政务松弛，腐败更为加剧。醇亲王尽力迎合慈禧，甚至为她精心修建颐和园，但仍然难逃慈禧的猜忌。京城里的那帮言官，除了对时政空发议论，对世界的变化和迫在眉睫的挑战了解很少，也无意花心思真的了解。[1]

1　姜鸣：《却将谈笑洗苍凉：晚清的政局和人物三编》，北京：生活·读书·新知三联书店，2020版，第177页。

德俄日后发工业国家的系统革新

相较于德俄日等较后崛起的工业化国家，清政权的洋务自强运动起步不算太晚，但明显缺乏整体的规划和布局。湖广总督张之洞曾总结为"中学为体，西学为用"，即在不触及清朝根本的前提下，对于资源和组织的局部适度地予以修补。而德俄日等国，同样区别于英法美等资本主义生产关系成熟的地方，工商阶级为核心的民权革命起初不具备动能，完全是统治集团中的部分精英，结合部分先进的知识分子，以建设强大的工业化国家、参与全球瓜分为阶段性目标，自上而下地发起国家治理体系的变革。他们以振兴皇权、复兴民族作为变革的核心价值和动员号召，排除封建守旧势力干扰，通过集权的统治策略和组织体制改造，推进国家主导的资本主义工业化，对于军队的装备及指挥系统进行革新，从而发展出高度的资源动员优势。

欧洲中部以神圣罗马帝国自居的德意志地区，上千年来为众多封建诸侯国割据。诸侯中普鲁士王国在首相俾斯麦领导下，历经和丹麦、奥地利及法国大战，俘获法国皇帝拿破仑三世，公元1871年，威廉一世在凡尔赛宫登基为德国皇帝，实现了除奥地利之外的德意志统一。德国实行皇帝、容克贵族和军官团结合的开明专制统治策略，议会不具备实际的政治权力，经济上注重国家干预及军事等重工业优先，加之德意志民族严谨守纪的人力资源优势，以及对法战争获得巨额赔款，德国不仅迅速完成工业革命，而且迅速成长为欧洲大陆经济、军事实力第一位的国家。

自认为是东罗马帝国继承者的沙皇俄国，是君主绝对专制的治理体系持续最久的国家之一。和康熙帝同时代的彼得大帝剪胡子易服饰，以相当专制和野蛮的政治策略，推行西方化的经济、文化和军事改革，奠定了现代俄罗斯的基础。公元1861年，沙皇亚历山大二世宣布废除农奴制，之后建立地方自治和司法独立，俄国的工业化和资本主义发展进入快车道。

源自儒家文明体系的日本，是跻身西方列强的唯一非欧美国家。公元1868年，日本发生明治维新运动，以尊崇天皇无上地位为价值号召，废藩设县建立中央集权统治，实施殖产兴业、文明开化和富国强兵的全盘西化策略，在国家治理上设立内阁和议会，以及独立的司法审判机关，用极短的时间，将日本从封建割据的小农经济国家推向工业化行列。与英法美等国模式不同的是，日本军队的统帅权独立，即军方和政党内阁是一种平行关系，半神半人的天皇拥有最后的裁决权，却不参与军政的日常事务。对外战争中势力愈来愈强的军方，终于将国家绑架上了军国主义的战车。

中日体系大对决

日本的崛起是以中国清政权为假想敌。公元1879年，日本吞并了曾是清政权天朝体系下的藩属国琉球，即把朝鲜作为下一个目标。这一时期，中法战争在互有胜负的情况下，清政权选择乘胜议和，实际上失去了在越南宗主国的地位，随后又听任英国兼并缅甸，但清政权不可能轻易放弃毗邻龙兴之地的重要屏障朝鲜。李鸿章一面劝说朝鲜向美英法等各国门户开放，一面派遣袁世凯入朝镇压了亲日派叛乱，以全权代表身份加强控制。公元1894年，朝鲜发生东学党农民起义，李鸿章奏请派部分淮军帮助镇压，日本同时派遣一个旅团入朝，双方大规模摊牌的局面形成。

相较于日本多年处心积虑，迅速组成直属于天皇的大本营战争机制，清政权内部战争意志不坚决，朝廷上下忙于筹备慈禧太后六十大寿庆典，亲政不久的光绪帝责令李鸿章不得示弱，而李鸿章一味寄希望英、俄等国的调停，错失了战争动员的黄金时间。7月，日本联合舰队在朝鲜丰岛海域，突袭清政权海军运兵船，造成重大伤亡，实际上对清政权不宣而战。

对于中日两国的未来命运造成重大影响的甲午战争，真正决战的时间其实相当短暂。9月，日本陆军发起平壤战役，叶志超统率万余淮军一战即溃，狂奔五百里逃回国内，双方直接交手不过一天的时间。两天之后，北洋水师与联合舰队在黄海大东沟海面相遇，历经五个小时左右的血战，北洋水师四艘军舰被击沉，被迫撤出战斗，退守威海卫军港避战自保。日军一路突破清军鸭绿江防线，一路在辽东半岛东岸的花园口登陆，攻陷金州、大连湾和旅顺等地，之后日军向威海卫发起进攻，又在山东半岛荣成湾登陆包抄，围歼困在军港内的北洋水师。丁汝昌、刘步蟾等将领自杀殉国，清政权三十余年财政资源注入的舰队全军覆没。

日军攻下辽东半岛，进而威胁北京，光绪帝征求慈禧的意见后，不得不同意议和。公元1895年，李鸿章代表清政权在日本马关被迫签下和约，其中规定，承认日本控制朝鲜，割让辽东半岛、台湾岛和澎湖列岛及其附属岛屿，赔偿白银二亿两，开放沙市、重庆、苏州和杭州为新的通商口岸，允许日本在中国通商口岸设立工厂，内销产品免征杂税等。经俄法德三国干涉，日本同意退还辽东半岛，清政权另付三千万两白银作为赎费。

戊戌变法失败的后果

甲午战争的惨败，促使清政权统治集团官僚及士大夫群体产生了反思的潮流。其中广东秀才康有为、梁启超等人，联络上千名在京应试的举人联合上书，提出了下诏、迁都、练兵和变法等革新主张，史称"公车上书"。之后又组织京师强学会、上海强学会和保国会等团体，一些青年知识分子和官员，甚至包括部分高层人士如湖广总督张之洞等，或参与或捐款表达了支持。这一时期出现了报刊等媒体活跃的情况，梁启超在上海出版的《时务报》上，连续介绍西方治理体系的价值观和方法论，严复在天津的《国闻报》上，全面推荐与翻译西方近代文化名著，推动了清政府组织体制内外的思想启蒙运动。湖南巡抚陈宝箴在长沙鼓励兴建近代实业，创办新式学堂，支持谭嗣同等人发行《湘报》《湘学报》。

公元1897年，德国皇帝威廉二世利用两名传教士在山东被杀害一事，下令远东舰队迅速占领胶州湾，强迫清政权同意租借九十九年。俄国通过诱逼李鸿章签下密约，取得修筑和管理中东铁路等在东北的特权，进而又和德国趁火打劫，乘机占领了旅顺和大连湾。马勇先生认为，突然而至的外交危机打扰了中国的政治进程，中国人原本已经平和的政治心态在列强的撩拨下突然转向，民族主义和政治激进主义突然爆发。[1]

公元1898年6月之后的一百多天里，光绪帝共颁发了上百条变法诏令，这是清政府历史上第一次从上而下主动发起的系统改革。诏令大多集中在经济、军事和教育领域，包括统筹工商矿务

---

1 马勇：《晚清二十年》，北京：人民文学出版社，2011年版，第91页。

和铁路建设，创建仿照西方的新式军队，以及调整科举制度等。政治制度改革领域，主要是精简行政机构和开放言路，基本上局限于资源动员、组织体制的范畴，并未涉及立宪及建立代议机构等统治策略的根本性议题，即使如此，守旧派大臣，特别是利益受到损害的满洲亲贵仍然强烈反对和阻挠，纷纷向清政权实际统治者慈禧太后投诉。

百日维新运动的过程中，康有为大致扮演宣传鼓动者的角色，没有参加实际的政治操作。他的政治阶位较低，仅被光绪帝召见过一次，虽然曾写作《新学伪经考》《孔子改制考》等书，试图解决变法的核心价值主张，但没有得到大多数士人的认可。当光绪帝日益感受到慈禧的不满，康有为闻讯后，派遣谭嗣同私下动员倾向维新的袁世凯，率部围攻颐和园废除慈禧太后，并秘密联络江湖会党策划政变。随着慈禧宣布再次训政，围园废后计划随之曝光，谭嗣同等六君子惨死菜市口，康有为、梁启超等人不得不流亡日本。

戊戌变法的悲剧性结果，导致围绕着清政权帝制治理体系，出现了两种完全不同的动员方向。康、梁在日本提出了成立立宪政府的诉求，虽然表示继续忠于光绪帝，实际上是要求在保留清政权品牌的前提下，改变其核心价值和统治策略。青年孙中山相继在檀香山和香港成立兴中会，提出"驱逐鞑虏，恢复中华，创建合众政府"的主张，并在华侨和海外留学生中进行宣传。而在中国国内，慈禧除了保留京师大学堂以外，基本上废除光绪帝施行的改革措施，清政权一夜之间回归保守的祖制话语系统的轨道。

戊戌政变严重恶化了慈禧和光绪帝之间的感情，慈禧一度想废除光绪帝之位，遭到西方各国及汉族士大夫官僚势力反对而作罢。当慈禧推出端郡王载漪之子溥儁为光绪帝太子时，各国普遍反应冷淡，这又大大加深了慈禧及载漪等部分王公大臣对西方的仇恨。一旦这种仇恨和民间对抗列强的义和团运动结合，即不难理解慈禧作出向十一国同时宣战的非理性决定。

义和拳、大刀会等武装团体起于山东，随后弥漫于华北直隶一带，是帝制时期底层社会以宗教秘密结社传统的延续。义和团运动将矛头指向中国的天主教会及其教民，进而和外国势力直接冲突。清政权起初在剿和抚的策略上犹疑不定，最终慈禧相信了义和团刀枪不入的神话，在外国军队武装干涉面前，选择和义和团站在一起。慈禧处死了多位主张对外和平的大臣，同意清军围攻东交民巷的各国使馆，但在东南地区，两广总督刘坤一、湖广总督张之洞、两广总督李鸿章及山东巡抚袁世凯等人，不赞成对外宣战的决策，居然与各国策划在辖区内互保和平。中央和地方各行其是，充分凸显了清政权运营系统严重的弊端。

英、德、俄、日、法、美、奥、意八国联军攻入北京后，慈禧、光绪帝等逃往西安，不得不命李鸿章北上和谈。公元1901年，李鸿章代表清政权，签下了近代史上最为屈辱的《辛丑条约》。其中包括赔偿白银四亿五千万两，相当于中国人每人负担一两，分为三十九年偿还，年息四厘，清政权财政资源为之枯竭，丧失了海关、常关和盐税的控制权；认可各国在京津地区驻军权，国家的主权完整和防卫能力受到极大损害；惩办主战派大臣官僚，从王公大臣至地方巡抚、提督等，被处死、流放或监禁者超过百人。

新政终结了帝制治理体系的基础

所谓的晚清新政，始于慈禧太后和光绪帝流亡西安时发布的变法上谕。这是慈禧为了挽回清政权治理的合法性和正当性，被动做出的补救性选择。相较于戊戌变法，新政的力度和范围更为深广，以西方工业化国家的发展模式为蓝本，革新组织体制相关机构，调整资源培植和动员的方向，进而改造统治策略的相关制度。张之洞、刘坤一曾上著名的江楚三折，概括为"兴教助学、整顿中学和采用西学"等重点。

清政权改总理衙门为外务部，改兵部为陆军部，先后设立巡警部、学部和商部等，又裁撤了部分旧机构，突破了原有的六部框架。军事制度的改革，废武科淘汰旧兵器，开设新式军事学堂，仿照日本军制组建常备军，建立现代警察制度；教育制度改革，国家改革科举内容、递减科举名额，兴办新式的小学、中学和大学，允许男女同校，派遣和鼓励青年学子赴海外留学；经济制度改革，奖励实业和发明创造，明确产权制度，矿山、铁路和金融行业，都向民间资本开放，允许商人组织自治团体；法律制度改革，成立"修订法律馆"，翻译并研究西方各国法律，对于大清律法和各国抵触的地方进行修改，着手制定《大清新刑律》《大清刑事民事诉讼法》和《民事草案》，废除沿用数千年的死刑条目和酷刑制度，将秦汉帝国时期以来固定的农业社会法律系统，加以全面调整和改造，和西方治理体系的法律框架相对接。

公元1905年，是帝制时期国家治理体系步入解体的重要节点。前一年2月，日俄战争在东北地区爆发，清政权反而宣布保持中立。沙皇俄国在庚子国变中趁火打劫，出兵占领东北后拒绝撤退，这一行为严重损害了日本、英国和美国等列强的在华利益。日本多次要求俄国撤兵无果后，选择断交和宣战。实行了君主立宪制度的日本，战胜了实行君主专制制度的沙皇俄国，俄国国内发生大规模革命，沙皇尼古拉二世被迫宣布实行宪政制度。这些在当时多数中国人看来，是由于君主立宪优越于君主专制制度。

之前梁启超在东京发表《立宪法议》一文，认为在君主专制、君主立宪和民主立宪三种统治策略中，君主立宪既实现了主权在民的价值，又避免了革命可能带来的社会动荡，较有利于中国的快速富强。被派往西方各国考察宪政的载泽、端方等满洲大臣，均向慈禧力陈立宪之利，认为立宪可使"皇位永固""外患渐轻"和"内乱可弭"。慈禧同意了直隶总督袁世凯、湖广总督张之洞等人奏请，即自1906年起停止以儒家经典为内容的科举考试。1906年9月，在慈禧太后首肯之下，光绪帝正式发布《仿行立宪上谕》，宣布清政权准备立宪。

慈禧太后最终拍板废除科举和预备立宪两大决策，实际上意味着以儒家伦理为价值观、法家君主绝对专制为方法论的治理体系的终结。未来国家治理体系采取怎样的模式，是德国复兴德意志民族，皇帝实行开明专制的统治策略，或是日本以天皇无上地位，内阁、军队平行半君主立宪政治的统治策略，还是英国皇室作为国家的象征，落实主权在民价值，政党责任内阁的代议制民主统治策略？以慈禧太后为首的清政府没有较为明确的方案。

清政权以国家的力量，改变了当时的社会结构，诞生了新式工商业者、新式知识分子和新式军人等新兴社会阶层。出国留学蔚然成风，日本得地利之便，一时成为海外留学首选。所学科目，涉及自然科学、人文科学、文学和军事等，无所不包。1905年前后，仅在校的留日学生就有八九千人之多。留日学生关注时政忧国忧民，办刊物建社团，日本和上海的租界地一起，成为华人知识圈中最活跃、最激进的地方。这些留日学生为清政权政治上的竞争对手，即革命党人和体制外的立宪派，提供了越来越多的目标受众。

革命党、立宪派和北洋系三大势力

1905年8月，一些区域性的反满革命团体经过联络，在日本东京成立中国同盟会，孙中山被推选为总理。在这之前，孙中山已经阐释了三民主义的核心价值，即民族、民权和民生主义，分别对应种族革命、政治革命和社会革命。其中民族主义，指推翻满洲人的少数民族统治；民权主义，建设四万万民众当家作主的共和政府；民生主义，孙中山受欧洲社会主义思潮影响，在"驱逐鞑虏、恢复中华、创建共和"之后，又特别加入"平均地权"的纲领。

孙中山把暴力革命作为夺取政权的主要策略，以留学生和华侨青年为骨干，动员国内的会党，在清政权的新军中秘密发展组织。同盟会在国内陆续发动十余次武装起义，多次组织针对满洲亲贵大员的暗杀行动，其中又以1911年的广州起义最为著名。在具体的宣传动员上，同盟会不断放大排满的民族主义情绪，在汉民族占据人口绝大多数比例的国家，排满比较其他的主张，确实更具煽动性和杀伤力，击中清政权的软肋。

以士绅阶层为主体的在野立宪派人士，包括国内的新型知识分子和工商业者，主要从事保留清政权品牌的和平改良运动。慈禧宣布预备立宪后，海内外立宪派组织全国或地方性政团，前后共有近八十个。影响较大者包括康梁的帝国宪政会和政闻社，杨度领导的宪政公会，以及郑孝胥、张謇领导的以东南开明士绅为主体的预备立宪公会。立宪派斗争的策略主要是办刊宣传、上书和请愿，以及在清政权中寻找倾向立宪的大臣作为奥援。

立宪派灵魂人物梁启超不赞成排满的种族革命，认为满洲是中国境内的民族，他还第一次提出了中华民族的概念，认为暴力革命或许会导致内乱、军阀割据和社会破坏。梁启超的观点，显然更能打动要求稳定发展的社会中上层。1908年8月，慈禧太后和光绪帝去世前数月，清政权颁布《钦定宪法大纲》，明确了九年立宪预备期，立宪派曾组织四次大规模请愿活动，要求缩短预备期速开国会，得到了缩至五年的回应。

清政权实行新政和预备立宪，得到了体制内多数满洲亲贵、汉族大臣的支持。在这一进程中最引人注目的，无疑是袁世凯和他的北洋系军政势力的崛起。袁世凯集团是继曾国藩、李鸿章之后汉族士大夫势力的代表，从小站练兵时期的定武军，到直隶总督兼北洋大臣时期的能员战将、幕府班底、工矿企业和财政结余，对于李鸿章淮系集团具有自然的继承关系。[1]

袁世凯在新政期间出力最多、贡献最大，涵盖军事、经济、教育、政治和外交各个方面。他训练的北洋六镇，是按照西式建制、摆脱地域血亲纽带的新军，为当时中国最有作战能力的现代化军队。他大力发展实业，督办铁路，创建银行、银元局和铜元局，带动了整个天津地区工商业的发展。袁世凯不仅是立宪的积极鼓吹者，还在天津实践成立议事局，推行地方自治。之后进行

---

1 马平安：《清末变局中的袁世凯集团》，福州：福建教育出版社，2016年版，第18—20页。

官制改革，慈禧调其担任军机大臣兼外务部尚书，又大大增进了袁世凯和西方列强的关系。在袁世凯周围，网罗了段祺瑞、冯国璋和王士珍等军事将领，会集徐世昌、唐绍仪和赵秉钧等文人官僚，以及梁士诒、周学熙等经济界人士，北洋系一时人才荟萃，资源丰厚。

公元1908年11月，光绪帝和慈禧太后相差三天先后去世。慈禧生前安排光绪帝之侄溥仪为帝，其父醇亲王载沣为摄政王监国。溥仪年仅3岁，改年号宣统，被称作宣统皇帝。摄政王载沣当时25岁，上台两个月，即下令革除袁世凯一切职务，令其回籍养病。他一面继续以立宪为号召，力图避免革命，保持清政权的统治，一面又希望加强中央集权，不愿意放弃满洲贵族的特权地位。载沣任命自己为代理海陆军大元帅，任命自己的弟弟载涛和载洵分别为禁卫军训练大臣和海军大臣。

1911年5月，载沣公布废除军机处后的第一届内阁名单，十三人中满族占九名，其中皇族七名，被外界称为"皇族内阁"。这就使革命党人的排满诉求获得了更多的支持，立宪派人士越来越走向对立和对抗，地方督抚中的一些汉族大员离心离德。清政权推行铁路国有化的决策过于简单粗暴，一味迷信武力弹压，造成四川等地各界民众反弹。载沣派湖广总督率部入川弹压，武昌地区空虚。1911年10月，被革命党人严重渗透的湖北新军发动起义。

无法完成的体系转型

杨天石教授认为，新政实施的结果之一是资本主义现代化经济有所发展；之二是促进了新型知识分子阶层的形成，也促进了一支新型军队的发展。这一文一武两支队伍，都成了清廷的掘墓人。[1]慈禧太后不是固守儒家闭环治理体系的死硬派，无论是洋务运动还是晚清新政，她基本上能被动地跟上时势的步伐。慈禧具备一定的政治悟性与能力，但她缺乏洞察大环境改变的宏观视野，不具备系统变革的战略思维，无法成为彼得大帝、明治天皇这样大变局中的杰出统治者，注定了不可能带领清政权完成治理体系的转型。

慈禧同意废除科举、预备立宪，实际上宣告忠于儒家思想、清政权品牌和皇帝的三位一体信仰系统崩溃，客观上迫使以儒家经典为学习内容的青年学子转向舶来的新思想，前往海外留学及国内新式学堂成为潮流，其中相当部分人选择学习军事科学。

武昌起义爆发后四十九天里，内地已有十四省宣布脱离清政府。这些地方的起义多为新军发动，立宪派人士转变立场，各地谘议局头面人物参加新政权，一些汉族地方大员审时度势、反戈一击。清政权不得已请出袁世凯指挥北洋军镇压革命，结果袁世凯决定与革命党人和平协商。革命党、立宪派和北洋系联手，终结了清政权在中国的统治地位。公元1912年2月，清政权以宣统帝名义发布退位诏书，自秦始皇嬴政两千余年以来，以中央集权、君主专制为统治策略的运营系统戛然而止。

1　杨天石：《帝制的终结：简明辛亥革命史》，长沙：
　　岳麓书社，2011年版，第120页。

本章小结

黄仁宇先生曾经认为，蒙古人这一段是中国第二帝国和第三帝国的过渡阶段。忽必烈不愿接受儒教的首要地位，因为在他看来，儒教的出头等于中国人的出头。[1]元是蒙古族建立的中国政权，又是世界性游牧帝国的一部分，蒙古铁骑统治之下不但民族众多，生活方式也不相同，这就决定了儒教仅是自由传播的各种思想和宗教之一。明清两代皇帝恢复了儒家核心价值的地位，其中康熙帝、乾隆帝等满族统治者以道统传承者自居，其全面控制思想领域的动机，和明太祖朱元璋删改《孟子》并无不同。比较唐宋时代相对自由和开放的运营系统，明清帝国的治理体系更具压迫性和封闭性，不过，明清的皇帝除明成祖等少数者外，尚能坚持轻徭薄赋的儒家资源动员方式，即尽量保证广大顺民能有饭吃，是治理目标的底线。

元代执行民族歧视政策，蒙古人和来自中亚、西域的色目人占据要职，即使一度恢复科举考试，儒生仅能出任较低阶位的官职，汉族士大夫没有政治地位。明太祖一面实施君主独大，压制士大夫群体优越感，一面又给予儒生免除徭役、少交税赋的特权。方孝孺等儒臣纵然被诛杀十族，依然拒绝承认明成祖的合法继位行为，这种惨烈的抗争，充分说明了士大夫对于儒家道统

---

1 黄仁宇:《中国大历史》，北京：生活·读书·新
   知三联书店，1997年版，第172页、第174页。

及明政权品牌的忠诚。明代多位最高统治者君德不彰，公开在朝堂廷杖劝谏大臣，部分士大夫为了获得道统维护者的声誉，反以遭到廷杖、流放为荣，折射出明政权运营系统价值观和方法论的扭曲。

清代大部分时期，汉族士大夫处于被怀疑、防备的地位，满洲八旗亲贵集团是国家唯一的主导，拱卫最高统治者作为君父独裁的权力。康雍乾期间发生诸多文字狱，其实是统一思想的极端化政策，清政权盛世治理的稳定，付出知识分子停止思考和噤声的代价。鸦片战争的惨败，以及随后继续拒绝换脑和转身，并不仅仅是道光帝、咸丰帝个人的责任，这和士大夫整体上被驯服和僵化的状态，有着较大的关系。

太平天国运动之后，曾国藩、李鸿章和袁世凯代表的汉族士大夫军政集团崛起，主导了向西方体系学习的洋务运动和新政，清政权以满治国的运营系统为满汉共治所取代。在东西方两大文明体系碰撞的历史性变局中，中国先进知识分子首先从沉睡中醒来，从"中学为体，西学为用""托古改制"到"整顿中学，采用西法"，以西方体系中的价值观、方法论、组织体制和资源动员方式等为参照，探索通过嫁接、移植和照搬等方法，进行运营系统的改造和重建。其中出现了严复、康有为、梁启超和孙中山等诸多代表人物，进而形成了中华民族的概念。地理、文化和天下中心为逻辑的中国，演变为举世公认的现代民族国家。

治理体系中的最高统治者

普遍性与特殊性

在中国帝制时期两千余年的历史上，治理体系从创制、重构、调整、完善到固化，经历了曲折和漫长的过程。围绕着国家运营系统的稳定和持续，部分最高统治者进行了自觉的或被动的探索。从大环境的洞察、统治理论的确立到统治策略的运用，从组织体制的调整到资源的控制与动员，既总结出一些通用的普遍规律，又发明了某些朝代特殊的统治形式。

以儒家思想作为统治理论，中央集权、君主专制和郡县制作为统治策略，儒表法里的价值观和方法论充分结合，成为帝制治理体系最本质的特征。最高统治者及组织体制主体的士大夫文官势力，通过自中央到地方的各级机构，采用严密户籍登记的编户齐民制度，进行人力、财力和物力资源的控制和动员。在东亚大陆相对封闭的地理环境之内，将价值观、方法论、组织和资源高度统一，形成了运营系统的循环和闭环。

其中东晋时君主和士族共治，宋朝时君主和士大夫共治，明朝君主独大，清朝君主一人独裁，这些构成了统治策略在不同朝代的特殊形式。辽朝南面官、北面官，元朝因俗而治，清朝以满治国兼以多元的运营系统，北方少数民族发明了一个政权内部采用两个或多个运营系统的治理方式，即以某少数民族为统治集团的中心，对于不同民族、宗教地区，采用不同的统治理论、策略、组织体制和资源动员方式，这些同样构成了多民族国家治理的特殊形式。

八位杰出统治者的贡献

共有八位杰出的帝王，在这一过程中发挥了决定性的作用。包括秦汉时期的秦始皇、汉武帝和汉光武帝，隋唐两宋时期的隋文帝、唐太宗和宋太祖，以及元明清时期的明太祖和康熙帝。其中秦始皇、汉武帝、隋文帝和明太祖，分别为第一、第二和第三帝国治理制度的奠定者，而汉光武帝、唐太宗、宋太祖和康熙帝，又分别完善了这些制度，并且身体力行、率先垂范。

秦汉帝国阶段。秦始皇嬴政统一中国，是皇帝制度的发明者，首创中央集权、君主专制和郡县制的统治策略。国家以严密户籍控制的编户齐民制度，进行有效的资源动员。他没有采纳部分儒生效法周天子分封诸侯的建议，从而改变了历史的走向。汉武帝刘彻开拓疆土，将儒家思想作为大一统国家的核心价值，通过察举、征辟等选才制度，把平民儒生引入组织体制。他创立了决策性的内廷牵制外朝，这成为历代统治者巩固君主专制权威的基本操作。汉光武帝刘秀真正实践了以儒家教化凝聚人心，他要求体制内的文法吏学习儒家经术，儒生掌握吏治专业，促进了两者融合而成士大夫政治群体。在光武帝的主导下，士人、民众构建起忠于儒家精神、汉政权品牌和皇帝本人的三位一体信仰体系，发展为国家治理的巨大向心力量。

隋唐帝国及五代辽宋金对立阶段。隋文帝杨坚结束了魏晋南北朝大分裂的局面，全面恢复汉制，确立了中央三省六部、地方州县两级的组织体制。他开创的以个人才学而不是以门第取才的科举考试制度，深刻影响了唐宋明清各代运营系统的政治结构。唐太宗李世民被北方各族尊推为天可汗，创立了帝制时期最为开放、最为自由的运营系统。他通过加强谏官、封驳等程序性制度措施，约束和管理最高统治者的权力，为太子留下《帝范》十二篇，强调皇帝个人的君德修行，这成为后世帝王模仿的榜样。宋太祖赵匡胤采取抑武重文、强干弱枝的组织体制原则，弥补了隋唐运营系统的某些制度性缺陷。他规定不杀上书言事之人，对于民间的文化、经济活动不予干涉，为儒学的复兴及平民士大夫势力崛起，创造了客观的条件。

元明清帝国阶段。明太祖朱元璋将科举考试内容局限于忠君的朱子理学八股文上，公开廷杖大臣，剥夺士大夫以道统自居的优越感。他废除了丞相制度，有计划地屠杀功臣，设立锦衣卫监视臣民。一方面实行兵民合一低成本资源动员的卫所制度，一方面对大多数农民实行轻徭薄赋和免租的政策，将君主专制的统治策略发展到空前的程度。清圣祖康熙帝收复台湾，击败噶尔丹准噶尔蒙古的挑战，落实了对西藏地区的有效管理。他在取得了治统和道统绝对主导的同时，一定程度施行了儒家价值的仁政，即一方面镇压不同的意见和思想，另一方面尽量保证顺民能有饭吃的底线。

比较有意思的是，秦始皇、汉武帝、隋文帝和明太祖，四位帝制时期建立制度最具影响的帝王，都被传统史家评价为不折不扣的暴君。秦始皇焚书坑儒，将国家变成巨型的监狱和刑场；汉武帝穷兵黩武，人口大量出现非正常死亡，臣下发生极小过错即可能被清除肉体；隋文帝刻薄寡恩，屠杀前北周皇族及功臣故交，不断出台收缴兵器等社会管制政策；明太祖嗜杀成性，残忍杀戮功臣、豪族和名士，恢复野蛮的殉葬制度。四位帝王中，秦始皇、隋文帝和明太祖分别是大一统王朝的创立者。秦始皇和汉武帝还被后人称为大帝，这一称呼应该意味着对于统一国家、开疆拓土的特别贡献。

四位所谓的暴君，在统一国家、开疆拓土和建立制度等方面的功绩，某种意义上似乎也在说明，在帝制的条件和逻辑下，建立制度和统一国家、开疆拓土情况相同，从来都是胜利者以暴力压迫的方式完成。

另一方面，汉光武帝、唐太宗、宋太祖和清康熙帝，四位完善制度、倡导文治的帝王，又被认为是帝制时期内圣外王最优秀的最高统治者，即把儒家的价值和法家的方法完美地结合起来，在不改变暴力压迫原则的前提下，最大限度地争取士大夫阶层的支持，满足民众最基本的生存需求。汉光武帝善待功臣，偃武修文、不事边功，薄徭役、省刑罚，不失儒生的本色；唐太宗强调国以民为本，尊重信仰自由，虚心接纳各种进谏；宋太祖杯酒释兵权，优待功臣及前朝皇室、割据势力的统治者；康熙帝饱读儒家经典，以较为宽容之心对待民众、大臣和诸皇子。四位帝王中，汉光武帝、宋太祖重建或新创了统一的王朝，唐太宗和康熙帝被称为大帝。

如果根据国家运营系统平衡的程度，以及最高统治者的能力、品德和治理业绩为评分项，为帝制时期的四百余位君主综合打分，他们应该可列入最高分的前四位。汉光武帝、唐太宗、宋太祖和康熙帝创立的运营模式，实际上成为中国古代国家治理的经典案例。

其他统治者的作用

秦始皇、汉武帝、唐太宗和康熙帝之外，明成祖朱棣、清高宗乾隆帝有时也被称为大帝，这当然和他们所谓的盛世武功有着较大关系。

其中明成祖得位不正，实际上通过对外战争证明自己的合法性。他五次亲征蒙古高原，派郑和七下西洋，特别是将国都迁往混合农耕、游牧和渔猎文明的北京，是元明清发展为连续性帝国的标志性事件。但是，明成祖过度动员国家财力和人才资源，采用通货膨胀的方法解决经费不足，全国三分之一的成年男子走上战场或工地，这和秦二世、隋炀帝等亡国之君的情形颇有类似之处。他也是继汉武帝、武则天后，又一位使用酷吏治国的最高统治者。乾隆帝自称十大武功，主要是将准噶尔、回疆等地纳入清政权有效的管理范围，他尚能坚持轻徭薄赋的仁政之策，但抱守已经僵化的清代祖制，陷入了极度的自恋、自大和自我崇拜。

大一统王朝的历代开国皇帝，除了上述的秦始皇、汉光武帝、隋文帝、宋太祖和明太祖，唐高祖李渊的光环被儿子唐太宗盖过，清太祖努尔哈赤局限东北一地，必须一提的还有汉高祖刘邦、晋武帝司马炎和元世祖忽必烈。

汉高祖本人在制度的开创上并无特别的贡献，但他却是连接秦始皇和汉武帝之间最关键的人物。汉高祖保留了秦代的皇帝制度，选择郡县制与分封制并存，之后又清除异姓诸侯王，意味着中央集权、君主专制的统治策略再无回头的可能。晋武帝一心追求儒家王道的合法性，忽视法家严刑峻法的方法论，对宗室、外戚、功臣和士族等各种势力过于优容，对少数民族地方势力失于防范，确定缺乏统驭能力的接班人，是造成治理体系崩溃的直接责任人。元世祖忽必烈是第一位以少数民族身份统一中国的最高统治者，但从国家治理的角度，仅能列为过渡性的人物。他以武力和因俗而治的原则进行统治，治国缺乏明确的核心价值，继续坚持扩张和敛财的早期目标，既实行某些汉制，又保留蒙古旧制，表现出蒙汉相杂的冲突和混乱。

帝制时期尚有少数无为而治但仍然保持运营系统稳定的所谓贤君，以汉文帝刘恒、宋仁宗赵祯为代表。其中汉文帝是文景之治的开创者，他对北方匈奴及诸侯国坐大采取克制的策略，坚持轻徭薄赋、与民休息的资源动员方式，维持较小规模的国家机构，严格控制各项支出，这就获得了汉政权通过瓶颈期的合法性，培植了综合国力。宋仁宗宽厚恤民、以德治国，将执政权、监察权等日常运作分别交给相互制约的士大夫团队，实现了君主与士大夫的共治。在他的治理之下名臣辈出，文化学术昌盛，市场经济发达，但在表面繁华的背后，掩藏着组织体制臃肿、资源动员效率低下等深刻的矛盾。

历史上关于中兴之君的定义较为模糊。既有汉宣帝刘病已、唐宪宗李纯等再创王朝大一统秩序的皇帝，又有晋元帝司马睿、宋高宗赵构延续旧有品牌政权的统治者。甚至明神宗万历帝时期，清慈禧太后主政的同治帝时期、光绪帝前期，也被认为出现了中兴现象。

汉宣帝成功示范了杂用王道价值观、霸道方法论的治国诀窍，以匈奴单于臣服作为标志，农耕、游牧地区第一次出现了共同的统一政权；唐宪宗主持了平定藩镇割据的战争，对于维护中央集权、郡县制的统治策略做出贡献。晋元帝到建康重建了东晋政权，接受了士族专政特殊统治形式的政治安排；宋高宗在临安重建了南宋政权，接受"绍兴和议"、杀害岳飞之后，重用秦桧，让他长期担任首相，以皇帝与其钦定的唯一代理人掌控相权的独裁模式，取代了君主与士大夫共治的统治形式。明神宗时期出现昙花一现的盛世气象，是张居正发动组织体制整顿、资源动员方式改革的结果，而清代同光时期出现回光返照的幻景，是因为慈禧、恭亲王等重用汉族地方士大夫势力，展开了局部向西方治理体系学习的洋务运动，随后不出三十年，明清王朝的运营系统即进入了崩溃期。

大分裂时期，一些北方少数民族统治者对于天下重现统一和有效治理，作出了超越本民族利益的贡献。氐族前秦天王苻坚服膺儒学的核心价值，推崇农业文明的生产方式，第一次主动进行了少数民族创建儒家国家运营系统的尝试；鲜卑族北魏皇帝元宏延续了均田制、租调制和三长制改革，全面推进激进的汉化政策，经过西魏政权宇文泰关中本位价值与府兵制的发展，为北朝重建天下大一统政权奠定了资源的基础。契丹辽朝太祖耶律阿保机、太宗耶律德光等总结出南面官、北面官制度，即在一个国家内部，形成分别针对汉民族和契丹等少数民族的两种不同运营系统，创造了少数民族主导多民族国家治理体系的特殊性形式。

大环境、价值观和方法论

国家治理体系的稳定和持续，首先取决于最高统治者对于大环境、价值观和方法论的洞察、掌控。其中运营系统的大环境，除了东亚大陆相对封闭和独立的外部环境，帝制时期国家内部的环境存在两种基本的状态。王朝初建，往往是大规模的战乱结束之时，人口下降、田园荒芜，与民休养生息是社会上下普遍的心理；王朝通过瓶颈期后，社会恢复繁荣，国家掌握了充足的资源，对外征战又成为某些人群渴望建功立业的内心冲动。最高统治者如果不能深刻洞察这些社会需求的变化，国家推出的公共政策就会出现偏差。秦朝、隋朝统一中国后，秦始皇、秦二世和隋炀帝继续滥用民力，兴建各种大型工程，不断对外发动战争，是造成系统迅速崩溃的重要原因。分别代之而起的西汉、唐王朝总结前朝教训，实行轻徭薄赋、减少扰民的政策，国家获得了安定发展的局面。

价值观是贯穿历代王朝统治国家的理论。起源于先秦时期的儒家、道家和法家等思想，对于帝制大一统政权的形成和巩固，起到了一定的推动作用，但也分别存在着较大的缺陷。儒家主张仁政和伦理秩序，可以改善统治者和被统治者之间的关系，却不能为夺取政权提供有效的方法论；法家总结严刑峻法、高度压迫的策略，将国家打造成战争机器，但无法形成全民共同的理念。道家提倡小国寡民、无为而治，是王朝休养生息阶段的思想来源，但难以成为支撑巨型国家的长久治理方案。汉武帝抛弃了西汉早期黄老道家的政治思想，将经过董仲舒改造的天人合一儒家学说，正式列为大一统国家的统治理论，为中央集权、君主专制法家霸道的统治策略，披上了一件儒家王道的价值外衣。魏晋南北朝时代，士族名士转向道家的玄学清谈，外来的佛教兴起，成为某些统治者的宗教信仰，进而出现了儒释道合流的社会思潮，这些都严重削弱了儒家经学凝聚国家价值的功能。

唐朝"安史之乱"以后，韩愈等士大夫鼓吹恢复儒家学说的唯一权威性，发展了孟子道统论，两宋时代重现儒学的黄金岁月，至宋理宗时期，终于将程朱理学作为新儒学权威定于一尊。明清两代统治者强化了程朱理学中忠君的教条，明太祖朱元璋任意删改《孟子》相关内容，康熙帝、乾隆帝以道统的最高权威自居，虽然这些将儒学彻底作为实现法家专制工具的措施压制了思想自由，导致社会出现某种停滞或僵化的现象，但系统仍然是稳定的。

对内压迫和对外扩张，体现了君主专制、中央集权统治策略的法家内核，这是王朝运营系统保持循环反复的必要条件。尽管统治者可能在一定程度上，对内实行轻徭薄赋、与民休息的宽仁政策，但这不能改变从上而下、层层控制的系统压迫性的本质。针对豪族、士人和平民等社会各种势力，最高统治者采取了限制、利用和防范等多种措施。其中豪族指地方上拥有势力的家族，两汉、魏晋南北朝时期的豪族，不仅占有相当的土地，还控制了一定数量的依附人口。国家对于豪族势力的打击，其实是出自争夺资源控制能力的需要；士人势力指处于在野地位的儒生知识群体，是组织体制中文官势力的主要来源。儒生士大夫有时候将坚持价值正确，放到比服从皇帝个人意志更为重要的位置。东汉、北宋、明朝和清朝的晚期，多次出现士人势力结党抗争皇权的事件；平民势力是指豪族、士人势力以外的农民、手工业者和小商人等广大民众，又以占人口绝大多数的农民为主体，是国家征发兵役、徭役和征收赋税的主要对象。帝制时期几乎每个朝代，都爆发过大规模的农民起义，反映了统治者和被统治者之间深刻的矛盾。

基于"溥天之下，莫非王土"的认知，中原王朝对外政策无不以建立大一统秩序为己任。即使国力不足，也会一时采取防守态势，本质上仍然坚持天下中心的扩张思维。这种对外关系的对象，包括割据的地方政权、少数民族政权及其他境外政权等化外对立势力。其中以汉民族为主的其他割据政权，历来被中原王朝视为"天无二日，国无二主"价值的严重障碍。一旦各方面条件成熟，必将坚决予以铲除；少数民族政权，特别是北方游牧民族政权的存在，是帝制时期统治者面临的最大挑战之一。无论战与和，都必须首先宣示自身的正统地位。元、清入主中原后，同样以天下正统自居，表现出比汉民族王朝更强的扩张性；其他境外政权，包括部分位于当今中国之外的邻国，这些中原王朝的武力不足以征服的地方，和部分边疆少数民族地区一起，共同构成了朝贡体制之中的藩国。统治者自视为天下唯一正统的皇权治理体系主宰，从不承认其他运营系统平等的存在。

组织与资源

最高统治者是帝制运营系统的中心，国家治理体系的稳定和持续，还取决于皇帝驾驭组织体制内各方力量，调整各种机构，合理提升资源的控制与动员能力。组织体制内部统治集团大致由两部分力量组成，一是依附皇权的宗室、外戚和宦官等亲属势力，二是功臣、武将和文官等朝廷官僚力量。历朝宗室对于拱卫皇帝起到一定的作用，但也产生了重大的弊端。西汉、西晋和南朝各代，以及元明两代期间，多次发生藩王作乱、自相残杀的事件。外戚被作为宗室的替代而引入组织体制，但是，自两汉时期起外戚专政，不断出现了侵犯皇权、觊觎帝位的案例。最高统治者对于宗室、外戚势力的防范远甚于利用。宦官势力作为皇权的延伸而存在，统治者将宦官当作平衡宗室、外戚及外朝官僚的工具。不过，在某些特定的条件下，宦官势力反仆为主，东汉、唐朝和明朝的某些时期，一些宦官首领实际控制了朝局，造成统治集团内部极大的混乱。这反过来又促使最高统治者，对宦官的职责制定严格的限制措施。

朝廷官僚力量中的功臣势力，在夺取政权过程中贡献巨大，一旦新的王朝建立，反而成为皇帝必须加以防范和控制的对象。历朝开国君主格局不同，决定了功臣势力不同的命运，但是，不论是宋太祖"杯酒释兵权"优容功臣，还是朱元璋有计划地大规模屠杀，本质上都是为了巩固皇权而预做的政治安排。武将势力是各朝最高统治者猜忌的重点，大动荡的南北朝时期、五代十国时期，武将势力篡立成为常态。宋朝的统治者实行统兵权和调兵权分离等军事制度改革后，这种现象基本上得到了制止。

文官士大夫势力是朝廷官僚力量的主体。汉武帝将体制外的士人势力引入统治集团，随着汉光武帝促成体制内的儒生、文法吏合流，士大夫文官政治演变为中国帝制治理体系最重要的组织特征。士大夫一度垄断儒家经学的解释权，部分儒学世家形成士族，控制了组织体制高层的大部分岗位，发展到东晋时期形成门阀家族专政。隋唐时期建立科举考试取士制度，平民士大夫出现在组织体制的各个层面，这种制度至北宋时逐步成熟，贵族政治正式落幕，在保证最高统治者君主专制权威不可侵犯的前提下，形成了君主与文官士大夫共治的统治形式。明清两代的皇帝通过思想控制、制度改变，将文官士大夫降至秘书和附属的地位。不过，明朝部分大臣为了坚持道统仍选择和统治者抗争，清朝太平天国运动兴起后，汉族士大夫势力重新进入体制中心。

无论是在中央还是地方政权层面，最高统治者对于组织体制机构的调整，无不出自强化集权的考虑。秦汉时期丞相为外朝百官之长，在程序上对皇权形成某种制约。汉武帝创建中朝即内廷制度，将以丞相为首的外朝，转变为政令的执行机构。汉光武帝将内朝抑制外朝的做法制度化，权力交给仅由中层官员负责的尚书台。隋唐政权以中书省、门下省和尚书省三省长官组成的集体宰相制度，取代秦汉丞相个人开府，相当于将前朝的内廷，正式固定为国家权力机关。宋朝中书省、枢密院和三司使分领行政、军事和财政，分别向皇帝直接汇报。明太祖罢中书省、废除丞相制，六部直接统属于皇帝，之后设立内阁，实际地位相当于皇帝的秘书处。清朝沿袭了明代的内阁六部制度，又先后成立南书房、军机处等内廷机构，将君主专制的统治策略发挥到极致。

　　秦朝对于地方实行郡县两级治理，西汉武帝出台刺史制度，把全国划为十三个部，每年秋天巡视郡国。隋朝恢复秦汉两级治理，将地方政权佐官的任命权全部收归中央。北宋将藩镇节度使的各项权力收归中央，实施秦汉、隋唐前期的两级治理，之后在州县之上安排路的单位，设立功能不同的平级管理机构，分别负责财政、司法和军政等事务，对应中央政权相关部门。这种对于地方政权组织体制进行分权制约的机构设置，成为元明清各代地方治理的基本模式。

　　对于人力、财力和其他物质资源的控制、动员，体现了帝制治理体系国家的能力。秦国自商鞅变法之后，确立了严密户籍控制的编户齐民制度，即国家根据掌握的民众户口，征收田赋和人头税，征发徭役和兵役。这种农业社会最基本的资源动员方式，贯穿帝制时期主要的朝代。两汉皇帝打击豪族势力，即是为了限制其隐匿依附人口、兼并土地，从而保证国家税赋、徭役和兵役的基本盘。西晋短暂统一后，承认了士族地主占有附属人免除赋役的特权，这种妥协直接导致了东晋及南朝各代，国家控制的资源严重不足。隋唐起自北朝，北魏政权连续推出均田制、租调制和三长制的系列改革，实际上是编户齐民制度在北方汉区的恢复，随即西魏政权推出府兵制，部分实现了兵农合一的军事资源动员方式，从而奠定了统一国家的资源基础。

唐朝中期之后，均田制度遭到破坏，府兵制军事资源动员方式无法为继，国家改行募兵制，后又推出两税法，这种方法被两宋政权全面延续，国家大大增加了养兵成本。明朝开国后曾实行类似府兵制的卫所制度，至中期后又逐步瓦解，不得不恢复历史上的募兵制。相较之下，北方少数民族的金、元和清等政权，最高统治者分别实行猛安谋克、千夫长和八旗制度，均为兵民合一、军政合一的组织体制和资源动员方式。这些既是围猎或放牧的生产单位，又是战时军事行动的战斗单位，还是国家基层的行政单位，一旦战争爆发，所有成年男子自备战马、兵器和粮食，其成本之低、效率之高，都是中原农耕政权难以模仿的。元明清帝国时期，天下政权运营系统大部分时间为少数民族统治集团掌控，这种资源上的优势是重要的原因之一。

走出历史的循环

以儒家思想为统治理论，中央集权、君主专制和郡县制的法家制度为统治策略，帝制时期的运营系统从成型、发展、崩溃到重启，构成不断循环的治理体系。这一系统存在了两千余年，取决于两个基本的前提。其一，东亚地区地理板块相对封闭的外部环境；其二，农业文明为主要生产方式的内部环境。尽管通过丝绸之路或海上的航线，中原王朝与中东、欧洲等地发生过经济和文化上的联系，但是，基督教、伊斯兰教等世界上其他治理体系，至少在鸦片战争之前，对于帝制中国的运营系统并无实质性的影响。在两千余年的漫长岁月里，这片东方辽阔的土地上，无论是野蛮暴力造就的皇权系统，还是理性思辨孕育的文治体系；无论是长时期的分裂、对峙和战争，还是繁荣兴旺的大一统王朝，以汉人为主体的农耕民族，与其他部分游牧、渔猎民族相互碰撞、融合，始终是不曾改变的创造者。

黑格尔曾经评论，中国古代没有历史，只有王朝的循环，甚至连发生的事情都是重复的。这实际意味着古代中国治理体系顽强的生命力。欧洲、中东等地出现过的罗马帝国、阿拉伯帝国等多个政权，崩溃后再也没能获得重建。在古代中国治理体系成熟的过程中，儒家思想占据主流地位，一定程度上起到了凝聚全民共同价值的作用。统治策略中的相关制度、法律和政策，士大夫文官政治为根本特征的组织体制，编户齐民的资源动员方式，等等，尽管存在着种种弊端，至少在相当长的历史阶段是符合国情的。这种在独立环境中发展出来的治理经验与教训，是中华民族对于人类治理文明的重要贡献。

世界进入大航海时代之后，帝制运营系统存在的两个前提条件逐步发生了改变。葡萄牙、西班牙和荷兰等西方列强以贸易立国，这些殖民者远渡重洋，虽然尚未觊觎东方天朝，但是，已经在福建、广东和台湾等地进行骚扰。十九世纪中期，经过两次鸦片战争，已经完成工业革命的英国、法国和美国等先进大国，用武力强行打开中国市场封闭的大门，强行将中国清政权带入西方主导的现代民族国家治理体系。二次工业革命之后，俄国、日本和德国等工业化后发国家，更进一步侵略和瓜分中国的领土、主权，将清政权的运营系统推向了崩溃的边缘。

在旷古未有之奇变面前，清政权的统治者从故步自封、掩耳盗铃、惊慌失措到屈膝投降，逐步失去了主导国家治理体系的能力。原先处于相对封闭状态中的农业文明国家，突然被迫置身于完全不同的大环境中，在世界大舞台的博弈和竞争中，处在了落后和被主宰的位置上。中国社会在向工业文明的被动转型中，从统治理论到统治策略，从组织体制的团队视野、机构设置，到人力、财力资源动员的方式，都已无法适应现代化国家系统运营的需求。清政权及取而代之的北洋集团，始终无法提供全局性的解决方案。

中国以皇帝为中心的运营系统消失已经一百一十年了。在中华民族走向伟大复兴的征途中，我们已经可以平静地审视古代中国治理变迁中的得失成败，将历史从不同的维度告诉世界与未来。这既是笔者数十年学习、钻研的成果，也是身为中华儿女的一份责任。

我的跨界历史写作

　　我少年时代即酷爱文学和历史，大学二年级时，在《萌芽》杂志上发表小说《别了，十八岁》，第二年获得萌芽文学奖，二十一岁走上文学创作之路。当年曾是上海市作家协会最年轻的会员。二十世纪九十年代后，国家掀起新的一轮改革开放高潮，我从报社辞职创业，对于虚构类作品的关注急剧减少，而将工作之余的绝大部分时间，用于历史特别是中国古代史、近现代史的阅读和思考。

　　相较于文学探索人性，历史学更多地研究组织或团体的兴亡得失，这和我所从事工作的内容颇有相通之处。中国经济经历了三十余年的高速增长，一大批中外企业风起云涌，激荡沉浮。作为专业从事品牌推广的广告公司负责人，我有幸接触到了许多行业中名列前茅的企业，目睹了他们的成功、扩张和挫折，从服务实践、和客户充分地互动中，总结出品牌主体运营系统五个维度的理论，即从大环境、价值观、方法论、组织保障和资源动员的角度，去分析品牌主体创业、运营和变迁的规律。

　　这一时期，我又陆续读了许倬云先生的历史文化著作，特别是他的《从历史看组织》等系列跨界作品，从管理学视角剖析大历史的进程，遂萌生了从品牌主体运营系统多个维度，去重新研究历史、叙述历史的想法。

企业和国家政权是两种不同性质的组织，企业追求经济利益和持续经营，政权追求社会统治和有效管理，两者的价值并不一致。但从同为品牌主体的视角而言，两者之间也存在着一定的相似性。企业生产有形的或无形的产品，满足目标消费者的需求，从而占有和扩大市场份额，如果把政权的运作视为企业的经营，那么这一国家或地区就相当于市场，所处国家或地区的民众，就是我们所说的消费者。所谓政权的产品，指政府对内对外一系列的公共政策，离不开国家统治策略的相关制度安排、法律设计。

品牌是品质的保障。品牌是品牌主体所拥有的超值的无形资产。品牌体现了广大消费者对于特定主体的认可、偏爱和忠诚。中国古代从以血缘为主体的氏族，到血缘和地域并重的部落，最终形成部落联盟形式的最初国家，或以图腾或以地名发展而来的国号，应该可以被认为是一种政治品牌主体的名称。司马迁《史记·五帝本纪》有云，"自黄帝至舜禹，皆同姓而异其国号，以章明德"，表达了不同品牌主体的区隔，而所谓明德者，当为凸显品牌的核心价值。古代的军政集团或者统治王朝，其夺取政权和巩固政权的过程，可以看作是政治品牌主体被认可的过程。

差不多二十余年间，我一面阅读了大量的近现代史上重要政治人物的著作选集、回忆录、口述历史和访谈录；一面又阅读古代史籍，特别是前四史，买来全套文白对照的《二十四史全译》和《资治通鉴》，适应了较快地阅读文言文的状态。同时，我还阅读了一大批古代史、近现代史专家前辈的著作专论，积累了历史科学的研究成果。

我在对中国历史的研读中发现，秦汉以来的传统国家治理体系，尽管历经三个连续性的大一统帝国时期，以及两个相对较长的分裂时期，各个阶段不同政权的运营系统呈现出相对的特殊性，但是整体而言，中央集权、君主专制和郡县制的统治策略，与孔孟的儒学核心价值相结合，最高统治者及作为组织体制主体的士大夫文官势力，通过自中央到地方的各级机构，采用严密户籍登记的编户齐民制度，进行人力、财力和物力资源的控制和动员。在东亚大陆相对封闭的地理环境之内，价值观、方法论、组织和资源高度统一，形成了独特的农业文明闭环。运营系统五个维度某一部分或某几部分，虽然可能发生周期性危机，严重时将造成政权更迭、王朝倾覆，但只要新的朝代建立，统治者对失衡的关系进行调整和修复，以中央集权、君主专制为方法论的治理体系，依然能够进入有效延续的循环。

1840年后发生的三千年未有之大变局，其实是指构成这种循环的闭环治理体系的崩塌，是全球化带来的不同文明治理体系碰撞的结果，反映了支持儒家农业文明运营系统的五个维度发生了根本性的动摇和瓦解。我从环境、价值、策略、组织和资源多个维度，去分析两千年历代治理的成败得失，特别是观察最高统治者在运营系统中的作用，既不是历史事实的重新考证，也不是历史人物的重新评价，而是综合了历史学、政治学、管理学和传播学等多方面知识，展开大历史跨界写作的一种尝试。

我是在2020年春节后，因为新型冠状病毒肺炎疫情不得不居家在线上班，由此开始本书的写作。由于我从事的工作以甲方为中心，我常缺乏整块的时间用于阅读和研究。我几乎所有的写作，都发生在工作之余的碎片化空隙。疫情的发生使我减少了出差和应酬，反而拥有了更多写作的时间。为了保证随时随地利用间隙写作，我还把写作软件安装到手机上，一旦脑海里出现思想的火花，立即将其记录下来。历史写作最忌讳出现与史实不符的硬伤，对于书中展现的历史脉络和细节，我都尽可能地反复查证。对于一些文献上不同的、矛盾的记录，我都反复予以比较，融入个人从事管理和传播工作的感悟，最终形成自己的判断。

我严格按照历史时间的顺序，逐步展开和深入我的思考，坚持遵循严谨的历史研究和评论的态度。我不能接受那种先有观点，然后为了论证观点而选择性运用论据的研究方法。有些章节我不满意便推翻重写，我愿意在学习和发现中，不断地修正自己、提升自己。作为一名前文字工作者，我对于书中的遣词造句也比较纠结，所以，我的写作速度较为缓慢。

感谢母校的前辈、学长和同学，葛剑雄、马勇、刘统、姜鸣和秦朔等先生，热情地为我的写作做了推荐。我曾到复旦校园专门拜访了葛先生，他对我的历史写作提出了中肯的建议，希望我以后可以更聚焦某一朝代、某一具体人物或事件，这使我相当受益。在本书的写作中，我参考了包括葛先生在内的多位学者的作品，从中汲取养料、获得灵感，书尾我专门列出了主要参考书目的清单，在此一并表示深深的敬意。

感谢广西师范大学出版社的赵运仕先生，这几年一直给予我肯定和鼓励。感谢张洁、倪小捷两位年轻的编辑，在审读和编辑过程中，她们提出了很多有价值的修改意见。感谢我公司的工作伙伴们，我的关于品牌主体运营系统五个维度的思考，离不开我们在为客户创造价值的努力中，共同的交流和碰撞。最后，我也要感谢我的家人，我的妈妈、太太、儿子，还有已经仙逝的祖母和父亲，这么多年以来，无论我是从事文学创作，还是进行广告创业，或者是探索大历史写作，他们都给予了我最坚定的支持。

由于我水平有限，本书中可能会存在一些尚未发现的谬误和不足，敬请广大读者批评，并可给我发邮件(shengang@tangshen.com)指正。谢谢！

作者

2022年1月10日于上海

参考文献

一、古籍

1.班固:《汉书》,中华书局,2012年。

2.陈寿:《三国志》,中华书局,2011年。

3.范晔:《后汉书》,中华书局,2012年。

4.计六奇:《明季南略》,中华书局,1984年。

5.郎瑛:《七修类稿》,上海书店出版社,2001年。

6.李焘:《续资治通鉴长编》,中华书局,2004年。

7.李心传:《建炎以来系年要录》,中华书局,2013年。

8.刘义庆:《世说新语》,中华书局,2011年。

9.司马光:《涑水记闻》,中华书局,1989年。

10.司马光:《资治通鉴》,中华书局,1997年。

11.司马迁:《史记》,中华书局,2006年。

12.王夫之:《读通鉴论》,中华书局,2020年。

13.王溥:《唐会要》,上海古籍出版社,2006年。

14.温大雅:《大唐创业起居注》,上海古籍出版社,1983年。

15.习凿齿:《汉晋春秋》,中华书局,2017年。

16.徐梦莘:《三朝北盟会编》,上海古籍出版社,2019年。

17.许嘉璐主编:《二十四史全译》,同心出版社,2012年。

18.许嵩:《建康实录》,南京出版社,2020年。

19.雍正皇帝:《大义觉迷录》,中国城市出版社,1999年。

20.赵翼:《廿二史札记校证》,中华书局,2013年。

二、通史、断代史和专题史

1.白寿彝:《中国通史》,上海人民出版社,1989年。

2.陈长琦:《六朝政治》,南京出版社,2010年。

3.傅乐成:《中国通史》,中信出版社,2014年。

4.[日]冈田英弘、神田信夫、松村润著,王帅译:《紫禁城的荣光:明清全史》,社会科学文献出版社,2017年。

5.顾诚:《南明史》,光明日报出版,2011年。

6.郭廷以:《近代中国史纲》,格致出版社,上海人民出版社,2012年。

7.何兹全:《魏晋南北朝史略》,北京出版社,2018年。

8.蒋廷黻:《中国近代史》,武汉出版社,2012年。

9.李喜所、李来容:《中国近代史:危局与变革》,中信出版社,2017年。

10.李锡厚、白滨:《辽金西夏史》,上海人民出版社,2020年。

11.吕思勉:《秦汉史》,商务印书馆,2010年。

12.吕思勉:《中国史》,上海古籍出版社,2006年。

13.钱穆:《国史大纲》,商务印书馆,2010年。

14.盛巽昌：《实说太平天国》，上海书店出版社，2017年。

15.[美]史景迁著，朱庆葆译：《太平天国》，广西师范大学出版社，2011年。

16.苏伶：《契丹简史》，民主与建设出版社，2016年。

17.孙骁、王丹：《极简金代史》，团结出版社，2021年。

18.王仲荦：《隋唐五代史》，上海人民出版社，2021年。

19.王仲荦：《魏晋南北朝史》，上海人民出版社，2020年。

20.许辉、蒋福亚：《六朝经济史》，江苏古籍出版社，1993年。

21.阎步克：《士大夫政治演生史稿》，北京大学出版社，1996年。

22.阎步克：《察举制度变迁史稿》，北京师范大学出版社，2021年。

23.杨宽：《战国史》，上海人民出版社，2016年。

三、人物传记、研究

1.晁中辰：《明成祖传》，人民出版社，2008年。

2.邓广铭：《北宋政治改革家王安石》，北京出版社，2016年。

3.樊树志：《万历皇帝传》，凤凰出版社，2010年。

4.冯尔康：《雍正传》，人民出版社，1985年。

5.[日]福原启郎著，陆帅译：《晋武帝司马炎》，江苏人民出版社，2020年。

6.韩昇：《隋文帝传》，人民出版社，1998年。

7.何新：《汉武帝大传》，华东师范大学出版社，2019年。

8.胡凡:《嘉靖传》,人民出版社,2004年。

9.胡戟:《隋炀帝的真相》,北京大学出版社,2011年。

10.黄留珠:《刘秀传》,人民出版社,2003年。

11.黄楼:《唐宣宗大中政局研究》,天津古籍出版社,2012年。

12.姜鹏:《汉武帝的三张面孔》,华东师范大学出版社,2012年。

13.蒋兆成、王日根:《康熙传》,人民出版社,1998年。

14.雷家骥:《武则天传》,人民出版社,2001年。

15.李天石:《唐宪宗传》,人民出版社,2017年。

16.令狐马:《被遗忘的传奇:汉宣大帝》,中国国际广播出版社,2017年。

17.[法]马骊著、莫旭强译:《朱元璋的政权及统治哲学:专制与合法性》,吉林出版集团股份有限公司,2018年。

18.茅海建:《苦命天子:咸丰帝奕詝》,生活·读书·新知三联书店,2006年。

19.孟祥才:《王莽传》,人民出版社,2017年。

20.[日]杉山正明著,周俊宇译:《忽必烈的挑战:蒙古帝国与世界历史的大转向》,社会科学文献出版社,2017年。

21.[日]檀上宽著,王晓峰译:《永乐帝:华夷秩序的完成》,社会科学文献出版社,2015年。

22.唐文基、罗庆泗:《乾隆传》,人民出版社,1994年。

23.[日]藤善真澄著,张恒怡译:《安禄山:皇帝宝座的觊觎者》,中西书局,2017年。

24.田澍:《嘉靖革新研究》,中国社会科学出版社,2015年。

25.汪篯:《唐太宗与武则天》,华东师范大学出版社,2018年。

26.王曾瑜:《宋高宗传》,中国书籍出版社,2016年。

27.王立群:《王立群读〈史记〉之文景之治》,大象出版社,2016年。

28.王立群:《王立群读〈宋史〉之宋太祖》,大象出版社,2012年。

29.吴钩:《宋仁宗:共治时代》,广西师范大学出版社,2020年。

30.吴晗:《朱元璋传》,海南出版社,1993年。

31.辛德勇:《海昏侯刘贺》,生活·读书·新知三联书店,2016年。

32.辛德勇:《生死秦始皇》,中华书局,2019年。

33.辛德勇:《制造汉武帝》,生活·读书·新知三联书店,2015年。

34.许道勋、赵克尧:《唐玄宗传》,人民出版社,1993年。

35.阎崇年:《康熙大帝》,中华书局,2008年。

36.姚念慈:《康熙盛世与帝王心术:评"自古得天下之正莫如我朝"》,生活·读书·新知三联书店,2015年。

37.虞云国:《南宋行暮:宋光宗宋宁宗时代》,上海人民出版社,2018年。

38.虞云国:《南渡君臣:宋高宗及其时代》,上海人民出版社,2019年。

39.袁刚:《隋炀帝传》,人民出版社,2001年。

40.张金岭:《宋理宗研究》,人民出版社,2008年。

41.赵克尧、许道勋:《唐太宗传》,人民出版社,1984年。

42.赵中男:《明朝的拐点:永乐皇帝和他的子孙》,东方出版中心,2020年。

43. 朱东润：《张居正大传》，人民文学出版社，2006年。

44. 朱耀廷：《成吉思汗传》，人民出版社，2004年。

45. 朱耀廷、赵连稳：《元世祖忽必烈传》，北京大学出版社，2009年。

46. 朱永嘉：《商鞅变法与王莽改制》，中国长安出版社，2018年。

47. 朱永嘉：《刘邦与项羽》，陕西人民出版社，2020年。

48. 庄辉明：《萧衍评传》，上海古籍出版社，2018年。

四、其他著作

1. 蔡亮著，付强译：《巫蛊之祸与儒生帝国的兴起》，北京师范大学出版社，2020年。

2. 常建华：《清朝大历史》，中华书局，2020年。

3. 陈寅恪：《隋唐制度渊源略论稿　唐代政治史述论稿》，译林出版社，2020年。

4. 陈寅恪：《金明馆丛稿二编》，上海古籍出版社，1980年。

5. [日]川胜义雄著，李济沧、徐谷芃译：《六朝贵族制社会研究》，上海古籍出版社，2018年。

6. 邓小南：《祖宗之法：北宋前期政治述略》，生活·读书·新知三联书店，2014年。

7. 樊树志：《国史十六讲》，中华书局，2006年。

8. 樊树志：《重写晚明史：新政与盛世》，中华书局，2018年。

9. 樊树志：《晚明大变局》，中华书局，2015年。

10. 樊树志：《重写晚明史：朝廷与党争》，中华书局，2018年。

11.樊树志:《大明王朝的最后十七年》,中华书局,2007年。

12.冯贤亮:《从康乾盛世到惊天巨变:清》,上海人民出版社,2018年。

13.[日]福原启郎著,陆帅、刘萃峰、张紫毫译:《魏晋政治社会史研究》,江苏人民出版社,2021年。

14.葛剑雄:《葛剑雄写史:中国历史的十九个片断》,上海人民出版社,2015年。

15.葛剑雄:《统一与分裂:中国历史的启示》,中华书局,2008年。

16.[德]贡德·弗兰克著,刘北成译:《白银资本:重视经济全球化中的东方》,四川人民出版社,2017。

17.[日]谷川道雄著,李济沧译:《隋唐帝国形成史论》,上海古籍出版社,2018年。

18.郭建龙:《中央帝国的财政密码》,鹭江出版社,2017年。

19.郭建龙:《中央帝国的哲学密码》,鹭江出版社,2018年。

20.韩兆琦、赵国华:《秦汉史十五讲》,凤凰出版社,2010年版。

21.黑龙:《准噶尔蒙古与清朝关系史研究(1672—1697)》,上海古籍出版社,2014年。

22.侯杨方:《盛世:西汉》,中信出版集团,2019年。

23.侯杨方:《盛世:康乾》,中信出版集团,2019年。

24.后晓荣:《秦代政区地理》,社会科学文献出版社,2009年。

25.黄仁宇:《中国大历史》,生活·读书·新知三联书店,1997年。

26.黄永年:《唐史十二讲》,中华书局,2007年。

27.姜鸣:《却将谈笑洗苍凉:晚清的政局和人物三编》,生活·新知·三联书店,2020年。

28.姜鸣:《龙旗飘扬的舰队——中国近代海军兴衰史》,生活·读书·新知三联书店,2002年。

29.[英]蓝诗玲著,刘悦斌译:《鸦片战争:毒品、梦想与中国的涅槃》,新星出版社,2015年。

30.李碧妍:《危机与重构:唐帝国及其地方诸侯》,北京师范大学出版社,2015年。

31.李开元:《汉兴:从吕后到汉文帝》,生活·读书·新知三联书店,2021年。

32.李开元:《汉帝国的建立与刘邦集团:军功受益阶层研究》,生活·读书·新知三联书店,2000年。

33.李强:《大辽帝国:阿保机的耶律家族》,中国铁道出版社,2018年。

34.李文治:《晚明民变:底层暴动与明朝的崩溃》,中国电影出版社,2014年。

35.李细珠:《新政、立宪与革命:清末民初政治转型研究》,北京师范大学出版社,2018年。

36.李晓鹏:《从黄河文明到"一带一路"》(第2卷),中国发展出版社,2016年。

37.李学勤:《东周与秦代文明》,上海人民出版社,2016年。

38.林聪舜:《儒学与汉帝国意识形态》,上海人民出版社,2017年。

39.刘大杰:《魏晋思想论》,岳麓书社,2010年。

40.[美]刘子健著,赵冬梅译:《中国转向内在:两宋之际的文化转向》,江苏人民出版社,2012年。

41.马平安:《清末变局中的袁世凯集团》,福建教育出版社,2016年。

42.马平安:《大秦帝国启示录》,新世界出版社,2018年。

43.马勇:《1898年那场未遂政变》,江苏人民出版社,2011年。

44.马勇:《晚清二十年》,人民文学出版社,2011年。

45.茅海建:《近代的尺度:两次鸦片战争军事与外交》,生活·读书·新知三联书店,2018年。

46.茅海建:《天朝的崩溃:鸦片战争再研究》,生活·读书·新知三联书店,2017年。

47.茅海建:《戊戌变法的另面:"张之洞档案"阅读笔记》,上海古籍出版社,2014年。

48.孟森:《清朝历史的教训》,台海出版社,2017年。

49.戚文:《大风起兮云风扬:两汉人物》,上海科学技术文献出版社,2007年。

50.钱穆:《中国历代政治得失》,生活·读书·新知三联书店,2001年。

51.仇鹿鸣:《长安与河北之间:中晚唐的政治与文化》,北京师范大学出版社,2018年。

52.仇鹿鸣:《魏晋之际的政治权力与家族网络》,上海古籍出版社,2015年。

53.肜新春:《晚清中国道路:多元博弈下的抉择》,社会科学文献出版社,2014年。

54.桑兵:《庚子勤王与晚清政局》,北京大学出版社,2004年。

55.[日]杉山正明著,乌兰译:《蒙古帝国与其漫长的后世》,

北京日报出版社，2020年。

56.施展:《枢纽：3000年的中国》，广西师范大学出版社，2018年。

57.孙英刚:《灿烂辉煌的开放世界：隋唐五代》，上海人民出版社，2018年。

58.唐翼明:《魏晋清谈》，天地出版社，2018年。

59.田余庆:《东晋门阀政治》，北京大学出版社，2012年。

60.田余庆:《拓跋史探》，生活·读书·新知三联书店，2018年。

61.田余庆:《秦汉魏晋史探微》，中华书局，1993年。

62.万绳楠整理:《陈寅恪魏晋南北朝史讲演录》，贵州人民出版社，2007年。

63.[日]王柯:《从"天下"国家到民族国家：历史中国的认知与实践》，上海人民出版社，2020年。

64.汪篯，《唐王朝的崛起与兴盛》，北京出版社，2018年。

65.王建朗、黄克武主编:《两岸新编中国近代史·晚清卷》，社会科学文献出版社，2016年。

66.[美]魏斐德著，梅静译:《中华帝国的衰落》，民主与建设出版社，2017年。

67.[美]魏斐德著，陈苏镇、薄小莹等译:《洪业：清朝开国史》，江苏人民出版社，1995年。

68.吴洪琳:《合为一家：十六国北魏时期的民族认同》，社会科学文献出版社，2020年。

69.吴宗国:《说不尽的盛唐：隋唐史二十讲》，北京大学出版社，2020年。

70.徐冲:《中古时代的历史书写与皇帝权力的起源》，上海古籍出版社，2017年。

71.许倬云：《许倬云说历史：大国霸业的兴废》，上海文化出版社，2012年。

72.许倬云：《我者与他者：中国历史上的内外分际》，生活·读书·新知三联书店，2010年。

73.许倬云：《说中国：一个不断变化的复杂共同体》，广西师范大学出版社，2015年。

74.阎步克：《波峰与波谷：秦汉魏晋南北朝的政治文明》，北京大学出版社，2017年。

75.阎崇年：《森林帝国》，生活·读书·新知三联书店，2018年。

76.杨念群：《何处是"江南"？：清朝正统观的确立与士林精神世界的变异》，生活·读书·新知三联书店，2010年。

77.杨天石：《帝制的终结：简明辛亥革命史》，岳麓书社，2011年。

78.杨珍：《历程 制度 人：清朝皇权略探》，学苑出版社，2013年。

79.姚念慈：《定鼎中原之路：从皇太极入关到玄烨亲政》，生活·读书·新知三联书店，2018年。

80.易中天：《品三国》，上海文艺出版社，2007年。

81.余蔚：《士大夫的理想时代：宋》，上海人民出版社，2018年。

82.[英]约翰·巴罗著，李国庆、欧阳少春译：《我看乾隆盛世》，北京图书馆出版社，2007年。

83.张国刚：《资治通鉴启示录》，中华书局，2019年。

84.张海英：《沉暮与新生：明》，上海人民出版社，2018年。

85.张宏杰：《倒退的帝国：朱元璋的成与败》，重庆出版社，2020年。

86.张宏杰：《饥饿的盛世：乾隆时代的得与失》，湖南人民出版社，2012年。

87.张宏杰：《简读中国史：世界史坐标下的中国》，岳麓书社，2019年。

88.张金龙：《治乱兴亡：军权与南朝政权演进》，商务印书馆，2016年。

89.张鸣：《重说中国近代史》，中国致公出版社，2012年。

90.赵冬梅：《大宋之变，1063—1086》，广西师范大学出版社，2020年。

91.赵冬梅：《法度与人心：帝制时期人与制度的互动》，中信出版社，2021年。

92.赵云田：《清代西藏史研究》，社会科学文献出版社，2014年。

93.郑毅：《辽朝的建立及其边疆经略：契丹与漠北、中原、东北的地缘政治变迁》，东北大学出版社，2019年。

五、论文

1.蔡涵墨、陈元：《曹勋与"太祖誓言"的传说》，《中国史研究》2016年04期。

2.陈宝良：《试论明代中后期人文主义文化思潮》，《社会科学研究》1989年第1期。

3.成祖明：《封建、郡县之变中儒学演进的历史考察——层累成长的古史与记忆重构中的今古文经学》,《文史哲》2017年第5期。

4.杜洪涛:《"再造华夏"——明初的传统重塑与族群认同》,《文化纵横》2014年第5期。

5.段志强:《从"用夏变夷"到"进于文明"——重审思想史中的"汉化"概念》,《复旦学报(社会科学版)》2018年第2期。

6.范立舟、徐志刚:《论荆公新学的思想特质、历史地位及其与理学之关系》,《西北师大学报(社会科学版)》2003年第3期。

7.雷戈:《王莽革命新论》,《人文杂志》2013年第7期。

8.李伯重:《小问题,大历史:全球史视野中的"永历西狩"》,《西北工业大学学报(社会科学版)》2018年第1期。

9.李峰:《汉武帝晚年政治转向及对昭宣之政的影响探析》,《贵州社会科学》2018年第3期。

10.李磊:《编户齐民制与传统中国的国家能力》,《文化纵横》2019年第2期。

11.李忠林:《皇天与上帝之间:从殷周之际的天命观说文王受命》,《史学月刊》2018年第2期。

12.林文勋、杨瑞璟:《宋元明清的"富民"阶层与社会结构》,《思想战线》2014年第6期。

13.刘迪:《论明朝中期的海防政策》,《文存阅刊》2017年第18期。

14.罗建伦:《宋文帝刘义隆文学雅集述略》,《云南大学学报(社会科学版)》2013年第5期。

15.罗新:《中亚为何在唐朝之后淡出国人视野?》,《上海书评》2013年5月。

16. 秦晖：《"联明抗清"的农民军之独立地位问题》，载《中国农民战争史研究集刊》第三辑，上海人民出版社，1983年。

17. 宋德金：《评"征服王朝论"》，《社会科学战线》2010年第11期。

18. 孙红梅：《元朝的"天下一家"思想及其政治文化一统》，《黑龙江民族论丛》2009年第3期。

19. 孙闻博：《商鞅"农战"政策推行与帝国兴衰——以"君-官-民"政治结构变动为中心》，《中国史研究》2020年第1期。

20. 唐安：《阳明心学与明代中期的社会生活》，《贵州社会科学》2007年第5期。

21. 王健：《汉和帝铲除窦宪集团考论》，《中国史研究》2013年第3期。

22. 王瑞来：《科举取消的历史——略论元代士人的心态变化与职业取向》，载刘海峰、张亚群主编《科举制的终结与科举学的兴起》，华中师范大学出版社，2006年。

23. 王永平：《论宋武帝刘裕之文化素养及其文化倾向》，《史学月刊》2009年第2期。

24. 许倬云：《中国古代社会与国家之关系的变动》，《文物季刊》1996年第2期。

25. 燕永成：《宋人对权相专权时期政争史的历史书写及其影响》，《上海师范大学学报（哲学社会科学版）》2020年第5期。

26. 杨国强：《太平天国与近代中国的历史变迁》，《史林》2001年第3期。

27. 杨建新：《评忽必烈的三位理财大臣》，《西北史地》1998年第1期。

28.杨永康:《从"汤武革命"话题看儒家天命论的内在矛盾》,《兰州学刊》2019年第7期。

29.姚大力:《中国历史上的族群和国家观念》,《文汇报》2015年10月9日。

30.余英时:《关于戊戌政变的失败一幕——是什么注定了戊戌变法必然失败呢?》,《二十一世纪》2019年第9期。

31.袁刚、翟大羽:《论明清之际"复封建"旗号下的分权反专制思想》,《哈尔滨工业大学学报(社会科学版)》2015年第3期。

32.张军:《典签制度与南朝政局》,《天津社会科学》2002年第2期。

33.张荫麟:《宋太宗继统考实》,载《宋史论丛》,北京师范大学出版社,2020年。

34.赵现海:《明朝的区域来源、政权性格与"江浙士人"》,《古代文明》2016年第1期。

35.周一良:《论梁武帝及其时代》,载《魏晋南北朝史论集》,北京大学出版社,1997年。